COST ACCOUNTING

원가회계

원가회계는 외부보고용 재무제표를 작성하고, 내부관리용 장기계획이나 경영정책을 수립하며 일상적인 경영 활동을 계획 · 통제하는데 필요한 원가정보를 제공할 목적으로 제조활동과 영업활동에 관한 원가 자료를 인식 · 측정하고 분류 · 집계하여 해석 · 보고하는 회계시스템의 한 분야이다.

WHYBOOKS®
㈜와이북스

원가회계

발 행 일	2018년 2월 20일
인 쇄 일	2018년 2월 12일
저 자	홍효석
발 행 처	WHYBOOKS® ㈜와이북스
등 록	제390-2011-000012호
주 소	세종시 조치원읍 문화 2길 52, 307호
대표전화	031-976-3555
팩 스	0303-3444-1956
홈페이지	www.whybooks.co.kr
이 메 일	whybooks@whybooks.co.kr
I S B N	979-11-88614-035
정 가	27,000원

머 리 말

본서는 저자가 20여년간 원가회계를 강의해오면서 원가회계 교재와 관련하여 느낀 점들을 고려하여 출간하게 되었으며, 정식적인 출간에 앞서 가판형식을 취하였다. 원가회계는 재무회계와 관리회계를 연결시키는 가교역할을 하는 회계시스템으로서, 외부보고용 재무제표를 작성하고, 내부관리용 장기계획이나 경영정책을 수립하며 일상적인 경영활동을 계획・통제하는데 필요한 원가정보를 제공할 목적으로 제조활동과 영업활동에 관한 원가자료를 인식・측정하고 분류・집계하여 해석・보고하는 회계시스템의 한 분야이다. 따라서, 본 교재는 원가회계를 처음 접하게 되는 학생들로 하여금 전반적인 원가회계 분야를 접할 수 있도록 다음과 같은 점을 고려하였다.

첫째, 원가회계와 관련한 기본적인 개념을 이해할 수 있도록 이론적인 내용과 도표로 설명하고 이해를 돕기 위해 예제를 다루었다.

둘째, 전반적인 원가회계 분야를 언급하다보니 15주 내에 강의가 이루어지기는 어렵다고 여겨질 것이다. 그러나 일부 내용에 대해서는 보론으로 구성하여 별도의 학습이 이루어질 수 있도록 하였다.

셋째, 각 장의 연습문제는 전산회계, 전산세무회계, 전산회계운용사 기출문제를 중심으로 편성하였으며, 세무사와 공인회계사 기출문제는 1차 문제 중 비교적 기본수준의 문제들을 선정하여 학생들로 하여금 원가회계의 기본적인 개념과 원가계산의 흐름을 이해하도록 하는데 중점을 두었다. 이번 가판에서는 주관식문제를 수록하지 않았는데, 정식 출판본에는 수록할 것을 미리 밝힌다.

원가회계를 공부하는 학생들로 하여금 학습목표를 달성하는데 조금이나마 도움이 되기를 희망하며, 지금도 내용면에서 부족한 점이 많을 것으로 생각되지만 지속적으로 수정 보완해 나갈 것을 약속한다. 그리고 본 책이 나오기까지 주위에서 격려와 도움을 주신 동료 교수님들께 감사드리며, 특히 많은 시간을 같이 하지 못한 아내에게 미안한 마음을 전한다. 또한 이 책이 출판될 수 있도록 수고와 협력을 해주신 와이북스 이승주 사장님과 디자인 팀장 김지영님께 진심으로 감사드립니다. 끝으로 산책을 가자고 귀찮게 조르던 슈슈와 곰돌이에게도 덕분에 잠시 휴식을 취할 수 있어서 고마웠다.

2017. 2월
저자 씀

차 례

제9장 공손품회계

제10장 결합원가계산

제11장 조별 · 등급별 원가계산

제12장 표준원가계산

제 1 장

cost accounting

원가회계의 기초

제1절 회계시스템의 목적과 체계

1. 회계시스템의 목적

모든 학문은 궁극적으로 추구하고자 하는 목적을 가지고 있다. 그 목적을 명확히 규정하는 것은 그 학문에 관한 지식을 체계화하는 첫 단계이다. 회계 역시 그 목적을 명확히 규정함으로써 학문적 필요성을 확립하고 있다. 따라서 회계에서 언급되고 있는 용어의 개념을 명확히 이해하는 것이 무엇보다 중요하다.

회계는 경제활동의 성장과 함께 발전되어 왔다. 1953년 미국공인회계사회(American Institute of Certified Public Accountants : AICPA)[1)]에서는 회계를 인간이나 조직의 활동을 기록하고 요약하는 기술로 정의한바 있다. 이는 회계 산출물의 창출이라는 측면을 강조한 것이다. 이후 회계 산출물의 창출보다는 이용적 측면을 강조하여 1966년 미국회계학회(American Accounting Association : AAA)[2)]에서는 회계를 의사결정과 정보의 산출이라는 측면의 정보창출활동으로 정의하였다. 이후 회계에 대한 정의가 발전되어 1970년 미국공인회계사회의 회계원칙심의회(Accounting Principles Board : APB)[3)]에서 계량적 정보를 제공하는 용역제공활동으로 정의하였으며, 회계라는 용어보다는 회계시스템으로 회계의 개념을 체계화하고 있다. 미국공인회계사회 회계원칙심의회의 회계에 대한 정의를 소개하면 다음과 같다.

"회계는 최소한 부분적으로는 재무적 특성을 가진 거래나 사건을 의미 있는 방법으로 화폐적 단위에 의해 기록,분류, 요약하고 그 결과를 해석하는 기술(art)이다" - AICPA, 1953. -

"회계란 정보이용자가 사정에 정통한 판단이나 의사결정(informed judgement and decision)을 할 수 있도록 경제적 정보를 식별(identifying)・측정(measuring)・전달(communicating)하는 과정으로서 기업 내 하나의 정보시스템(information system)이다.
- AAA, 1966. -

> "회계는 용역제공활동이다. 회계의 기능은 여러 가지 대체안 중에서 합리적 선택을 하는 경제적 의사결정에 유용하도록 주로 경제실체들의 재무적 성격을 띤 계량적 정보(quantitative information)를 제공하는 것이다"

회계시스템은 경제실체의 경영활동에 관한 정보를 제공함으로써 경제실체에 관심을 갖고 있는 사람들의 이해관계를 조정하고 납득시키는 역할을 하며, 제한

1) AICPA, "Review and Resume," *Accounting Terminology Bulletin No. 1.* New York: AICPA, 1953, par. 5.
2) AAA, *A Statement of Basic Accounting Theory,* IL: AAA, 1966, p. 1.
3) APB, "Basic Concepts and Accounting Principles Underlying Financial Statement of Business Enterprises," *APB Statement No. 4,* New York: AICPA, 1970, par. 40.

된 자원을 보다 효율적으로 이용하는데 필요한 정보를 제공해 주는 역할을 한다. 따라서 회계정보는 회계정보이용자의 합리적인 의사결정에 유용한 정보의 제공, 경제실체의 미래 현금창출능력에 대한 정보의 제공, 경제실체의 재무상태와 재무성과 및 재무상태의 변동에 관한 정보의 제공, 경영자의 수탁책임 평가에 유용한 정보의 제공 등의 기능을 지니고 있다. 이러한 기능은 재무보고의 목적이기도 하다. 회계시스템의 목적을 정리하면 다음과 같다.

첫째, 한정된 자원을 유용하게 활용하기 위해 의사결정을 할 수 있도록 정보를 제공한다.

둘째, 경영 내의 인적・물적・화폐자원을 유효하게 지휘하고 관리하기 위한 정보를 제공한다.

셋째, 자원의 보전과 관리에 관한 보고를 한다.

넷째, 사회적인 기능 및 통제를 용이하게 한다.

[표 1-1] 회계시스템의 역할과 목적

회계시스템의 역할	회계의 목적
① 외부이해관계자에게 조직의 재무상태나 영업성과를 파악할 수 있도록 유용한 정보의 제공. ② 경영자에게 조직 운영의 효율과 효과를 증대시킬 수 있도록 조직의 문제점을 파악할 수 있는 유용한 정보제공. ③ 경영자가 장기계획이나 특수의사결정을 하는 데 필요한 정보의 제공. ④ 조직의 구성원이 각자 담당하고 있는 업무수행에 있어서의 문제점을 파악하고 업무개선의 방안을 창출하는 데 도움이 되는 정보 제공.	① 한정된 자원을 유용하게 활용하기 위해 의사결정을 할 수 있도록 정보를 제공한다 ② 경영 내의 인적・물적・화폐자원을 유효하게 지휘하고 관리하기 위한 정보를 제공한다. ③ 자원의 보전과 관리에 관해 보고한다. ④ 사회적인 기능 및 통제를 용이하게 한다

2. 회계시스템의 체계

회계는 기업・정부기관・학교・병원 등과 같은 경영실체의 경영활동에 관한 정보를 식별하여 화폐가치로 측정하고, 이를 기록・계산・분류・요약하여 기업의 내부 또는 외부의 이해관계자 집단에게 이들의 합리적인 의사결정을 할 수 있도록 유용한 정보를 제공하는 과정이다. 자본주의사회에서 기업은 영리를 목적으로 물적、인적、화폐자원과 기술적 생산제요소를 결합하여 수요자에게 필요한 재화와 용역을 생산、공급하는 생산조직체이며, 경영자는 성공적인 경영활동을 수행하기 위해 합리적 관리활동뿐만 아니라 기업을 둘러싸고 있는 이해관계자들과 협력을 해야만 한다. 따라서 회계정보는 기업활동의 결과를 수치로 측정하여 나타낸 것이므로 회계는 정보이용자 들이 합리적으로 의사결정을 할 수 있도록 기업의 경영성과 및 재무상태와 그 변동 등에 관한 정보를 전달하는 정보시스템으로 정의할 수 있다. 이러한 회계는 정보이용자의 이용목적에 따라 재무회계와 관리회계로 나누어진다.

재무회계(Financial Accounting): 회계보고서를 통하여 주주・채권자・정부 등 외부이해관계자의 의사결정에 필요한 정보를 제공하는 것을 목적으로 하는 회계.

재무회계(財務會計, Financial Accounting)는 회계보고서를 통하여 주주、채권자、정부 등 외부이해관계자의 의사결정에 필요한 정보를 제공하는 것을 목적으로 하는 회계이다. 재무회계는 다양한 외부정보이용자 들의 정보욕구를 충족시킬 수 있는 재무상태표、손익계산서 등과 같은 재무제표작성과 법인세 등을 계산하기 위한 세무회계가 주된 구성 요소이다. 반면에 관리회계(管理會計, Management Accounting)는 내부정보이용자인 경영자의 관리적 의사결정 및 통제활동에 유용한 정보를 제공하는 것을 목적으로 하는 회계이다. 관리회계는 제품원가계산、성과평가、의사결정 등이 주된 구성 요소이다.

관리회계(Management Accounting): 내부정보이용자인 경영자의 관리적 의사결정 및 통제활동에 유용한 정보를 제공하는 것을 목적으로 하는 회계.

그렇다면 원가회계는 어떻게 정의할 수 있는가? 초기단계의 원가회계(原價會計, Cost Accounting)는 제조기업의 재고자산의 금액을 평가하고 매출원가를 결정하여 이익을 측정하기 위한 제품원가계산에 지나지 않은 것으로 간주하였다. 그러나 오늘날의 원가회계는 외부보고목적의 재무제표작성 뿐만 아니라 내부정보이용자인 경영자에게 경영계획과 통제, 비일상적 의사결정 등에 필요한 원가정보를 집계、분석하여 정보이용자에게 제공하는 영역까지 포함하고 있다.

원가회계(Cost Accounting): 외부보고용 재무제표를 작성하고, 내부관리용 장기계획이나 경영정책을 수립하며 일상적인 경영활동을 계획・통제하는데 필요한 원가정보를 제공할 목적으로 제조활동과 영업활동에 관한 원가자료를 인식・측정하고 분류・집계하여 해석・보고하는 회계

따라서 원가회계는 외부보고용 재무제표를 작성하고, 내부관리용 장기계획이나 경영정책을 수립하며 일상적인 경영활동을 계획・통제하는데 필요한 원가정보를 제공할 목적으로 제조활동과 영업활동에 관한 원가자료를 인식・측정하고 분류・집계하여 해석・보고하는 회계시스템의 한 분야로 정의하고 있다.

이와 같은 정의는 [그림 1-1]에서 보는 바와 같이 원가회계는 재무회계나 관리회계의 어느 한 영역에 포함되는 회계가 아니라, 양쪽 영역을 연결시키는 가교역할을 하고 있으며, 제품원가계산을 위한 재무회계적인 측면과 경영의사결정 목적인 관리회계적인 측면을 동시에 고려하고 있기 때문이다. 이러한 관점에서 관리회계와 거의 동일한 용어로 원가관리회계(原價管理會計, cost and managerial accounting)라는 용어로도 사용하기도 한다.

[그림 1-1] 원가회계와 재무회계・관리회계와의 관계

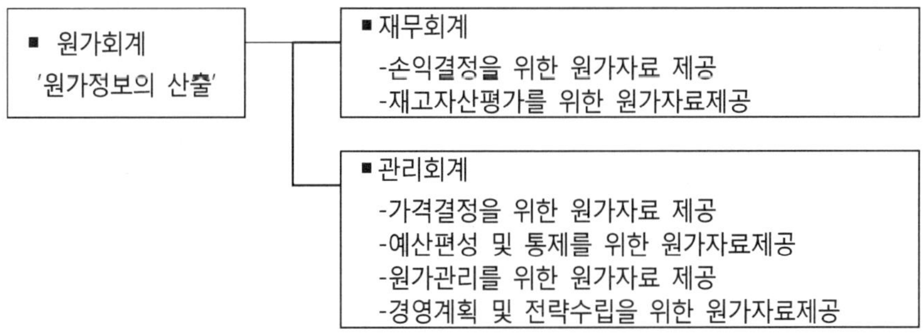

원가회계와 재무회계、관리회계와의 차이점을 정보이용자、목표、회계선택기준、보고기간、보고형식과 내용면에서 비교해 보면 [표 1-2]와 같다. 원가회계는 재무회계와 관리회계와는 달리 내부 및 외부정보이용자 모두에게 필요한 정보를 제공하며, 원가정보의 산출을 목표로 하고 있다. 회계선택기준은 제품원가계산을 위해서 일반적으로 인정된 회계원칙에 따른 원가계산준칙을 준수하며, 의사결정에 필요한 정보를 산출하기 위해서는 원가、효익, 행동적 영향 등의 기준에 근거하고 있다. 보고기간이나 보고형식 및 내용은 관리회계에서의 정보산출과 정보제공과 같은 임의적이며 변동적으로 이루어진다.

[표 1-2] 재무회계・관리회계・원가회계의 차이점

구 분	재무회계	관리회계	원가회계
• 정보이용자	외부 이해관계자	내부 이해관계자	내부.외부 이해관계자
• 목표	재무제표작성.공시	조직의 효율성 증대	원가정보의 창출
• 회계선택기준	GAAP	원가.효익 행동적 영향	원가계산준칙 원가.효익, 행동적 영향
• 보고기간	회계년도.분기	임의적.변동적	임의적.변동적
• 보고형식과 내용	고정적.정형적	임의적.변동적	임의적.변동적

제2절 원가회계시스템

1. 원가회계의 목적

원가회계는 외부보고용 재무제표를 작성하고, 내부관리용 장기계획이나 경영정책을 수립하며 일상적인 경영활동을 계획·통제하는데 필요한 원가정보를 제공할 목적으로 제조활동과 영업활동에 관한 원가자료를 인식·측정하고 분류·집계하여 해석·보고하는 회계시스템의 한 분야이다. 따라서 원가회계는 외부보고를 위한 재무제표작성뿐만 아니라 일상적 업무의 계획과 통제 및 특별의사결정에도 도움을 준다. 서비스업을 포함한 모든 조직에서 활용되고 있는 원가회계는 정보이용자들이 필요로 하는 특정목적에 가장 적합한 원가정보를 제공하여야 한다. 그러나 원가정보이용자에 따라 원가회계의 목적도 달라지게 된다. 원가정보를 제공하는데 있어서는 원가회계의 기본적 사고인 상이한 목적에 따라 상이한 원가(different costs for different purposes)라는 사고에서 원가정보가 제공되어야 한다.

"상이한 목적에 따라 상이한 원가"(different costs for different purposes): 미국 시카고대학의 경제학자 John M. Clark 교수가 1923년 저서 *Studies in the Economics of Overhead Cost*, The University of Chicago Press, p.175에서 처음으로 사용하였으며, 오늘날 원가회계의 가장 기본이 되는 사고로 알려져 있다.

원가정보이용자에는 외부이해관계자와 내부이해관계자로 구별되므로 원가회계의 목적은 외부이해관계자를 위한 재무제표작성 목적과 내부이해관계자를 위한 경영의사결정 목적으로 구별할 수 있다.

■ 외부보고목적

원가회계의 가장 중요한 목적중의 하나는 외부보고 목적의 재무제표를 작성하는데 필요한 원가자료를 제공하는 것이다. 제조업에서 제품을 생산하여 판매하는 경우 적절한 판매가격을 결정하는 일은 매우 중요하다. 이 때 가장 필요한 자료는 제품의 생산에 얼마의 금액이 소비되었는지를 알 수 있는 원가정보이다. 이것은 원가회계가 제품의 원가에 대한 정보를 제공함으로써 손익계산서상의 매출원가를 정확히 산출하고 재무상태표상의 제품、반제품、재공품、원재료 등 재고자산을 적절히 평가하는데 기초가 되는 원가자료를 제공하는 것을 의미한다. 재무회계상으로 손익계산서에서 매출이익을 계산하려면 매출액에서 매출원가를 빼야 한다. 매출원가란 제조원가 중 매출 부분에 해당하는 원가이므로 제조원가를 계산하지 않고서는 매출원가가 얼마인지를 알 수 없다. 즉, 매출원가는'기초제품 즉, '매출원가 = 재고액 + 당기제품제품제조원가 – 기말제품재고액'의 계산식으로 도출되므로, 제조기업의 경우 당기제품제조원가를 계산하지 않고서는 매출원가의 계산이 불가능하다. 따라서 외부보고목적은 제품원가계산을 중심으로 달성되는 것이다.

우리나라 원가계산준칙에서도 "....회사가 재무제표를 작성하기 위하여 제품의 원가를 산정함에 있어서...."라고 원가회계의 주요 목적을 제품원가계산으로 두고 있다(준칙 제1조).

[그림 1-2] 원가회계와 손익계산서 간의 관계

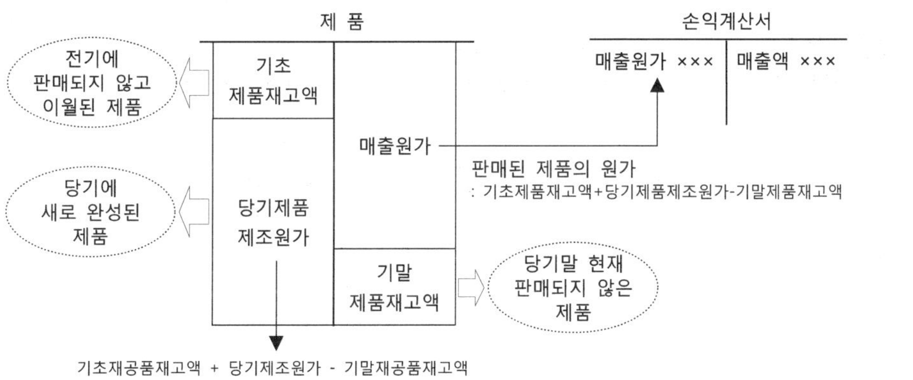

■ **내부보고목적**

원가회계의 가장 중요한 목적중의 하나는 내부이해관계자들의 경영의사결정에 필요한 원가정보를 제공하는 것이다. 경영의사결정에는 가격결정, 원가관리, 예산편성 및 통제, 경영계획 및 전략수립 등의 다양한 목적을 포함하고 있다.

[그림 1-3] 원가회계와 재무제표 작성 목적

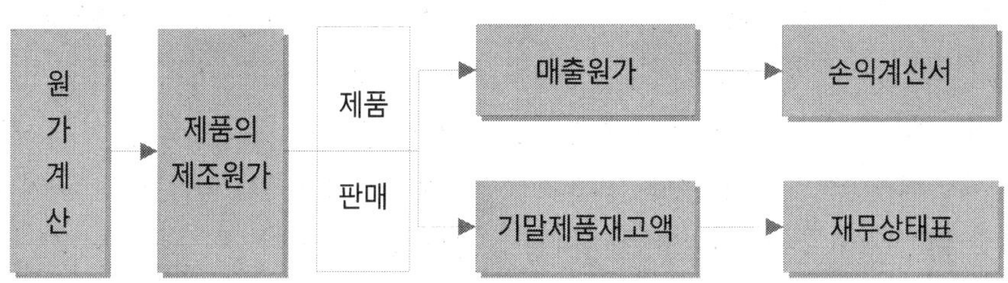

가격결정 목적

기업은 이윤을 추구하는 조직이다. 이익을 얻기 위해서는 제품이나 서비스의 판매가격이 그 원가보다 커야 한다. 제품의 판매가격은 제품원가의 산정으로 결정되게 되는데, 일반적으로 총원가에 목표이익을 가산하여 결정하게 된다. 여기서 총원가란 제조원가에 판매비와 관리비를 가산한 것을 의미한다. 판매가격을 제조원가가 아닌 총원가에 기초해서 정하는 이유는 제조원가에 기초해서 판매가격을 정하면 매출총이익이 확보되더라도 판매비와 관리비를 차감하게 되면 영업이익이 아닌 영업손실이 발생할 수도 있기 때문이다. 이처럼 판매가격을 결정하기 위해 제품이나 서비스 생산의 원가 및 판매와 관리에 소요된 원가는 기업의 경영자에게 매우 중요한 정보가 된다.

[그림 1-4] 원가회계와 가격결정 목적

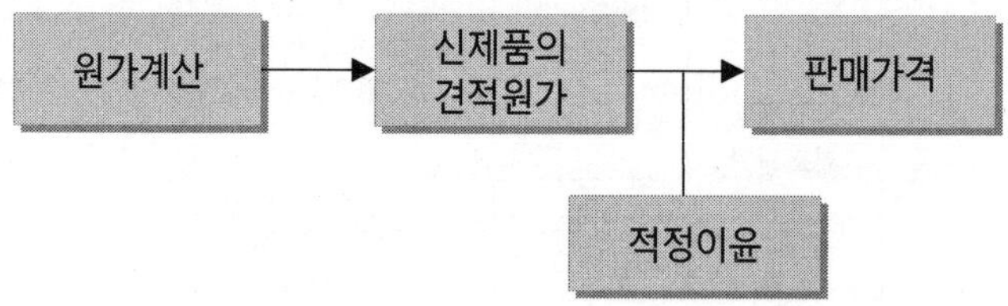

원가관리 목적

기업이 제품이나 서비스를 판매하여 이익을 극대화하는 방법은 동일한 원가 수준에서 매출액을 늘리든가 아니면 동일한 매출액 수준에서 원가를 낮추는 것이다. 동일한 원가 수준에서 매출액을 늘리는 방법은 판매량을 늘리거나 판매가격을 인상함으로써 이익을 극대화할 수 있을 것이다. 그러나 판매량을 늘리거나 판매가격을 인상하는 것은 치열한 기업경쟁 상황 하에서는 한계가 있을 수밖에 없다. 따라서 원가를 낮추는 방법이 효율적이고도 효과적이라 할 수 있겠다.

예를 들어 현재 매출이 100억원이고 매출원가가 80억원으로 매출총이익이 20억원(100억원-80억원)인 기업을 가정해 보자. 만약, 동일한 원가 수준에서 매출을 늘리는 방법으로 현재의 매출총이익보다 40% 증가한 28억원을 달성하고자 한다면, 매출액은 140억원(28억원÷20%), 매출원가는 112억원(140억원×80%)이 되어야 매출총이익 28억원(140억원-112억원)을 달성할 수 있다. 이 경우 현재보다 매출 수준을 40%증가시켜야 한다. 다른 방법인 동일한 매출액 수준에서 원가를 낮추는 방법으로 현재의 매출총이익보다 40% 증가한 28억원을 달성하고자 한다면, 매출액은 100억원, 매출원가는 72억원이 되어야 매출총이익 28억원(100억원-72억원)을 달성할 수 있다. 이 경우 매출원가를 현재보다 10% 절감하면 달성할 수 있는 것이다. 결론적으로 매출을 40% 증가시키는 것과 원가를 10% 절감하는 것과 이익에 영향을 미치는 효과는 같다. 그러나 매출을 40% 증가시키는 것과 원가를 10% 절감하는 것을 비교해 보면 원가를 10% 절감하는 것이 더 효율적일 것이다. 예에서 알 수 있듯이 원가를 10% 절감하는 만큼 곧바로 이익을 증가시키는 효과가 있는 것이다.

[표 1-3] 원가절감이 이익에 미치는 영향

구 분	매출을 늘리는 방법	현재 (원가율 80%)	원가를 절감하는 방법
매출액	140억원	100억원	100억원
(매출원가)	(112억원)	(80억원)	(72억원)
매출총이익	28억원	20억원	28억원
결과비교	매출 40% 증가로 이익 40% 증가	-	원가 10%로 절감으로 이익 40% 증가

또한, 생산이나 판매활동에서 발생하는 원가에는 비능률적이고도 낭비적인 요소가 있을 수 있기 때문에 원가관리 및 통제를 통해 이를 제거하여야 한다. 이때 실제원가 대신 표준원가 또는 예정원가를 사용하여 원가차이를 분석하는 등의 원가관리 및 통제가 이루어지게 된다. 이처럼 원가에 대한 관리와 통제는 경영자 및 관리자에게 중요한 활동이다.

[그림 1-5] 원가회계와 원가관리 목적

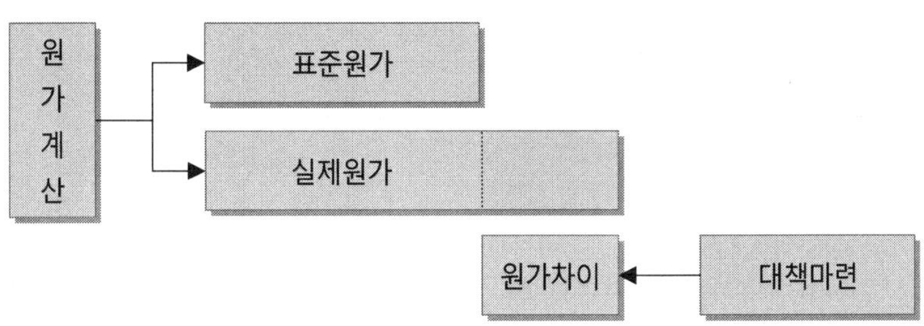

원가회계의 목적
- 외부보고목적
- 내부보고목적
 : 가격결정, 원가관리, 예산편성 및 통제 경영계획 및 전략수립

예산편성 및 통제 목적

경영자는 장기경영계획을 기초로 기업전체의 단기경영계획을 수립하며, 단기경영계획에 따라 생산 및 판매활동이 제대로 잘 이루어질 수 있도록 조정하고 통제한다. 예산편성은 과거의 원자자료를 기초로 이루어진다. 이때 원가회계담당자는 사후적으로 실적과 예산을 비교하여 차이를 산정하고 그 차이를 분석함으로서 예산관리에 필요한 원가정보를 경영자에게 제공한다.

[그림 1-6] 원가회계와 예산편성 및 통제 목적

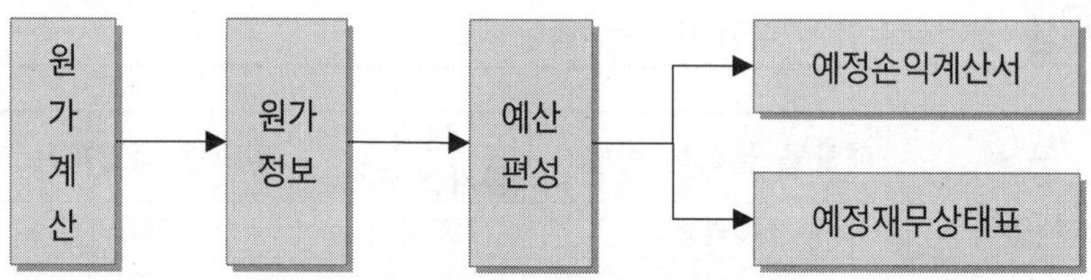

경영계획 및 전략수립 목적

경영자는 업무를 수행하는 과정에서 생산일정계획이나 판매계획과 같은 일상적인 의사결정뿐만 아니라 비일상적인 특수의사결정이나 전략적인 계획과 경영정책을 수립하는 등의 문제에 접하게 된다. 예를 들어 특별주문의 수락 여부, 부품의 자가제조 및 외부조달, 제품라인의 추가 또는 폐지, 설비투자계획, 전반적인 정책형성과 장기 경영계획 등에 관한 의사결정 문제에 당면하게 된다. 이러한 문제를 해결하기 위해서는 여러 가지 대체안 중 가장 유리한 대체안을 선택하지 않으면 안된다. 이 때 원가회계담당자는 경영자가 이와 같은 의사결정에 관한 각 대안을 적절히 평가할 수 있도록 유용한 원가정보를 제공한다.

2. 원가계산의 기본 요소

원가계산은 기업이 제품 또는 용역을 생산하고 공급하는 과정에서 소비한 경제가치의 소비액을 평가하여, 이것을 각 기능별ㆍ발생형태별ㆍ발생장소별로 분류ㆍ측정하고 필요에 따라 제품별, 용역별 또는 관리책임별로 분류ㆍ집계하는 절차

이다. 원가계산을 위해서는 원가계산대상, 원가계산단위, 원가계산기간, 원가계산 절차 등에 대한 기본적인 개념을 이해하는 것이 필요하다.

■ 원가계산대상과 원가계산단위

원가회계에서 원가계산대상(原價計算對象, cost object)이란 원가를 측정해야 할 대상으로 제품、용역、지역、사업부、부문、고객、기계작업시간、노동작업시간、개별 프로젝트 등과 같이 원가를 개별적으로 집계하고 할당하는 대상을 의미한다.

원가계산을 할 때에는 먼저 원가계산대상이 결정되고 난 후, 그 원가계산대상에 대한 집계단위내지는 측정단위가 결정되어야 한다. 이러한 집계단위내지는 측정단위를 원가계산단위 또는 원가단위라 한다. 원가계산단위(原價計算單位, costing unit) 또는 원가단위(原價單位, cost unit)란 발생한 원가를 원가계산대상에 관련지우는 물량단위를 말한다. 원가계산단위는 업종、원가계산목적、거래관습 등에 따라 다르지만 개、대、상자、톤、kg、kΩ、kHz、lot、gal 등이 사용된다.

원가회계에서는 제품이나 용역뿐만 아니라 이익관리를 위한 각 부서별 활동이나 경영의사결정을 위한 프로젝트 등도 원가계산대상이 된다. 따라서 원가계산단위를 무엇으로 선택할 것인가는 원가회계의 유용성을 결정하는 요인이라고 할 수 있다.[4]

최근에 활동이 중요한 원가대상이 되고 있다. 활동(activity)이란 조직 내에서 수행되는 기본적인 작업단위이며, 또한 계획설정(planning), 통제활동(controlling) 및 의사결정(decision making)의 목표를 위해 관리자들에게 유용한 조직 내의 행동 집합체라고도 할 수 있다. 활동은 원가대상으로 작용할 뿐만 아니라 원가를 다른 대상에 할당함에 있어 중요한 역할을 한다.[5] 이와 관련하여서는 제7장 활동기준 원가계산에서 자세히 다루도록 하겠다.

원가계산은 기업이 제품 또는 용역을 생산하고 공급하는 과정에서 소비한 경제가치의 소비액을 평가하여, 이것을 각 기능별・발생형태별・발생장소별로 분류・측정하고 필요에 따라 제품별, 용역별 또는 관리책임별로 분류・집계하는 절차이다.

- 회계・세무 용어사전 -

원가대상의 예

- 제품: 제품의 가격결정과 제품의 사업성 분석을 위한 원가계산 목적
- 부문: 부문에 대한 성과평가를 통하여 부문을 통제하기 위한 목적
- 활동: 자재주문활동, 품질검사활동, 수선유지활동
- 작업; 조립과정, 절단과정
- 서비스: 회계감사서비스, 택배서비스
- 판매지역: 서울, 부산, 대구
- 고객군: 남자, 여자, 청소년
- 프로젝트: 월드컵경기장건설, 평창올림픽경기장 건설
- 프로그램: 교육훈련 프로그램, 방송프로그램

■ 원가계산기간

원가계산기간(原價計算期間, costing period, cost accounting period)이란 원가계산을 실시하는 기간적 단위를 말하며, 회계기간과 같은 의미를 지닌다. 원가회계에서는 그 계산대상이 제품 또는 용역일 경우 원가를 일정한 산출량단위에 집계하기도 하고 일정기간에 발생한 재료원가·노무원가·제조경비 등의 원가를 집계하여 그 기간에 생산된 완성품수량으로 나누어 단위당 원가를 산출한다. 여기서의 일정

4) 현의태、강병항(1999), 현대원가회계, 율곡출판사, p. 25.
5) 강병항(2013), 원가회계, 피엔씨미디어, p. 12.

기간이 원가계산기간이다.

원가계산준칙 제5조에 의하면 "원가계산기간은 회사의 회계연도와 일치하여야 한다. 다만 필요한 경우에는 월별 또는 분기별 등으로 세분하여 원가계산을 실시 할 수 있다"라고 규정하고 있다.

■ 원가계산 담당조직

원가계산의 담당조직은 기업의 업종·경영규모·원가정보의 이용 목적에 따라 달라질 수 있는데 기본적으로 제조부(공장) 또는 회계관리부(본사)에 속한다는 두 가지 견해가 있다. 그러나 원가회계의 목적이 다양화됨에 따라 원가계산 담당자가 담당해야 할 업무도 다양화되어 공장에 속하는 하나의 스텝부문이라기 보다 본사의 관리조직에 속하는 하나의 스탭부문으로 생각하는 것이 보다 타당하다.
원가관리과가 본사의 회계관리부에 소속되는 경우, 회계관리부장은 재무회계담당자를 의미하는 것이 아니고 미국의 콘트롤러에 해당된다. 회계관리부는 본사의 스탭부문의 하나로서, 라인 경영자와 다른 스탭부문에 전문적인 회계정보를 제공하는 기능을 담당하는 것으로 원가계산제도의 설계·설정 및 유지, 미래원가의 추정, 예산편성의 조정, 성과보고서의 작성과 보고 등의 기능을 수행한다. 또한 공장에서 원가계산을 담당하는 조직은 공장의 현장 가까이에서 원가를 집계하고 계산하여 정확한 원가정보의 입수에 노력한다. 공장의 원가계산부문은 공장장의 지시 아래 그를 보좌하는 책임을 가지게 되지만 원가계산의 실시에 관한 부분은 본사 컨트롤러의 지시를 받아야 한다.

■ 원가계산절차

원가계산은 측정의 대상이 되는 원가대상에 대해여 원가를 확인·집계·분류하는 절차이다. 기업에 있어서 제품원가계산은 기업 기능에 따라 제조원가계산과 판매비와 관리비의 계산으로 구별되는데, 제조원가만을 대상으로 하며 판매비와 관리비는 기간원가로 하여 총액으로 집계된다. 제조원가계산은 제품별로 원가를 집계하여 제품 1단위당의 원가를 계산하는 것이며, 이를 위해 요소별 원가계산, 부문별 원가계산, 제품별 원가계산의 순으로 행해진다.

1단계: 요소별 원가계산

요소별 원가계산은 일정기간 동안에 발생한 원가를 원가요소별 즉, 재료원가, 노무원가, 제조경비별로 분류·측정·집계하는 절차이다. 원가를 요소별로 계산하는 것은 재화와 용역을 생산함에 있어서 소비된 원가구성을 파악하고 전체 원가 중에서 차지하는 각 원가요소의 중요성을 알 수 있게 해 준다. 예를 들어 동일산업 내 타 기업의 원가구성과 비교하여 문제점을 파악하는데 중요한 역할을 한다. 원가를 재료원가·노무원가·제조경비·직접원가·간접원가 등으로 발생액을 계산하는 것은 바로 원가의 요소별 파악을 의미한다.

2단계: 부문별 원가계산

부문별 원가계산은 요소별 원가계산에서 파악된 원가요소를 발생장소별로 집계하여 부문원가를 계산하는 절차이다. 부문별 원가계산은 원가요소를 발생시킨 부문 즉, 책임중심점별로 원가를 집계하여 정확한 제품원가를 계산하므로 책임중심점에 대한 원가관리에 유용하게 활용할 수 있다. 부문별 원가계산은 주로 제조간접원가를 대상으로 하는데, 제조간접원가의 배부문제가 강조된다.

3단계: 제품별 원가계산

제품별 원가계산은 산출물의 단위당 원가를 측정하기 위하여 투입한 재화나 용역의 원가를 제품·반제품 등의 원가대상에 집계하여 계산하는 절차이다. 제품별 원가계산은 완성된 제품뿐만 아니라 미완성단계에 있는 재공품에 대하여 원가를 계산한다. 제품별 원가계산은 요소별 원가계산에서 파악된 직접원가는 원가대상에 직접 부과시키고, 부문별 원가계산에서 파악된 부문원가는 합리적인 배부기준에 따라 원가대상에 배부하여 제품의 제조원가를 계산한다.

제품원가계산에는 개별원가계산과 종합원가계산이 있으며, 제품별 원가계산에 의해서 재고자산평가와 매출원가가 산정되고, 가격결정을 위한 기초자료가 제공된다. 따라서 원가를 제품별로 계산하는 것은 재무제표작성목적이나 이익관리 등에 있어서 중요한 원가정보를 계산하는 절차이다.

원가계산의 일반원칙

1. 제조원가는 일정한 제품의 생산량과 관련시켜 집계하고 계산한다.
2. 제조원가는 신뢰할 수 있는 객관적인 자료와 증거에 의하여 계산한다.
3. 제조원가는 제품의 생산과 관련하여 발생한 원가에 의하여 계산한다.
4. 제조원가는 그 발생의 경제적 효익 또는 인과관계에 비례하여 관련제품 또는 원가부문에 직접부과하고, 직접부과가 곤란한 경우에는 합리적인 배부기준을 설정하여 배부한다.

3. 원가회계시스템의 종류

원가회계시스템은 특정한 원가대상에 대하여 규칙적이고 지속적으로 그리고 반복적으로 원가계산을 할 수 있도록 체계화된 제도이다. 원가회계시스템은 제품원가에 포함되는 원가의 집계방법, 원가의 계산범위, 원가의 측정방법 및 제품원가가 계산되는 공정의 특성에 따라 다양하게 분류된다.

원가계산준칙 제17조(원가의 제품별 계산방법) 원가의 제품별 계산은 원가요소를 제품단위에 집계하여 단위제품의 제조원가를 산정하는 절차를 말하며, 이는 생산형태에 따라 개별원가계산방식과 종합원가계산방식 등으로 분류한다.

■ 개별원가계산과 종합원가계산

원가계산은 기업이 생산하는 제품의 생산형태에 따라 제품원가를 집계하는 방법이 달라지는데, 그 대표적인 형태가 개별원가계산과 종합원가계산이다.

개별원가계산(個別原價計算, job-order costing)은 작업지시서(作業指示書, job order)별로 원가를 집계하는 원가계산시스템으로써, 고객의 주문에 따라 제품의 종류 · 품질 · 규격별로 개별제품을 생산하는 기업에 적용된다. 즉, 고객의 주문에 따라 주문생산되는 작업배치마다 제품의 특성이나 공정이 다른 경우 각 작업배치별로 작업지시서를 발행하여 작업지시서별로 원가를 집계하는 시스템을 개별원가계산이라 하며, 작업별 원가계산이라고도 한다. 여기서 작업배치(batch)란 어떤 처리를 연속적으로 하는 것이 아니고 일정량씩 나누어 처리하는 경우 그 일정량을 작업배치라고 한다. 배치의 원뜻은 한 묶음이라는 의미이다. 개별원가계산은 조선업 · 건설업 · 기계공업 · 항공기산업 · 자동차수선업 · 인쇄업 · 영화제작업 등과 같이 주문생산형태의 기업에 적합하다.

종합원가계산(綜合原價計算, process costing)은 동일한 또는 유사한 제품을 동일한 공정에 의해 연속적으로 대량 생산하는 경우, 생산공정(生產工程, process)별로 원가를 집계하여 제품의 원가를 결정하는 시스템으로써, 철강업 · 정유업 · 섬유업 · 식품가공업 · 화학공업 · 제분업 · 제화업 등에 적용된다.

원가계산준칙 제17조에서는 "원가의 제품별 계산은 원가요소를 제품단위에 집계하여 단위제품의 제조원가를 산정하는 절차를 말하며, 이는 생산형태에 따라 개별원가계산방식과 종합원가계산방식 등으로 분류한다." 라고 규정하고 있다.

개별원가계산과 종합원가계산의 차이점을 다음과 같이 구분해 볼 수 있다.[6)]

첫째, 생산공정상의 차이: 개별원가계산은 주문이나 특별 수요에 따라 종류와 규격이 다른 제품을 개별 생산하는 기업에 적합한 반면 종합원가계산은 시장의 수요에 따라 동일한 제품을 연속적으로 반복하여 대량생산하는 기업에 적용된다.

둘째, 원가집계상의 차이: 개별원가계산에서는 작업지시서의 발행으로 제조활동이 시작되며, 이때부터 발생하는 모든 원가요소를 직접원가와 간접원가로 구분하여 집계한다. 직접원가는 특정 제품의 제조지시서에 직접 집계되지만, 제조간접원가는 특정 제품별로 추적할 수 없기 때문에 총액을 일정한 배부기준에 따라 각 제조지시서별로 배부하여 원가를 집계한다. 그러나 종합원가계산은 처음부터 제품별로 원가를 집계하는 것이 아니라 모든 원가요소를 원가계산기간 단위로 집계한다. 여기서 원가계산기간은 보통 1개월이나 분기 또는 반기를 기간단위로 하여 계산하는 것이 일반적이다. 또한 개별원가계산처럼 제품별로 원가를 집계하는 것이

6) 이병권(2004), 원가 따라잡기, 새로운 제안, pp.111~114.

아니므로 원가를 직접원가와 간접원가로 구분할 필요가 없으며, 대체로 직접재료원가와 가공원가(직접노무원가와 제조간접원가)로 분류한다. 그 이유는 재료원가와 가공원가의 원가투입 비율이 서로 다르기 때문에 기말재공품을 평가할 때 그 완성도에서 차이가 나기 때문이다.

셋째, 재공품 평가상의 차이: 개별원가계산에서는 각 제조지시서별로 원가요소 금액을 집계하여원가를 계산하므로 기말 현재 완성된 제품의 제조지시서의 합계 금액은 완성품원가를 의미하고, 완성되지 않은 지시서의 원가 금액은 재공품원가임을 의미한다. 그러나 종합원가계산은 원가계산기간 동안에 투입된 총원가를 그 기간 동안의 생산량으로 나누어 단위당 제조원가를 계산하는데, 여기서 계산된 단위당 원가를 완성수량과 기말재공품 수량에 배분함으로써 원가계산이 이루어진다. 따라서 종합원가계산에서는 기말재공품에 대한 평가가 완성품원가 계산의 중요한 과정이 되며, 당기 중의 총투입원가(기초재공품원가 + 당기 투입원가)에서 기말재공품원가를 차감하여 완성품원가를 산정한다.

현실적으로 기업에서 이루어지는 원가계산시스템은 많은 경우 개별원가계산과 종합원가계산의 특성을 혼합한 형태의 혼합원가계산(混合原價計算, hybrid costing)이 사용되기도 한다.

[표 1-4] 생산형태에 따른 원가회계시스템 구분

원가계산방법	개별원가계산	혼합원가계산	종합원가계산
생산형태	주문 • 개별생산 - 건설업 - 인쇄업 - 영화제작업	묶음별 생산 - 의류업 - 자동차산업 - 컴퓨터산업	연속생산 - 정유업 - 제분업 - 제지업
제품형대	주문제품	상이한 묶음제품 한 묶음내의 표준제품	표준제품

■ 실제원가계산과 표준원가계산

제품제조에 따른 원가의 측정방법에 따라 원가회계시스템을 구분한다. 제품생산을 위해 발생된 원가요소를 실제원가로 하느냐 표준원가로 하느냐에 따라 실제원가계산과 표준원가계산으로 구분한다.

실제원가계산(實際原價計算, actual costing)은 제품생산을 위해 발생된 원가요소를 실제원가로 측정하여 사후적으로 계산하는 원가계산시스템이다. 실세원가계산

원가계산준칙 제8조(실제원가계산의 절차) 실제원가계산은 원가요소의 실제발생액을 비목별 계산을 거쳐 원가부문별로 계산한 후 제품별로 제조원가를 집계한다.

은 실제의 사용수량과 실제의 구입가격을 기준으로 제품의 제조에 소요된 원가(직접재료원가、직접노무원가、제조간접원가)를 계산한다. 또한 직접재료원가와 직접노무원가는 실제원가로 하고 제조간접원가는 사전에 예정배부율을 정하여 예정배부하는 방법으로 제품원가를 계산하는 정상원가계산(正常原價計算, normal costing)이 있다. 정상원가계산은 실제원가계산이 지니고 있는 제품 단위당 원가의 변동과 원가계산의 지연이라는 문제점을 극복하기 위해 사용되며 대부분의 기업에서 이용되고 있다.

원가계산준칙 제3조(원가계산제도의 확립등) ① 회사는 제조원가를 계속적으로 수집·측정·배분·보고하기 위한 계산절차로서 실제원가계산제도 또는 표준원가계산제도를 확립하여야 한다.
② 회사가 채택한 원가계산제도는 매기 계속하여 적용하여야 하며, 정당한 이유없이 이를 변경하여서는 아니된다.

표준원가계산(標準原價計算, standard costing)은 원가관리를 목적으로 사전에 정해진 표준수량과 표준가격을 기준으로 제품의 제조원가를 계산하는 원가계산이다. 표준원가계산 역시 실제원가계산이 지니고 있는 문제점인 제품 단위당 원가의 변동과 원가계산의 지연 그리고 원가능률평가의 부적합 등을 보안하기 위한 원가계산방법으로 원가관리、재고자산의 원가결정、제품가격의 결정、예산편성 등의 목적을 지니고 있다.

우리나라 원가계산준칙 제3조 제1항에서는 "회사는 제조원가를 계속적으로 수집·측정·배분·보고하기 위한 계산절차로서 실제원가계산제도 또는 표준원가계산제도를 확립하여야 한다"라고 실제원가계산과 표준원가계산 모두를 인정하고 있다. 또한, 실제원가계산을 적용함에 있어서도 원가계산준칙 제13조에서는 "제조원가는 재료의 가격, 임율 및 경비를 예정가격 또는 예정액으로 계산할 수 있으며, 제조간접비는 예정배부율을 적용하여 계산할 수 있다"라고 정상원가계산 역시 인정하고 있다.

원가계산준칙 제13조(예정가격등의 적용 특례) 제8조의 규정에 불구하고 제조원가는 재료의 가격, 임율 및 경비를 예정가격 또는 예정액으로 계산할 수 있으며, 제조간접비는 예정배부율을 적용하여 계산할 수 있다.

■ 전부원가계산과 변동원가계산

제품제조에 따른 원가는 여러 가지 기준에 의해 측정될 수 있는데, 제품원가의 계산범위에 따라 전부원가계산과 변동원가계산으로 나눌 수 있다. 전부원가계산(全部原價計算, absorption costing)은 원가행태와 관계없이 당해 제품생산과 관련하여 발생된 직접재료원가、직접노무원가、제조간접원가(변동제조간접원가、고정제조간접원가) 전부를 제품원가로 계산하는 원가계산시스템이다.

우리나라 원가계산준칙에서는 "제조원가는 제품의 생산과 관련하여 발생한 원가에 의하여 계산한다."라고 규정함으로서 전부원가계산에 의해 원가계산이 이루어지도록 하고 있다(준칙, 제6조 3).

이에 반해 변동원가계산(變動原價計算, variable costing)은 원가행태와 관계하여 당해 제품생산에서 발생된 직접재료원가、직접노무원가、변동제조간접원가 등의 변동제조원가만을 제품원가로 하며, 고정제조간접원가는 제품원가에서 제외하고 발생 즉시 그 기간의 비용으로 처리하는 원가계산시스템이다. 따라서 어떤 원가계산방법을 적용하느냐에 따라 재고자산의 평가액과 기간손익이 달라지게 된다.

지금까지 설명한 개별원가계산、종합원가계산、혼합원가계산과 실제원가계산、표준원가계산 그리고 전부원가계산、변동원가계산을 조합하면 여러 가지 원가회계시스템을 설정할 수 있다. 재무제표를 작성하는데 유용한 원가정보를 제공하기 위하여 개별、종합、실제、전부원가계산시스템을 적용하면서 경영관리목적으로 변동、표준원가계산시스템을 병용하는 조합이 있을 수 있다.

[그림 1-7] 원가회계시스템의 종류

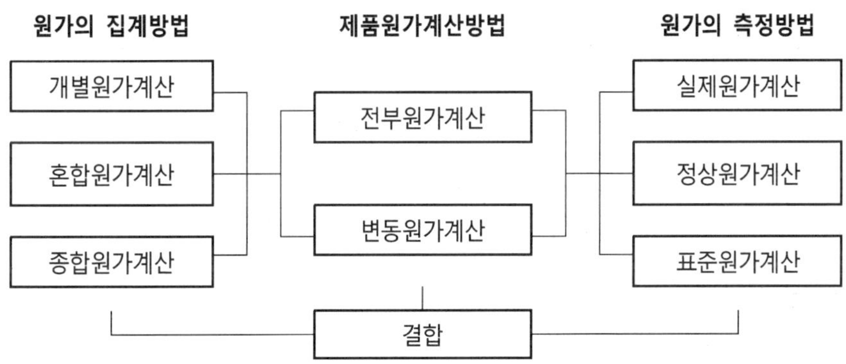

[표 1-5] 제품별 원가회계시스템의 종류

측정방법 / 생산형태	실제원가계산	정상원가계산	표준원가계산
개별원가계산			
원가흐름가정	필요없음	필요없음	필요없음
직접재료원가	실제원가	실제원가	표준원가
직접노무원가	실제원가	실제원가	표준원가
제조간접원가	실제원가	예정배부율×실제배부기준	예정배부율×실제산출량기준
혼합원가계산			
원가흐름가정	필 요 함	필요없음	항상 선입선출법
직접재료원가	실제원가	실제원가	표준원가
직접노무원가	실제원가	실제원가	표준원가
제조간접원가	실제원가	예정배부율×실제배부기준	표준원가
종합원가계산			
원가흐름가정	필 요 함	필 요 함	항상 선입선출법
직접재료원가	실제원가	실제원가	표준원가
가공원가	실제원가	예정배부율×실제배부기준	표준원가

연 | 습 | 문 | 제

01. 원가회계의 역할이 제품가격결정을 위한 기초자료를 제공하는데 있다는 해석은 다음 중 누구의 정보수요를 충족시키는 것이 주된 목적인가? *(2014. 전산회계운용사 2급)*

① 주주　② 규제기관　③ 외부이용자　④ 내부이용자

02. 다음 중 원가회계의 목적이 아닌 것은? *(2015. 전산회계운용사 2급)*

① 원가의 관리와 통제의 목적
② 성과의 측정과 평가를 위한 정보의 제공
③ 기업의 잠재적 투자가치평가 및 기업실체가치 측정에 필요한 정보제공
④ 제품원가의 계산

03. 다음 중 원가회계의 목적으로 볼 수 없는 것은? *(2015. 전산회계운용사 2급)*

① 고객의 욕구 파악
② 제조원가의 통제
③ 제품의 판매가격 결정
④ 정확한 기간손익의 파악

04. 다음 중 원가회계의 목적과 관련이 없는 것은? *(2015. 전산회계운용사 2급)*

① 경영자들의 각종 의사결정 및 통제에 필요한 자료를 제공한다.
② 일반 재무제표의 작성에 필요한 원가를 집계한다.
③ 경영자에게 원가관리에 필요한 원가자료를 제공한다.
④ 회계원칙의 기준에 따라 작성되어야 한다.

05. 원가회계와 관련한 다음 설명 중 가장 옳지 않은 것은? *(64회, 전산세무회계 1급)*

① 제품원가에 고정제조간접비를 포함하는지 여부에 따라 전부원가계산과 변동원가계산으로 구분한다.
② 주문생산은 개별원가계산이 적합하고, 대량 연속적 생산은 종합원가계산이 적합하다.
③ 부담능력기준은 간접원가를 배부하는 가장 합리적인 배분방법이다.
④ 상호배부법은 배부순서를 고려하지 않으며, 보조부문간의 용역수수관계를 가장 완전하게 고려하는 원가배부방법이다.

06. 다음 중 원가회계에 대한 설명으로 틀린 것은? *(61회, 전산세무회계 1급)*

① 전부원가회계에서는 변동제조원가뿐만 아니라 고정제조원가까지도 포함하여 원가계산을 한다.
② 정상원가회계에서 직접재료비와 직접노무비는 실제원가로 계산되지만, 제조간접비는 예정배부율을 사용하여 제품에 배부된다.
③ 개별원가회계는 제품별로 원가계산을 하게 되므로 원가를 직접비와 간접비로 구분하며, 이 중에 공통원가인 간접비는 합리적인 배부기준에 의해 제품별로 배부한다.
④ 표준원가회계는 주로 대외적인 보고목적으로 사용되는 원가회계방법이다.

07. 다음은 관리회계와 원가회계에 대한 설명이다. 옳지 않은 것은? *(2015. 전산회계운용사 2급)*

① 의사결정과 경영계획을 위한 정보의 제공
② 성과평가를 위한 정보의 제공
③ 제품원가계산에 필요한 원가정보의 제공
④ 일반적으로 인정된 회계원칙에 따라 작성된 재무제표정보의 제공

08. 다음 중 그 성격이 다른 원가계산방법은 무엇인가? *(59회, 전산세무회계 1급)*

① 개별원가계산 ② 종합원가계산 ③ 공정별원가계산 ④ 조별원가계산

09. 다양한 원가계산방법에 대한 설명이다. 잘못 설명하고 있는 것은? *(54회, 전산세무회계 1급)*

① 표준원가계산은 실제원가계산에 비하여 성과평가 면에서 우월한 방법이다.
② 정상원가계산에서 직접재료비와 직접노무비는 실제발생한 원가로 계산한다.
③ 종합원가계산은 공정별로 원가를 집계하는 특징이 있다.
④ 실제원가계산에서는 제조간접비 차이조정에 대한 회계처리가 발생하지만, 정상원가계산에서는 제조간접비 차이조정에 대한 회계처리가 발생하지 않는다.

10. 다음 괄호 안에 들어갈 알맞은 용어로 연결된 것은? *(40회, 전산세무회계 1급)*

(가)은 사전에 객관적이고 합리적인 방법에 의하여 산정한 원가를 이용하여 제조원가를 계산하는 경우에 적용한다.
(나)은 동일 종류 또는 다른 종류의 제품을 연속하여 반복적으로 생산하는 생산형태에 적용한다.
(다)은 원가요소의 실제발생액을 비목별 계산을 거쳐 원가부문별로 계산한 후 제품별로 제조원가를 집계한다.

	가	나	다		가	나	다
①	표준원가계산	실제원가계산	종합원가계산	②	실제원가계산	종합원가계산	표준원가계산
③	표준원가계산	종합원가계산	실제원가계산	④	실제원가계산	표준원가계산	종합원가계산

11. 원가회계는 재무회계와 관리회계에서 필요로 하는 원가정보를 제공한다. 다음 중 원가회계가 제공하는 정보와 거리가 먼 것은? *(2011. 재경관리사)*

① 제조와 영업활동 등에 대한 원가정보를 제공하여 합리적인 의사결정을 위한 기초 자료를 제공한다.
② 회사의 모든 자산과 부채에 대한 평가 자료를 제공한다.
③ 외부공표용 재무제표에 작성될 매출원가와 기말재고자산평가의 근거자료가 된다.
④ 경영자와 종업원의 활동의 성과를 평가하기 위한 기본적인 정보를 제공한다.

제 2 장

concept of cost and cost flow

원가의 개념과 원가흐름

제1절 원가의 개념

1. 원가란 무엇인가?

우리는 원가(原價, cost)라는 용어를 일상생활에서 어렵지 않게 볼 수 있으며 사용하고 있다. 원가세일, 휘발유 원가, 전기료 원가, 원가절감, 원가분석 등 원가라는 용어를 쉽게 접하게 된다. 우리는 일상생활에 필요한 여러 가지 물건을 구입하거나 서비스를 제공 받을 때 그에 상응하는 대가를 지불하여야 한다. 이와 같이 재화나 용역을 얻기 위하여 치르는 대가를 원가라 한다.

또 다른 예로 설명하면, 기업은 물건을 판매하여 이익 획득을 목적으로 한다. 이때 완성된 물건을 외부에서 구입(매입)해서 다시 판매하는 경우도 있고, 기업 자체의 생산설비를 갖춘 공장에서 제조된 물건을 직접 판매하는 경우도 있다. 전자의 물건을 '상품'이라 하고, 후자의 물건을 '제품'이라 한다. 이러한 상품과 제품을 팔아 매출을 얻기 위해서는 원가가 발생하게 된다. 상품을 판매하기 위해서는 상품을 외부에서 구입하게 되는데 이를 구입원가(購入原價, purchase costs) 또는 취득원가(取得原價, aquisition costs)라 하고, 제품을 만들기 위해서는 원재료, 인건비, 수선비, 전기료 등등 여러 자원이 소비되게 되는데 이를 제조원가(製造原價, manufacturing costs)라 한다.

원가계산준칙 제4조(제조원가의 범위) ①제조원가는 제품의 생산과 관련하여 소비된 경제적 자원의 가치만을 포함한다. ②비정상적으로 발생한 경제적 자원의 소비는 제조원가에 포함하지 아니한다

원가의 개념에 대해 구체적으로 설명하면, 우리나라 원가계산준칙 제4조에서는 "제조원가는 제품의 생산과 관련하여 소비된 경제적 자원의 가치만을 포함하며, 비정상적으로 발생한 경제적 자원의 소비는 제조원가에 포함하지 아니한다" 라고 정의하고 있다. 이 정의에 의하면 원가는 급부와 관련된 가치이전, 경제적 자원의 소비, 정상적인 것이라는 재무회계중심의 개념으로서 좁은 의미로서의 일반적인 원가개념으로 규정하고 있다. 그러나 원가에 관한 용어는 매우 다양하고 복잡하며 경제환경이 변화하면 그 개념도 변화하고 새로운 개념이 나타나는 특성을 가지고 있다. 원가의 개념을 정의한 대표적인 내용을 소개하면 다음과 같다.

> "원가란 특정한 목적을 달성하기 위하여 발생한 또는 발생할 희생을 화폐단위로 측정한 것"

Cost is foregoing, measured in monetary terms, incurred or potentially to be incurred to achieve a specific objective.

- 미국회계학회, 원가개념 및 기준위원회 보고서, 1951. -

"원가란, 경영목적에 따라 유형·무형이 경제적 자원을 취득하거나 창출함에 있어 의도적으로 포기된 또는 포기될 가치 측정액에 대한 일반적 용어"

For business purposes, cost is a general term for a measured amount of value purposefully released or to be released in the acquisition or creation of economic resources, either tangible or intangible.

- 미국회계학회, 원가개념 및 기준위원회 보고서, 1955. -

미국회계학회의 정의에 의하면 원가는 가치의 희생으로 규정함으로써 경제적 자원의 취득원가뿐만 아니라 장래에 소비될 미래원가까지 포괄하는 넓은 의미로 원가의 개념을 규정하고 있다. 이러한 원가개념의 내용을 종합해 보면, "원가란, 특정한 목적을 달성하기 위하여 희생된 또는 희생될 경제적 자원을 화폐가치로 측정한 것"이라 규정할 수 있겠다.

2. 원가 · 비용 · 손실의 관계

원가와 유사한 개념으로 비용이라는 것이 있다. 특정한 목적을 달성하기 위하여 희생된 또는 희생될 경제적 자원을 화폐가치로 측정한 것을 원가라 하고, 비용(費用, expense)은 특정기간의 수익을 실현하기 위하여 희생된 경제적 자원의 금액을 말한다. '경제적 자원의 희생'이라는 점에서는 원가개념과 동일하지만, 원가는 특정제품이나 서비스를 생산하기 위하여 희생된 자원인 반면 비용은 반드시 생산을 위하여 희생되는 것을 필요로 하지 않는다는 점이 다르다. 따라서 손익계산서상의 비용과 원가계산상의 원가 간에는 다음과 같은 차이점이 있다.

[그림 2-1]에서 보는 바와 같이 기초원가(基礎原價, prime costs)는 원가회계상으로 보아 비용으로서 인식되는 원가를 말하며, 재무회계에서 보면 목적비용(目的費用, expense of purpose)이라 불리운다. 이처럼 원가와 비용개념은 목적비용과 기초원가 측면에서 동일하다. 그러나 비용이지만 원가가 아닌 중성비용(中性費用, non-costs item, 예: 이자비용, 감모손실, 평가손실 등), 원가이지만 비용이 아닌 부가

독일의 경제학자 오이겐 슈말렌바흐(Eugen Schmalenbach)가 원가와 비용을 구분한 개념으로서 중성비용(中性費用), 목적비용(目的費用), 부가원가(附加原價), 기초원가(基礎原價)로 구분하여 표현하였다.

[그림 2-1] 원가와 비용과의 차이점

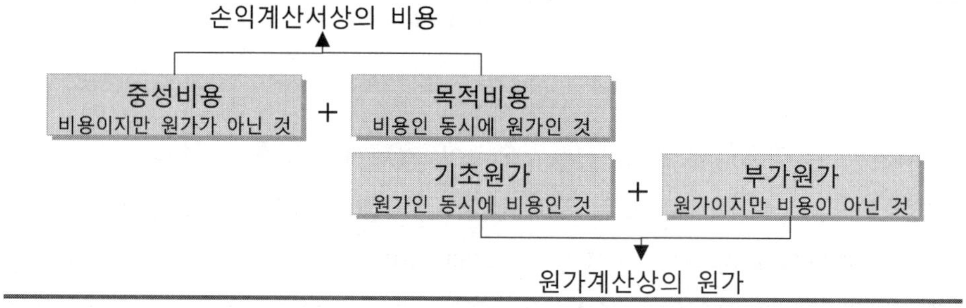

원가(附加原價, imputed costs 예: 상각기간이 완료된 감가상각비, 기업가의 보수, 자기자본의 이자 등) 측면에서 차이가 있다. 또한, 원가와 비용은 자산과의 관련성 측면에서 다음과 같은 관계로 설명할 수 있다.

자산(資産, assets)은 과거의 거래나 사건의 결과로 획득된 미래의 경제적 효익(經濟的 效益, economic benefit), 또는 미래용역잠재력(未來用役潛在力, future service potential)이라고 정의되는데, [그림 2-2]에서 보는 바와 같이 자산을 미소멸원가(未消滅原價, unexpired costs)라고도 한다. 이는 원가를 자산과의 관련성에 따라 소멸원가(消滅原價, expired costs)와 미소멸원가로 구분되기 때문이다. 이러한 자산이 생산활동에 투입되면 원가로 분류되며, 생산활동에 투입된 원가가 판매활동을 거치면서 비용으로 분류된다(예; 매출원가). 그러나 자산이 생산활동에 투입되지 않고 판매 및 일반관리활동에 투입되면 비용으로 분류된다. 따라서 원가와 비용은 모두 소멸원가이지만 생산활동에 투입되었는지의 여부에 따라 구분됨을 알 수 있다. 추가적으로 소멸원가이면서 수익창출에 기여했는지의 여부에 따라 비용과 손실(losses)로 분류된다. 비용은 수익을 창출하는데 기여한 소멸원가인 반면 손실은 수익을 창출하지 못하고 소멸된 원가를 의미한다.

[그림 2-2] 원가·비용·손실과의 관계

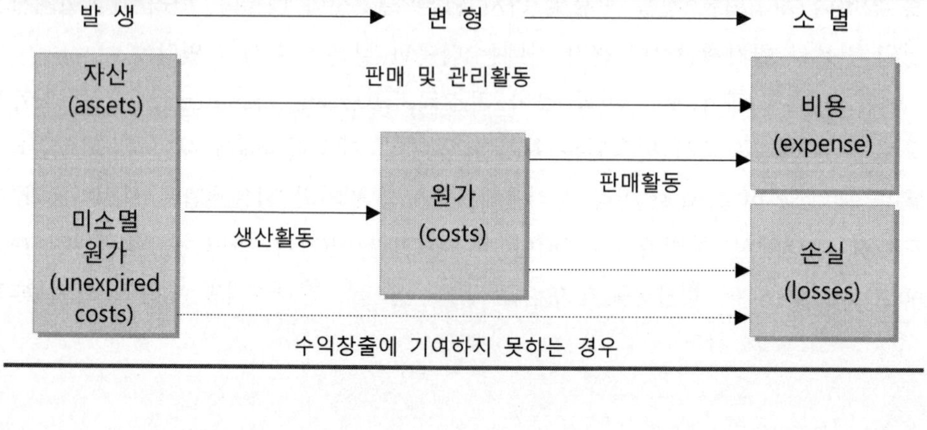

제2절 원가의 분류

원가는 그 이용목적에 따라 여러 가지로 분류하고 있다. 기업의 종류에 따라 원가를 분류할 수도 있고, 원가의 형태 또는 추적가능성, 원가의 발생행태, 수익과의 대응시기에 따라 분류 등 다양하게 분류하고 있다. 아래에서는 여러 가지 목적으로 사용되고 있는 다양한 종류의 원가개념을 설명하고자 한다.

1. 제품원가와 기간원가

원가는 손익계산서의 수익과 대응시키는 시기에 따라 제품원가와 기간원가(기간비용)로 분류된다.

■ 제품원가

제품원가(製品原價, product costs)는 제품 생산을 위하여 소비된 원가의 집계액을 말하며, 일반적으로 제품 1단위당 얼마라고 계산된다. 제품원가를 계산할 때 어느 범위의 원가를 포함할 것인가에 대하여는 의견의 차이가 있지만, 일반적으로 제조활동에 따라 발생하는 재료원가·노무원가·제조경비 모두를 제품원가에 포함하고, 판매비와 관리비·영업외비용 등은 제외한다. 제품원가로 계산된 금액은 그 제품이 판매될 때까지는 재고자산의 원가가 되며, 판매되었을 때는 그 기간에 비용으로 처리된다. 이런 의미에서 제품원가는 기간원가와 대립되는 개념이다. 원가의 흐름에서 자세히 설명하겠지만, 제품의 제조를 위해 소비된 재료원가、노무원가、제조경비(또는 직접재료원가、직접노무원가、제조간접원가)는 재공품계정에 집계되고, 제조과정을 통해 완성된 완성품은 제품제조원가로 제품계정에 대체되어 그 완성품이 판매될 때까지 재고자산의 원가로 남게 된다. 그리고 그 이후 판매가 이루어지면 매출원가라는 비용계정으로 처리되어 판매가 이루어진 그 기간에 매출(수익)과 대응되게 된다. 제품원가는 이와 같이 재고자산의 원가로서 판매시점까지 이연되기 때문에 재고가능원가(在庫可能原價, inventoriable costs)라고도 한다.

■ 기간원가

기간원가(期間原價, period costs)는 특정기간의 수익과 관련된 원가로서 발생한 기간에 수익과 직접 대응시켜 비용으로 처리된다. 기간원가를 넓은 의미로는 기간비용(期間費用, period expense)이라고도 한다. 예를 들어 일반관리비는 원래 완성품이나 원재료 등의 재고자산에도 할당되어야 하지만 이러한 비용은 그 지출과 관련하여 미래에 발생할지도 모르는 경제적 효익을 객관적으로 측정하기 어렵기 때문에 다음 기간으로 이연시키지 않고 발생기간에 비용으로 처리한다. 넓은 의미로 기간원가에 매출원가를 포함시킨 것이 기간비용이다. 기간원가는 재고자산과 같이 미래기간까지 이연되는 것이 아니기 때문에 재고불능원가(在庫不能原價, noninventoriable costs)라고도 한다.

2. 직접원가와 간접원가

원가는 특정의 원가대상(原價對象, cost object)에 대하여 그 발생을 직접적으로 추적할 수 있는가의 여부에 따라 직접원가와 간접원가로 분류된다. 직접원가와 간접원가의 구분은 어떠한 원가대상(예: 제품, 부문, 지역, 프로젝트 등)을 원가계산의 기준으로 하느냐에 따라 달라질 수 있다.

직접원가

직접원가(直接原價, direct costs)는 특정제품 또는 특정부문과 관련하여 물리적으로 명확하게 추적할 수 있는 원가로서, 특정의 원가대상에 직접적으로 추적이 가능한 개별원가(個別原價, individual costs)를 말한다. 예를 들어 가구제조업의 목재원가는 가구 또는 책장별로 추적할 수 있으므로 직접원가가 된다. 어떤 원가가 직접원가로 분류되기 위해서는 그 원가의 발생이 다음과 같은 조건이 필요하다. 첫째, 원가대상과의 관련에서 직접적으로 인식할 수 있어야 한다. 둘째, 그 원가를 직접적으로 파악하는 것이 중요성을 가져야 한다. 셋째, 경제적으로 그 원가대상에 추적 가능하여야 한다.

간접원가

간접원가(間接原價, indirect costs)는 특정제품 또는 특정부문에 직접 추적할 수 있는 원가를 말한다. 간접원가는 제품의 생산과는 관련이 있으나 간접적인 관련성을 갖고 있으며 공통적으로 인식되는 공통원가(共通原價, common costs)로 불리운다. 공통원가는 하나의 원가가 두 개 이상의 원가대상과 관련하여 공통적으로 발생하는 경우의 원가를 의미한다. 앞의 예에서 가구제조업의 목재원가는 가구 또는 책장별로 추적할 수 있으므로 직접원가이다. 그러나 못·아교·도료 등의 소모품원가는 비록 가구나 책장을 제조하는데 필요한 원가이지만 가구나 책장별로 추적이 불가능하므로 간접원가가 된다. 간접원가인 공통원가는 여러 원가대상과 관련하여 발생되므로 각각의 원가대상에 할당하는 과정이 필요하며, 원가대상에 간접원가를 할당하는 과정을 원가배분(原價配分, cost allocation)이라 한다.

어떤 원가가 간접원가로 분류되기 위해서는 그 원가의 발생이 다음과 같은 조건이 필요하다. 첫째, 특정제품에 투입되었는지를 실질적으로 추적할 수 없어야 한다. 둘째, 특정제품에 투입되었는지를 실질적으로 추적할 수 있다 하더라도 추적에 효익이 없는 원가이어야 한다.

원가의 구분은 원가대상에 따라 달라지므로 특정원가가 직접원가인지 간접원가인지 항상 정해져 있는 것은 아니다. 예를 들어 제품라인별로 전력계량기가 설치되어 있다면 제품라인별로 전력비를 추적할 수 있으므로 이 경우의 전력비는 직접원가로 분류된다. 그러나 전력계량기가 공장전체에 한 대가 설치되어 있었다면, 공장전체의 전력비를 각 제품라인별로 할당하는 과정을 거쳐야 하므로 이 경우의 전력비는 간접원가로 분류된다.

3. 제조원가와 비제조원가

원가는 제조활동과의 관련에 따라 제품생산에 투입된 제조원가와 제품의 판매, 조직의 관리활동에 발생한 비제조원가로 분류할 수 있다.

■ 제조원가

제품의 제조를 위해서는 원재료와 이를 가공할 노동력, 그리고 제품의 생산을 위해 제공되는 기계설비 및 전기료, 수선비와 같은 기타 용역이 필요하다. 이와 같이 제품의 제조에 소요되는 원가를 제조원가(製造原價, manufacturing costs)라 한다. 제조원가는 제품의 제조과정에 투입되는 생산요소의 형태에 따라 재료원가, 노무원가, 제조경비로 분류된다.

재료원가

재료원가(材料原價, material costs)는 제품의 제조과정에서 재료·원료 등의 물리적·화학적 형태를 갖는 물품을 소비함으로써 발생하는 원가를 말한다. 재료원가에는 주요재료·보조재료·부분품·공장소모품·소모공구비품 등을 포함한다. 주요재료는 제품의 기본 골격이 되는 것으로서 가구를 예로 든다면 목재를 들 수 있다. 보조재료는 제품의 기본 골격을 구성하지는 않지만 간접적·보조적으로 사용하는 재료로서 가구를 만드는데 사용되는 못·아교·도료와 같은 것을 들 수 있다. 부분품은 가공하지 않고 그대로 제품에 부착되어 제품의 일부가 되는 재료로서 가구의 손잡이·기타 장식품 등을 들 수 있다. 한편, 소모공구비품은 가구작업에 필요한 톱·드라이버 등을 들 수 있으며 내용년수가 1년 미만이거나 금액이 적은 경우 재료원가로 처리하는 것을 말한다. 금액이 크거나 내용년수가 1년 이상인 것은 유형자산으로 분류되어 당해연도의 감가상각비만큼 원가(제조경비)로 계상된다.

재료원가는 원가대상의 추적가능성에 따라 직접재료원가와 간접재료원가로 구분된다. 직접재료원가(直接材料原價, direct material costs)는 제품을 생산하는데 사용되는 재료 가운데 제품의 기본 골격을 구성하는 주요 재료 및 부분품의 원가로서 특정 제품에 직접 추적할 수 있는 원가를 말한다. 예를 들어 자동차제조업의 자동차 엔진, 가구제조업의 목재 등에 대한 원가이다.

한편, 재료가 제품의 제조를 위해서 소비되고 그 제품의 실체를 구성하지만 금액이 적거나 제품별로 그 재료의 소비액을 추적하는 것이 비경제적인 재료의 원가(예: 못·아교·도료 등과 같은 보조재료) 및 제품의 실체를 구성하지 않지만 특정 제품을 생산하는데 반드시 필요한 재료의 소비된 원가(예: 윤활유·세척제·수선부품 등의 소모공구비품)를 간접재료원가(間接材料原價, indirect material costs)라 한다.

노무원가

노무원가(勞務原價, labor costs)는 제품의 제조과정에서 노동력을 소비함으로써 발생하는 원가를 말한다. 노무원가는 제품의 제조과정에서 노동력을 사용하는 대가로 지급되는 임금·급료·잡급·종업원상여수당·퇴직금·복리후생비 등을 포함한다.

노무원가도 원가대상의 추적가능성에 따라 직접노무원가와 간접노무원가로 구분된다. 직접노무원가(直接勞務原價, direct labor costs)란 노무원가 중에서 특정 제품에 대하여 직접 추적할 수 있는 원가를 말하는데, 제품의 제조를 위해서 직접적으로 그 가공작업을 행하는 직접작업자의 노동에 지출된 임금을 의미한다. 예를 들면 자동차의 제조공장에서 판금、 도장、조립 등의 작업에 투입되는 직접작업자에 대하여 시간을 기준으로 지급되거나 일정한 보수가 지급되는 임금이 대표적인 직접노무원가이다.

한편 직접작업 이외의 간접작업(예: 재료취급、수선、운반、청소 등)에 종사하는 작업자、감독자、공장수위 등에게 지급되는 임금은 특정 제품의 각 단위에 직접 추적이 불가능하므로 간접노무원가(間接勞務原價, indirect labor costs)로 분류된다.

제조경비

제조경비(製造經費, other manufacturing costs)는 제품의 제조과정에서 발생하는 재료원가、노무원가 이외의 원가를 말한다. 예를 들어, 감가상각비、임차료、수선비、수도광열비、보험료、통신비、세금과공과 등을 말한다. 여기서 주의할 점은 재료원가、노무원가에 속하는 것 중에서 실무상 재료원가、노무원가로 분류하기 곤란한 경우에는 제조경비로 분류된다는 점이다. 제조경비 역시 원가대상에 대한 추적가능성에 따라 직접경비와 간접경비로 구분된다.

직접경비(直接經費, direct expenses)는 제품을 제조하는데 소비되는 경비 중 특정 제품에 대하여 직접 추적할 수 있는 원가를 말한다. 직접경비는 그 수가 많지 않기 때문에 특별비라고도 한다. 예를 들면, 외주가공비、특허권사용료、특수기계의 임차료와 감가상각비、재료감모손실、공손비 등이 이에 속한다. 간접경비(間接經費, indirect expenses)는 직접경비 이외의 경비를 말하며, 제품 전체 또는 다수의 원가대상에 공통적으로 발생하기 때문에 특정 제품별로 소비액을 추적할 수 없는 원가를 말한다. 대부분의 제조경비는 간접경비에 속한다.

원가계산준칙 제7조 제1항에서는 "재료비・노무비 및 경비로 분류하거나, 회사가 채택하고 있는 원가계산방법에 따라 직접재료비・직접노무비・제조간접비 등으로 분류할 수 있다"라고 규정하고 있다.

제조간접원가(製造間接原價, indirect manufacturing costs, overhead costs)는 직접재료원가와 직접노무원가를 제외한 모든 제조원가를 말하며, 간접재료원가、간접노무원가와 공장건물이나 기계설비에 대한 감가상각비、보험료、수선비、공장에서 보유하고 있는 자산에 대한 제세공과금、공장을 운영하기 위해 발생하는 전력비、가스수도료 등과 같은 기타제조원가로 구성된다. 그러나 판매원의 보수、관리부서 건물의 보험료、감가상각비、제세공과금 등은 제조활동과 직접적인 관련이 없이 판매활동 및 관리활동과 관련하여 발생하는 비용이기 때문에 제조간접원가에 해당되지 않는다.

이상에서 설명한 제조원가에 속하는 재료원가、노무원가、제조경비 등의 세

가지 원가를 기본원가와 가공원가라는 용어로 구분하기도 한다. 기본원가(基本原價, prime costs)는 직접재료원가와 직접노무원가를 합한 금액을 말한다. 이는 제품을 생산하는데 있어서 기본적으로 원재료와 노동력만 있으면 가능하기 때문에 기본원가라는 용어를 사용하는 것으로 이해할 수 있으며, 논리적으로는 직접재료원가와 직접노무원가가 원가대상에 대해 그 소비액을 직접 추적할 수 있기 때문이다. 그리고 가공원가 또는 전환원가(加工原價·轉換原價, conversion costs)는 직접노무원가와 제조간접원가를 합한 금액을 말한다. 가공、전환이라는 용어는 직접재료를 가공한다거나 완성품으로 전환한다는 의미로서, 직접재료를 완성품으로 전환、가공하는 과정에서 직접노무원가와 제조간접원가가 발생하기 때문에 직접노무원가와 제조간접원가를 합한 금액을 가공원가、전환원가라고 한다. 따라서 직접노무원가는 기본원가이면서 가공원가이다.

원가계산준칙 제7조(제조원가요소의 분류) ①제조원가요소는 재료비, 노무비 및 경비로 분류하거나, 회사가 채택하고 있는 원가계산방법에 따라 직접재료비, 직접노무비 및 제조간접비 등으로 분류할 수 있다.

▪ 비제조원가

비제조원가(非製造原價, nonmanufacturing costs)는 제품의 생산활동과는 관련이 없이 발생하는 원가로서 재고불능원가라고도 한다. 비제조원가에는 제품의 판매에 소요되는 판매비와 기업을 유지、관리하는데 필요한 관리비가 있다.

판매비(販賣費, selling expense)는 제품을 판매하는데 소요되는 비용으로서 그 관리를 위하여 주문획득비(注文獲得費, order getting costs)와 주문이행비(注文移行費, order filling costs, logistics costs)로 분류되기도 한다. 주문획득비는 주문 획득을 위해 소요되는 원가로서 광고선전비、직접판매비、판매조사비 등으로 구성된다. 주문이행비는 주문을 이행하기 위해 필요한 원가로서 운송설비의 감가상각비、창고비、매출채권회수비 등이 포함된다.

관리비(管理費, administrative expense)는 기업이라는 조직을 관리하고 유지하는데 필요한 비용으로서 경영자와 사무직원의 급료、복리후생비、사무실 통신비、제세공과금、가스수도료 등으로 구성된다.

비제조원가는 제품의 생산과 관련이 없기 때문에 제조원가의 회계처리와는 상이하다. 제조원가는 최종적으로 제품이라는 자산에 내재화되는 반면에, 비제조원가는 제품에 내재화되지 않는다. 즉 비제조원가는 기업의 수익창출을 위해 발생하였으므로 발생 즉시 비용으로 회계처리한다. 이러한 의미에서 비제조원가는 기간비용이라고도 한다.

[그림 2-3] 제조원가와 비제조원가

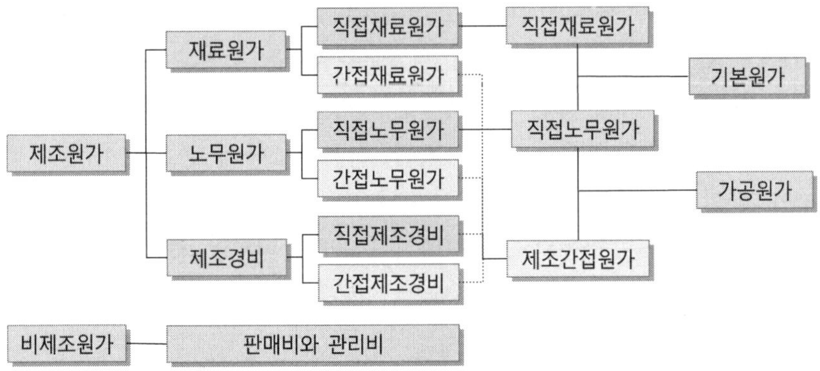

제조활동과의 관련에 따라 원가를 여러 가지로 분류하였다. 분류된 원가를 종합해 보면 다음과 같은 구성관계로 나타낼 수 있다.

[그림 2-4] 원가의 구성관계

4. 변동원가와 고정원가

원가행태(原價行態, cost behavior)란 원가동인의 변화에 따라 원가가 어떻게 반응하느냐를 나타내는 것이다. 원가동인(原價動因, cost driver)이란 원가대상의 총원가를 증감시키는 특정 요인을 말하는데, 원가동인의 대표적인 예로는 생산량·판매량·작업시간 등의 조업도(操業度, level of activity)를 들 수 있다. 조업도가 증가함에 따라 비례적으로 증가하는 원가가 있는 반면, 일정하게 발생하는 원가도 있다. 이러한 원가발생 행태에 따라 변동원가와 고정원가로 분류된다.

변동원가

변동원가(變動原價, variable costs)란 조업도의 변화에 비례하여 원가총액이 변동하는 원가를 말한다. 직접재료원가나 직접노무원가는 조업도에 비례하여 발생하므로 대표적인 변동원가에 속한다. 예를 들어 자동차 한 대에 바퀴가 4개가 투입된다면, 자동차 두 대의 경우는 8개의 바퀴, 자동차 3대의 경우는 12개의 바퀴가 투입되듯이 조업도가 100% 증가하면 변동원가도 비례적으로 100% 증가한다. 그러나 단위당 변동원가는 자동차 1대당 바퀴가 4개인 것처럼 항상 일정하다. [그림 2-5]에서 보는 바와 같이 변동원가 총액은 비례적으로 증가하며(왼쪽 그림), 단위당 변동원가는 항상 일정하다(오른쪽 그림).

[그림 2-5] 변동원가

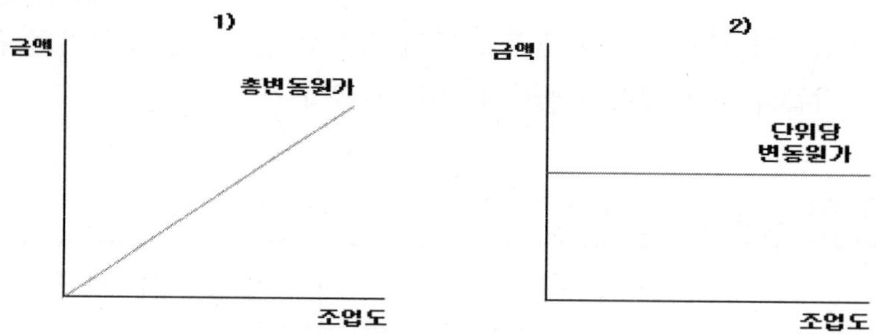

고정원가

고정원가(固定原價, fixed costs)란 조업도의 변화와 관계없이 총원가가 일정하게 나타나는 원가를 말하며, 건물감가상각비·공장장급료·임차료·보험료 등은 기간별로 일정하게 발생하는 원가이므로 전형적인 고정원가에 속한다. 조업도 관련범위 내에서의 총고정원가는 일정하게 발생하지만 단위당 고정원가는 체감하게 된다. 예를 들어 1년에 공장임차료를 1백만원 지급하기로 하였다면 생산량·판매량·작업시간과 같은 조업도가 증가하더라도 조업도와 상관없이 1년에 1백만원을 지급하여야 한다. 그러나 1년에 10,000개를 생산하였다면 제품단위당 고정원가는 ₩100이 되며, 만약 20,000개를 생산하였다면 제품단위당 고정원가는 ₩50이 된다. [그림 2-6]에서 보는 바와 같이 조업도 관련범위 내에서의 총고정원가는 일정하게 발생하지만(왼쪽 그림), 단위당 고정원가는 체감하게 된다(오른쪽 그림).

[그림 2-6] 고정원가

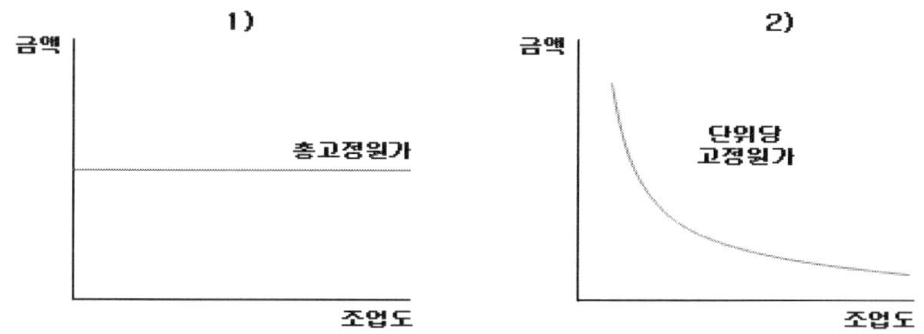

준변동원가

준변동원가(準變動原價, semi-variable costs)는 혼합원가(混合原價, mixed costs)라고도 하는데, 이는 변동원가요소와 고정원가요소를 모두 포함하고 있는 원가로서 조업도가 zero인 경우에도 고정원가 요소만큼 일정액이 발생하고 조업도의 증가에 따라 비례적으로 증가하는 변동원가를 모두 포함하는 원가이다. 전력료、통신비、수도료、수선유지비 등이 이에 속한다. 예를 들어, 기본요금 월 ₩45,000에 1분당 ₩150인 휴대폰 요금체계를 가정해 볼 경우, 월간 300분을 사용하였다면 총통신비는 ₩90,000(₩45,000+300분×₩150)이 되고, 월간 500분을 사용하였다면 총통신비는 ₩120,000(₩45,000+500분×₩150)이 될 것이다([그림 2-7], 왼쪽 그림).

준고정원가

준고정원가(準固定原價, semi-fixed costs)는 계단원가(階段原價, step-cost)라고도 하는데, 이는 일정한 조업도 범위 내에서는 원가가 일정하게 발생하지만 그 조업도 범위를 벗어나면 원가가 상향 또는 하향 이동하는 원가를 말한다. 작업반장급여、기계감가상각비 등이 이에 속한다. 예를 들어, 기계감가상각비의 경우 기계 1대의 월 제품 생산능력이 1만개라고 가정하면, 만약 월 1만 5천개의 제품을 생산하려면 기계가 2대 필요하다. 따라서 제품을 1만개까지 생산할 때는 기계 1대에 대한 감가상각비가 발생하지만, 제품 1만 5천개를 생산하려면 기계 2대가 필요하며 기계 2대에 대한 감가상각비가 발생하는 등의 모양으로 원가가 발생한다.

이와 같이 모든 변동원가나 고정원가가 항상 변동적이거나 고정적인 것이 아니고 일정한 범위 내에서 변동 또는 고정적인 것이다. 이 범위를 관련범위(關聯範圍, relevant range)라고 한다. 즉, 관련범위란 특정 기간에 변동할 것으로 기대되는 조업도의 범위를 말하는데, 원가(또는 수익)와 조업도와의 관계는 이 범위 내에서 직선으로 나타낼 수 있다. 고정원가는 주어진 기간(보통 예산기간)과 주어진 범위 내에서만 일정하다([그림 2-7]의 오른쪽 그림).

[그림 2-7] 준변동원가

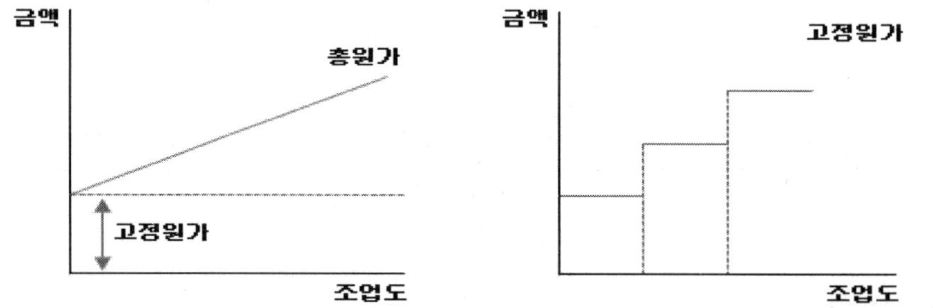

예제 2-1 변동원가와 고정원가의 행태

A회사의 년간 최대 조업도 수준은 2,000단위이다. 현재 1,000단위 제품을 생산하고 있으며, 이 때 발생된 원가는 다음과 같다.

변동원가	₩500,000	(₩500,000 ÷ 1,000단위 = @₩500)
고정원가	400,000	
계	₩900,000	

- **회사의 생산량이 500단위 일 경우, 제품단위당 원가**

변동원가 : @₩500 × 500개 = ₩250,000
고정원가 : 400,000
₩650,000
제품 단위당원가 : ₩650,000 ÷ 500개 = @₩1,300

- **회사의 생산량이 1,000단위 일 경우, 제품단위당 원가**

변동원가 : @₩500 × 1,000개 = ₩500,000
고정원가 : 400,000
₩900,000
제품 단위당원가 : ₩900,000 ÷ 1,000개 = @₩900

- **회사의 생산량이 1,500단위 일 경우, 제품단위당 원가**

변동원가 : @₩500 × 1,500개 = ₩750,000
고정원가 : 400,000
₩1,150,000
제품 단위당원가 : ₩1,150,000 ÷ 1,500개 = @₩766.^{66}

5. 관련원가와 비관련원가

의사결정을 위한 원가는 미래에 실행될 가능성이 있는 수많은 선택안 중에서 '어느 것이 가장 최선인가'를 판단하기 위한 자료를 제공하는 미래지향적인 원가들이다. 둘 이상의 대체안 중에서 최선의 안을 선택하는 의사결정에 영향을 미칠 수 있는 관련성(關聯性, relevance)여부에 따라 관련원가와 비관련원가로 구분된다. 관련원가에는 미래원가·차액원가·기회원가 등이 있으며, 비관련원가에는 매몰원가가 있다.

관련원가

관련원가(關聯原價, relevant costs)는 경영자의 의사결정에 영향을 미칠 수 있는 원가를 말하며, 대안의 선택에 따라 달라지는 원가가 관련원가이다.

미래원가

미래원가(未來原價, future costs)는 어떤 선택이 이루어진다면 미래에 발생할 것으로 예측되는 원가이다. 미래에 있어서 경영활동에 관한 의사결정에 중요한 것이며 기회원가, 회피가능원가 등이 그 예이다. 미래원가는 역사적 원가·과거원가(past cost)·현재원가에 대립되는 원가개념이다.

기회원가

기회원가(機會原價, opportunity costs)는 경제적 재화 내지 용역에 2개 이상의 용도가 있을 때, 1개를 취하고 다른 것을 포기하기 때문에 잃게 되는 이익 또는 수익을 말한다. 기회원가는 대체적 용도의 한정된 자원에 적용되는 개념으로써 실제 회계지급이 이루어지는 것이 아니고 견적액이다. 기회원가는 여러 가지 방법 중에 어느 것을 선택하느냐의 의사결정에 이용된다. 따라서 기회원가는 관련원가이고 미래원가의 하나이며 특수원가에 속하고 특수원가 조사에서 사용된다. 예를 들어 아르바이트 값이 A마켓에서는 시간당 1만원이고 B마켓에서는 1만 2천원인 경우, 만약 A마켓을 선택하였다면 기회원가가 1만 2천원이다. 즉, A마켓을 선택하였으므로 B마켓에서 얻을 수 있었던 1만 2천원의 기회를 포기하였기 때문이다. 반대로 B마켓을 선택하였다면 기회원가는 1만원이 된다.

차액원가

차액원가(差額原價, differential costs)는 의사결정 대체안 간에 차이가 나는 원가를 말하며, 경영자가 대체안들을 비교할 때 한 대안에는 존재하지만 다른 대안에는 전체적으로 또는 부분적으로 존재하지 않는 원가이다. 차액원가를 증분원가라고도 하는데, 업무활동의 변경으로 인하여 발생하게 될 특정원가요소의 변동분 또는 원가총액의 증감분이다. 여기에는 변동원가와 고정원가가 포함된다. 차액원가에 대응되는 수익개념을 차액수익이라고 한다. 예를 들면, A제품을 생산하는데 ₩300,000의 원가가 소요되며 B제품을 생산하는데는 ₩350,000의 원가가 소요된다면 이때의 차액원가는 ₩50,000이 된다.

비관련원가

비관련원가(非關聯原價, irrelevant costs)는 경영자의 의사결정에 영향을 미치지 않는 원가를 말하며, 매몰원가가 있다. 매몰원가(埋沒原價, sunk costs)는 과거 의사결정의 결과로 이미 발생하였거나 발생될 것으로 결정된 원가로서 현재나 미래의 경영 의사결정에 의해 변경될 수 없는 원가를 말한다. 따라서 매몰원가는 역사적 원가이며 경영자가 통제할 수 없는 원가이다. 그러나 매몰원가가 비관련원가이지만 의사결정과정에서 역사적 원가정보를 분석함으로써 미래원가를 예측할 수 있기 때문에 다소 혼란을 주기도 한다.

[그림 2-8] 의사결정 목적의 원가분류

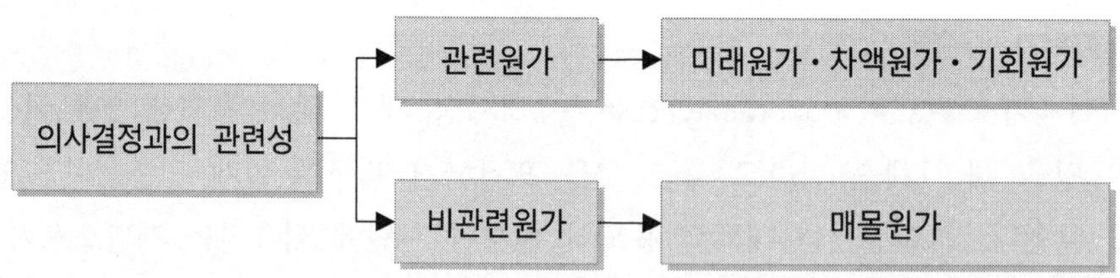

6. 통제가능원가와 추적가능원가

■ 통제가능원가

경영자는 전사적인 목표를 효율적으로 달성할 수 있도록 하위 조직단위들을 통제하게 되는데, 기간적 성과평가를 통한 간접적 통제방식을 취하게 된다. 이 때

원가의 발생에 대하여 특정관리자가 통제할 수 있는지의 여부에 따라 통제가능원가와 통제불능원가로 구분된다. 통제가능원가(統制可能原價, controllable costs)란 일정기간 동안 특정원가를 통제할 수 있는 권한을 갖고 있어서 실질적으로 상당한 영향을 미칠 수 있는 원가를 말하며, 그에 대응되는 개념을 통제불능원가(統制不能原價, uncontrollable costs)라 한다. 여기서 원가발생의 통제가능성 여부는 원가의 속성에 따른 것이 아니라 특정관리자에 따라 달라진다. 예를 들어, 회사전체의 광고비는 부문관리자에게는 통제불가능하지만 광고비 지출여부에 대한 결정권을 가지고 있는 특정관리자에게는 통제가능원가가 된다. 또 다른 표현으로 회사 내의 모든 원가는 통제가 가능하므로 통제가능원가를'자기통제가능원가'라 하고, 통제불능원가를 '타인통제가능원가'라고도 한다.

■ 추적가능원가

성과평가 목적에 따른 원가 중 발생된 원가를 특정 부문과 관련하여 발생할 것으로 추적할 수 있는 추적가능원가(追跡可能原價, traceable costs)와 추적불능원가(追跡不能原價, nontraceable costs)로 구분한다. 추적가능성에 따른 원가를 구분하는 것은 특정 부문관리자의 성과를 평가하는 것과는 별개로 특정 부문의 성과를 평가할 경우 부문관리자의 통제가능성 여부와는 관계없이 당해 부문과 관련하여 발생한 것으로 추척되는 원가를 고려하여 평가가 이루어져야 하기 때문이다. 예를 들어, 회사전체의 광고비는 각 부문과는 관계가 없으며 추적이 불가능하기 때문에 각 부문을 평가할 경우 회사전체의 광고비는 평가항목에서 제외되어야 할 것이다.

[그림 2-9] 성과평가 목적의 원가분류

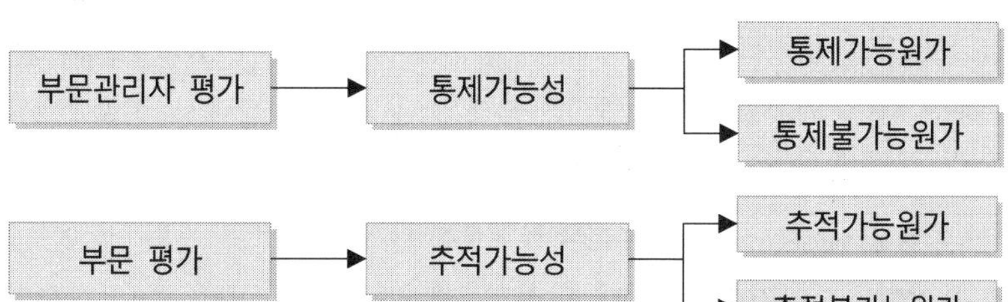

제3절 원가흐름

1. 원가흐름의 기본모형

원가흐름(cost flow)이란 기업이 경영활동을 수행하는 과정에서 발생한 원가가 어떤 형태로 발생되었는가를 추적하는 과정이라 할 수 있다. 원가정보를 활용하기 위해서는 원가계산 시 이러한 원가흐름이 계속적으로 추적되고 집계되어야 한다. 원가흐름의 기본적인 사고는 수이·비용 대응원칙에 두고 있다. 즉, 수익을 창출하는 데 발생한 원가는 관련 수익을 보고하기 전까지는 비용으로 인식해서는 안 되며 관련 수익을 보고하는 기간에 비용으로 인식하여야 한다는 사고이다. 따라서 수익·비용의 대응원칙을 적용하기 위해서는 수익과 원가 간의 관계를 명확하게 설정하는 것이 필요하다. 실제로 판매를 위해 생산한 제품의 경우에는 수익을 획득하기 위하여 원재료를 구입하고 노동력과 생산설비를 투입하여 제품을 제조한다. 이러한 제품을 제조하기 위해서 발생된 원가 즉, 제조원가는 미래의 경제적 효익을 기대할 수 있기 때문에 재고자산이라는 자산계정으로 대체된 후 제품을 판매하는 시점 즉, 수익을 보고하는 시점에서 매출원가라는 비용으로 인식된다.

원가흐름에 대해 구체적으로 설명하면, 상기업·제조기업 및 서비스 기업 모두 생산요소를 투입하여 소비자가 필요로 하는 재화나 용역을 산출한다. 이들 기업은 업종마다 서로 다른 특성을 지니고 있어 이를 회계시스템에 반영하여 원가를 추적하고 집계하고 있다. 상기업 또는 도소매업은 외부로부터 완성된 물품(상품)을 구입하여 그것을 그대로 다시 팔거나 포장 등을 약간 변경한 후 판매한다. 이처럼 판매를 위해 외부로부터 구입한 상품은 구입한 시점에서 상품의 취득원가가 되는데, 상품의 취득원가는 상품의 구입가격뿐만 아니라 상품을 구입하는 데 소요된 부대비용인 운임·수수료·하역료·수입관세·보관료 등의 부수적인 비용 등을 모두 포함한다. 이러한 상품이 팔리면 매출원가라는 비용으로 기록된다. 또한, 외부에서 구입한 상품은 팔리기 전까지 상품이라는 재고자산계정에 남아있게 되는데, 상품은 이미 외부에서 완성품 상태로 구입되기 때문에 재고자산의 원가를 파악하기 쉽다. 서비스기업의 경우, 주요 특징은 일반적으로 물질적인 것이 아닌 무형의 서비스를 사람이나 설비가 제공한다는 점이다. 따라서 재료가 필요 없거나 제공되는 서비스에 비해 경제적 가치가 적은 비품 또는 소모품만이 사용되므로 재고자산계정이 거의 필요로 하지 않는다. 제조기업의 경우는 재료를 구입하고 이를 가공하여 완성품(제품)을 생산하기 때문에 상기업·서비스기업의 경우보다는 원가의 추적과 집계가 상대적으로 복잡하다.

상기업·제조기업 및 서비스 기업 모두 의사결정과 성과평가를 위해 원가에 관한 정보를 필요로 하지만, 특히 제조기업은 외부보고목적의 재무제표에 표시되는 재산자산 평가와 매출원가 측정을 위해 제품원가계산의 중요성이 강조되고 있다. 이하에서는 제조기업의 원가흐름에 대해 설명하고자 한다.

회사 자체의 생산시설을 갖춘 공장에서 제조된 물건을 판매하는 기업을 제조기업이라 하고, 제조기업에서 생산된 물건을 제품이라 한다. 제조기업의 경우, 재료를 외부에서 구입하고 이를 가공하여 제품을 생산하기 때문에 원재료·노동력·서비스를 구입하는 구매활동, 조달된 원재료의 가공과 노동력 및 기타 자원을 소비하여 제품을 제조하는 제조활동, 그리고 외부에 제품을 판매하는 판매활동 등으로 구분해 볼 수 있다. 구매활동은 외부로부터 제조활동에 필요한 원재료·노동력·서비스를 구입함으로써 원가가 기업에 유입되는 단계로 외부거래이다. 제조활동은 구매활동을 통하여 조달된 원재료 등을 제품 제조를 위해 투입함으로써 재료원가·노무원가·제조경비가 발생하여 그 소비액은 재공품계정에 집계되고, 완성된 제품은 제품계정으로 대체되는 단계로 내부거래이다. 이러한 내부거래는 제조기업에서만 발생하는 과정이다. 판매활동은 완성된 제품을 기업외부에 판매함으로써 원가가 소멸되는 단계로 제품의 원가는 소멸되어 매출원가라는 비용으로 바뀌는 외부거래이다. [그림 2-10]은 제조기업의 원가흐름을 활동별로 표시한 것이다.

[그림 2-10] 제조기업의 원가흐름 활동

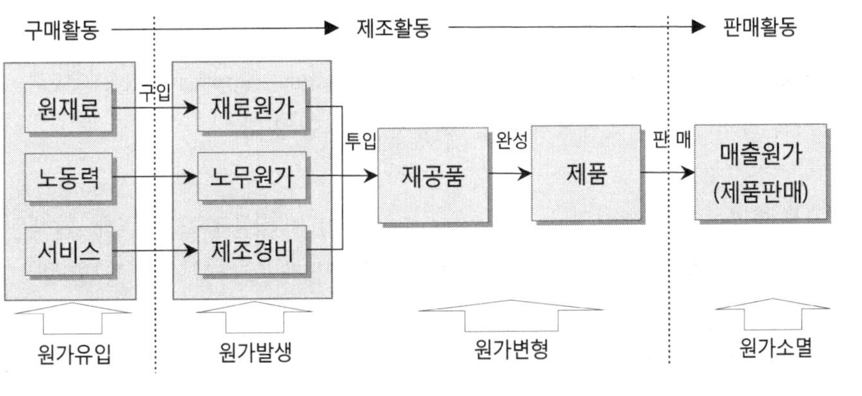

2. 제조원가의 흐름

제조기업의 원가흐름을 구체적으로 설명하면 [그림 3-2]와 같다. 일반적으로 제조기업은 제품을 만들기 위해 먼저 외부로부터 원재료를 조달하고, 제품을 생산하기 위해 조달된 원재료와 노동력 그리고 기계설비·전기·수도 등의 경비가 소비된다. 이렇게 제조과정에서 소비되는 모든 원가요소 즉, 재료원가·노무원가·제조경비(또는 직접재료원가·직접노무원가·제조간접원가)는 일단 재공품계정에 집계되며, 그 중 완성된 제품의 원가는 제품계정으로 대체된다. 그리고 미완성된 재공품의 원가는 기말재공품재고액으로 남게 된다. 제품계정에 집계된 제품 중 판매가 이루어진 제품은 매출원가라는 비용계정으로 대체되고, 판매되지 않은 제품은 기말제품재고액으로 남게 된다. 이러한 과정에서 원가요소 금액 중 직접원가는 해당되는 재공품계정에 바로 대체되지만, 제조과정에서 발생한 간접원가는 제조간접원가라는 집합계정에 일단 모았다가 일정한 기준에 따라 배부과정을 거쳐 각 재공품계정별로 대체된다. 따라서 제조기업에서는 원재료·재공품·제품 등의 재고자산계정이 이용된다. 제조간접원가계정은 제품의 제조활동에서 발생한 간접재료원가·간접노무원가·기타 제조경비 등을 집계한 계정이다. 제조간접원가는 특정 제품과의 인관관계가 없고 개별 추적도 불가능한 원가로서 바로 제품에 부과할 수 없기 때문에 제조간접원가계정에 집계한 후 일정한 기준에 따라 각 재공품에 배부한다.

재료계정(材料計定, raw material account)은 제품의 제조활동에 사용할 원료·재료·매입부분품·미착원재료 등의 원가를 기록하는 재고자산계정이다. 기업에 따라서는 소모품·소모공구비품·수선용부분품 등과 같이 제조공정에 부수적으로 사용되는 물품을 별도의 저장품계정(貯藏品計定, factory supplies account)으로 구분하여 표시할 수도 있고, 원재료계정에 포함시킬 수도 있다.

재공품계정(在工品計定, work-in-process account)은 제품제조를 위해 발생된 모든 원가(직접재료원가·직접노무원가·제조간접원가)가 일차적으로 집계되는 계정이다. 재공품은 현재 작업 중인 제품이란 뜻으로서 서로 다른 제품별로 설정되어 원가집계가 이루어진다. 따라서 재공품계정은 작업 중인 제품의 수만큼 설정하게 된다. 원가요소 금액 중 직접원가는 해당되는 재공품에 바로 대체되지만 간접원가는 제조간접원가라는 집합 계정에 일단 모았다가 일정한 기준에 따라 각 재공품별로 배부하여 대체한다. 당기에 완성된 제품의 원가를 제품제조원가라 하는데 제품제조원가는 전기로부터 이월된 기초재공품재고액에다 당기에 새로 투입된 직접재료원가 · 직접노무원가 · 제조간접원가를 더한 다음 기말 현재 미완성된 재공품의 원가인 기말재공품원가를 차감하여 계산한다. 이렇게 계산된 당기 제품제조원가는 완성품에 대한 원가를 뜻하므로 제품계정으로 대체한다. 이와 같은 원가흐름 과정에서 재공품계정은 당기에 새로 투입된 원가요소(직접재료원가 · 직접노무원가 · 제조간접원가) 즉, 당기총제조원가와 당기에 완성된 제품의 원가인 당기총제품제조원가 정보가 담겨져 있다.

제품계정(製品計定, finished goods account)은 작업이 완료된 완성품을 기록하는 계정으로서 재공품계정에서 계산해 대체된다. 제품계정으로 대체된 당기의 완성품 원가에 전기에서 이월된 제품재고액을 더하고 그 중 기말 현재 판매되지 않은 기말제품재고액을 차감하면 매출원가가 계산된다.

■ 재료 계정

당기재료소비액 = 기초재고액 + 당기구입액 - 기말재고액

■ 재공품 계정

당기제품제조원가 = 기초재공품재고액 + 당기직접재료원가소비액
+ 당기직접노무원가소비액 + 당기제조경비 - 기말재공품재고액

■ 제품 계정

매출원가 = 기초제품재고액 + 당기제품제조원가 - 기말제품재고액

[그림 2-11] 제조원가의 흐름 단계

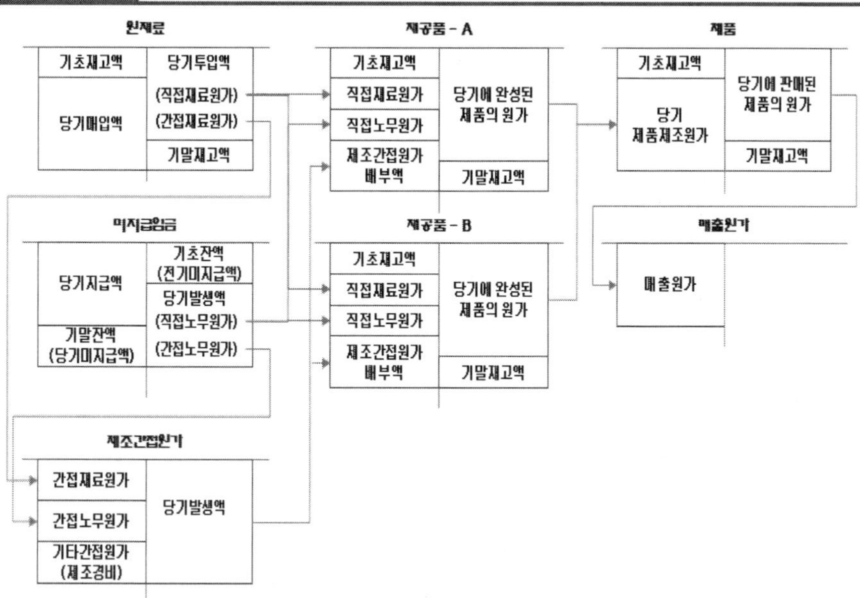

제4절 제조기업의 재무제표

1. 제조원가명세서

제조원가명세서(製造原價明細書, statement of costs of goods manufactured)란 일정기간 동안 재공품계정에 집계된 제조원가와 기초와 기말의 변동사항을 요약한 표를 말한다. 즉, 제품제조에 소비되는 모든 원가는 재공품계정에 집계되므로 제조원가명세서는 결국 재공품계정을 상세히 풀어서 나타낸 것이다. 제조원가명세서는 특정 원가회계기간 동안에 발생한 원가를 직접재료원가·직접노무원가·제조간접원가 등 원가요소별로 그 내역을 상세히 나타냄으로서 원가계산기간 동안에 완성된 제품원가의 구성내역을 표시한다. 이는 재무제표 중 손익계산서에 계산되는 당기총제품제조원가의 구체적인 산출내역을 제조원가명세서를 통해서 정리한 것이다.

[그림 2-12] 재공품계정과 제조원가명세서와의 관계

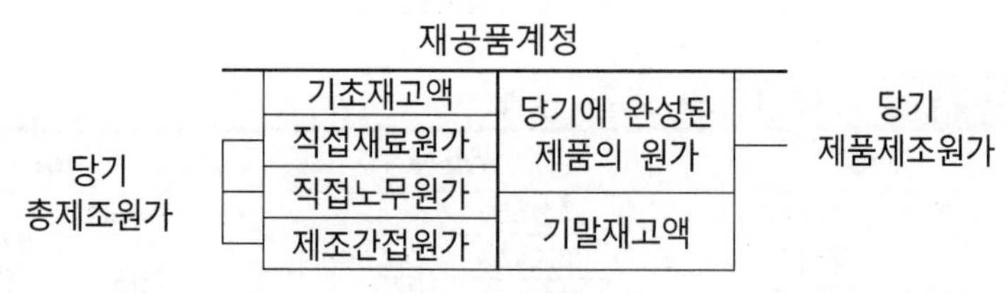

제조원가명세서

직접재료원가		XXX
기초재고액	XXX	
당기구입액	XXX	
사용가능액	XXX	
기말재고액	(XXX)	
직접노무원가		XXX
제조간접원가		XXX
당기총제조원가		XXX
기초재공품재고액		XXX
합 계		XXX
기말재공품재고액		(XXX)
당기총제품제조원가		XXX

[그림 2-12]에서 보는 바와 같이 제조원가명세서에서 당기총제조원가는 당기에 제품제조를 위해 새로 투입된 직접재료원가 · 직접노무원가 · 제조간접원가를 합한 금액이며, 당기총제품제조원가는 당기에 완성된 완성품의 원가이다. 제조원가명세서는 예전에 재무제표의 필수 부속명세서였으며 원가정보로서의 중요성을 지니고 있다.

2. 재무제표

제조원가명세서상의 금액은 재무상태표(財務狀態表, statement of financial position) 및 손익계산서(損益計算書, income statement)상의 금액과 서로 관련된다. 재무상태표의 재고자산에 기록되는 원재료 · 재공품 · 제품의 금액은 제조원가명세서상의 기말원재료재고액 · 기말재공품재고액의 금액과 일치하며, 손익계산서상의 매출원가를 산출하기 위해 필요한 당기제품제조원가는 제조원가명세서상의 금액과 일치하며, 기말제품재고액은 재무상태표의 기말제품재고액과 일치한다.

[그림 2-13] 재공품계정과 제조원가명세서와의 관계

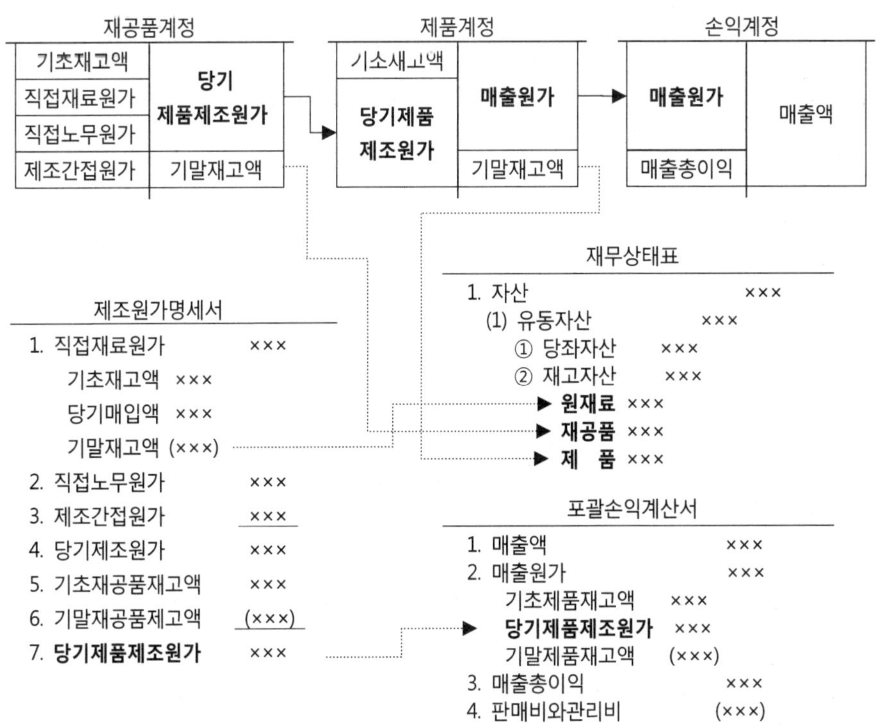

이와 같이 제조원가명세서와 재무상태표 및 손익계산서의 원가금액은 상호 관련되어 표시된다. [그림 2-13]은 원가흐름과 재무제표간의 관계를 나타낸 것이다.

예제 2-2 원가흐름

2017년 3월 중 회사의 생산 및 판매활동에 관한 자료는 다음과 같다.

1. 2017년 3월 1일 재고자산 현황

원재료	₩400,000
재공품	500,000
제 품	750,000
계	₩1,650,000

2. 거래 및 기타사항
   1) 원재료를 ₩1,200,000 구입하였으며, 이중 ₩800,000은 현금으로 지급하고 나머지는 외상으로 구입하였다.
   2) 원재료 ₩1,500,000을 생산에 투입하였다. 이중 ₩500,000은 간접재료원가이다.
   3) 당기에 발생한 노무원가는 ₩1,600,000이며, 아직 미지급 상태이다.
   4) 노무원가 중 80%는 직접노무원가이며, 나머지는 간접노무원가이다.
   5) 당기에 발생한 제조간접원가는 다음과 같으며, 미지급된 상태이다.

공장감가상각비	₩160,000
공장소모품비	180,000
수선유지비	240,000

   6) 3월 31일 재공품재고액과 제품재고액은 각각 ₩400,000과 ₩250,000이다
   7) 3월의 매출액은 ₩8,000,000이다.
   8) 3월의 판관비는 ₩780,000이다.

[물음사항]

1. 2017년 3월 중의 원가흐름을 분개하고 T-계정으로 전기하시오.
2. 제조원가명세서와 손익계산서를 작성하시오.

■ 풀이

1. 분개

1) 직접재료 구입에 대한 분개

(차) 직 접 재 료	₩1,200,000	(대) 현 금	₩800,000
		매 입 채 무	400,000

2) 직접재료의 생산투입에 대한 분개

(차) 재 공 품	₩1,000,000	(대) 직 접 재 료	₩1,500,000
제조간접원가	500,000		

3) 노무원가의 발생에 대한 분개

(차) 임 금	₩1,600,000	(대) 미지급임금	₩1,600,000

4) 노무원가의 생산투입에 관한 분개

(차) 재 공 품	₩1,280,000	(대) 임 금	₩1,600,000
제조간접원가	320,000		

5) 제조간접원가 발생에 관한 분개

(차) 공장감가상각비	₩160,000	(대) 미지급금	₩580,000
공장소모품비	180,000		
수선유지비	240,000		

6) 제조간접원가계정으로의 집계에 관한 분개

(차) 제조간접원가	₩580,000	(대) 공장감가상각비	₩160,000
		공장소모품비	180,000
		수선유지비	240,000

7) 제조간접원가를 재공품계정으로의 배부에 관한 분개

(차) 재 공 품 ₩1,400,000 (대) 제조간접원가 ₩1,400,000

8) 완성품을 제품계정으로의 대체에 관한 분개

(차) 제 품 ₩3,780,000 (대) 재 공 품 ₩3,780,000

9) 제품의 매출에 관한 분개

(차) 매 출 채 권 ₩8,000,000 (대) 매 출 ₩8,000,000

10) 매출원가에 관한 분개

(차) 매 출 원 가 ₩4,280,000 (대) 제 품 ₩4,280,000

11) 판매관리비에 관한 분개

(차) 판매관리비 ₩780,000 (대) 미지급금 ₩780,000

2. T-계정에의 전기

직접재료

기초	400,000	(2)	1,000,000
(1)	1,200,000	(2)	500,000
		기말	100,000

재공품

기초	500,000	(8)	3,780,000
(2)	1,000,000	기말	400,000
(4)	1,280,000		
(7)	1,400,000		

제조간접원가

(2)	500,000	(2)	1,400,000
(3)	320,000		
(6)	580,000		

제 품

기초	750,000	(10)	4,280,000
(8)	3,780,000	기말	250,000

임 금

(3)	1,600,000	(4)	1,280,000
		(4)	320,000

매출원가

(10)	4,280,000		

매출채권

(9)	8,000,000		

매출

		(9)	8,000,000

미지급금

		(5)	580,000
		(11)	780,000

판매관리비

(11)	780,000		

제조원가명세서

직접재료원가		1,000,000
기초재고액	400,000	
당기구입액	1,200,000	
사용가능액	1,600,000	
기말재고액	(100,000)	
직접노무원가		1,280,000
제조간접원가		1,400,000
당기총제조원가		3,680,000
기초재공품재고액		500,000
합 계		4,180,000
기말재공품재고액		(400,000)
당기총제품제조원가		3,780,000

손익계산서

매 출 액		8,000,000
매출원가		(4,280,000)
기초제품재고액	750,000	
당기제품제조원가	3,780,000	
판매가능액	4,530,000	
기말제품재고액	(250,000)	
매출총이익		3,720,000
판매관리비		780,000
영업이익		2,940,000

연 | 습 | 문 | 제

01. 다음 중 원기관리회계의 기본개념에 대한 설명으로 틀린 것은? *(47회. 전산세무회계 1급)*

① 직접원가로 분류되는 원가가 많아질수록 제품원가계산의 정확성은 높아진다.
② 간접원가의 경우 인과관계가 높은 배부기준을 사용할수록 제품원가계산의 정확성은 높아진다
③ 직접재료원가에 직접노무원가를 합한 금액을 기초원가라 한다.
④ 당기제품제조원가는 직접재료비, 직접노무비, 제조간접비의 합으로 이루어진다.

02. 다음 중 원가발생형태에 따른 원가의 3요소가 아닌 것은? *(2014. 전산회계운용사 2급)*

① 노무비 ② 재료비 ③ 제조 경비 ④ 고정비

03. 다음 중 원가에 대한 설명 중 옳지 않은 것은? *(2015. 전산회계운용사 2급)*

① 고정원가는 조업도의 변화에 관계없이 총원가가 일정하다.
② 변동원가와 고정원가의 성격을 모두 갖고 있는 원가를 혼합원가라 한다.
③ 기초원가란 직접노무비와 제조간접비를 말한다.
④ 직접재료비와 직접노무비는 대표적인 변동원가에 속한다.

04. 다음 중 원가에 대한 설명으로 틀린 것은? *(65회. 전산세무회계 1급)*

① 조업도가 증가함에 따라 단위당 원가가 증가하는 원가를 변동원가라고 한다.
② 계단(준고정)원가는 일정 범위의 조업도 수준에서만 그 원가총액이 일정한 원가이다.
③ 과학적인 방법을 통하여 설정된 달성 가능한 원가를 표준원가라 한다.
④ 식섭노무원가는 변동원가에 속한다.

05. 다음 중 원가에 대한 설명으로 틀린 것은? *(54회. 전산세무회계 1급)*

① 여러 가지 대체안 간에 차이가 예상되는 미래원가를 관련원가라고 한다.
② 과거원가로서 현재나 미래에 어떠한 행동을 취하건 변동불가능한 원가를 매몰원가라 한다
③ 포기한 대체안으로부터의 이익이나 효익의 희생을 차액원가라고 한다.
④ 시간연구 동작연구와 같이 과학적인 방법을 통하여 설정된 달성가능한 원가를 표준원가라 한다.

06. 다음 중 원가에 대한 설명으로 틀린 것은? *(60회. 전산세무회계 1급)*

① 매몰원가란 과거의 의사결정에 의하여 미래에 예상되는 원가를 말하며 의사결정과 관계없이 변동될 수 없는 원가이다.
② 기회원가란 선택가능한 두가지 이상의 대안 중 특정 대안을 선택하는 경우에 포기되는 다른 대안으로부터 얻을 수 있는 최대효익의 희생을 말한다.
③ 관련원가란 선택가능한 두가지 이상의 대안 간에 차이가 예상되는 미래원가를 말하며 의사결정과 직접 관련있는 원가이다.
④ 회피불능원가란 선택이나 의사결정을 할 때 그 발생을 회피할 수 없는 원가를 말한다.

07. 다음 중 원가의 분류 중 옳지 않은 것은? *(2015. 전산회계운용사 2급)*

① 원가의 형태별 분류: 재료비, 노무비, 제조경비

② 원가의 행태별 분류: 변동비, 고정비

③ 원가의 추적가능성에 따른 분류: 통제가능원가, 통제불가능원가

④ 원가의 자산화에 따른 분류: 제품원가(재고가능원가), 기간원가(비용)

08. 다음 중 원가의 분류에 대한 설명으로 틀린 것은? *(55회. 전산세무회계 1급)*

① 두 가지 이상의 제품을 제조하는 공장의 경리직원에 대하여 급여를 지급하는 경우 이는 간접노무원가에 해당한다.

② 원가를 발생 형태에 따라 분류하는 경우에 임금과 급료 등 인간 노동력의 소비액을 노무원가라고 한다.

③ 관련범위 내에서 공장의 임차료와 같은 고정원가는 조업도가 증가하여도 단위당 고정원가는 일정하다.

④ 변동원가는 조업도가 증가함에 따라 총원가는 증가하지만 단위당 원가는 일정하다.

09. 다음 중 원가를 조업도에 따른 행태로 분류하는 경우에 대한 설명으로 틀린 것은? *(47회. 전산세무회계 1급)*

① 변동원가 중 비례원가의 경우 조업도에 따른 단위당변동원가는 일정하다.

② 고정원가의 경우 조업도가 증가하는 경우 관련범위 내에서 총고정원가는 일정하다.

③ 변동원가 중 체감원가의 경우 조업도가 증가하는 경우 총변동원가는 감소된다.

④ 고정원가의 경우 조업도가 증가하는 경우 단위당고정원가는 감소된다.

10. 원가의 분류와 관련된 내용 중 가장 잘못 설명한 것은? *(50회. 전산세무회계 1급)*

① 관련범위 내에서 조업도에 비례해서 총원가가 비례하여 변동하는 원가를 변동원가라고 하고 이 경우 단위당 변동원가는 일정하다.

② 공장의 전력비는 준변동원가로서 관련범위 내에서 조업도와 관계없이 총원가가 일정한 부분과 조업도에 비례하여 총원가가 비례하여 변동하는 부분이 혼합되어 있다.

③ (주)민후는 노후화된 기계장치를 가지고 있다. 노후화된 기계장치는 현재 1,000,000원에 처분가능하나 수리비 3,000,000원을 지급하면 5,000,000원에 처분가능하다. (주)민후가 수리하여 기계장치를 처분하기로 한 경우 수선 후 처분에 따른 기회비용은 1,000,000원이다.

④ 2010년 1월 1일에 20,000,000원 현금지급하고 구입한 기계장치가 노후화 되어 2012년 3월 1일에 신기계를 구입할 것인지 아니면 노후 기계장치를 수리하여 계속사용할 것인지를 결정하려고 한다. 신기계의 구입가액은 25,000,000원이고 노후 기계장치의 수리비는 3,000,000원이라고 할 때 매몰원가는 없다.

11. 가공원가에 대한 설명으로 옳은 것은? *(2015. 전산회계운용사 2급)*

① 직접노무비와 제조간접비를 합계한 원가이다.

② 제조원가 및 판매비와 관리비를 모두 합계한 원가이다.

③ 직접재료비와 직접노무비를 합계한 원가이다.

④ 변동원가와 제조간접비를 합계한 원가이다.

12. 재고가능원가란?

① 제품생산에 발생하는 제조원가를 말한다.

② 직접재료원가와 직접노무원가를 말한다.

③ 직접재료원가와 직접노무원가를 제외한 원가를 말한다.

④ 제품생산과 관련한 제조간접원가를 말한다.

13. 회사는 생산능력이 500단위인 생산설비를 임차하여 사용하고 있다. 매년 수요량이 증가함에 따라 그때마다 생산설비를 추가 임차하고 있다. 생산설비 1대당 임차료는 500,000원이다. 이 설명에 맞는 그래프는 어느 것인가? *(63회. 전산세무회계 1급)*

①
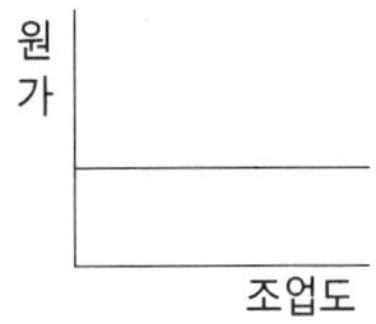

②
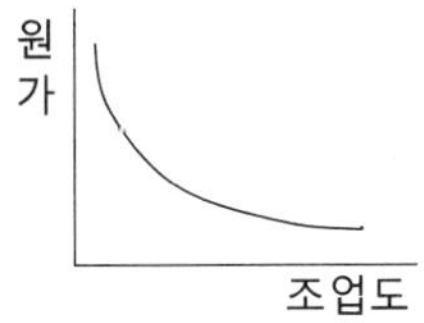

③
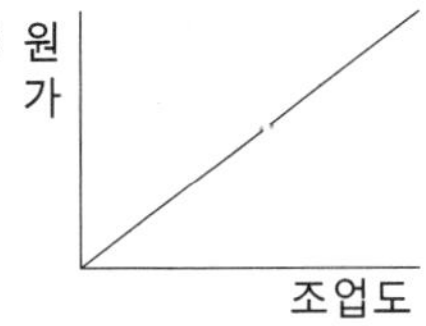

④
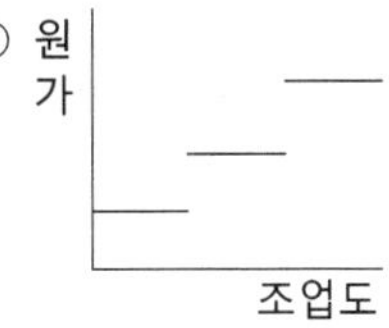

14. 다음 중 일정기간 동안 조업도가 증가함에 따라 변동원가와 고정원가의 형태를 바르게 나타낸 항목은? *(2014. 전산회계운용사 2급)*

	단위당원가	총원가		단위당원가	총원가
① 변동원가:	불변	증가	② 변동원가:	감소	불변
③ 고정원가:	불변	불변	④ 고정원가:	증가	감소

15. 제품의 완성과 관련된 기장으로 옳은 것은? *(2014. 전산회계운용사 2급)*

① 제품계정의 대변에 기입된다.
② 재공품계정 대변에 기입된다.
③ 제조간접비계정의 대변에 기입된다.
④ 제조경비계정의 대변에 기입된다.

16. 제조와 관련된 재고자산계정으로 가장 일반적인 세 가지 계정은? *(2015. 전산회계운용사 2급)*

① 상품, 제품, 소모품
② 상품, 재공품, 제품
③ 원재료, 상품, 제품
④ 원재료, 제품, 재공품

17. 다음은 제조원가에 대한 설명이다. 옳지 않은 것은? *(2014. 전산회계운용사 2급)*

① 제조원가는 제품의 생산과 관련하여 소비된 경제적 자원의 가치만을 포함하며, 비정상적으로 발생한 경제적 자원의 소비는 제조원가에 포함하지 않는다.
② 제조원가요소는 재료비, 노무비 및 경비로 분류하거나, 회사가 채택하고 있는 원가계산방법에 따라 직접재료비, 직접노무비 및 제조간접비 등으로 분류할 수 있다.
③ 제품제조와 관련된 제조간접원가는 원가발생시점에 비용화하며, 제품제조와 관련이 없는 판매관리비는 제품판매시점에 비용화한다.
④ 제조원가요소와 판매관리비요소는 구분하여 집계한다. 다만, 그 구분이 명확하지 아니한 경우에는 발생원가를 비목별로 집계한 후, 일정한 기준에 따라 제조원가와 판매관리비로 구분하여 배부할 수 있다.

18. 제조원가명세서의 작성과 관련된 사항으로 옳지 않은 것은? *(2014. 전산회계운용사 2급)*

① 제조원가명세서상의 당기제품제조원가는 손익계산서상의 제품매출원가의 당기제품제조원가와 일치하여야 한다.
② 제조원가계산서상의 당기총제조비용은 원재료비, 노무비, 제조경비로 구성된다.
③ 제조원가명세서는 기말원재료재고액, 기말재공품재고액, 매출원가정보를 제공한다.
④ 제조원가명세서의 원가계산기간은 회계기간과 일치하여야 한다.

19. 다음은 제조원가명세서에 대한 설명이다. 가장 옳지 않은 것은? *(53회. 전산세무회계 1급)*

① 재무상태표의 제품재고액은 제조원가명세서 작성과 관련없다.
② 제조원가명세서의 당기제품제조원가는 손익계산서의 제품매출원가 계산에 반영된다.
③ 제조원가명세서 항목 중 재무상태표에 직접적으로 영향을 미치는 항목은 없다.
④ 당기총제조원가는 직접재료비, 직접노무비, 제조간접비의 총액을 의미한다.

20. 다음은 제조원가명세서에 대한 설명이다. 가장 옳지 않은 것은? *(63회. 전산세무회계 1급)*

① 제조원가명세서 항목 중 재무상태표에 직접적으로 영향을 미치는 항목은 없다.
② 당기제품제조원가는 손익계산서상 제품매출원가계산에 직접적인 영향을 미친다.
③ 당기총제조원가는 직접재료비, 직접노무비, 제조간접비의 총액을 의미한다.
④ 재무상태표의 제품재고액은 제조원가명세서 작성과 직접적인 관련이 없다.

21. 당기의 기초재공품원가와 기말재공품원가는 동일하다. 당기에 판매가능한 제품의 원가는 ₩105,000이고, 기말제품원가는 기초제품원가보다 ₩5,000이 더 많다. 기초제품원가가 ₩20,000이라면, 제품매출원가는 얼마인가? *(2014. 전산회계운용사 2급)*

① ₩105,000　② ₩100,000　③ ₩85,000　④ ₩80,000

22. 다음 자료에 의하여 단위당 제품원가를 구하면 얼마인가? *(2015. 전산회계운용사 2급)*

가. 기초재공품재고액 ₩200,000	나. 기말재공품재고액 ₩300,000
다. 당기총제조원가 700,000	라. 당기 완성품 수량 2,000개

① @₩200　② @₩250　③ @₩300　④ @₩350

23. ㈜대한은 기초와 기말의 재품 재고는 없었으며, 당기완성품 전부를 그 제조원가에 20%의 이익을 가산하여 판매하였다. 다음의 자료로 기초재공품의 원가를 구하면 얼마인가? *(2015. 전산회계운용사 2급)*

가. 직접재료비 ₩80,000	나. 제조간접비 ₩50,000	다. 매출액 ₩300,000
라. 직접노무비 ₩70,000	마. 기말재공품원가 ₩10,000	

① ₩10,000　② ₩20,000　③ ₩40,000　④ ₩60,000

24. 다음은 원가의 회계처리와 흐름에 대한 설명이다. 틀린 것을 모두 나열한 것은? *(62회. 전산세무회계 1급)*

1. 원가의 흐름은 요소별계산 → 생산부문별계산 → 제품별계산 순으로 이루어진다.
2. 다품종 소량생산시스템은 개별원가시스템에 적합하다.
3. 보험료의 포함 범위가 제조부문과 관리부문에 동시에 발생할 경우, 많은 비중을 차지하는 부문으로 처리한다
4. 전기에 미지급된 노무비를 당기에 지급하면, 당기의 노무비로 계상한다.

① 1, 2, 3　② 2, 3, 4　③ 3, 4　④ 1, 4

25. 다음 자료를 이용하여 당기 말 제품재고액을 계산하면 얼마인가? *(61회. 전산세무회계 1급)*

> 1) 당기 말 재공품은 전기 말에 비해 50,000원 증가하였다.
> 2) 전기 말 제품재고는 560,000원이었다.
> 3) 당기 중 발생원가집계
> • 직접노무비 : 420,000원 • 직접재료비 : 330,000원 • 제조간접비 : 500,000원
> 4) 당기 손익계산서상 매출원가는 1,400,000원이다.

① 460,000원 ② 410,000원 ③ 360,000원 ④ 310,000원

26. (주)신선은 직접노무비의 80%를 제조간접비로 부과하고 있으며, 6월말 현재 재공품 A에 제조간접비 3,140원이 배부되었다. 6월말 A에 배부될 직접재료비를 구하면 얼마인가? *(55회. 전산세무회계 1급)*

> • 6월 1일 재공품액 : 24,000원 • 6월 당기총제조원가 합계 : 88,000원
> • 6월 31일 제품계정 대체액 : 94,000원

① 8,675원 ② 10,935원 ③ 13,425원 ④ 14,075원

(43회. 전산세무회계 1급)

27. 다음은 2010년 5월 (주)세무의 재공품 계정이다. 재공품 계정을 이용하여 추정할 수 있는 내용으로 틀린 것은?

재공품

차변	금액	대변	금액
월 초 재 공 품	250,000	제 품	4,180,000
재 료 비	2,300,000	월 말 재 공 품	640,000
노 무 비	1,800,000		
제 조 간 접 비	470,000		
	4,820,000		4,820,000

① 당월의 직접재료비는 2,300,000원이다. ② 당월말 현재 재공품은 640,000원이다.
③ 당월 제품 매출원가는 4,180,000원이다. ④ 당월 간접재료비, 간접노무비, 간접경비의 합계액은 470,000원이다.

28. 다음은 제조원가명세서 자료이다. 기말 재무상태표의 자산계정에 반영될 금액은 얼마인가? *(49회. 전산세무회계 1급)*

제 조 원 가 명 세 서 (단위:원)

과목	금액	금액
Ⅰ ( )		14,000,000
( )	2,000,000	
당 기 매 입	16,000,000	
( )	( )	
Ⅱ 노 무 비		10,000,000
Ⅲ 경 비		7,000,000
Ⅳ 당기 총 제조비용		( )
Ⅴ ( )		2,000,000
Ⅵ 합 계		( )
Ⅶ ( )		( )
Ⅷ 당기제품제조원가		30,000,000

① 3,000,000원 ② 4,000,000원 ③ 7,000,000원 ④ 11,000,000원

제 3 장

Concept of cost and Cost flow

요소별 원가계산

제1절 재료원가의 계산

1. 재료원가의 의의와 분류

■ 재료원가의 의의

재료: 제품생산을 목적으로 보관하고 있는 물품
제품: 판매를 목적으로 보관하고 있는 물품
재공품·반제품: 생산과정에 있는 물품

제조기업의 제품제조를 위해 기본적으로 필요한 것은 재료이다. 재료는 일반적으로 외부로부터 구입하게 되는데 재공품, 제품과 더불어 제조기업의 중요한 재고자산 중 하나이다. 실무에서는 재료와 같은 개념으로 원료 또는 원재료(原材料, raw material)라는 용어를 사용하기도 하는데 일반적으로 원재료라는 용어로 이를 구별하지 않고 사용하고 있다. 재료와 원료는 제품의 바탕이 되는 것은 동일하지만 재료(材料, material)는 물리적인 변화만으로 제품이 되는 것을 말하며, 원료(原料, raw material)는 화학적인 변화로 제품이 되는 것을 말한다. 따라서 재료는 가공하여 제품으로서도 원래의 조성을 유지하는 물질을 말하며, 원료는 가공하여 원래 조성이 변화하는 경우를 말한다고 하겠다. 그러나 어느 물건이 반드시 어느 한 쪽으로 분류되지 않는 경우도 있다. 한 가지 물건이라도 그 용도에 따라 원료와 재료로 구별되기도 한다. 예를 들어 목재의 경우, 종이나 펄프제품을 만들기 위해 투입되는 경우는 원료이지만, 집을 짓기 위해 기둥으로 쓰이는 경우는 재료이다. 이하에서는 이를 구별하지 않고 재료라는 용어를 이용하기로 하겠다.

한편, 재료원가(材料原價, material costs)는 제품의 제조과정에서 소비된 재료의 가치로서 원가요소 중의 하나이다. 따라서 재료원가는 제품의 제조과정에서 소비되었을 때 발생하며, 이러한 과정을 통하여 재료라는 재고자산은 재공품이라는 재고자산으로 변형된다.

재료원가는 관점에 따라 여러 가지로 분류할 수 있는데, 제품 제조활동에 사용된 형태에 따른 분류와 제품제조 소비액의 추적가능성에 따른 분류 그리고 재료원가의 발생형태에 따른 분류로 구별해 볼 수 있다.

■ 재료원가의 분류

발생형태에 따른 분류

제품 제조활동에 발생된 형태에 따라 주요재료원가, 보조재료원가, 공장소모품, 소모공구기구비품 등으로 구분할 수 있다.

주요재료원가(主要材料原價, main material costs)란, 자동차 제조에 쓰이는 철판, 가구의 목재, 옷의 천, 제과의 밀가루 등과 같이 제품의 주요 부분을 구성하는 재료를 소비함으로서 발생하는 원가요소를 말한다.

보조재료원가(補助材料原價, subsidiary, material costs)란, 사동차 세소에 쓰이는 나사, 가구의 못이나 페인트, 옷의 실이나 단추, 동력용 연료, 보수용 자재 등과 같이 제품의 주요 부분을 구성하지는 않지만 보조적으로 소비함으로서 발생하는 원가요소를 말한다.

부분품비(部分品費, parts costs)란, 가구의 장식품, 자동차의 타이어 등과 같이 제품에 그대로 부착되어 그 제품의 구성 부분이 되는 물품을 소비함으로서 발생하는 원가요소를 말한다. 부품에는 기업 외부로부터 조달하여 사용하는 매입부품과 자체 생산하여 사용하는 자가생산부품이 있는데, 재료원가에서 부품이라 하면 매입부품을 말한다. 자가생산부품은 일반적으로 반제품이라 한다.

소모공구기구비품비(消耗工具・器具・備品費, consumable instruments and equipment costs)란, 제조기업에서 사용하는 망치, 드라이버, 전구, 장갑, 비누 등과 같은 내용연수가 1년 미만이고 금액이 크지 않은 물품을 소비함으로서 발생하는 원가요소를 말한다. 내용연수가 1년 이상이고 금액이 큰 경우에는 이를 고정자산으로 계상하고, 매월 소비액을 감가상각비라는 제조경비항목으로 계상된다.

제품과의 관련성에 따른 분류

제품제조에 있어서 소비된 재료원가를 특정의 제품에 직접적으로 추적할 수 있는가의 여부에 따라 직접재료원가와 간접재료원가로 분류된다.

직접재료원가(直接材料原價, direct material costs)란, 특정 제품을 제조하기 위해 소비된 주요 재료의 원가로서 그 소비액을 특정 제품에 직접 추적가능한 원가를 말한다. 제품 제조활동에 발생된 형태에 따른 분류에 의하면, 주요재료원가, 부품비가 이에 해당된다. 직접재료원가의 예로는 자동차의 엔진, 가구의 목재 등을 들 수 있다. 직접재료원가는 제품의 생산량에 따라 비례적으로 발생하기 때문에 변동원가의 행태를 갖는다.

간접재료원가(間接材料原價, indirect material costs)란, 여러 제품 또는 전체 제품을 제조하기 위해 공통으로 소비된 재료의 원가로서 그 소비액을 특정 제품에 직접 추적하기가 어려운 원가를 말한다.제품 제조활동에 발생된 형태에 따른 분류에 의하면, 보조재료원가, 소모공구기구비품 등이 이에 해당된다.

2. 재료의 구입과 출고

기업은 재료를 외부로부터 구매하여 창고에 보관하여 관리한다. 이에 대한 기록은 재료계정을 이용한다. 재료계정은 전기에 이월된 기초재료재고액과 당기에 구입한 재료원가가 차변에 기록되게 되고 그 합계액은 당기에 제품 제조를 위해 사용가능한 재료의 총원가이다. 대변에는 당기에 제조공정에 투입된 재료원가와 기말재료재고액이 기록되게 된다.

[그림 3-1] 재료계정

■ 당기 재료소비액

당기재료소비액 = 기초재고액 + 당기구입액 - 기말재고액

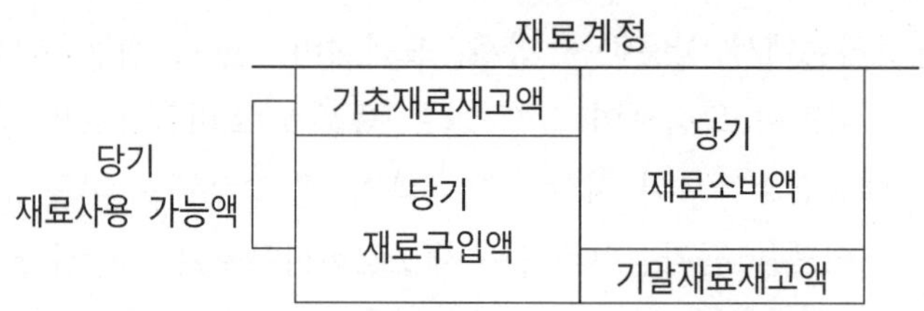

■ 재료의 구입과 출고의 회계처리

제품의 제조원가 중에 재료원가가 차지하는 비중이 다른 원가요소에 비하여 상대적으로 크므로 재료에 대한 구입과 소비절차를 체계적으로 마련하는 것은 정확한 원가계산을 위해 반드시 필요하다. 재료의 주문은 일반적으로 구매부문에서 이루어지며, 구매부문은 경제적 주문량에 근거하여 주문이 이루어지도록 하는 것이 바람직하다. 재료의 구입 시 재료의 수량·용도·종류·규격·품질 등의 내용이 포함되는 것이 일반적이다.

재료의 구입에 대한 회계처리

제품제조를 위해 외부로부터 당기에 구입한 재료원가는 다음과 같이 분개 처리된다.

(차) 재　　료	×××	(대) 현　　금	×××
		매입채무	×××

또는*

(차) 주요재료	×××	(대) 현　　금	×××
보조재료	×××	매입채무	×××
부 분 품			
공장소모품			
소모공구기구비품	×××		

재료의 제조과정 투입에 대한 회계처리

제품제조를 위해 구입한 재료는 제조과정에 소비됨으로써 투입될 때의 분개는 다음과 같다.

(차) 재　공　품	×××	(대) 재　　료	×××
제조간접원가	×××		

[그림 3-2] 재료 기장 절차

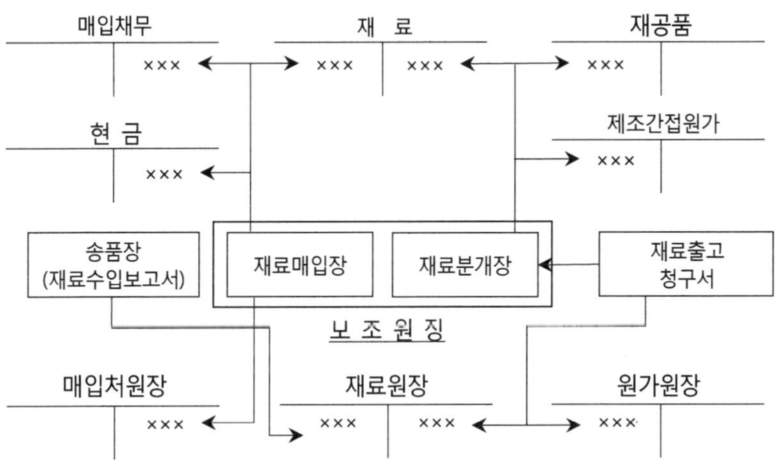

* 구입하는 재료의 종류가 다양한 경우, 주요재료, 보조재료, 부분품, 공장소모품, 소모공구기구비품 등으로 구분하여 처리할 수 있다.

예제 3-1 **재료원가의 회계처리**

2017년 3월 중 A기업의 재료구입과 제조과정에 투입된 자료는 다음과 같다.

1. 3월 1일 재료재고액은 ₩50,000이다.
2. 3월 10일 재료 ₩800,000을 외상으로 구매하다.
3. 3월 11일 재료 ₩600,000을 제조과정에 소비하다. 이 중 ₩400,000은 직접원가이다.

[물음사항]

1. 다음 거래를 분개하고 T-계정으로 전기하시오.
2. 현재 재료의 기말재고액을 계산하시오.

■ 풀이

1. 분개

1) 분개없음.

2) 직접재료 구입에 대한 분개

(차) 재 료	₩800,000	(대) 매 입 채 무	₩800,000

3) 직접재료의 제조과정으로의 투입에 대한 분개

(차) 재 공 품	₩400,000	(대) 재 료	₩600,000
제조간접원가	200,000		

2. T-계정에의 전기

매입채무

차변		대변	
		재료	₩800,000

재 료

차변		대변	
기초재고액	₩50,000	재 공 품	₩400,000
매 입 채 무	800,000	제조간접원가	200,000
		기말재고액	250,000

제조간접원가

차변		대변	
재 료	₩200,000		

재 공 품

차변		대변	
기초재고액	×××		
재 료	400,000		

3. 기말재고액

당기소비액 = 기초재고액 + 당기 구입액 − 기말재고액

₩600,000 = ₩50,000 + ₩800,000 − x ∴ x = ₩250,000

3. 재료원가의 계산

■ 재료의 소비량 계산

제품의 제조과정에서 소비된 재료원가는 개개의 재료별로 원가계산기간 동안 제품 제조에 사용된 재료소비량에 재료 소비단가를 곱하여 계산한다. 따라서 재료원가를 계산하기 위해서는 재료의 소비량과 소비단가를 결정하여야 한다. 재료의 소비량을 계산하는 방법에는 계속기록법, 실지재고조사법, 역산법 등이 있다.

재료원가 = 재료소비량 × 재료 소비단가

계속기록법(繼續記錄法, perpetual inventory system)은 재료의 입고와 출고 시 그 수량을 재료의 품목별(종류별)로 재료원장에 계속적으로 기록함으로써 소비량과 재고량을 파악하는 방법이다. 계속기록법은 재료의 종류가 적고 출고횟수가 적은 수요재료와 부분품에서 채택하기 적당하다. 이 방법에 의할 경우 기말재고량은 다음의 산식에 의해 계산한다.

기말재료재고량 = 기초재료재고량 + 당기재료구입량 - 당기재료소비량

계속기록법은 다음과 같은 장、단점을 지니고 있다.

장점

① 재고가 입고・출고될 때마다 품목별・부문별・제품별로 계속 기록・집계되어 재료소비량이 쉽고 정확하게 파악되어 정원한 재료원가를 계산할 수 있다.

② 재료의 장부상의 수량과 실지재고조사를 통한 수량과 비교함으로써 감손량을 파악할 수 있으므로 재료관리에 효과적이다.

③ 재료원가계산이 항상 가능하다.

단점

① 재료의 입고와 출고시 미디 관련기록을 계속해야 하므로 기징사무가 복잡하고 비용이 많이 든나.

② 실지재고조사가 병행되지 않으면 재료의 감모손실을 파악하기 어렵다.

실지재고조사법(實地在庫調査法, periodic inventory system)은 재료의 소비량을 계속적으로 기록하기 어렵거나 불필요한 경우 정기적인 실지재고를 조사하여 소비량을 계산하는 방법이다. 실사법 또는 재고조사법이라고도 한다. 실지재고조사법은 입고내역은 기록하지만 출고내역은 기록하지 않기 때문에 실지재고조사를 통하여 현재 보유하고 있는 재고수량을 파악한 후 기초재고량과 당기구입량의 합계에서 기말실지재고량을 차감하여 당기의 소비량을 간접적、총괄적으로 계산한다. 실지재고조사법의 재료소비량은 다음의 산식에 의해 계산한다.

당기재료소비량 = (기초재료재고량 + 당기재료구입량) - 기말재료재고량

실지재고조사법은 공장소모품, 소모공구기구비품 등에 많이 이용되며, 장、단

점은 다음과 같다.

장점

① 당기 재료의 소비량을 쉽게 파악할 수 있다.

② 당기 재료의 소비내용을 계속 기록해야하는 번거로움이 없으므로 실무적으로 간편하다

단점

① 재료의 보관 및 운반과정에서 감손량을 파악하기가 어려워 감손량이 제조에 소비된 것처럼 계산된다.

② 재료의 제품별 또는 부문별로 소비량을 파악할 수 없기 때문에 재료의 관리나 통제에 도움을 주지 못한다.

③ 재고조사는 일반적으로 1년 또는 6개월 단위로 이루어지고 도한 재고파악에 많은 시간이 소요되므로 원가계산이 늦어져 원가관리에 도움을 주지 못한다.

역산법(逆算法, retrograde method)은 사전에 제품단위당 재료의 표준소비량을 정하여 두고 이것을 제품생산량에 곱하여 재료소비량을 계산하는 방법이다. 역산법은 재료소비량을 역으로 계산하기 때문에 이론적으로 타당성이 미약하지만, 소비량이 생산량에 정비례로 증가하는 자동차 제조업의 타이어와 각종 계기 등의 부품, 제과공업의 밀가루, 제철업의 주조와 같은 주요재료의 소비량을 결정하기 위하여 이용된다. 역산법에서의 재료소비량은 다음의 산식에 의해 계산한다.

당기재료소비량 = 생산량 x 제품단위당 표준소비량

이상의 세 가지 방법들은 한 가지 방법만을 채택하여 사용하기 보다는 원가계산의 정확성을 위해서는 계속기록법에 의해 재료소비량을 계산하여야 하며, 계속기록법을 사용하면서 실지재고조사법 또는 역산법을 병행하는 것이 이상적이라 할 수 있다. 우리나라 원가계산준칙에서도 "재료의 소비수량은 계속기록법에 의하여 계산하며 필요한 경우에는 실지재고조사법 또는 역산법에 의하여 계산할 수 있고, 2 이상의 방법을 병행하여 적용할 수 있다'"라고 규정하고 있다(원가계산준칙 제9조 ②).

■ 재료의 소비단가 계산

재료원가를 계산하기 위해서는 재료의 소비수량과 재료의 소비단가가 결정되어야 한다. 재료의 소비단가란 재료의 구입단가를 의미하는 것으로서, 재료의 구입단가가 항상 일정하다면 별다른 문제가 없지만 구입단가가 가격의 변동이나 사정에 의해 서로 다른 경우 재료의 소비단가를 어느 것으로 하느냐에 따라 재료원가가 달라지게 된다. 재료의 소비단가를 결정하는 방법으로는 원가법, 시가법, 예정가격법 등이 있으며, 원가법에는 개별법、선입선출법、후입선출법、이동평균법、총평균법 등이 있다.

[그림 3-3] 소비가격 결정방법

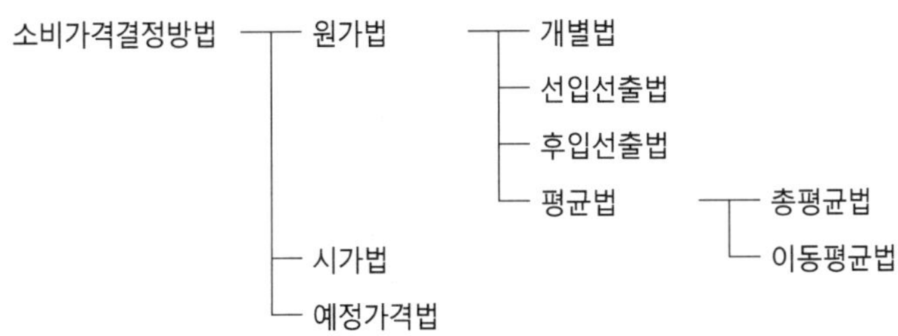

우리나라 원가계산준칙에서는 "재료의 소비가격은 취득원가에 의하여 계산하며, 동일재료의 취득원가가 다를 경우에는 개별법·선입선출법·후입선출법·이동평균법 또는 총평균법 등의 방법을 적용하여 계산한다."라고 규정하고 있다(준칙 제9조 ③). 또한 "제조원가는 재료의 가격, 임율 및 경비를 예정가격 또는 예정액으로 계산할 수 있으며, 제조간접비는 예정배부율을 적용하여 계산할 수 있다."라고 하여 예정가격법을 허용하고 있다(준칙 제13조).

원가법

재료의 소비단가를 결정하는 방법 중 원가법에는 개별법、선입선출법、후입선출법、이동평균법、총평균법 등이 있다.

개별법(個別法, specific identification method)은 품질이나 규격이 동일한 재료라 하더라도 구입단가가 다르다면 구입단가별로 정리、보관하였다가 출고할 때에는 실제로 출고되는 재료의 구입단가를 소비가격으로 결정하는 방법이다. 개별법은 실제물량흐름과 단가흐름이 일치하기 때문에 정확한 재료소비액을 계산할 수 있는 장점이 있으므로 고가의 재료나 재료의 종류가 적은 경우에 적합하다. 그러나 재료의 종류가 많거나 구입단가가 다양한 경우에는 기장이 복잡하여지기 때문에 실무에 적용하기가 어렵다.

선입선출법(先入先出法, first-in, first-out method; FIFO)은 먼저 구입한 재료부터 먼저 출고되는 것으로 가정하고 재료의 소비단가를 결정하는 방법이다. 따라서 먼저 입고된 것부터 출고단가를 적용해 나가므로 가장 최근에 입고된 재료의 구입단가로 기말재료재고액이 계상된다. 선입선출법은 실제물량흐름과 구입단가흐름이 대체로 일치하는 방법으로서 장점이 있지만, 계산이 복잡하고 동일제품이라 하더라도 서로 다른 재료소비단가가 적용되기 때문에 제조원가가 달라지는 단점을 가지고 있다. 또한 물가상승이 심한 경우 재료원가는 시가을 반영하지 못하지만, 상대적으로 기말재료재고액은 시가로 계산되게 된다. 결국 재료의 소비단가와 재료원가는 시가를 반영하지 못한다.

후입선출법(後入先出法, last-in, first-out method; LIFO)은 선입선출법과는 반대로 나중에 구입한 재료부터 먼저 출고되는 것으로 가정하고 재료의 소비단가를 결정하는 방법이다. 따라서 나중에 입고된 것부터 출고단가를 적용해 나가므로 재료의 소비단가는 가장 최근에 입고된 재료의 구입단가로 계상된다. 선입선출법은 실제물량흐름과 구입단가흐름이 역으로 표시되지만 물가상승기에 후입선출법으로 산출된 재료원가는 시가에 가가우므로 기간손익계산 목적에 부합된다는 장점이 있으나, 재무상태표상의 기말재료재고액은 먼저 구입한 구입단가가 적용되므로 과소평가된다는 단점이 있다.

이동평균법(移動平均法, moving average method)은 구입단가가 서로 다른 재료를 구입할 때마다 재료원장의 잔액과 새로 구입한 재료의 취득원가를 합한 금액을 총수량으로 나누어 소비단가를 계산하는 방법이다. 이동평균법을 가중평균법이라고도 한다. 이동평균법은 새로운 재료가 입고될 때까지 출고량에 대해 소비단가를 적용한다. 새로운 재료가 입고되면 다시 재료원장의 잔액과 새로 구입한 재료의 취득원가를 합한 금액을 총수량으로 나누어 소비단가를 계산하여 이후의 출고량에 대해 새로운 소비단가를 적용하게 된다. 이동평균법은 화폐가치의 변동이 재료원가에 미치는 영향을 어느 정도 완화시킬 수 있다는 장점이 있지만, 재료를 구입할 때마다 구입단가가 다른 경우 평균구입단가를 계산해야 하므로 번거로우며 계산상 단수처리에 곤란한 단점이 있다. 이동평균법은 계속기록법에서만 적용이 가능하며 실지재고조사법에서는 적용이 불가능하다.

총평균법(總平均法, moving average method)은 원가계산기말에 기초재료재고액에 당기재료구입액을 합계한 금액에 기초재료재고량과 당기재료구입량을 합계한 수량으로 나누어 총평균단가를 계산하여 이를 소비단가로 결정하는 방법이다. 이같이 산출된 총평균단가는 같은 기간의 소비량을 곱하여 재료의 소비원가를 계산하게 된다. 따라서 원가계산기중의 재료원장에는 입고와 출고 및 재고량만 기록하게 된다, 이러한 이유로 종합원가계산에서는 적용가능하지만, 원가계산기중에 직접재료원가를 계상해야 하는 개별원가계산에서는 적용이 불가능하다. 총평균법은 계산이 간편하고 하나의 소비단가가 적용된다는 장점이 있지만, 기말이 되어야 소비단가를 계산할 수 있어 원가계산이 늦어지는 단점이 있다. 총평균법은 실지재고조사법에서만 적용이 가능하고 계속기록법에서는 논리상 적용이 불가능하다.

예제 3-2 **재료의 소비단가 결정**

20××년 3월 중 A기업의 재료에 대한 거래 자료는 다음과 같다.

3월	1일	전기이월	200개	@₩100	₩20,000
	5일	입 고	150개	@₩120	₩18,000
	8일	출 고	180개		
	10일	입 고	120개	@₩125	₩15,000
	15일	출 고	160개		
	20일	입 고	100개	@₩130	₩13,000
	30일	차기이월	230개		

[물음사항] 다음 방법을 사용하여 재료원장을 작성하고 당월재료원가와 월말재고액을 계산하시오. 단, 실지재고량과 장부상의 재고량은 일치한다.

1. 선입선출법 2. 후입선출법 3. 이동평균법 4. 총평균법

■ 풀이

1. 선입선출법(계속기록법에 의함)

일자		적 요	입 고			출 고			재 고		
			수량	단가	금액	수량	단가	금액	수량	단가	금액
3	1	전월이월	200	100	20,000				200	100	20,000
	5	입 고	150	120	18,000				200	100	20,000
									150	120	18,000
	8	출 고				180	100	18,000	20	100	2,000
									150	120	18,000
	10	입 고	120	125	15,000				20	100	2,000
									150	120	18,000
									120	125	15,000
	15	출 고				20	100	2,000	10	120	1,200
						140	120	16,800	120	125	15,000
	20	입 고	100	130	13,000				10	120	1,200
									120	125	15,000
									100	130	13,000
	30	차월이월				10	120	1,200			
						120	125	15,000			
						100	130	13,000			
			570		66,000	570		66,000			
4	1	전월이월	10	120	1,200						
			120	125	15,000						
			100	130	13,000						

당월재료원가 : ₩36,800
기말재료재고액: ₩29,200

2. 후입선출법(계속기록법에 의함)

일자		적 요	입 고			출 고			재 고		
			수량	단가	금액	수량	단가	금액	수량	단가	금액
3	1	전월이월	200	100	20,000				200	100	20,000
	5	입 고	150	120	18,000				200 150	100 120	20,000 18,000
	8	출 고				150 30	120 100	18,000 3,000	170	100	17,000
	10	입 고	120	125	15,000				170 120	100 125	17,000 15,000
	15	출 고				120 40	125 100	15,000 4,000	130	100	13,000
	20	입 고	100	130	13,000				130 100	100 130	13,000 13,000
	30	차월이월				130 100	100 130	13,000 13,000			
			570		66,000	570		66,000			
4	1	전월이월	130 100	100 130	13,000 13,000				130 100	100 130	13,000 13,000

당월재료원가 : ₩40,000
기말재료재고액: ₩26,000

3. 이동평균법(계속기록법에 의함)

일자		적 요	입 고			출 고			재 고		
			수량	단가	금액	수량	단가	금액	수량	단가	금액
3	1	전월이월	200	100	20,000				200	100	20,000
	5	입 고	150	120	18,000				350	108.57	38,000
	8	출 고				180	108.57	19,543	170	108.57	18,457
	10	입 고	120	125	15,000				290	115.37	33,457
	15	출 고				160	115.37	18,459	130	115.37	14,998
	20	입 고	100	130	13,000				230	121.73	27,998
	30	차월이월				230	121.73	27,998			
			570		66,000	570		66,000			
4	1	전월이월	230	121.73	27,998				230	121.73	27,998

당월재료원가 : ₩38,002
기말재료재고액: ₩27,998

4. 총평균법(실지재고조사법에 의함)

일자		적 요	입 고			출 고			재 고		
			수량	단가	금액	수량	단가	금액	수량	단가	금액
3	1	전월이월	200	100	20,000				200	100	20,000
	5	입 고	150	120	18,000				350		
	8	출 고				180			170		
	10	입 고	120	125	15,000				290		
	15	출 고				160			130		
	20	입 고	100	130	13,000				230		
	30	차월이월				230					
			570		66,000	570					
4	1	전월이월	230	115.79	26,632				230	115.79	26,632

기말재료재고액: ₩26,632 = 230개 × @115.79
당월재료원가 : ₩39,368 = ₩66,000 - ₩26,632 또는 ₩39,368 = 340개 × @115.79

$$\text{재료의 총평균단가} = \frac{(\text{기초재료재고액} + \text{당월재료구입액})}{(\text{기초재료재고량} + \text{당월재료구입량})}$$

$$= \frac{(20,000 + 46,000)}{(200 + 370)} = 115.79$$

시가법과 예정가격법

시가법(時價法, market value method)은 재료의 취득원가와는 관계없이 제조에 소비된 재료의 소비단가를 시가에 의해 계산하는 방법이다. 재료의 소비단가를 시가법에 의할 경우 재료출고전표 상에는 원가와 시가가 기입되어 취득원가는 재료원장의 출고란에 기록되며, 시가는 재료분개장에 기록된다. 원가와 시가와의 차액은 원가이외의 항목으로 처리하게 된다.

예정가격법(豫定價格法, predetermined cost method)은 재료의 소비단가를 결정하는데 취득원가나 시가에 관계없이 과거의 재료구입원가를 기초로 장래의 시가변동을 예상하여 결정하는 방법이다. 예정가격을 채택하는 경우, 재료출고전표에 매입가격과 예정가격으로 나누어 기입하고 재료분개장에는 예정가격으로 기입하게 된다. 총계정원장에서는 재료계정이외에 소비재료계정을 세워 대변에는 예정가격을 기입하는 동시에 재공품계정과 제조간접원가계정 차변에 대체하고, 차변에는 실제소비가격을 재료계정에 대체한다. 대변차액은 재료원가차액계정을 세워 이 계정에 대체한 후 기말에 대차차액중 정상적인 것은 매출원가계정에 대체하고 비정상적인 것은 손익계정에 대체한다.

■ 재료의 예정소비에 의한 거래 분개

- 재료의 실제소비액:

(차) 소비재료	×××	(대) 재료	×××

- 재료의 예정소비액:

(차) 재 공 품	×××	(대) 소비재료	×××
제조간접원가	×××		

- 실제액 > 예정액:

(차) 재료원가차액	×××	(대) 소비재료	×××

- 실제액 < 예정액:

(차) 소비재료	×××	(대) 재료원가차액	×××

[그림 3-4] 재료의 예정가격에 의한 계정 간 대체

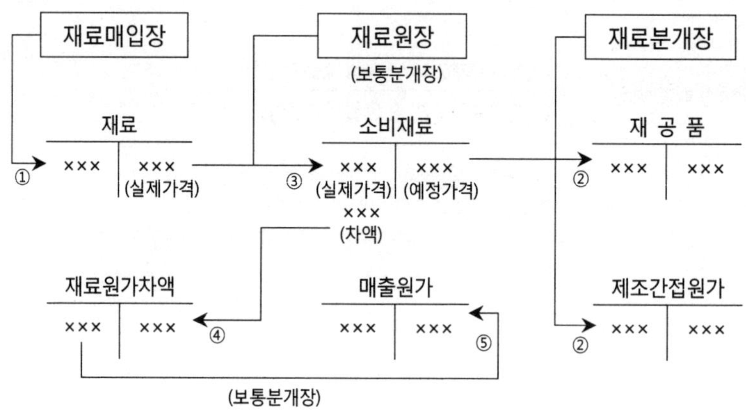

예제 3-3 재료의 예정가격법

A회사는 재료원가를 계산하는데 예정가격법을 적용하고 있으며, 실제재료원가와 예정재료원가의 차이는 영업외손익으로 처리한다. 재료와 관련한 생산 및 원가자료는 다음과 같다.

직접재료 실제소비량 800단위 (예정소비단가 @₩100)
간접재료 실제소비량 60단위 (예정소비단가 @₩ 50)
재료원가 실제발생액 ₩150,000

[물음사항]

1. 재료원가의 거래내역에 대해 분개하시오.
2. T계정을 이용하여 원가흐름을 표시하시오.

■ 풀이

1. 거래내역 분개

(1) 재료의 소비

(차) 재 공 품	₩80,000	(대) 소비재료	₩110,000
제조간접원가	30,000		

(2) 재료원가 실제발생

(차) 소비재료	₩150,000	(대) 재 료	₩150,000

(3) 재료원가차이

(차) 재료원가차이	₩40,000	(대) 소비재료	₩40,000

(4) 재료원가차이 손익처리

(차) 손 익	₩40,000	(대) 재료원가차이	₩40,000

2. 원가흐름

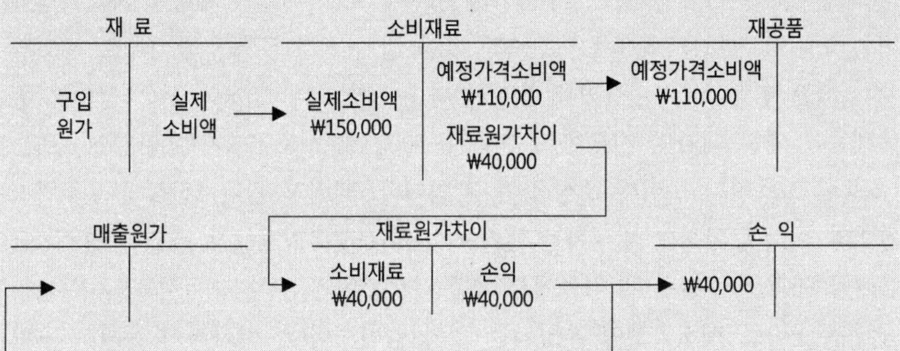

예제 3-4 재료의 시가법

A회사는 재료원가를 계산하는데 시가법을 적용하고 있으며, 실제재료원가와 시가와의 차이는 재료평가차액계정으로 처리한다. 재료와 관련한 생산 및 원가자료는 다음과 같다.

소비재료의 시가		재료원가 실제발생액	₩150,000
직접재료원가	₩80,000		
간접재료원가	30,000		

[물음사항]

1. 재료원가의 거래내역에 대해 분개하시오.

■ 풀이

1. 거래내역 분개

(차) 재 공 품	₩80,000	(대) 재 료	₩150,000
제조간접원가	30,000		
재료평가차액	40,000		

제2절 노무원가의 계산

1. 노무원가의 의의와 분류

■ 노무원가의 의의

노동(勞動, labor)이란 인간이 생활에 필요한 물자를 얻기 위하여 육체적·정신적 노력을 들이는 행위이며, 노무원가(勞務原價. labor cost)는 제품의 제조과정에서 소비된 노동의 가치를 화폐액으로 측정 것을 말한다. 노무제공의 대가로 종업원에게 지급되는 임금·급여·상여금 등과는 다른 개념이다. 임금·급여·상여금 등은 노동제공에 대한 대가의 지급에 초점을 둔 개념이며, 노무원가는 기업이 구입 또는 획득한 노동력의 소비에 초점을 둔 개념이다. 따라서 원가계산상의 노무원가는 노동력의 소비에 의하여 발생하는 원가요소이며, 재무회계상의 비용인 임금·급여·상여금 등과는 구별된다. 기업에서 제품을 제조하기 위해 노동력을 구입하면 그 노동력은 곧바로 제조과정에 투입되는 것이 일반적이다. 따라서 노동력은 구입과 동시에 소비가 이루어지는 것이 일반적이어서 일정기간에 발생한 임금·급여·상여금 등을 모두 그 기간에 노무원가로 계산하지만 반드시 일치하는 것은 아니다.

■ 노무원가의 분류

지급형태에 따른 분류

노무원가는 지급형태에 따라 임금, 급여, 잡급, 종업원 상여수당 등으로 구분할 수 있다. 임금(賃金. wages)은 생산과정에 직접 종사하는 종업원에게 지급되는 노동력에 대한 보수로서 기본급, 시간외작업수당, 야간작업수당, 위험수당 등 제조작업과 직접 관련되는 가급금도 포함된다. 임금은 주로 시간급, 일급, 주급, 작업량급으로 지급된다.

급여(給與, salary)는 임금이 주로 육체적 노동에 대하여 지급되는 것에 반해 급여는 정신적 노동에 대해 지급되는 것을 말한다. 급여에는 공장장, 기사, 감독, 주임 등의 일반관리직원과 사무직원에게 지급된다. 급여는 보통 월급제이며, 지급의 기초자료로는 일반적으로 잡급(雜給, sundry payments)은 일시적인 단순 작업에 종사하는 임시직 고용인에게 지급되는 보수로서 그 지급형태는 일급, 시간급, 능률급이 있다.

종업원상여수당(從業員賞與手當, bonus allowance)은 상여와 수당으로 구분되며, 상여에는 정상적으로 지급되는 정기상여와 비정기적으로 지급되는 특별상여가 있으며, 수당에는 정근수당, 가족수당, 근무지수당, 교통수당, 휴가수당, 위험수당 등이 있다. 상여와 수당은 작업과 직접 관련되지 않는 다는 점에서 가급금과 구별되나 노동력을 대상으로 지급된다는 점에서는 노무원가에 포함시킨다.

*가급금(加給金): 정한 한도 이외에 더 주는 돈

종업원퇴직금(從業員退職金, retirement pay)은 종업원이 상당기간을 근속하고 퇴직하는 경우 근로관계의 종료를 사유로 하여 기업이 지급하는 일시지급금으로서, 근로기준법이나 노사협약에서 규정하고 있다. 퇴직금은 임금의 추가적인 지급으로 간주하여 노무원가에 포함시킨다. 회계실무에서는 매 회계연도 말에 퇴직금을 일괄 추산하여 비용으로 처리하며 월별로 원가계산을 하는 경우에는 월할로 환산하여야 한다. 우리나라 원가계산준칙에서도 "상여금 또는 특별수당 등과 같이 월별·분기별로 지급금액 또는 지급시기가 일정하지 아니한 노무비는 회계연도중의 원가계산기간에 안분하여 계산한다."라고 규정하고 있다(준칙 제10조 ③).

퇴직금제도를 설정하고자 하는 사용자는 계속근로기간 1년에 대하여 30일분 이상의 평균임금을 퇴직금으로 퇴직하는 근로자에게 지급할 수 있는 제도를 설정하여야 하며, 사용자는 근로자의 요구가 있는 경우에는 근로자가 퇴직하기 전에 당해 근로자가 계속 근로한 기간에 대한 퇴직금을 미리 정산하여 지급할 수 있다(근로자퇴직급여보장법 제8조). 사용자는 근로자가 퇴직한 경우에는 그 지급사유가 발생한 날부터 14일 이내에 퇴직금을 지급하여야 한다(근로자퇴직급여보장법 제9조). 퇴직금을 받을 권리는 3년간 행사하지 아니하면 시효로 인하여 소멸한다(근로자퇴직급여보장법 제10조).

복리후생비(福利厚生費, welfare benefits payment)는 기업에서 직접 지급되는 급여, 상여 또는 퇴직급여와는 달리 근로환경의 개선 및 근로의욕의 향상 등을 위하여 지출하는 노무비적인 성격을 갖는 비용으로 법정복리비, 복리시설비, 후생비, 국민연금부담금, 기타 이에 준하는 비용을 말한다. 복리후생비는 종업원이 제공하는 노동의 양과는 관계없이 종업원을 고용함으로써 발생하는 비용으로 의료, 보건위생, 문화오락, 운동설비, 급식개선 등에 소용된 비용이다.

■ 제품과의 관련성에 따른 분류

제품제조에 있어서 소비된 노무원가를 특정의 제품에 직접적으로 추적할 수 있는가의 여부에 따라 직접노무원가와 간접노무원가로 분류된다.

직접노무원가(直接勞務原價, direct labor costs)란, 특정 제품을 제조하기 위해 소비된 노무원가 중 그 소비액을 특정 제품에 직접 추적가능한 원가를 말한다. 직접작업을 담당하는 직접공에 지급되는 임금이 대부분 여기에 속한다.

간접노무원가(間接勞務原價, indirect labor costs)란, 특정 제품을 제조하기 위해 소비된 노무원가 중 그 소비액을 특정 제품에 직접 추적할 수 없는 원가로서 전체제품 또는 다수의 제품에 대하여 공통적으로 발생한 원가를 말한다. 공장장 또는 공장관계 사무직원의 보수, 창고부문, 동력부문, 수선부문 등에서 일하는 작업자의 보수가 여기에 해당된다. 간접노무원가는 제조간접원가에 일관 집계하였다가 인위적인 배부기준에 의하여 특정제품에 배부한다.

발생형태에 따른 분류

제품제조에 있어서 소비된 노무원가를 발생형태에 따라 노무주비, 노무부비로 구별된다.

노무주비(勞務主費)는 직접 또는 간접으로 제품 제조에 소비된 노동에 대한 보수로서 임금 · 급료 · 수당 · 상여 · 퇴직금 등이 여기에 속한다. 원가계산상의 기준에 의하면 노무주비는 직접노무원가와 간접노무원가로 구분된다.

노무부비(勞務副費)는 종업원의 관리 및 복리증진에 관한 부수적인 경비를 말하며, 기업이 부담하는 비용으로 사회보험료(산재보험료 · 의료보험료 등)의 기업부담액 · 복리시설부담액 · 후생비 · 종업원 모집비 및 훈련비 등을 말한다.

2. 노무원가의 계산

임금 또는 노무원가는 계산목적에 따라 지급임금과 소비임금으로 구분되어 계산한다. 노무원가의 의의에서 설명되었듯이 임금은 기업이 노동력이라는 용역을 구입한 대가로 발생하며, 노무원가는 노동력의 소비에 의하여 발생하는 원가요소이다. 기업에서 제품을 제조하기 위해 노동력을 구입하면 그 노동력은 곧바로 제조과정에 투입되는 것이 일반적이지만 기업이 구입한 노동력의 대가가 일정기간 동안의 제조과정에 모두 소비되지 않기 때문에 지급임금과 소비임금을 구분하여 계산한다.

■ 지급임금의 계산

지급임금의 계산은 일정기간동안 기업이 지급한 노동력의 대가로서 개별작업자가 실제로 지급받은 금액을 계산하는 것이다. 지급임금은 기본임금과 가급금, 수당 등으로 구성되어 있으며, 일정기간(월, 주, 일, 시간)을 단위로 계산한다.

지급임금의 계산은 작업시간과 지급임률에 의하여 계산되며, 작업시간에는 작업일수, 작업시간수, 작업량(완성품 수량) 등이 있고, 지급임률은 일반적으로 관계법령이나 기업에서 정한 기준에 의하여 결정되고, 작업시간은 일급제인 경우 출근부와 시간급제인 경우 작업시간보고서, 작업량인 경우에는 작업량보고서 등에 의해 파악된다. 지급임금의 계산방법은 기본적으로 시간급과 성과급제로 분류하여 계산할 수 있다.

▫ 시간급의 기본임금의 계산

기본임금 = 작업시간수 × 작업 1시간당 임률

▫ 성과급의 기본임금의 계산

기본임금 = 생산량 × 제품 1단위당 임률

■ 지급임금의 계산

개인별 지급임금 총액 = 기본임금 + 가급금 + 제 수당(시간외 · 야간수당 등)

개인별 지급임금이 계산되면 임금지급장에 기록、관리한다. 임금지급장은 지급임금계산에 관한 보조부로 지급임금에 관한 특수분개장이다.

■ 소비임금의 계산

소비임금의 계산은 제품 제조에 소비된 노동력의 가치 즉, 노무원기를 계산히는 것을 말한다. 소비임금은 제품별, 부문별, 작업별로 이루어지며, 소비임금을 계산하기 위해서는 작업시간에 소비임률을 곱하여 계산한다. 우리나라 원가계산준칙에서도 "작업시간 또는 작업량에 비례하여 발생하는 노무비는 실제작업시간 또는 실세작업량에 임율을 곱하여 계산한다. 이 경우 임율은 개별임율 또는 평균임율에 의한다."라고 규정하고 있다(준칙 제10조 ②).

■ 소비임금의 계산

소비임금(노무원가) = 작업시간 × 소비임률 또는 작업량 × 소비임률

작업시간의 측정

소비임금을 계산하기 위해서는 작업시간 또는 작업량을 측정하여야 한다. 시간급제인 경우는 작업시간보고서 또는 작업량보고서에 의하여 작업시간을 파악하고, 성과급제인 경우에는 실제생산량을 기초자료로 사용한다. 모든 종업원의 작업시간 또는 작업량을 측정하여 정확한 원가계산이 이루어지도록 해야 하지만 계산의 편의 또는 경제성의 원리에 의해 실무에서는 직접공에 한하여 작업시간 또는 작업량을 측정하고, 간접공의 경우는 측정하지 않는 것이 일반적이다. 그러나 직접공의 작업시간 또는 작업량을 정확히 측정하는 것이 원가계산에 유용하다. 직접공에 대한 작업시간의 내용을 구분하면 [그림 3-5]와 같다.

근무시간은 종업원의 출근부에 기록된 시간을 말하며 일반적으로 정상적으로 출근하여 퇴근까지의 시간을 말한다. 근무시간에서 휴식시간 및 직장이탈시간(면회、사용자외출、조퇴、지각 등)을 제외한 시간을 취업시간이라 하며, 취업시간의 작업시간(가동시간)과 유휴시간을 포함한 시간을 말한다. 노무원가를 계산할 때 취업시간을 기준으로 하게 된다. 유휴시간은 기계고장, 정전 등 종업원의 책임이 아닌 원인 등에 의해 작업이 이루어지지 않은 작업대기시간을 말하며, 유휴시간에 대해서도 임금이 지급된다. 작업시간에는 직접작업시간과 간접작업시간으로 구성되며, 직접작업시간에는 가공시간은 물론 작업준비시간(作業準備時間, set-up time) 등이 포함된다. 간접작업시간은 제품 제조과정에 공동으로 참여한 시간을 말하며, 작업대기시간과 같은 유휴시간 등이 포함된다. 직접작업시간과 간접작업시간은 직접노무원가와 간접노무원가를 계산하는데 기초자료가 된다.

[그림 3-5] 직접공의 작업시간 내용

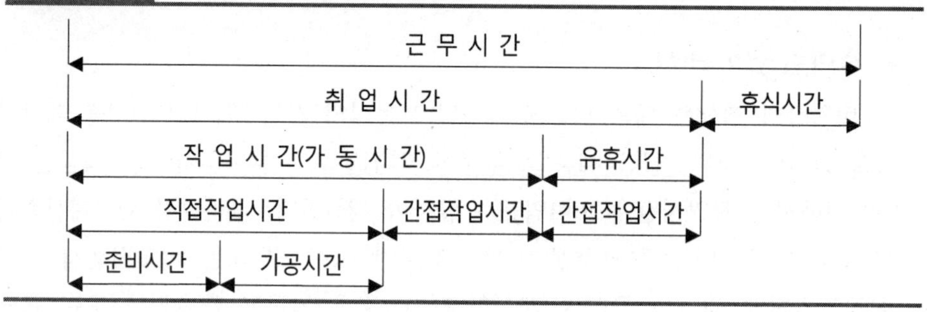

소비임률의 측정

소비임률은 [그림 3-6]에서 보는 바와 같이 개별임률과 평균임률로 구별된다. 개별임률에는 실제개별임률과 예정개별임률이 있으며, 평균임률에는 총평균임률과 직종별평균임률이 있다. 다시 총평균임률에는 실제총평균임률과 예정총평균임률, 그리고 직종별평균임률에는 실제직종별평균임률과 예정직종볍평균임률로 나뉜다.

개별임률(個別賃率)은 제품의 제조과정에 참여한 종업원 각자에 대하여 개별적으로 산출한 임률을 말한다. 지급임금계산시 적용되는 지급임률은 실제임률로서의 개별임률과 같다. 실제개별임률을 적용하여 노무원가를 계산하면 종업원 개인별로 실제개별임률을 산출해야 하므로 계산이 복잡할 뿐만 아니라 종업원 개인별로 실제개별임률이 다르기 때문에 제조과정에 참여한 종업원의 일률에 따라 제품의 원가도 다르게 되어 제품원가를 왜곡시킬 수 있다. 따라서 직접노무원가를 계산할 때에는 개별임률보다는 평균임률을 사용하는 것이 일반적이다. 실제개별임률은 다음과 같이 계산된다.

■ 실제개별임률

$$\text{실제개별임률} = \frac{\text{실제임금지급액}}{\text{실제취업시간}}$$

평균임률(平均賃率)은 제품의 제조과정에 참여한 종업원의 개별임률을 평균한 것을 말한다. 평균임률은 공장 전체 제조과정에 참여한 종업원을 대상으로 하는 총평균임률과 계산목적에 따라 세분화 한 직종별평균임률로 구분된다. 직접노무원가를 계산할 때 총평균임률을 적용하면 계산이 간편할 뿐만 아니라 제품별 원가부담이 제조과정에 참여한 종업원의 개별임률의 차이에 영향을 받지 않기 때문에 공평하다는 장점이 있다. 그러나 지급임금의 총액이나 작업시간수가 원가계산기간 말이 되어야 확정되므로 원가계산이 지연된다는 단점이 있다. 직종별평균임률은 직종에 따라 소비임률을 다르게 측정하는 것으로써 총평균임률에 의한 것보다는 제품 제조과정의 특성에 따라 직종별 소비임률을 적용하게 되어 비교적 정확한 원가계산이 이루어질 수 있다는 장점이 있다 그러나 총평균임률에 의한 경우와 마찬가지로 지급임금의 총액이나 작업시간수가 원가계산기간 말이 되어야 확정되므로 원가계산이 지연된다는 단점이 있다. 이러한 단점을 해결하기 위해 실무에서는 예정임률을 적용한다.

작업대기시간(유휴시간): 기계수선, 공구검사, 정전 등으로 인하여 부득이 작업이 이루어지지 않은 시간

휴식시간: 작업 도중에 피로회복으로 위하여 임시로 작업을 중단하여 작업이 이루어지지 않은 시간

■ 총평균임률

$$\text{총평균임률} = \frac{\text{일정기간 공장전체 직접공의 지급임금 총액}}{\text{동기간 공장전체 직접공의 총취업시간}}$$

■ 직종별평균임률

$$\text{직종별평균임률} = \frac{\text{일정기간 동안 직종에 속하는 직접공의 지급임금 총액}}{\text{동기간 그 직종에 속하는 직접공의 총취업시간}}$$

[그림 3-6] 소비임률의 종류

- 소비임률
  - 개별임률
    - 실제개별임률
    - 예정개별입률
  - 평균임률
    - 총평균임률
      - 실제총평균임률
      - 예정총평균임률
    - 직종별평균임률
      - 실제직종별평균임률
      - 예정직종별평균임률

[그림 3-7] 노무원가의 기장흐름

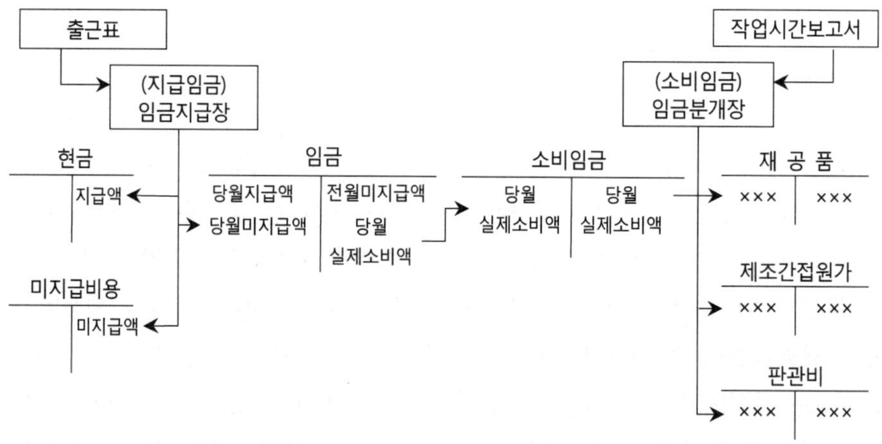

예제 3-5 임금의 계산

A기업의 20××년 3월 중 임금에 관한 자료이다.

1. 3월 중 임금의 지불총액은 ₩2,000,000이며, 소득세 ₩42,000, 보험료 ₩28,000을 공제하고 ₩20,000은 미지급되었으며 나머지는 현금으로 지급하다.
2. 미지급임금계정 잔액은 3월 초에 ₩60,000이고 3월 말에 ₩20,000이 있다.
3. 소비임금 중 20%는 간접노무원가로 분류된다.

[물음사항]

1. 노무원가에 대한 거래를 분개하시오.

- **풀이**

1. 분개

(1) 지급임금의 분개

(차) 임　　금	₩1,940,000	(대) 현　금	₩1,910,000
미지급임금	60,000	소득세예수금	42,000
		보험료예수금	28,000
		미지급임금	20,000

(2) 소비임금의 분개

(차) 재　공　품	₩1,552,000	(대) 소비임금	₩1,940,000
제조간접원가	388,000		

예정임률(豫定賃率)은 실제임률이 확정되기 이전에 소비임률을 정하는 것을 말한다. 예정임률에 의하여 노무원가를 계산하면 실제 소비된 노무원가와 일치하지 않는 것이 일반적이다. 이 경우에 나타나는 원가차이를 임률차이라고 하며, 원가계신 기말에 조징하게 된다. 에징임률에는 예징총평균임률과 예정직종벌평균임률이 있다.

■ 예정임률

$$\text{예정임률} = \frac{\text{일정기간의 예정임금 총액}}{\text{동기간의 총 예정취업시간}}$$

예정임률로 소비임금을 계산하는 경우 총계정원장에 소비임금계정을 세워 대변에는 임금의 예정소비액을 차변에는 실제소비액을 전기한다. 이때 예정액과 실제액의 차액은 임금차익계정에 대체하여 기말에 임금차변계정의 차액을 정상적인 것은 매출원가에 대체하고 비정상적인 차액은 손익계정에 대체한다.

■ 노무원가의 예정소비에 의한 분개

- 임금의 실제소비액:

(차) 소비임금	×××	(대) 임　　금	×××

- 임금 예정소비액:

(차) 재　공　품	×××	(대) 소비임금	×××
제조간접원가	×××		

- 실제액 > 예정액:

(차) 임금차액	×××	(대) 소비임금	×××

- 실제액 < 예정액:

(차) 소비임금	×××	(대) 임금차액	×××

[그림 3-8] 예정임률에 의한 노무원가의 기장흐름

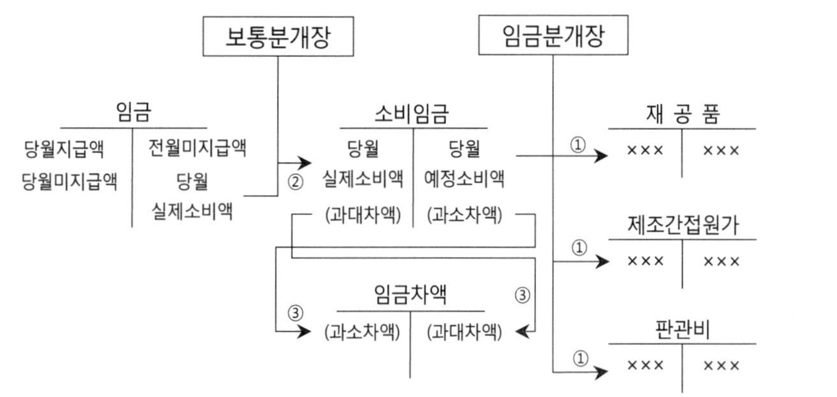

예제 3-6 예정임률에 의한 임금의 계산

A기업의 20××년 3월 중 임금에 관한 자료이다.

3. 3월 중 임금의 지불총액은 ₩2,000,000이며, 소득세 ₩42,000, 보험료 ₩28,000을 공제하고 ₩20,000은 미지급되었으며 나머지는 현금으로 지급하다.
4. 미지급임금계정 잔액은 3월 초에 ₩60,000이고 3월 말에 ₩20,000이 있다.
3. 3월 중 예정임률에 의한 소비임금은 ₩1,900,000이며, 이 중 20%는 간접노무원가로 분류된다.

[물음사항]

1. 노무원가에 대한 거래를 분개하시오.

▪ **풀이**

1. 분개

(1) 지급임금의 분개

(차)	임 금	₩1,940,000	(대) 현 금	₩1,910,000
	미지급임금	60,000	소득세예수금	42,000
			보험료예수금	28,000
			미지급임금	20,000

(2) 소비임금의 분개

(차)	재 공 품	₩1,520,000	(대) 소비임금	₩1,900,000
	제조간접원가	380,000		

(3) 임금차액의 분개

(차)	소비임금	₩1,900,000	(대) 임 금	₩1,940,000
	임금차액	40,000		

제3절 경비의 계산

1. 경비의 의의와 분류

■ 경비의 의의

경비(經費, overhead cost)는 원가요소 중 재료원가와 노무원가를 제외한 일체의 원가를 말한다. 경비는 재료원가와 노무원가의 범위를 어느 정도로 정하느냐에 따라 그 범위가 결정된다. 예를 들어, 경비에는 재료와 노동력 이외의 경제적 자원을 소비한 것으로 볼 수 있는 보험료 · 임차료 · 통신비 등과 같은 순수한 의미의 경비와 가스 · 수도 등과 같은 경제적 자원을 소비한 경우라도 경비로 계상하는 경우가 있으며, 또한 재료의 구입과 관련하여 발생하는 부대비용과 노동력의 조달 · 유지 및 관리 등과 관련하여 발생하는 원가(예; 종업원채용광고비 · 종업원교육훈련비 · 종업원연금보험료 등)는 이론적으로 재료원가와 노무원가에 해당되지만 이를 경비로 계상하기도 한다.[1)]

경비는 제품제조를 위해 소비되는 원가의 일부분으로 제조경비만을 의미하며, 판매비와 관리비의 항목들과는 구별된다. 경비는 원가이지만 판매비와 관리비는 비용이다. 경비는 대부분 간접원가이지만 특정 제품과 관련하여 발생하는 연구개발비, 특허권사용료, 설계비, 외주가공비 등이 이에 속한다. 외주가공비는 그 성격에 따라 재료원가로도 계상할 수 있으며, 그 금액의 중요 정도에 따라 경비나 재료원가에 포함시키지 않고 별도의 과목으로 기재할 수 있다. 우리나라 원가계산준칙에서는 "외주가공비는 그 성격에 따라 재료비 또는 경비에 포함하여 계상할 수 있으며, 그 금액이 중요한 경우에는 별도의 과목으로 기재할 수 있다."라고 규정하고 있다(준칙 제12조 ②).

■ 경비의 분류

경비(經費, overhead cost)는 그 성격과 내용이 복잡하고 다양하여 원가항목 수가 많으며, 기업의 업종 · 규모에 따라 항목이 달라질 수 있다. 경비는 발생형태, 제품과의 관련성, 원가구성요소 등에 의해 분류할 수 있다.

---

1) 현의태 · 강병항, 현대원가회계, 율곡출판사, p.126.

발생형태에 따른 분류

제품제조를 위해 발생하는 경비를 그 발생형태별로 분류하면, 전력비, 가스·수도료, 감가상각비, 수선비, 소모품비, 세금과공과, 임차료, 보험료, 여비·교통비, 복리후생비, 통신비, 잡비, 지대·집세, 임대료, 특허권사용료 등과 같은 항목들을 들 수 있다. 이러한 항목들은 총계정원장의 계정과목과도 일치하는 것으로 경비에 대한 발생형태별 분류가 기본적인 분류이다.

제품과의 관련성에 따른 분류

경비는 재료원가와 노무원가와 마찬가지로 특정 제품제조를 위하여 발생된 것이냐 아니면 여러 제품제조를 위해 공통적으로 발생된 것이냐에 따라 직접경비와 간접경비로 분류된다.

직접경비(直接經費, direct expense)는 특정의 제품 제조과정에서 추적가능한 원가를 말한다. 경비 중에서 직접경비는 그리 많지 않으며 특별비에 속한다. 예를 들면, 외주가공비, 특허권사용료, 특수기계의 임차료 및 감가상각비, 금형비 및 이의 감가상각비 등이 있다.

간접경비(間接經費, indirect expense)는 전체 제품 또는 여러 종류의 제품 제조과정에 공통적으로 발생하는 경비를 말한다. 특정 제품에 직접 추적할 수 없으므로 인위적인 배부절차를 거쳐 제품별로 집계된다. 경비는 대부분이 간접경비이다.

측정방법에 따른 분류

경비는 측정방법에 따라 월할경비, 측정경비, 지급경비, 발생경비 등으로 구분할 수 있다. 월할경비(月割經費, expense quota month)는 1년, 6개월, 3개월 등과 같이 일정한 기간을 단위로 하여 그 기간동안 발생한 경비의 총액을 각 원가계산기간에 균등하게 분할하여 부담시키는 경비를 말한다. 예를 들면, 감가상각비, 보험료, 수선비, 세금과공과금, 특허권사용료, 임차료 등이 이에 속한다. 이와 같이 여러 기간에 걸쳐 발생되는 경비는 그 소비액을 계산하여 각 기간에 할당하여 계산한다. 월할경비의 계산방식에는 균분법과 조업도비례법이 있다. 균분법은 임차료, 보험료, 정액법에 의한 감가상각비 등과 같이 한 기간의 총액을 추정하여 기기간의 월수로 나누어 원가계산기간의 경비를 산출한다. 조업도비례법은 경비의 발생이 조업도에 따라 달라지는 경비에 적용하며, 수선비 등을 예로 들 수 있다. 월할경비는 다음과 같이 계산한다.

$$\text{월할경비} = \frac{\text{1년 간 예정액}}{\text{12개월}}$$

■ 조업도단위 예정액

$$조업도단위\ 예정액 = \frac{1년\ 간\ 예정액}{년간\ 예정조업단위수}$$

월할경비 = 조업도단위 예정액 ×당원리 실제조업단위수

측정경비(測定經費, expense measured by gage)는 원가계산기간 동안에 발생한 경비발생액을 계량기 등의 측정수단에 의하여 소비액을 계산한 경비를 말한다. 전력료, 수도료, 가스료 등을 예로 들 수 있다. 이들 경비는 각 해당 기간에 지급하게 되므로 지급경비로 분류할 수 있다. 그러나 당월의 지급액과 소비액이 일치하지 않는 경우가 일반적이어서 지급경비의 계산방법에 따라 조정할 필요가 있다.

발생경비(發生經費, expense accured)는 실제 현금지출을 수반하지 않는 내부거래에서 발생하는 경비를 말한다. 발생경비는 발생액을 실제조사에 의해 측정된 후 제조원가에 포함시킬 수 있는 경비로서, 재고감모손실, 공손비, 반품차손비 등을 예로 들 수 있다. 참고로 재고자산감모손실 중 재료에서 발생한 정상적인 감모손실은 제조간접원가로 처리하고, 제품의 정상감모손실은 매출원가에 산입하고 비정상적인 감모손실은 모두 영업외비용을 처리한다. 또한 반품차손비는 주로 거래처로부터 반품된 제품을 보수하는 경우에 보수를 위하여 지출되는 비용으로서 반품차손비계정 차변에 기입하고 정상소비액은 판매비와 관리비로 처리하고 비정상적인 수비액은 영업외비용으로 처리한다. 발생경비는 그 기간이 소비액으로 하며, 기간별로 실사를 할 수 없는 경우에는 그 발생액을 추정하여 월할 계신할 수 있다.

지급경비(支給經費, expense paid)는 원가계산기간 동안에 실제로 지급한 금액을 소비액으로 계산하는 경비로서, 복리후생비, 수선비, 운반비, 예비교통비, 통신비, 외주가공비, 보관료, 잡비 등을 예로 들 수 있다. 지급경비는 그 기간 중에 실제로 지급한 금액이 모두 소비액으로 계산되는 것이 아니라 발생주의에 따라 그 지급액이 결정된다. 따라서 당기의 지급액을 계산하기 위해서는 선급액과 미지급액을 가감하는 형식으로 계산한다.

■ 선급액이 발생하는 지급경비

당월소비액 = (전월선급액 + 당월지급액) - 당월선급액

■ 미지급액이 발생하는 지급경비

당월소비액 = (당월지급액 - 전월미지급액) + 당월미지급액

■ 선급액과 미지급액이 동시에 발생하는 지급경비

당월소비액 = 당월지급액 + 당월미지급액 − 전월미지급액 + 전월선급액 − 전월선급액

경	비
당월지급액	당월소비액
전월선급액	당월선급액
당월미지급액	전월미지급액

[그림 3-9] 경비의 기장흐름

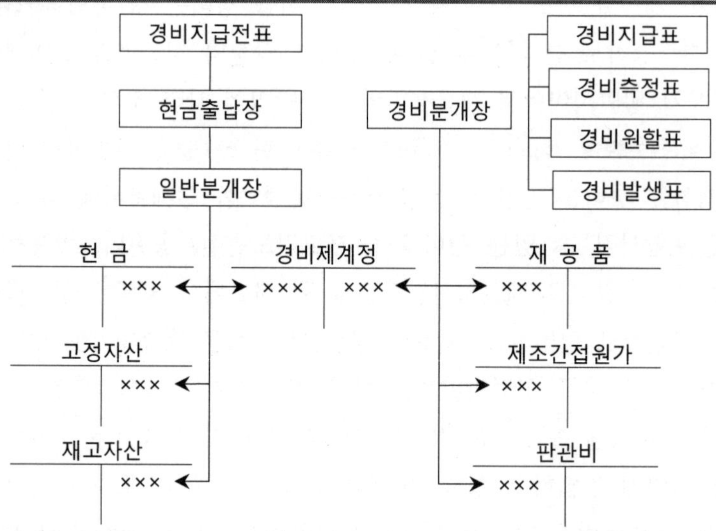

예제 3-7 **발생경비 회계처리의 사례**

1. 재료감모손실의 경우
   1) 당 회계연도 중 재료감모손실 ₩60,000을 예정하다.
      (차) 재료감모손실 ₩60,000 (대) 재 료 ₩60,000

   2) 회계연도 말 재료감모손실 ₩10,000중 ₩7,000은 정상적인 감모손실로 처리하다.
      (차) 제조간접원가 ₩7,000 (대) 재료감모손실 ₩10,000
      손 익 3,000

   3) 제조간접원가를 재공품계정에 대체하다.
      (차) 재 공 품 ₩7,000 (대) 제조간접원가 ₩7,000

2. 반품차손비의 경우
   1) 반품된 제품을 보수하기 위하여 재료 ₩60,000을 소비하다.
      (차) 반품차손비 ₩60,000 (대) 재 료 ₩60,000

   2) 반품차손비 ₩60,000중 ₩50,000은 정상적인 것으로 처리하다.
      (차) 판매관리비 ₩50,000 (대) 반품차손비 ₩60,000
      손 익 10,000

예제 3-8 경비 회계처리

A회사의 3월 중 경비에 대한 자료는 다음과 같다.

1. 월할경비(연간발생액)

감가상각비	₩240,000
건물임차료	1,500,000
보 험 료	600,000
세금과공과	48,000

2. 측정경비

	당월지급액	당월측정액
전기료	₩100,000	₩80,000
수도료	-	50,000
가스료	-	30,000

3. 발생경비(전액 제조부문 부담)

당월 말 재료장부재고액	₩800,000
당월 말 재료실지조사액	780,000

4. 특별비

외주가공비(1개월)	₩120,000
특허권사용료(1년)	720,000

5. 지급경비

	당월지급액	전월미지급액	당월미지급액
지급운임	₩40,000	₩14,000	₩4,000
여비교통비	72,000	6,000	5,000
복리후생비	90,000	8,000	10,000
수선비	80,000	10,000	7,000

6. 회사는 발생경비와 특별비를 제외한 나머지 경비는 제조부문과 영업부문에 각각 80%, 20%로 배부한다.

[물음사항]

1. 3월 중 소비액을 측정하여 경비분개장에 기입하고, 총계정원장에 전기하기 위한 분개를 하시오.

■ **풀이**

1. 경비분개장

경비분개장

경비분류		차변			대변
		재공품	제조간접원가	판매비와관리비	
월할경비	감가상각비		₩ 16,000	₩4,000	₩ 20,000
	건물임차료		100,000	25,000	125,000
	보험료		40,000	10,000	50,000
	세금과공과		3,200	800	4,000
측정경비	전력료		64,000	16,000	80,000
	수도료		40,000	10,000	50,000
	가스료		24,000	6,000	30,000
발생경비	재료감모손실		20,000	-	20,000
특별경비	외주가공비	120,000	-	-	120,000
	특허권사용료	60,000	-	-	60,000
지급경비	운임		24,000	6,000	30,000
	여비교통비		56,800	14,200	71,000
	복리후생비		73,600	18,400	92,000
	수선비		61,600	15,400	77,000
		180,000	523,200	125,800	₩829,000

2. 분개

(차) 재 공 품	₩180,000	(대)	감가상각비	₩ 20,000
제조간접원가	523,200		건물임차료	125,000
판매비와관리비	125,800		보 험 료	50,000
			세 금과공과	4,000
			전 력 료	80,000
			수 도 료	50,000
			가 스 료	30,000
			재료감모손실	20,000
			외주가공비	120,000
			특허권사용료	60,000
			운 임	30,000
			여비교통비	71,000
			복리후생비	92,000
			수 선 비	77,000

연 | 습 | 문 | 제

01. 다음 중 재료비에 관한 설명 중 옳지 않은 것은? *(15. 전신회계운용사 1급)*

① 원재료계정은 외부로부터 매입한 재료를 처리하는 계정으로 당기에 원재료를 구입한 경우에는 차변에 기입한다.
② 원재료계정은 제조활동에 사용될 직접재료와 간접재료를 동시에 기록하는 계정이다.
③ 특정제품을 생산하기 위하여 당기에 제조과정에 투입된 원재료 소비액은 기초재고액에서 당기매입액을 차감하고 기말재고액을 가산하여 계산한다.
④ 기업에 따라서는 원재료계정을 직접재료는 직접재료계정에 기록하고, 간접재료는 소모품 등 별도의 계정에 각각 기록하는 경우도 있다.

02. 다음 중 제조경비의 계산 및 회계처리에 대한 설명으로 옳지 않은 것은? *(2015. 전산회계운용사 1급)*

① 수선비, 운반비, 잡비, 외주가공비 등을 말한다.
② 간혹 전월 선급액이나 당월 미지급액이 있을 수 있는데, 이때는 '당월지급액+(전월선급액+당월미지급액)-(당월선급액+전월미지급액)'식을 이용하여 계산한 금액을 당월의 소비액으로 계상하여야 한다.
③ 그 달의 소비액을 그 달에 지급하지 않은 경우에는 전월선급액이라는 계정으로 장부에 계상하여야 한다.
④ 발생주의 회계에서는 당월소비액과 당월지급액이 일치하지 않는 경우가 발생한다.

03. 자동차 제조업체인 ㈜강남의 회계담당자는 제조원가를 다음과 같이 분류하였다. 분류가 잘못된 것은? *(2014, 전산회계운용사 2급)*

① 타이어 – 직접재료비　　② 공장건물에 대한 화재보험료- 제조간접비
③ 공장장 임금 – 직접노무비　　④ 공장기계의 감가상각비 – 제조간접비

04. ㈜상공의 9월초 직접재료의 재고량은 100개, 개당 취득원가는 @₩60이다. 9월 중 700개의 직접재료를 @₩7에 매입하고, 600개를 소비하였으며, 실사결과 9월 말 실제 재고는 150개이었다. 직접재료의 평가는 선입선출법을 이용한다. 감모량 중 80%는 정상적인 것으로 간주하는 경우 9월의 직접재료비는 얼마인가? *(2015. 전산회계운용사 1급)*

① ₩34,000　　② ₩38,000　　③ ₩41,400　　④ ₩43,800

05. ㈜대한산업의 3월 중 재료에 관한 자료는 다음과 같다. 3월 중 재료소비액은 얼마인가? *(2015. 전산회계운용사 2급)*

가. 월초재료재고액	₩90,000	나. 월말재료재고액	₩50,000
다. 당월총매입액	70,000	라. 매입환출및에누리	10,000

① ₩80,000　　② ₩90,000　　③ ₩100,000　　④ ₩110,000

06. ㈜대한에 근무하는 나성공씨는 8월 첫째 주 동안 48시간의 작업을 하였다. ㈜대한은 주당 40시간을 초과하는 작업시간에 대해서 정상임금의 1.5배를 지급하고 있다. ㈜대한의 시간당 정상임률은 ₩5,000이다. 나성공씨의 작업시간 중에 기계고장으로 인한 3시간의 유휴시간이 포함되어 있다. 총노무비 중 간접노무비는 얼마인가? *(2015. 전산회계운용사 1급)*

① ₩20,000　　② ₩35,000　　③ ₩40,000　　④ ₩60,000

(2015. 전산회계운용사 2급)

07. 이번 달의 총 임금지급액이 ₩240,000이고, 총생산량은 30,000개이다. 이 중에서 A제품 생산량이 10,000개일 때, 제품 A에 부과하여야 할 노무비는 얼마인가? 단, 임률은 총임금지급액을 총생산량으로 나눈 평균임률에 따라서 계산한다.

① ₩100,000 ② ₩80,000 ③ ₩40,000 ④ ₩20,000

08. 다음 자료를 이용하여 10월 중 갑 제품의 노무비를 계산하면 얼마인가? *(2015. 전산회계운용사 2급)*

가. 10월 중 임금지급액 ₩800,000	나. 9월 말 선급임금 ₩100,000
다. 10월 말 미지급임금 70,000	라. 9월 말 미지급임금 90,000
마. 10월 말 선금 임금 0	바. 갑제품의 노무시간 2,000시간
사. 10월 말 총노무시간 8,000시간	

① ₩220,000 ② ₩230,000 ③ ₩240,000 ④ ₩250,000

(2015. 전산회계운용사 2급)

09. 다음은 미래공업사의 자료에 의하여 당월 노무비 소비액 중 재공품 계정으로 직접 대체되는 금액은 얼마인가?

가. 전월 노무비 미지급액 ₩150,000	나. 당월 노무비 지급액 ₩1,450,000
다. 당월 노무비 미지급액 200,000	
라. 당월 노무비 소비액 중 70%는 직접소비액이며, 나머지는 간접소비액이다.	

① ₩450,000 ② ₩980,000 ③ ₩1,050,000 ④ ₩1,260,000

10. ㈜대한은 전기 미지급경비 ₩200,000이 존재하고, 당기 미지급경비 ₩300,000이 발생하였다. 당기 지급경비가 ₩400,000일 때 당기에 소비한 제조경비 금액은 얼마인가? *(2015. 전산회계운용사 1급)*

① ₩400,000 ② ₩500,000 ③ ₩600,000 ④ ₩700,000

(2015. 전산회계운용사 2급)

11. ㈜대한의 8월달 직접재료비는 ₩100,000, 간접재료비는 ₩50,000, 직접노무비는 ₩200,000, 간접노무비는 ₩100,000, 수선유지비는 ₩50,000, 외주가공비는 ₩20,000, 그리고 수도광열비는 ₩30,000이 발생하였다. ㈜대한의 제조간접비는 얼마인가?

① ₩150,000 ② ₩200,000 ③ ₩230,000 ④ ₩250,000

12. 다음 원가 자료 중 제조원가명세서상 제조경비로 집계되어야 할 금액을 계산하면? *(2015. 전산회계운용사 2급)*

가. 판매시설의 감가상각비 ₩1,500	나. 주요원재료투입액 ₩2,500
다. 공장건물에 대한 보험료 300	라. 공장기계의 감가상각비 3,500
마. 공장내 생산관련 소모품비 800	바. 공장근로자에 대한 상여금 2,000

① ₩4,600 ② ₩6,100 ③ ₩6,600 ④ ₩9,100

13. 직접재료원가(직접재료비)와 직접노무원가(직접노무비)를 제외한 모든 제조원가에 해당하는 제조간접원가(제조간접비)는 제조간접원가계정을 사용하여 기록한다. 다음 중 당기의 제조활동에 사용된 제조간접원가를 제품원가계산을 위해서 재공품계정으로 대체하는 분개에 해당하는 것은 어느 것인가? *(2015. 전산회계운용사 1급)*

① (차) 제 품 ××× (대) 재 공 품 ××× ② (차) 제 품 ××× (대) 제조간접원가 ×××

③ (차) 재 공 품 ××× (대) 제조간접원가 ××× ④ (차) 재 공 품 ××× (대) 제 품 ×××

제 4 장

Department Costing

부문별 원가계산

제1절 부문별 원가계산의 개요

1. 부문별 원가계산의 의의와 목적

■ 부문별 원가계산의 의의

부문별 원가계산(部門別原價計算, department costing)이란 요소별 원가계산이 이루어진 이후의 원가계산절차로서 원가요소를 그 발생장소인 부문별로 분류ㆍ집계하는 계산과정을 말한다. 이 때 원가를 분류ㆍ집계하기 위한 계산단위(또는 관리단위)가 바로 원가부문(原價部門, cost department)인 동시에 원가중심점(原價中心點, cost center)이 된다. 즉, 원가부문은 제품의 제조과정에서 발생한 원가를 집계할 때 설정되는 발생장소로서 원가의 귀속대상이라고 할 수 있다. 또한, 원가부문에 집계되는 원가를 부문비(部門費, departmental costs)라고도 한다. 제품별 원가계산은 일반적으로 3단계의 과정을 거쳐 이루어지게 된다.

1단계: 일정기간에 발생한 원가를 요소별로 파악한다(요소별 원가계산).
2단계: 각 원가요소들을 발생장소인 원가부문에 할당한다(부문별 원가계산).
3단계: 부문별로 집계된 원가를 최종 원가부담자인 제품 또는 용역에 부과 또는 배부한다(제품별 원가계산).

이러한 제품별 원가계산 과정 중 2단계에 해당되는 부문별 원가계산에서는 원가분별로 집계된 부문원가를 원칙적으로 그 부문을 통과한 제품에 배부한다. 이 때 직접원가에 속하는 원가요소는 제품에 직접적으로 추적이 가능하기 때문에 제조간접원가에 속하는 원가요소만이 부문별 원가계산이 대상이 된다. 그러나 부문별 원가계산이 원가관리측면에서 강조되고 있기 때문에 제품원가의 계산은 물론 경영관리측면에서 볼 때 직접원가도 부문별 원가계산의 대상이 되어야 할 필요가 있다.

부문별 원가계산은 모든 제조기업에서 필요로 하는 것은 아니다. 규모가 작고 비교적 단순한 제조공정을 거쳐 제품을 생산하는 기업의 경우에는 제조직접원가를 요소별 원가계산을 통하여 제품에 직접 부과시키고 제조간접원가는 일괄하여 일정한 배부기준에 의해 각 제품에 배부하여 제품단위당 원가를 계산함으로써 부문별 원가계산이 생략되기도 한다. 반면에 규모가 크고 여러 제조공정을 거쳐 제품을 생산하는 기업에서는 원가부문을 제조부문과 보조부문으로 나누어 제품을 직접 생산하게 된다. 이러한 경우 제품원가를 정확하게 계산하기 위해서는 원가요소의 소비액을 처음부터 각 제소지시서에 배부하지 않고 발생장소별로 원가를 집계하여 그 장소를 통과한 제품에 부담시킨다. 이 때 발생장소는 제조부문과 보조부문으로 나누어지게 되며, 먼저 제조간접원가를 부문개별원가와 부문공통원가로 분류하여 부문개별원가는 제조부문과 보조부문에 직접 집계하고, 여러 부문에서 공통으로 발생한 부문공통원가는 일정한 배부기준에 의해 각 부문에 배부한다. 다음으로 보조부문에 집계 및 배부된 제조간접원가를 제조부문으로 배부하는 과정을 통하여 부문별 원가계산이 이루어지도록 한다.

▪ 부문별원가계산의 목적

부문별 원가계산의 목적은 외부보고목적을 위한 정확한 제품원가의 산정과 부문관리자의 성과평가를 위한 효율적인 원가관리목적 등 두 가지가 있다.

정확한 제품원가의 산정

부문별 원가계산은 일정단위의 제품원가를 합리적으로 계산함으로써 보다 정확한 손익계산을 실시할 수 있다(재무회계 목적). 부문별 원가계산은 제조간접원가의 합리적인 배부계산을 위한 것으로써 특정 제품과 직접 관련하여 발생하는 직접제조원가는 제품별로 쉽게 추적 가능하지만, 여러 가지 제품과 관련하여 공통적으로 발생하는 제조간접원가는 제품별로 쉽게 추적 불가능하다. 따라서 제조간접원가는 인위적인 배부기준을 사용하여 각 제조지시서의 원가계산표에 배부하게 된다. 이 때 공장전체에서 발생한 제조간접원가를 하나의 배부기준, 즉 공장전체 배부기준으로 각 제품에 배부 할 수 있으며, 제조간접원가의 발생형태나 제품별로 이루어지는 작업내용이 원가가 발생한 장소인 부문에 따라 다르게 나타나므로 공장을 기술적 관리적 측면에서 몇 개의 원가부문으로 나누어 각 부문별로 제조간접원가를 분류·집계하고 각 부문별 배부기준으로 제조간접원가를 배부할 수 있다.

제조간접원가를 배부하는데 있어서 공장전체 배부기준을 적용하느냐, 아니면 각 부문별 배부기준을 적용하느냐의 문제는 아무래도 하나의 공장전체 배부기준을 적용하는 것보다는 각 부문별로 배부기준을 적용하는 것이 정확한 제조간접원가의 배부계산을 위해 바람직하다 하겠다. 부문별 원가계산은 합리적인 제조간접원가의 배부계산이 이루어지게 함으로써 정확한 기말재공품의 평가와 반제품 등

중간제품의 계산을 가능하게 하는 목적도 있다. 제조간접원가의 배부와 관련하여서는 제6장에서 자세히 다루도록 하겠다.

효율적인 원가관리

부문별 원가계산은 제조간접원가를 그 발생장소별 또는 부문경영자별로 분류·집계함으로써 원가관리를 효율적으로 할 수 있다(관리회계 목적). 부문별 원가계산에서는 원가를 발생장소별·부문별·책임중심점별 또는 각 부문경영자별로 분류·집계함으로써 실제원가를 정확히 파악할 수 있기 때문에 원가요소의 발생과정에서 비능률이 어디에서 발생하였는가를 정확히 파악할 수 있다. 따라서 효율적인 원가관리와 합리적인 성과평가에 도움을 준다.

제조간접원가뿐만 아니라 원가요소의 발생이 적절하게 발생하였는지를 판단하고 개선하기 위해서 실제발생액과 예산이나 표준과 비교할 필요가 있는데, 여기서 실제 발생액과 예산이나 표준과의 차이를 원가차이(原價差異, cost variance)라고 한다. 원가차이는 부문경영자가 통제할 수 있는 차이와 통제할 수 없는 차이로 분석되어, 부문경영자의 통제가능원가를 중심으로 성과평가를 행함으로써 원가관리의 실질적인 효과를 달성할 수 있다. 표준원가에 대해서는 제13장에서 자세히 다루도록 하겠다.

2. 원가부문의 설정과 분류

원가부문은 원가의 발생을 기능별·책임부서별로 관리하고, 제품원가를 정확히 계산하기 위하여 원가요소를 분류·집계하는 계산조직상의 구분을 말한다. 여기서 원가의 발생을 관리하고 제품원가를 정확히 계산하는 것은 부문별 원가계산의 목적이기도 하다. 제품원가의 정확한 계산과 효율적인 원가관리 및 통제목적을 달성하기 위해서 원가부문을 적절히 세분하여 설정할 필요가 있다. 원가부문을 어느 정도 세분해야 하는 문제는 기업의 업종·시설규모·공정배치 등의 특성 및 조직구조의 관리능력 등을 고려하여 설정하여야 한다. 원가부문의 설정은 관리책임에 따른 원가부문의 설정과 작업의 성질에 따른 원가부문의 설정이 상호 일치하는 것이 이상적이지만, 이들이 서로 상충될 경우에는 전자보다 후자가 우선한다고 보는 것이 지배적이다.

제조기업은 생산·판매·관리활동을 수행한다. 이에 따라 원가부문도 생산부문·판매부문·관리부문으로 나눌 수 있다. 그러나 제품원가계산에서는 일반적으로 원가부문을 제품의 제조활동과 관련하여 제조부문과 보조부문으로 나누는 것이 보통이다.

제조부문(製造部門, production department)은 직접 제조작업을 수행하는 부문을 말한다. 제조부문은 제조활동의 주된 목적인 제품을 직접 제조하는가 혹은 부산물 등의 가공작업만을 행하는가에 따라 주경영부문과 부경영부문으로 구분된다. 그러나 제조부문이라고 하면 일반적으로 주경영부문을 의미한다. 제조부문을 어떻게 설정할 것인가는 업종 혹은 기업이 특성에 따라 상이하다. 원가부문은 반드시 그 자체가 원가중심점의 최소단위를 의미하는 것은 아니며, 제조간접원가의 관리단위는 하나의 큰 단위로 구분하는 것이 보통이지만 직접제조원가를 관리하기 위해서는 관리단위를 공정 · 소공정 또는 작업단위로 구분된다. 제조부문은 제조직능에 따라 주조부, 단조부, 판공부, 의장부, 가공부, 조립부, 제1공장, 제2공장 등으로 나눌 수 있다.

보조부문(補助部門, service department)은 제조에 직접 담당하지 않고 다른 부문에 기술적인 용역을 제공하여 제조부문의 활동을 간접으로 지원하는 부문을 말한다. 보조부문을 제품생산에 필요한 용역을 제공하는 보조용역부문과 관리기능을 담당하는 공장관리부문으로 나누어진다. 보조경영부문은 제품의 제조활동에 직접 관여하지 않고, 단지 부문의 용역을 제조부문에 제공하는 보조부문이다. 예를 들어, 동력부, 수선부, 반부, 공작부, 검사부 등이 이에 해당한다. 공장관리부문은 관리기능을 담당하는 부문으로써 생산관리부, 기획부, 시험연구부, 공장사무부 등이 이에 해딩한다.

우리나라 원가계산준칙에서는 "원가계산은 원가의 발생을 관리하고 제품원가의 계산을 정확히 하기 위하여 부문별로 계산할 수 있다. 이 경우 원가의 비목별 계산에서 집계된 원가요소는 그 전부 또는 일부를 다시 원가부문별로 집계한 후, 이를 다시 제품별로 배분할 수 있다. 원가부문은 원가요소를 분류.집계하는 계산상의 구분으로서 제조부문과 보조부문으로 구분한다. 제조부문은 직접제조작업을 수행하는 부문을 말하며 제조활동등에 따라 세분할 수 있다. 보조부문은 직접 생산활동을 수행하지 아니하고 제조부문을 지원 • 보조하는 부문으로서 그 수행하는 내용에 따라 세분할 수 있다."라고 규정하고 있다(준칙 제14조 ①, ②, ③, ④)

제2절 부문별 원가계산의 절차

1. 부문별 원가계산의 기본절차

원가부문이 제조부문과 보조부문으로 분류되면 각 원가부문에서 발생된 제조간접원가가 부문별로 집계된다. 부문별 원가계산의 주목적이 제조간접원가의 합리적인 배부에 있다면 제조간접원가만을 부문에 집계하는 것이 바람직하고, 주목적이 원가관리에 있다면 제조간접원가뿐만 아니라 직접원가도 부문별로 집계해야 한다. 그렇게 함으로써 원가 발생에 대한 부문경영자의 책임이 명확해지고 원가관리에 유용한 원가정보를 얻을 수 있기 때문이다. 부문별 원가계산에서는 3단계에 걸쳐 배부계산이 이루어진다.

제1단계 : 요소별 원가계산에서 계산된 제조간접원가 중 부문개별원가는 각 부문에 직접 부과하고, 부분공통원가는 적절한 배부기준에 의하여 제조부문과 보조부문에 배부한다.

차변	금액	대변	금액
(차) 재 공 품	×××	(대) 재료원가	×××
제조간접원가	×××	노무원가	×××
		제조경비	×××

차변	금액	대변	금액
(차) 부문개별원가	×××	(대) 제조간접원가	×××
부문공통원가	×××		

차변	금액	대변	금액
(차) 제1제조부문	×××	(대) 부문개별원가	×××
제2제조부문	×××	부문공통원가	×××
동력부	×××		
수선부	×××		
공장사무부	×××		

제2단계 : 보조부문에 배부된 제조간접원가를 직접배부법 · 단계배부법 · 상호배부법 중 어느 한 방법을 사용하여 제조부문에 배부한다. 이것을 보조부문원가의 배부이라 한다.

차변	금액	대변	금액
(차) 제1제조부문	×××	(대) 동력부	×××
제2제조부문	×××	수선부	×××
		공장사무부	×××

제3단계 : 제조부문에 집계된 제조간접원가를 직접노동시간、기계작업시간、직접노무원가 등의 배부기준을 사용하여 제품에 배부한다. 이것을 제품별 원가계산이라고 한다.

(차) 재공품	×××	(대) 제1제조부문	×××
		제2제조부문	×××

[그림 4-1] 부문별 원가계산의 기본절차

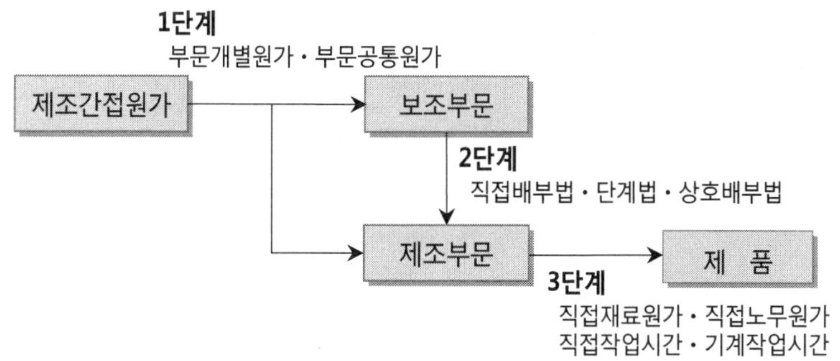

[그림 4-2] 부문별 원가계산의 기장관계

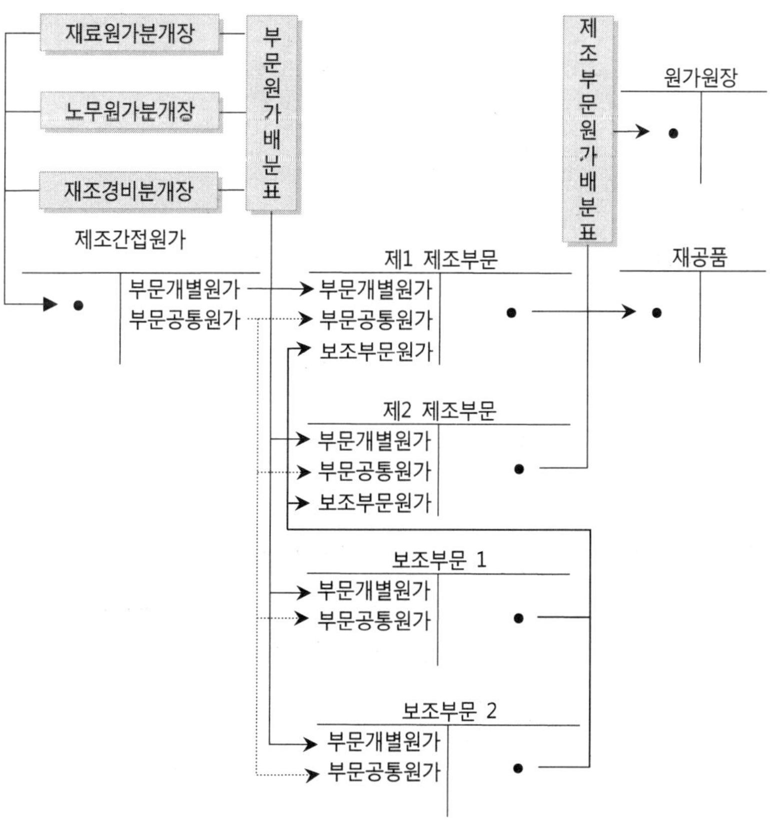

2. 원가요소의 부문별 집계

■ 원가계산시스템과 원가요소의 부문별 집계

부문별 원가계산에서 각 원가부문에 집계되는 원가요소의 범위는 기업이 채택하고 있는 제품별 원가계산시스템에 따라 차이가 있다. 개별원가계산에서는 제조간접원가만이 부문별 원가계산의 대상이 되며, 종합원가계산에서는 전원가요소 즉, 직접재료원가ㆍ 직접노무원가ㆍ제조간접원가를 부문별 원가계산의 대상으로 한다. 단, 가공원가 공정별 종합원가계산에서는 직접재료원가를 제외한 가공원가(직접노무원가ㆍ제조간접원가)만을 부문별 원가계산의 대상으로 한다. 이에 대한 차이를 도표로 표시하면 [그림 4-3]과 같다.

부과: 직접원가 또는 개별원가를 원가단위에 직접 귀속시키는 것
배부: 간접원가 또는 공통원가를 원가단위에 일정한 배부기준에 의하여 귀속시키는 것
배분: 원가단위에 직접원가의 부과, 간접원가의 배부 등 포괄적인 원가배분과정

[그림 4-3] 원가계산제도에 따른 원가요소의 부문별 집계

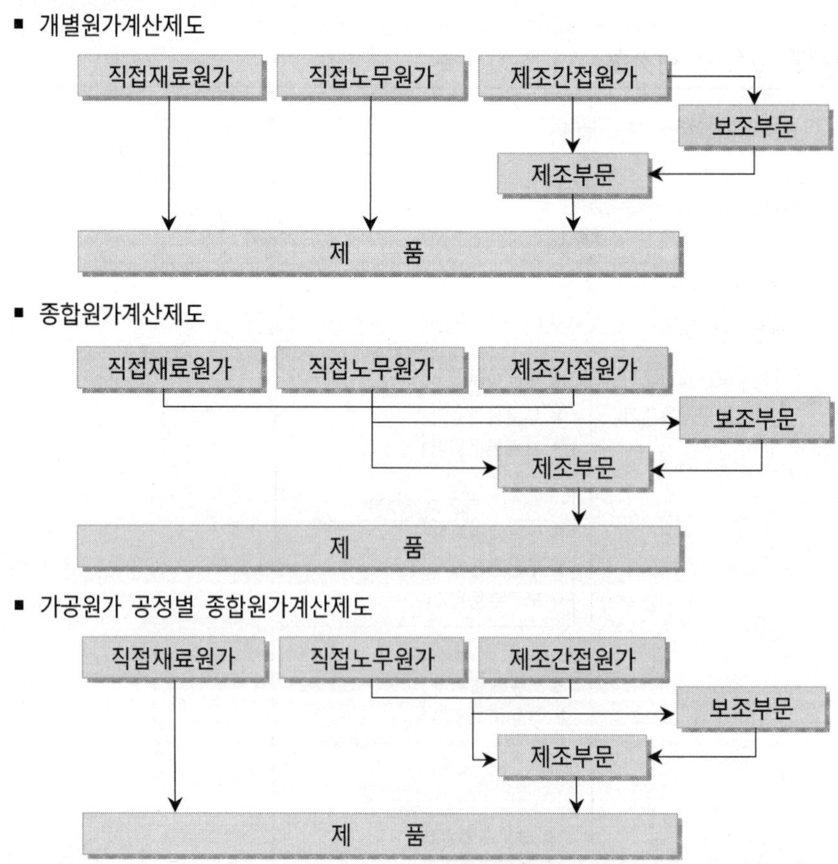

■ 부문개별원가와 부문공동원가

제조간접원가로 분류되는 각 원가요소는 어느 부문에서 발생하였는가를 직접 추적할 수 있는 원가요소와 둘 이상의 부문에 공통적으로 발생하기 때문에 어느 부문에서 발생하였는가를 직접 추적할 수 없는 원가요소가 혼재되어 있다. 따라서 부문별 원가계산의 대상이 되는 원가요소는 원가부문에의 추적가능성에 따라 부문개별원가와 부문공통원가로 나누어진다. 제품을 원가계산대상으로 하는 경우 간접원가로 분류되는 제조간접원가는 원가부문을 원가계산대상으로 하게 되면 각 원가부문에 직접 추적할 수 있는 부문개별원가와 적절한 배부기준에 의하여 각 원가부문에 배부해야 하는 부문공통원가로 재분류 된다. 따라서 부문개별원가는 원가부문을 원가계산대상으로 할 경우 직접원가의 개념에 해당하지만, 제품을 원가계산대상으로 할 경우에는 간접원가의 개념에 해당한다는 점에 주의하여야 한다.

부문개별원가(部門個別原價, direct department cost)는 특정 부문에서 개별적으로 발생하여 그 부문에 직접적으로 추적하여 인식할 수 있는 원가요소를 말한다. 예를 들어 특정부문에 속해 있는 감독자의 급료, 특정부문이 소유하고 있는 기계의 감가상각비, 특정부문에서 소요된 수선유지비 등이 이에 해당한다.

부문공통원가(部門共通原價, indirect department cost)는 여러 부문에 공통적으로 발생하여 각 부문에 직접적으로 추적하여 인식하기가 곤란하거나 불가능한 원가요소를 말한다. 이들 원가요소는 그 성질에 따라 적절한 배부기준을 사용하여 각 부문에 배부되어야 한다. 예를 들어, 공장장의 급료, 재산세, 동력비, 임차료, 여러 부문에 사용하는 공장건물의 감가상각비, 공장건물의 화재보험료, 조세공과 등이 이에 해당한다. 부문공통원가는 적절한 배부기준을 사용하여 관련 부문에 배부해야 한다. 이러한 절차를 부문원가의 제1차 배부이라 한다.

■ 부문공동원가의 배부기준

부문공통원가는 원가부문에 공통적으로 발생하는 원가요소이므로 각 부문과 원가발생의 인과관계 또는 예측의 정확성 등을 고려하여 배부기준을 선택해야 한다. 그러나 기업이 처하고 있는 여건이나 원가부문의 설정방법 등에 따라 달라 질 수 있으므로 일반적으로 적절한 배부기준이 되기 위해서는 다음과 같은 요건을 갖추어야 한다.

첫째, 부문공통원가의 배부기준은 배부되는 원가부문에 공통적으로 적용할 수 있어야 한다. 예를 들어, 직접노동시간은 부문공통원가를 제조부문에 배부할 대 적절한 배부기준이 될 수 있지만, 보조부문과 제조부문에 배부할 때는 적합하지 않을 수도 있다. 왜냐하면, 보조 부문은 직접 제조활동에 관여하지 않기 때문에 직접노동시간이 발생할 수 없기 때문이다.

둘째, 배부대상이 되는 원가요소와 배부기준 사이에 인과관계가 존재하여야 한다. 예를 들어, 공장건물의 감가상각비에 대한 배부기준으로 점유면적은 감가상각비와 인과간계가 있지만 종업원수와는 인과관계가 없다.

셋째, 배부기준의 자료를 현실적으로 입수 가능하여야 한다. 즉, 이론적으로 우수한 배부기준이라 할지라도 배부기준에 관한 자료를 현실적으로 입수하기 어려운 경우에는 배부기준으로서 적합하지 못하다.[1)]

위와 같은 점을 고려하여 일반적으로 사용되고 있는 배부기준은 [표 4-1]과 같다. 한편, 제조간접원가가 부문개별원가와 부문공통원가로 구분되면, 부문개별원가는 각 원가부문에 직접 추적하여 부과하고, 부문공통원가는 선택한 배부기분을 사용하여 각 원가부문에 배부한다. 이러한 과정을 요약한 표를 부문원가배부표(部門原價配分表, departmental cost allocation sheet)라고 한다.

우리나라 원가계산준칙에서는, "원가요소는 발생한 원가의 직접적인 집계가능성여부에 따라 부문개별비와 부문공통비로 구분한다. 부문개별비는 원가발생액을 당해 발생부문에 직접부과하고, 부문공통비는 인과관계 또는 효익관계 등을 감안한 합리적인 배부기준에 의하여 관련부문에 배부한다."라고 규정하고 있다(준칙 제16조 ①, ②).

[표 4-1] 부문공통원가의 배부기준

부문공통원가	배 분 기 준
간접재료원가	각 부문의 추정소비량 또는 각 부문의 직접재료원가
간접노무원가	각 부문의 작업시간 또는 임금지급액
동 력 비	기계의 마력수 × 기계작업시간
전 력 비	각 부문의 전력사용량
복리후생비	각 부문의 종업원수
보 험 료	보험목적자산의 가액, 각 부문의 건물점유면적
감가상각비	건물점유면적, 기계가액
재산세, 임차료	각 부문의 건물점유면적
운 반 비	중량 × 운반거리

1) 강병항(2013), 원가회계, 피엔씨미디어, pp. 76~77.

예제 4-1 부문개별원가와 부문공통원가

A회사는 제품을 생산하기 위해 두 개의 제조부문과 세 개의 보조부문을 두고 있다. 20××년 3월 중 발생된 각 부문의 원가와 배부기준은 다음과 같다.

1. 각 부문별 발생원가

	제조부문		보조부문			합계
	조립부문	절단부문	동력부	수선부	공장사무부	
부문개별원가	₩240,000	₩320,000	₩80,000	₩120,000	₩180,000	₩940,000
부문공통원가						
감가상각비(건물)						80,000
감가상각비(기계)						60,000
복리후생비						40,000

2. 부문공통원가 배부기준

	제조부문		보조부문			합계
	조립부문	절단부문	동력부	수선부	공장사무부	
점유면적	200㎡	200㎡	40㎡	40㎡	20㎡	500㎡
기계가동시간	300시간	500시간	150시간	50시간	-	1,000시간
종업원수	20명	25명	15명	15명	5명	80명

[물음사항]

1. 부문공통원가를 각 부문에 배부하시오.
2. 부문원가와 관련하여 분개하시오.

■ 풀이

1. 부문공통원가의 배부

	제조부문		보조부문			합계
	조립부문	절단부문	동력부	수선부	공장사무부	
부문개별원가	₩240,000	₩320,000	₩80,000	₩120,000	₩180,000	₩ 940,000
부문공통원가						
감가상각비(건물)	32,000	32,000	6,400	6,400	3,200	80,000
감가상각비(기계)	18,000	30,000	9,000	3,000	-	60,000
복리후생비	10,000	12,500	7,500	7,500	2,500	40,000
합 계	₩300,000	₩394,500	₩102,900	₩136,900	₩185,700	₩1,120,000

(1) 건물감가상각비

조립부문: $₩80,000 \times \frac{200㎡}{500㎡} = ₩32,000$

절단부문: $₩80,000 \times \frac{200㎡}{500㎡} = ₩32,000$

동력부: $₩80,000 \times \frac{40㎡}{500㎡} = ₩6,400$

수선부: $₩80,000 \times \frac{40㎡}{500㎡} = ₩6,400$

공장사무부: $₩80,000 \times \frac{20㎡}{500㎡} = ₩3,200$

(2) 기계감가상각비

조립부문: $₩60,000 \times \frac{300시간}{1,000시간} = ₩18,000$

절단부문: $₩60,000 \times \frac{500시간}{1,000시간} = ₩30,000$

동력부: $₩60,000 \times \frac{150시간}{1,000시간} = ₩9,000$

수선부: $₩60,000 \times \frac{50시간}{1,000시간} = ₩3,000$

(3) 복리후생비

조립부문: $₩40,000 \times \frac{20명}{80명} = ₩10,000$

절단부문: $₩40,000 \times \frac{25명}{80명} = ₩12,500$

동력부: $₩40,000 \times \frac{15명}{80명} = ₩7,500$

수선부: $₩40,000 \times \frac{15명}{80명} = ₩7,500$

공장사무부: $₩40,000 \times \frac{5명}{80명} = ₩2,500$

2. 분개

(1) 제조간접원가

(차) 제조간접원가	₩1,120,000	(대) 간접재료원가	₩360,000
		간접노무원가	250,000
		제조경비	330,000
		감가상각비(건물)	80,000
		감가상각비(기계)	60,000
		복리후생비	40,000

* 부문개별원가는 간접재료원가 간접노무원가 제조경비로 구성되었다고 가정함.

(2) 부문원가

(차) 부문개별원가	₩940,000	(대) 제조간접원가	₩1,120,000
부문공통원가	180,000		

(3) 부문개별원가의 집계

(차) 조립부문	₩240,000	(대) 부문개별원가	₩940,000
절단부분	320,000		
동력부	80,000		
수선부	120,000		
공장사무부	180,000		

(4) 부문공통원가의 집계

(차) 조립부문	₩60,000	(대) 부문공통별원가	₩180,000
절단부분	74,500		
동력부	22,900		
수선부	16,900		
공장사무부	5,700		

제3절 보조부문원가의 배부방법

1. 보조부문원가 배분의 의의

부문원가의 1차 배분에 의해서 제조부문과 보조부문에는 부문개별원가와 부문공통원가가 집계된다. 제조부문은 보조부문으로부터 여러 가지 용역을 제공받아 제조활동을 수행하게 되므로 보조부문의 원가를 제조부문에게 배분하는 과정을 거쳐야 한다. 이것을 부문원가의 2차 배분 또는 보조부문원가의 배분라고 한다. 부문원가의 2차 배분이 이루어지면 결과적으로 모든 제조간접원가 항목들은 제조부문에 집계된다.

기업이 보조부문원가를 제조부문에 배분하는 데는 기본적으로 제품원가계산의 목적과 성과평가목적에 두고 있다. 첫째, 제품원가계산 목적은 보조부문원가를 최종제품에 배분하기 위해서인데, 이것은 외부보고목적의 재무제표를 작성할 때 재고자산을 평가하고 매출원가를 결정하기 위해서는 보조부문원가를 적절히 배분하도록 요구하고 있기 때문이다. 둘째, 성과평가목적은 보조부문원가를 제조부문에 배분하게 되면 배분금액에 따라 제조부문의 성과가 영향을 받기 때문에 제조부문의 경영자들은 자기부문의 원가관리뿐만 아니라 보조부문원가의 통제에도 상당한 관심을 갖게 하기 위해서이다. 만약 보조부문원가를 제조부문에 배분하지 않으면 보조부문의 용역을 사용하더라도 원가부담이 전혀 없기 때문에 제조부문의 경영자들은 용역사용에 대한 무관심을 초래하게 되는 문제점이 발생할 수 있기 때문이다.

2. 보조부문원가의 배분방법

■ 보조부문원가의 배분기준

부문원가의 2차 배분은 보조부문의 원가를 제조부문에 집계하는 과정이다. 보조부문은 제조부문뿐만 아니라 보조부문 상호간에도 용역제공활동을 수행하므로 적절한 배분이기준을 선정하여 배분해야 한다. 예를 들어 동력부문은 제조부문과 더불어 다른 보조부문에도 동력제공활동을 수행하는 경우, 배분기준은 각 부문에게 제공한 동력사용량 또는 전력시설용량 등을 이용하는 것이 합리적일 것이다. 만약 각 부문의 종업원수를 배분기준으로 한다면 동력제공활동과의 인과관계로 볼 때 부적절하다고 하겠다. 따라서, 보조부문의 용역제공활동을 반영하는 적절한 배분기준을 선정하여야 한다. 이것은 보조부문의 원가를 합리적으로 제조부문에 집계하는데 가능한 한 정확하게 나타낼 수 있는 기준을 선택하고자 하는 것이다. 보조부문원가의 배분기준을 예시하면 [표 4-2]와 같다.

[표 4-2] 부문공통원가의 배분기준

보조부문	배 분 기 준
건물관리부문	점유면적
인사관리부문	종업원수
전 력 부 문	전력사용량 및 전기시설용량
수선유지부문	수선유지회수 또는 수선유지시간
구 매 부 문	주문횟수 또는 주문비용
식 당 부 문	종업원수
창 고 부 문	취급품목수 또는 청구횟수
검 사 부 문	검사수량 또는 검사시간

■ 보조부문원가의 배분방법

보조부문원가의 배분방법으로는 보조부문원가를 제조부문에만 배분하는 직접배분법과 제조부문뿐만 아니라 보조부문에도 배분하는 단계법과 상호배분법 등이 있다. 우리나라 원가ㅔ산준칙에서도 "원가의 부문별 계산은 원가요소를 제조부문과 보조부문에 배분하고, 보조부문비는 직접배분법.단계배분법 또는 상호배분법 등을 적용하여 각 제조부문에 합리적으로 배분한다. 제조부문에 집계된 원가요소는 필요에 따라 그 부문의 소공정 또는 작업단위별로 집계할 수 있다."라고 규정하고 있다(준칙 제15조 ①②)

직접배분법

직접배분법(直接配賦法, direct allocation method)은 보조부문원가를 직접적으로 제조부문에만 배분하는 방법으로서, 보조부문 상호간에 주고받은 용역은 고려하지 않고 처음부터 각 제조부문에 제공한 용역의 상대적 비율에 따라 보조부문원가를 제조부문에 직접배분하는 방법이다.

직접배분법은 보조부문 상호간의 용역제공활동을 고려하지 않기 때문에 타당성이 결여되지만 배분절차가 매우 간단하다는 장점 때문에 실무에서는 다른 방법보다 더 많이 사용되고 있다. 그러나, 보조부문이 제조부문 뿐만 아니라 다른 보조부문에도 용역을 제공하는 경우에는 보조부문 상호간의 관련성을 고려하지 않음으로써 제조부문의 제조간접원가를 왜곡시켜 결국 제품원가계산의 정확성을 감소시킬 수 있는 단점이 있다.

예제 4-2 보조부문원가의 배분(직접배분법)

[예제 4-1]의 자료를 이용하시오.
보조부문의 각 부문에 제공한 용역 제공비율은 다음과 같다.

	제조부문		보조부문			합계
	조립부문	절단부문	동력부	수선부	공장사무부	
동력부	300kW	240kW	-	30kW	30kW	600kW
수선부	30회	10회	5회	-	5회	50회
공장사무부	200명	100명	50명	50명	-	400명

[물음사항]

1. 직접배분법에 의해 보조부문의 원가를 제조부문에 배분하시오.

■ 풀이

1. 직접배분법

	제조부문		보조부문			합계
	조립부문	절단부문	동력부	수선부	공장사무부	
부문원가	₩300,000	₩394,500	₩102,900	₩136,900	₩185,700	₩1,120,000
동력부	57,167	45,733	(102,900)	-	-	
수선부	102,675	34,225	-	(136,900)	-	
공장사무부	123,800	61,900	-	-	(185,700)	
합 계	₩583,642	₩536,358				₩1,120,000

(1) 동력부

조립부문: ₩102,900 × $\frac{300\text{kW}}{540\text{kW}}$ = ₩57,167

절단부문: ₩102,900 × $\frac{240\text{kW}}{540\text{kW}}$ = ₩45,733

(2) 수선부

조립부문: ₩136,900 × $\frac{30\text{회}}{40\text{회}}$ = ₩102,675

절단부문: ₩136,900 × $\frac{10\text{회}}{40\text{회}}$ = ₩34,225

(3) 공장사무부

조립부문: ₩185,700 × $\frac{200\text{명}}{300\text{명}}$ = ₩123,800

절단부문: ₩185,700 × $\frac{100\text{명}}{300\text{명}}$ = ₩61,900

2. 분개

(차) 조립부문	₩283,642	(대) 동력부	₩102,900
절단부문	141,858	수선부	136,900
		공장시무부	185,700

단계배분법

단계배분법(段階配賦法, step-down allocation method)은 보조부문 상호간에 주고받은 용역을 일부 부분적으로 고려하는 방법으로써. 보조부문 가운데 다른 보조부문에 용역을 가장 많이 제공한 순으로, 또는 보조부문원가의 크기 순 등에 따라 보조부문의 배분순위를 결정하고, 그 배분순위에 따라 보조부문원가를 단계적으로 다른 보조부문과 제조부문에 배분한다. 이와 같이 단계배분법은 한 보조부문의 원가를 제조부문뿐만 아니라 다른 보조부문에도 배분하게 된다. 그러나, 배분이 이루어진 보조부문은 다른 보조부문으로부터 보조부문원가를 배분받지 못한다는 점에서 보조부문 상호간의 관련성을 제한적으로 인식하는 방법이라 하겠다.

단계배분법은 보조부문 상호간이 용역수수를 부분적으로 고려하다는 점에서 배분순위가 논리적으로 타당하게 결정되었다면, 직접배분법보다 더 정확한 배분방법이라 하겠다. 그러나, 보조부문간의 용역제공활동을 제한적으로 인식하고 있다는 장점이 있으나 직접배분법의 단점을 완전히 해결하지는 못하고 있으며, 보조부문의 수가 많을 때에는 배분순위의 결정 및 계산절차가 복잡하여 시간과 비용이 많이 소요된다는 단점이 있다.

예제 4-3 보조부문원가의 배분(단계배분법)

[예제 4-1]의 자료를 이용하시오.
보조부문의 각 부문에 제공한 용역 제공비율은 다음과 같다.

	제조부문		보조부문			합계
	조립부문	절단부문	동력부	수선부	공장사무부	
동력부	300kW	240kW	-	30kW	30kW	600kW
수선부	30회	10회	5회	-	5회	50회
공장사무부	200명	100명	50명	50명	-	400명

[물음사항]

1. 단계배분법에 의해 보조부문의 원가를 제조부문에 배분하시오.
(공장사무부, 수선부, 동력부 순으로 함)

■ 풀이

1. 단계배분법

	제조부문		보조부문			합계
	조립부문	절단부문	동력부	수선부	공장사무부	
부문원가	₩300,000	₩394,500	₩102,900	₩136,900	₩185,700	₩1,120,000
공장사무부	46,425	69,638	46,425	23,212	(185,700)	
수선부	106,741	35,580	17,791	(₩160,112)		
동력부	92,842	74,274	(₩167,116)			
합 계	₩546,008	₩573,992				₩1,120,000

(1) 공장사무부

조립부문: ₩185,700 × $\frac{20명}{80명}$ = ₩46,425

절단부문: ₩185,700 × $\frac{30명}{80명}$ = ₩69,638

동력부: ₩185,700 × $\frac{20명}{80명}$ = ₩46,425

수선부: ₩185,700 × $\frac{10명}{80명}$ = ₩23,212

(2) 수선부

조립부문: ₩160,112 × $\frac{30회}{45회}$ = ₩106,741

절단부문: ₩160,112 × $\frac{10회}{45회}$ = ₩35,580

동력부: ₩160,112 × $\frac{5회}{45회}$ = ₩17,791

(3) 동력부

조립부문: ₩167,116 × $\frac{300kW}{540kW}$ = ₩92,842

절단부문: ₩167,116 × $\frac{240kW}{540kW}$ = ₩74,274

2. 분개

(차) 조립부문	₩246,008	(대) 동력부	₩102,900
절단부문	179,492	수선부	136,900
		공장시무부	185,700

상호배분법

상호배분법(相互配賦法, reciprocal allocation method)은 보조부문 상호간에 주고받은 용역을 완전히 고려하는 방법으로써, 보조부문간에 용역제공활동이 존재할 때 각 보조부문원가를 제조부문뿐만 아니라 다른 보조부문에도 배분함으로써 보조부문간의 상호관련성을 완전히 인식하는 방법이다. 상호배분법을 교차배분법(交叉配賦法, cross allocation method) 또는 이중배분법(二重配賦法, double allocation method) 이라고도 한다. 또한, 용역제공비율에 따라 각 보조부무의 원가를 상호배분한 결과 최종보조부문원가를 연립방정식을 이용하여 배분액을 계산할 수 있기 때문에 선형대수법(線形代數法, linear algebra method)이라고도 한다. 보조부문의 수가 많은 경우에는 계산의 간편성을 위해 역행렬(逆行列, inverse matrix)을 이용하기도 한다.

상호배분법은 보조부문 상호간의 용역수수관계를 완전히 인식함으로써 보다 정확한 원가배분이 되기 때문에 이론적으로 가장 합리적인 방법이다. 또한, 최근에는 선형방정식 도는 역행령을 이용하더라도 통계처리를 활용하여 계산을 신속하게 처리할 수 있다. 그러나, 보조부문간의 상호관계가 그다지 중요하지 않을 때에는 보다 간단한 직접배분법을 사용하더라도 상호배분법을 사용했을 경우의 결과와 큰 차이를 보이지는 않는다. 따라서 보조무문원가 배분방법의 선택 문제는 기업의 상황에 따라 적절하게 운영하는 것이 바람직하다고 하겠다.

예제 4-4 보조부문원가의 배분(상호배분법)

[예제 4-1]의 자료를 이용하시오.
보조부문의 각 부문에 제공한 용역 제공비율은 다음과 같다.

	제조부문		보조부문			합계
	조립부문	절단부문	동력부	수선부	공장사무부	
동력부	300kW	240kW	-	30kW	30kW	600kW
수선부	30회	10회	5회	-	5회	50회
공장사무부	200명	100명	50명	50명	-	400명

[물음사항]

1. 상호배분법을 연립방정식에 의해 보조부문의 원가를 제조부문에 배분하시오.

■ 풀이

1. 상호배분법(연립방정식)

	제조부문		보조부문			합계
	조립부문	절단부문	동력부(S1)	수선부(S2)	공장사무부(S3)	
부문원가	₩300,000	₩394,500	₩102,900	₩136,900	₩185,700	
동력부(S1)	50%	40%	-	5%	5%	100%
수선부(S2)	60%	20%	10%	-	10%	100%
공장사무부(S3)	50%	25%	12.5%	12.5%	-	100%

동력부(S_1) = 102,900 + $0.1S_2$ + $0.125S_3$
수선부(S_2) = 136,900 + $0.05S_1$ + $0.125S_3$
공장사무부(S_3) = 185,700 + $0.05S_1$ + $0.1S_2$

위의 연립방정식을 풀면, S_1 = ₩146,200. S_2 = ₩170,473. S_3 = ₩210,058.이 된다. 이에 따라 보조부문원가를 제조부문에 배분하면 다음과 같다(용역제공비율을 그대로 적용)

	제조부문		보조부문			합계
	조립부문	절단부문	동력부	수선부	공장사무부	
부문원가	₩300,000	₩394,500	₩102,900	₩136,900	₩185,700	₩1,120,000
동력부	73,100	58,480	(₩146,200)	7,310	7,310	
수선부	102,283	34,094	17,048	(₩170,473)	17,048	
공장사무부	105,028	52,515	26,257	26,258	(₩210,058)	
합 계	₩580,411	₩539,589				₩1,120,000

(1) 동력부(₩146,200)

조립부문: $₩146,200 \times \frac{600kW}{1,000kW} = ₩73,100$

절단부문: $₩146,200 \times \frac{400kW}{1,000kW} = ₩58,480$

(2) 수선부(₩179,473)

조립부문: $₩170,473 \times \frac{30회}{50회} = ₩102,283$

절단부문: $₩170,473 \times \frac{10회}{50회} = ₩34,094$

(3) 공장사무부(₩210,058)

조립부문: $₩210,058 \times \frac{200명}{400명} = ₩105,029$

절단부문: $₩210,058 \times \frac{100명}{400명} = ₩52,514$

2. 분개

(차) 조립부문	₩280,411	(대) 동력부	₩102,900
절단부문	145,089	수선부	136,900
		공장시무부	185,700

예제 4-5 보조부문원가의 배분(상호배분법)

[예제 4-4]의 자료를 이용하여 행렬을 이용한 상호배분법.

	제조부문		보조부문			합계
	조립부문(P_1)	절단부문(P_2)	동력부(S_1)	수선부(S_2)	공장사무부(S_3)	
부문원가	₩300,000	₩394,500	₩102,900	₩136,900	₩185,700	
동력부(S_1)	50%	40%	-	5%	5%	100%
수선부(S_2)	60%	20%	10%	-	10%	100%
공장사무부(S_3)	50%	25%	12.5%	12.5%	-	100%

1단계 : 제조부문과 보조부문 모두에 대해 선형연립방정식을 세운다.

$P_1 = ₩300,000 + 0P_2 + 0.5S_1 + 0.6S_2 + 0.5S_3$

$P_2 = ₩394,500 + 0P_1 + 0.4S_1 + 0.2S_2 + 0.25S_3$

$S_1 = ₩102,900 + 0P_1 + 0P_2 + 0.1S_2 + 0.125S_3$

$S_2 = ₩136,900 + 0P_1 + 0P_2 + 0.05S_1 + 0.125S_3$

$S_3 = ₩185,700 + 0P_1 + 0P_2 + 0.05S_1 + 0.1S_2$

2단계: 연립방정식을 행렬형태로 전환하기 위하여 기지수는 등호의 오른쪽으로 미지수는 등호의 왼쪽으로 배열한다.(단, 변수를 순서대로 정리한다)

$$1P_1 + 0P_2 - 0.5S_1 - 0.6S_2 - 0.5S_3 = ₩300,000$$
$$0P_1 + 1P_2 - 0.4S_1 - 0.2S_2 - 0.25S_3 = ₩394,500$$
$$0P_1 + 0P_2 + 1S_1 - 0.1S_2 - 0.125S_3 = ₩102,900$$
$$0P_1 + 0P_2 - 0.05S_1 + 1S_2 - 0.125S_3 = ₩136,900$$
$$0P_1 + 0P_2 - 0.05S_1 - 0.1S_2 + 1S_3 = ₩185,700$$

3단계 : 2단계의 방정식을 다음과 같이 계수행렬과 미지수 벡터(제조부문 P, 보조부문 S)의 곱은 부문원가 벡터로 나타낸다.

$$\begin{bmatrix} 1 & 0 & -0.5 & -0.6 & -0.5 \\ 0 & 1 & -0.4 & -0.2 & -0.25 \\ 0 & 0 & 1 & -0.1 & -0.125 \\ 0 & 0 & -0.05 & 1 & -0.125 \\ 0 & 0 & -0.05 & -0.1 & 1 \end{bmatrix} \times \begin{bmatrix} P_1 \\ P_2 \\ S_1 \\ S_2 \\ S_3 \end{bmatrix} = \begin{bmatrix} 300{,}000 \\ 394{,}500 \\ 102{,}900 \\ 136{,}900 \\ 185{,}700 \end{bmatrix}$$

4단계 : 행렬연산을 통하여 미지수 벡터를 구한다.
미지수 벡터(P, S)를 구하기 위한 계수역행렬과 부문원가 벡터의 곱으로 나타낸다.

$$\begin{bmatrix} P_1 \\ P_2 \\ S_1 \\ S_2 \\ S_3 \end{bmatrix} = \begin{bmatrix} 1 & 0 & -0.5 & -0.6 & -0.5 \\ 0 & 1 & -0.4 & -0.2 & -0.25 \\ 0 & 0 & 1 & -0.1 & -0.125 \\ 0 & 0 & -0.05 & 1 & -0.125 \\ 0 & 0 & -0.05 & -0.1 & 1 \end{bmatrix}^{-1} \times \begin{bmatrix} 300{,}000 \\ 394{,}500 \\ 102{,}900 \\ 136{,}900 \\ 185{,}700 \end{bmatrix}$$

5단계 : 엑셀을 이용하여 역행렬 값을 구한다.

1. 엑셀에 계수역행렬을 입력한다.
2. 역행렬값이 입력될 수 있도록 동일한 블록을 지정한다(5×5).
3. 블록(5×5) 지정한 후, 수학→MINVERSE(배열의 역행렬값을 구합니다)
4. 데이터를 입력하는 '함수인수'박스에 계수행렬을 지정하여 입력 한 후 Enter 키를 누른다. MINVERSE(array) (예: MINVERSE(a1:e5). [Enter↵])
5. 수식입력란에 커서를 위치시키고, [Shift] + [Ctrl] + [Enter↵] 키를 동시에 누른다.
6. 미지수 벡터를 구하기 위해 역행렬값을 이용한다.

$$\begin{bmatrix} P_1 \\ P_2 \\ S_1 \\ S_2 \\ S_3 \end{bmatrix} = \begin{bmatrix} 1.0000 & 0.0000 & 0.5692 & 0.7231 & 0.6615 \\ 0.0000 & 1.0000 & 0.4308 & 0.2769 & 0.3385 \\ 0.0000 & 0.0000 & 1.0128 & 0.1154 & 0.1410 \\ 0.0000 & 0.0000 & 0.0577 & 1.0192 & 0.1346 \\ 0.0000 & 0.0000 & 0.0564 & 0.1077 & 1.0205 \end{bmatrix} \times \begin{bmatrix} 300{,}000 \\ 394{,}500 \\ 102{,}900 \\ 136{,}900 \\ 185{,}700 \end{bmatrix}$$

6단계 : 각 부문의 총원가를 구한다.

$$\begin{bmatrix} P_1 \\ P_2 \\ S_1 \\ S_2 \\ S_3 \end{bmatrix} = \begin{bmatrix} ₩580{,}411 \\ ₩539{,}589 \\ ₩146{,}204 \\ ₩170{,}467 \\ ₩210{,}057 \end{bmatrix}$$

P_1 , P_2 의 값은 자기부분원가와 보조부문으로부터 배분받은 원가의 합계이다.

P_1 = ₩300,000 + ₩280,411

P_2 = ₩394,500 + ₩145,089

*보조부문원가 배분방법에 따른 제조부문 합계액

	조립부문	절단부분
직접배분법	₩583,642	₩536,358
단계배분법	₩546,008	₩573,992
상호배분법	₩580,411	₩539,589

■ 이중배분율법

보조부문원가의 배분방법으로 직접배분법, 단계배분법, 상호배분법을 설명하였다. 이상의 방법은 보조부문원가에 대해 원가행태를 고려하지 않은 방법이다. 보조부문원가를 원가행태별로 변동원가와 고정원가로 분류하여 다른 보조부문 및 제조부문에 배분하는 방법을 이중배분율법이라 한다. 보조부문원가를 원가행태별로 변동원가와 고정원가로 구분하여 배분하는 접근방법은 부문활동의 계획 및 통제에 좀 더 유용한 정보를 제공하기 위함이며, 보조부문원가의 배분에 관한 불공평성을 배제하기 위한 방안이라 하겠다.

이중배분율법(二重配分律法, dual-rate method)은 보조부문원가를 변동보조부문원가와 고정보조부문원가로 구분하여 각각 다른 배분기준을 적용하여 다른 보조부문과 제조부문에 배분하는 방법을 말한다. 이중배분율법의 타당성은 고정원가는 장기간 동안 경제적 효익을 제공할 설비와 관련된 것인 반면에 변동원가는 실제로 제공된 용역에 직접 관련되어 있다는 것이다. 따라서 고정보조부문원가는 각 부문의 최대예상용역제공량 또는 평균예상용역제공량을 기준으로 배부하며, 변동보조부문원가는 실제용역제공량을 기준으로 배분하게 된다.

이중배분율법은 이론적으로 보다 정확한 원가배분이 이루어질 뿐만 아니라 경제적 의사결정에도 유용하다. 그러나 부문원가의 집계를 고정원가와 변동원가로 구분하기에는 현실적으로 원가와 효익 측면에서 효율적이지 않을 수 있다. 따라서 실무에서는 거의 사용하고 있지 않다.

예제 4-6 이중배분율법

A회사의 동력부에서는 제조부문인 조립부문과 절단부문에 동력을 공급하고 있다. 동력부에서는 제조부문의 생산활동을 위하여 최대용역사용량을 갖추고 있다.

20××년 4월 중 동력부는 변동원가 ₩450,000과 고정원가 ₩600,000이 발생하였으며, 동력부의 최대사용량과 실제사용량에 대한 자료는 다음과 같다.

	조립부분	절단부문	합계
최대동력사용량	10,000㎾	20,000㎾	30,000㎾
실제동력사용량	10,000㎾	15,000㎾	25,000㎾

[물음사항] 직접배분법에 의해 보조부문의 원가를 제조부문에 배분하시오.

1. 단일배분율법
2. 이중배분율법

■ 풀이

1. 단일배분율법

	조립부분	절단부문	합계
실제동력사용량	10,000㎾	15,000㎾	25,000㎾
배분비율	40%	60%	100%
보조부문원가배분액	₩420,000	₩630,000	₩1,050,000

2. 이중배분율법

변동원가	조립부분	절단부문	합계
실제동력사용량	10,000㎾	15,000㎾	25,000㎾
배분비율	40%	60%	100%
보조부문원가배분액	₩180,000	₩270,000	₩450,000

고정원가	조립부분	절단부문	합계
최대동력사용량	10,000㎾	20,000㎾	30,000㎾
배분비율	1/3	2/3	3/3
보조부문원가배분액	₩200,000	₩400,000	₩600,000

	조립부분	절단부문	합계
변동원가	₩180,000	₩270,000	₩ 450,000
고정원가	200,000	400,000	600,000
합 계	₩380,000	₩670,000	₩1,050,000

연 | 습 | 문 | 제

01. 다음은 원가배부에 관한 설명이다. 옳지 않은 것은? *(2015. 전산회계운용사 1급)*

① 좀 더 정확한 원가배분으로 인해 개선되는 효익이 원가배분과정에서 발생되는 원가보다 커야 한다.
② 보조부문은 직접 제품생산활동을 하지 않고, 제조부문에만 용역을 제공하는 부문이다.
③ 보조부문 상호간 용역수수관계를 완전히 인식하는 방법을 상호배분법이라 한다.
④ 보조부문에서 수익이 창출되는 경우 원가에서 수익을 차감한 순원가를 배분한다.

02. 다음은 원가배부에 관한 설명이다. 옳지 않은 것은? *(2015. 전산회계운용사 1급)*

① 부문별배부율법이 공장전체배부율법보다 좀 더 정확한 원가를 산출할 수 있다.
② 배부기준의 선정시 종업원에게 미치는 영향을 고려할 수 있다.
③ 배부기준과 발생원가간의 인과관계를 고려하여야 한다.
④ 이중배부율법에서 고정비는 실제조업도를 기준으로 배부한다.

03. 원가배부의 일반적인 목적을 설명한 것 중 옳지 않은 것은? *(2014. 전산회계운용사 2급)*

① 재고자산 평가와 이익측정을 위한 매출원가를 계산하기 위해 관련된 원가를 재고자산과 매출원가에 배부하여야 한다.
② 개별 제품과 직접적인 인과관계가 없는 원가는 제품에 배부하면 안된다.
③ 부문경영자나 종업원들이 합리적인 행동을 하도록 하기 위해서는 각 부문이나 활동별로 원가를 배부한다.
④ 내부이해관계자에게 원가에 관한 적정한 보고를 하는데 있다.

04. 다음은 보조부문비의 배부와 관련된 설명들이다. 이 중에서 가장 옳지 않은 것은? *(2014. 전산회계운용사 2급)*

① 생산부문에서 발생한 원가를 생산지원부문에 배부한 후, 최종적으로 제품에 배부하는 방법을 일반적으로 부문별 원가계산이라고 한다.
② 생산부문(production department)에서는 부품생산, 조립, 가공처리 등을 수행하면서 제품생산에 직접 관여한다.
③ 지원부문(support department)에서는 재료의 구입과 보관, 생산설비 점검과 보수, 시설관리와 청소, 경비 등을 담당한다.
④ 제조간접비를 보다 정확하게 배부하기 위해 부문별 원가의 발생과 흐름을 추적하는 것이다.

(2015. 전산회계운용사 1급)

05. 다음은 보조부문비의 배부방법인 직접배부법, 단계배부법, 상호배부법의 세 가지를 상호 비교한 것이다. 잘못된 것은?

① 단계배부법은 보조부문 상호간 용역수수 사실을 모두 고려한다.
② 단계배부법은 직접배부법과 상호배부법의 절충적 방법이다.
③ 직접배부법은 보조부문 상호간의 용역수수를 고려하지 않는다.
④ 상호배부법은 자급용역 사실도 고려하고 배부할 수 있다.

06. 다음은 원가배분기준에 대한 설명이다. 관계가 있는 항목은? *(2014. 전산회계운용사 2급)*

'배분하려고 하는 원가로부터 원가대상에 제공된 효익을 측정할 수 있는 경우에 효익의 크기에 따라 원가를 배분하는 기준이다.'

① 인과관계기준 ② 수혜기준 ③ 부담능력기준 ④ 공정성기준

07. 다음은 보조부문비의 제조부문 배부에 대한 설명이다. 옳지 않은 것은? *(2014. 전산회계운용사 2급)*

① 배부방법의 복잡성은 상호배부법>단계배부법>직접배부법 순이다.

② 보조부문 상호간의 용역수수가 중요하지 않은 경우 사용하는 방법은 직접배부법이다.

③ 상호배부법은 일정한 배부순서를 정한 다음 그 순서에 따라 제조부문과 보조부문에 배부하는 방법이다.

④ 보조부문비는 직접적인 제조활동을 수행하지 않고 제조부문에 용역을 제공한 것으로 적절한 방법으로 제조부문에 배부하여야 한다.

08. 다음 원가배부기준과 그에 대한 설명이 잘못 연결된 것은 어느 것인가? *(2015. 전산회계운용사 1급)*

① 인과관계기준: 월가발생을 유발한 원인에 따라 원가를 배부하여야 한다는 개념으로 가장 이상적인 원가배부기준이다.

② 공정성기준: 원가의 배부에는 공정성 또는 공평성이 반영되어야 한다는 개념으로 공정성의 평가에 의견의 불일치 가능성이 존재한다.

③ 부담능력기준: 원가배부대산이 원가를 부담할 수 있는 능력에 따라 원가를 배부하여야 한다는 개념으로 성과평가에 왜곡을 가져올 수 있다.

④ 수혜기준: 원가배부대상이 제공받는 수혜정도(경제적 효용)에 따라 원가가 배부되어야 한다는 개념으로 매출액기준에 따른 원가배부가 대표적인 예이다.

09. 다음 중 보조부문과 배부기준의 대응이 가장 적절하지 않은 것은? *(2014. 전산회계운용사 2급)*

보조부문	배부기준	보조부문	배부기준
① 건물관리부문	점유면적	② 수선유지부문	작업시간
③ 구매부문	주문횟수	④ 창고부문	종업원수

10. 부문별원가계산에 대한 설명 중 잘못 설명한 것은? *(50회. 전산세무회계 1급)*

① 보조부문간의 용역 수수관계가 중요한 경우 직접배분법을 적용하여 부분별 원가를 배분하게 되면 원가배분의 왜곡을 초래할 수 있다.

② 보조부문 원가를 제조부문에 배분하는 방법 중 상호배분법은 보조부문 상호간의 용역수수관계를 고려하여 배분하는 방법이다.

③ 보조부문의 원가를 제조원가부문에 배분하는 방법 중 단일배분율법과 이중배분율법은 원가행태에 따른 원가배분방법인데 이중배분율법과 직접배분율법은 서로 혼용하여 사용할 수 없다.

④ 부문별 제조간접비 배부율의 장점은 각 제조부문의 특성에 따라 제조간접원가를 배분하기 때문에 보다 정확한 제품원가를 계상할 수 있다는 것이다.

11. 다음은 부문별 원가계산에 대한 설명이다. 옳지 않은 것은? *(2014. 전산회계운용사 2급)*

① 원가부문은 원가요소를 분류・집계하는 계산상의 구분으로서 제조부문과 보조부문으로 구분한다.

② 보조부문은 직접 생산활동을 수행하지 아니하고 제조부문을 지원・보조하는 부문으로서 그 수행하는 내용에 따라 세분할 수 있다.

③ 원가의 부문별 계산은 원가요소를 제조부문과 보조부문에 배부하고, 보조부문비는 직접배부법, 단계배부법 또는 상호배부법 등을 적용하여 각 제조부문에 합리적으로 배부한다.

④ 부문공통비는 원가발생액을 당해 발생부문에 직접 배부하고, 부문개별비는 인과관계 또는 효익관계 등을 감안한 합리적인 배부기준에 의하여 관련부문에 부과한다.

12. 다음 중 부문별원가계산에 대한 설명으로 틀린 것은 무엇인가? *(59회. 전산세무회계 1급)*

① 직접작업시간을 배부기준으로 예정배부하는 경우 배부액은 예정배부율에 제품별 예정직접작업시간을 곱하여 계산된다.
② 여러 부문에 공통적으로 발생하는 제조간접원가는 합리적인 배부기준에 의하여 각 부문에 배부되어야 한다.
③ 제조간접원가 과대배부액을 비례배분법으로 처리하는 경우보다 매출원가일괄처리법으로 처리하는 경우에 매출원가가 감소하게 된다.
④ 직접배부법은 보조부문원가의 배부순서에 관계없이 배부액이 일정하다.

13. 다음 중 보조부문비를 배부하는 목적으로 옳지 않은 것은? *(2014. 전산회계운용사 2급)*

① 부문 상호간에 원가통제를 위해
② 제조 직접비를 각 부문별로 집계하기 위해
③ 외부보고를 위한 재고자산 및 이익측정을 위해
④ 경제적 의사결정을 위한 최적의 자원 배분을 위해

14. 다음은 부문별 제조간접비 배부에 대한 내용이다. 옳지 않은 것은? *(2015. 전산회계운용사 2급)*

① 보조부문비를 제조부문별로 배부하는 문제는 공장전체 제조간접비 배부율을 사용할 경우에 한해서 고려될 수 있다.
② 보조부문비를 직접배부법, 단계배부법, 상호배부법 중 어떤 배부방법에 의하여 배부하느냐에 따라 각 제조부문에 집계된 제조간접비가 달라지게 된다.
③ 부문별 제조간접비 배부율을 사용한다면, 각 제조부문별로 서로 다른 제조간접비 배부기준을 적용하게 된다.
④ 공장전체 제조간접비 배부총액과 부문별 제조간접비 배부총액은 일치하나, 공장전체 제조간접비 배부보다 부문별 제조간접비 배부가 더 정확하다.

(2015. 전산회계운용사 2급)

15. 특정제품에 관련된 원가를 정확하게 파악하려면 다음 중 어떤 원가배분기준을 선택하는 것이 가장 바람직한가?

① 부담능력을 고려한 원가배분기준
② 변동원가만을 고려한 원가배분기준
③ 고정원가만을 고려한 원가배분기준
④ 인과관계를 고려한 원가배분기준

16. 아래 설명이 나타내는 보조부문의 원가 배부방법과, 행태별 분류에 따른 구분을 올바르게 나열한 것은? *(65회. 전산세무회계 1급)*

- 보조부문 원가를 변동비와 고정비로 구분하여 각각 다른 배부기준을 사용한다.
- 보조부문간 용역 수수관계를 일부 반영한다.
- 보조부문 배부 순위가 필요하다.

① 직접배부법, 이중배부율법
② 단계배부법, 이중배부율법
③ 상호배부법, 단일배부율법 ④ 단계배부법, 단일배부율법

17. 부문별원가계산시 보조부문원가를 제조부문에 배부하는 방법에 대한 설명으로 틀린 것은? *(44회. 전산세무회계 1급)*

① 보조부문 상호간의 용역수수를 인식하는지 여부에 따라 직접배부법, 단계배부법, 상호배부법으로 구분된다.
② 단계배부법은 보조부문의 배부순서에 따라 각 부문별배부액이 달라지게 된다.
③ 상호배부법은 보조부문 상호간의 용역수수를 전부 고려하는 방법이다.
④ 직접배부법은 보조부문원가를 제조부문을 거치지 아니하고 직접 제품(재공품계정)에 배부하는 방법이다.

(43회. 전산세무회계 1급)

18. 다음의 자료는 보조부문비를 제조부문으로 배부하는 방법에 대한 설명이다. 설명의 내용과 가장 적합한 것은?

- 먼저 배부순서를 정하여야 그 순서에 따라 배분한다.
- 보조부문간의 용역수수관계를 일부만 인식한다.
- 배부순서가 적절하지 않은 경우 원가배분결과가 왜곡되어 나타난다.

① 단계배분법　② 직접배분법　③ 단일배부율법　④ 상호배분법

(14. 전산회계운용사 2급)

19. ㈜대한공업사는 다음 자료에 의하여 제조간접비를 각 부문에 배부할 때, 절단부문에 배부될 제조간접비로 옳은 것은?

[부문개별비] - 절단부문비 ₩600,000　- 조립부문비 ₩400,000
- 동력부문비 ₩150,000　- 수선부문비 ₩50,000

[부문공통비] - 기계 화재보험료 ₩60,000　- 공장건물 감가상각비 ₩90,000

[부문공통비 배부기준]

	절단부문	조립부문	동력부문	수선부문	계
면적	100평	50평	30평	20평	200평
가액	₩1,500,000	₩2,000,000	₩750,000	₩750,000	₩5,000,000

① ₩600,000　② ₩660,000　③ ₩663,000　④ ₩670,000

20. ㈜상공은 2개의 제조부문과 2개의 보조부문이 있다. 각 부문에서 당기 중에 발생한 원가와 보조부문이 제공한 용역수수관계는 다음과 같다. 상호배부법에 의한 경우 조립부문의 제조부문비의 합계는 얼마인가? *(2015. 전산회계운용사 2급)*

	제조부문		보조부문	
	조립부문	선박부문	동력부문	수선부문
자가발생액	₩1,500,000	₩1,200,000	₩330,000	₩300,000
동력부문(kW)	6,000	10,000	-	4,000
수선부문(횟수)	120	90	90	-

① ₩1,180,000　② ₩1,570,000　③ ₩1,750,000　④ ₩1,810,000

21. ㈜전북의 보조부문은 수선부문과 동력부문으로 고성되어 있으며 서로 용역을 주고받고 있다. 어떤 특정 기간 동안 각 부문이 다른 부문에 제공한 용역의 비율은 다음과 같다. 이 기간 동안 각 부문이 다른 부문에 제공한 용역의 비율은 다음과 같다. 이 기간 동안 수선부문과 동력부문의 발생원가는 각각 ₩20,000과 ₩30,000이다. 상호배부법에 의해 보조부문원가를 배부할 때의 연립방정식으로 옳은 것은? (단, 수선부문의 총원가를 X라 하고, 동력부문의 총원가를 Y하 한다) *(14. 전산회계운용사 2급)*

구분	수선부문	동력부문
수선부문	-	20%
동력부문	30%	-
제조부문	70%	80%
합계	100%	100%

① X=30,000+0.3Y : Y=20,000+0.2X　② X=30,000+0.2Y : Y=20,000+0.3X
③ X=20,000+0.3Y : Y=30,000+0.2X　④ X=20,000+0.2Y : Y=30,000+0.3X

(14. 전산회계운용사 2급)

22. 다음 자료를 이용하여 직접배부법으로 보조부문비를 배부할 때 절단부문에 배부해야 할 보조부문비는 총 얼마인가?

사용처 / 제공처	제조부문		보조부문		합계
	절단부문	조립부문	수선부문	동력부문	
부문비	₩3,000	₩4,000	₩2,000	₩1,000	₩10,000
수선부문비	30%	50%	10%	10%	100%
동력부문비	50%	30%	5%	15%	100%

① ₩1,245 ② ₩1,285 ③ ₩1,345 ④ ₩1,375

23. 다음은 ㈜상공의 제조부문의 부문별 배부기준과 당월 생산한 A제품과 관련된 자료이다. A제품의 제조간접비 배부액을 계산한 것으로 옳은 것은? *(15. 전산회계운용사 2급)*

항 목	제조1부문	제조2부문
제조간접비 합계	₩500,000	₩1,000,000
기계작업시간수	1,000시간	1,000시간
직접노동시간	200시간	500시간
배부기준	기계작업시간법	직접노동시간법

제품 A의 사용시간	제조1부문	제조2부문
직접노동시간	50시간	100시간
기계작업시간	100시간	50시간

① ₩100,000 ② ₩150,000 ③ ₩200,000 ④ ₩250,000

24. ㈜대전은 8월 중 A와 B 제조 부문을 통하여 제조지시서 No.67과 No.68의 제품을 생산하였고, 직접작업시간을 기초로 제조간접비를 배부하고 있다. No.67의 제품에 제조간접비를 배부할 때 다음 자료를 기초로 공장전체배부율을 적용하는 경우와 부문별배부율을 적용하는 경우 그 배부액을 각각 계산하면 얼마인가? *(15. 전산회계운용사 2급)*

제조간접비	A 제조부문	B 제조부문	합계
	₩300,000	₩100,000	₩400,000
작업시간			
No.67	7시간	3시간	10시간
No.68	3시간	7시간	10시간
	10시간	10시간	20시간

	공장전체배부율	부문별배부율
①	₩200,000	₩200,000
②	₩200,000	₩240,000
③	₩240,000	₩200,000
④	₩240,000	₩240,000

(63회. 전산세무회계 1급)

25. 다음은 ㈜세무의 보조부문에서 제공한 용역의 비율이며, 보조부문 S1과 S2에 집계된 원가는 각각 320,000원과 190,000원이다. 단계배부법에 의하여 S2의 원가를 먼저 배부하는 경우 S2에서 제조부문B에 배부되는 원가는 얼마인가?

구분	제조부문		보조부문		합계
	A	B	S1	S2	
S1	39%	42%	8%	11%	100%
S2	36%	36%	18%	10%	100%

① 71,000원 ② 74,000원 ③ 76,000원 ④ 79,000원

26. 당사는 단계배부법에 의하여 보조부문원가를 제조부문으로 배부하고 있다. 다음 자료에 의하여 수선부문에서 절단부문으로 배부되는 원가를 계산하면 얼마인가? 단, 동력부문 원가를 먼저 배부하기로 한다. *(60회. 전산세무회계 1급)*

구분	제조부문		보조부문		합계
	절단부문	조립부문	동력부문	수선부문	
부문원가발생액(원)	700,000	800,000	500,000	300,000	2,300,000
동력부문 용역제공비율(%)	40	40		20	100
수선부문 용역제공비율(%)	35	35	30		100

① 140,000원 ② 180,000원 ③ 200,000원 ④ 250,000원

(51회. 전산세무회계 1급)

27. (주)민후상사는 1개의 보조부문과 2개의 제조부문을 통해 제품을 제조하고 있다. 각 부문에 대한 자료는 다음과 같을 때 이중배분율법에 의하여 도색부문에 배분될 변동원가 금액과 조립부문에 배분될 고정원가 금액의 합계금액은 얼마인가?

구 분	보조부문	제조부문		합 계
	전력부문	도색부문	조립부문	
변동원가	5,000,000원	3,000,000원	4,000,000원	9,000,000원
고정원가	8,000,000원	2,000,000원	3,000,000원	8,000,000원
최대사용가능비율		3,000Kw	2,000Kw	5,000Kw
실제사용비율		400Kw	600Kw	1,000Kw

① 6,800,000원 ② 5,200,000원 ③ 6,200,000원 ④ 7,800,000원

28. ㈜대한에는 자동차사업부와 오토바이사업부의 두 개의 사업부만 존재한다. 다음은 ㈜대한의 원가에 대한 자료이다. 그 내용이 옳지 않은 것은? *(2015. 전산회계운용사 2급)*

> 가. 자동차사업부에서는 2014년 중에 총 10,000시간의 노무시간과 25,000시간의 기계사용시간이 발생했다.
> 나. 오토바이사업부에서는 2014년 중에 총 30,000시간의 노무시간과 25,000시간의 기계사용시간이 발생했다.
> 다. 2014년 ㈜대한에서 발생한 전체 제조간접비는 ₩1,000,000이다.

① 노무시간을 기준으로 제조간접비를 배부하면 자동차사업부에는 ₩250,000이 배부된다.
② 기계사용시간을 기준으로 제조간접비를 배부하면 자동차사업부에는 ₩500,000이 배부된다
③ 제조간접비의 배부기준이 무엇이냐에 따라 각 사업부의 성과가 달라진다.
④ 이익을 기준으로 사업부가 평가된다면 오토바이사업부는 노무시간을 기준으로 제조간접비를 배부받기를 원할 것이다.

29. ㈜상공은 월중에 절단부문비 ₩100,000과 조립부문비 ₩120,000을 예정배부하였다. 월말에 집계된 부문비의 실제발생액은 절단부문 ₩80,000과 조립부문 ₩90,000으로 집계되었다. 부문비 실제발생액을 인식하는 분개로 옳은 것은? *(15. 전산회계운용사 2급)*

①	(차) 재 공 품	₩170,000	(대) 절단부문비	₩80,000
			조립부문비	90,000
②	(차) 제조간접비	₩170,000	(대) 절단부문비	₩80,000
			조립부문비	90,000
③	(차) 절단부문비	₩80,000	(대) 재 공 품	₩170,000
	조립부문비	90,000		
④	(차) 절단부문비	₩80,000	(대) 제조간접비	₩170,000
	조립부문비	90,000		

제 5 장

Overhead Cost Application

제조간접원가 배부

제1절 제조간접원가 배부의 개요

1. 제조간접원가 배부의 필요성

원가배분(cost allocation): 부문이나 지역 등과 같은 원가대상에 할당하는 것을 의미
원가배부(cost application): 최종원가계산대상인 제품에 할당하는 것을 의미

원가회계의 주된 목적은 제품의 제조과정에 소비된 경제적 자원의 원가를 가능한 한 정확하게 측정하여 원가대상에 관련지우는 것이다. 이러한 과정을 원가할당(原價割當, cost assignment)이라고 한다. 제조간접원가는 직접재료원가와 직접노무원가를 제외한 모든 제조원가를 말하며, 간접재료원가와 간접노무원가 그리고 간접경비로서 발생과 동시에 원가계산대상에 직접 부과할 수 없는 원가이다. 따라서 제조간접원가는 일정한 배부기준에 따라 원가계산대상에 배부하게 된다. 이렇듯 제조간접원가를 원가계산대상에 배부하는 것을 원가배분(原價配分, cost allocation)이라 한다. 제조간접원가를 최종원가계산대상인 제품에 배부하기 위해서는 인위적인 판단에 의존할 수밖에 없는데 이는 편의성이나 가정에 근거하여 원가배부(原價配賦, cost application)가 이루어지기 때문이다. 그러나 원가배부가 인위적이라 하더라도 외부 및 내부 의사결정자에게 유용한 회계정보를 제공하기 위해서는 반드시 필요한 과정이다.

제조간접원가의 배부는 일반적으로 다음과 같은 목적을 지니고 있다. ① 경제적 의사결정을 위한 정보를 제공하기 위해, ② 경영자와 종업원의 동기를 부여하기 위해, ③ 원가를 정당화하거나 또는 보상을 계산하기 위해, ④ 외부이해관계자에 대한 보고목적으로 자산과 손익을 측정하기 위해 실시한다.[1)]

2. 제조간접원가 배부절차

제품의 제조과정에서 공통적으로 발생된 제조간접원가는 개별제품이나 개별작업에 직접 추적·집계하기 어려우므로 일정한 배부절차를 따르게 된다. 또한, 제조간접원가를 개별제품이나 개별작업에 배부하기 위해 제조간접원가를 부문별로 파악할 것인지, 공장전체로 파악할 것인지에 따라 배부금액이 달라질 수 있다.

1) 현의태·강병항(1999), 현대 원가회계, 율곡출판사, p. 183.

제조간접원가를 최종원가계산대상인 제품에 배부하기 위해서는 다섯 단계의 배부과정을 거치게 된다.

1단계: 원가계산대상의 결정

제조간접원가를 배분할 원가계산대상을 정한다. 원가계산대상(原價計算對象, cost objects)은 둘 이상의 원가집합에 집계된 공통원가 또는 간접원가를 합리적인 배부기준에 따라 대응시키는 제품 · 부문 · 프로젝트 · 활동 등을 말한다.

2단계: 원가집합에 제조간접원가의 집계

원가계산대상이 결정되면 원가계산대상에 배분되어야 할 개별원가들을 집계한다. 이것을 원가집합(原價集合, cost pools)이라고 하는데, 제조간접원가는 각 원가요소별로 원가를 집계하지 않고 하나의 원가집합에 일괄하여 집계한 다음 배부기준을 정하여 제품에 배부한다.

3단계: 원가배분기준의 선택

원가배분기준(原價配分基準, cost allocation base)은 특정 원가집합의 제조간접원가를 원가계산대상에 할당하기 위해서 사용되는 물리적 또는 경제적 특성의 측정치를 말한다. 배분기준은 원가집합과 원가계산대상과의 인과관계(因果關係, cause-effect relationship), 수혜기준(受惠基準, benefits-received criterion), 부담능력(負擔能力, ability-to-bear criterion), 공정성 · 공평성(公正性 · 公平性, fairness and equity) 등을 고려하여 선택해야 한다.

4단계: 제조간접원가의 배부율 계산

원가집합에 대한 배부기준이 결정되면, 제조간접원가 발생액을 배부기준으로 나누어 배부율(配賦率, application rate)을 산정한다. 제조간접원가 배부율은 제조간접원가 실제배부율과 제조간접원가 예정배부율을 산정할 수 있다. 일반적으로 실무에서는 제조간접원가가 실제로 발생하기 이전인 기초에 제조간접원가예정배부율을 산정하여 이용하고 있다. 제조간접원가 예정배부율을 이용할 경우, 제조간접원가 실제발생액과 예정배부율에 의해 계산된 예정배부액과의 차이가 발생하게 되는데, 그 차이를 배부차이라고 하며 원가계산기말에 조정하게 된다.

인과관계: 특정활동의 수행으로 인하여 특정 원가가 발생하는 관계

수혜기준: 각 원가대상이 공통원가로부터 제공받은 경제적 효익의 정도

부담능력: 각 원가대상이 원가를 부담할 수 있는 능력

공정성 · 공평성: 특정 원가대상의 특성에 따라 원가배분이 다르지 않게 하는 정도

5단계: 제조간접원가의 배부

제조간접원가 배부율이 산정되면 제조간접원가를 원가계산대상의 배부기준에 따라 원가계산대상에 배부한다.

제2절 제조간접원가 배부방법

1. 제조간접원가 배부기준

■ 제조간접원가 배부기준

여러 제품의 제조과정에서 공통적으로 발생된 제조간접원가는 개별제품이나 개별작업에 직접 추적하여 집계하기 어려우므로 일정한 배부절차를 거쳐 각 제품이나 작업에 배부하게 된다. 이를 위해 먼저 제조간접원가를 배부하기 위한 제조간접원가배부율을 산정하고 이를 기초로 제조간접원가 배부액을 계산하게 된다. 제조간접원가 배부율과 제조간접원가 배부액을 계산하기 위한 식은 다음과 같다.

■ 제조간접원가 배부율

$$\text{제조간접원가 배부율} = \frac{\text{일정기간의 총 제조간접원가}}{\text{동 기간의 배부기준}}$$

■ 제조간접원가 배부액

$$\text{제품별 제조간접원가 배부액} = \text{제조간접원가 배부율} \times \text{각 제조지시서별 배부기준}$$

제조간접원가 배부율은 각각의 작업이나 제품별로 일정기간 동안에 발생한 제조간접원가로부터 제공받은 효익이 비교적 공정하고 공평하게 배부될 수 있도록 결정되어야 한다. 제조간접원가를 체계적으로 배부하기 위한 제조간접원가 배부율 식의 분모에 해당하는 배부기준은 일반적으로 직접재료원가·직접노무원가·직접원가 등의 금액을 기준으로 하는 경우와 직접작업시간·기계작업시간 등의 시간을 기준으로 하는 경우 그리고 생산량·중량·면적·용적 등의 물량을 기준으로 하는 경우 등 세 가지 기준이 있다.

금액기준

직접재료원가

제품 제조과정에서 소비된 직접재료원가를 기준으로 제조간접원가를 각 작업이나 제품에 배부하는 방법이다. 일정기간 동안에 발생한 총제조간접원가를 동 기간의 총직접재료원가로 나누어 배부율을 구한 다음, 각 작업이나 제품에 소비된 직접재료원가에 배부율을 곱하여 각 작업이나 제품에 부담할 제조간접원가 배부액을 계산한다.

직접재료원가를 배부기준으로 사용하는 경우는 직접재료의 등급이나 가격이 크게 다르지 않거나, 각 작업이나 제품에 사용되는 재료량이나 재료원가가 일정하거나, 직접재료원가가 제조원가의 대부분을 차지하는 경우에 적합한 배부기준이다. 이 방법은 주로 직접재료원가가 제조원가의 대부분을 차지하고 있는 소규모 가구제조업、 귀금속、장식품제조업에 적합하다.

직접노무원가

제품 제조과정에서 소비된 직접노무원가를 기준으로 제조간접원가를 각 작업이나 제품에 배부하는 방법이다. 일정기간 동안에 발생한 총제조간접원가를 동 기간의 총직접노무원가로 나누어 배부율을 구한 다음, 각 작업이나 제품에 소비된 직접노무원가에 배부율을 곱하여 각 작업이나 제품에 부담할 제조간접원가 배부액을 계산한다. 직접노무원가를 배부기준으로 사용하는 경우는 수공업과 같은 제조원가의 대부분을 직접노무원가가 차지하는 업종에 적합한 방법이다. 그러나 최근에는 공장자동화로 인해 제조원가 중 직접노무원가의 비중이 낮아지고 있으며, 각 작업이나 제품에 종사하는 작업자의 임률수준이 다를 경우에는 직접노무원가를 기준으로 적용하기에는 어려움이 있다.

직접원가

제품 제조과정에서 소비된 직접원가(직접재료원가와 직접노무원가)를 기준으로 제조간접원가를 각 작업이나 제품에 배부하는 방법이다. 일정기간 동안에 발생한 총제조간접원가를 동 기간의 총직접원가로 나누어 배부율을 구한 다음, 각 작업이나 제품에 소비된 직접원가에 배부율을 곱하여 각 작업이나 제품에 부담할 제조간접원가 배부액을 계산한다. 직접재료원가를 기준으로 하는 경우와 직접노무원가를 기준으로 하는 경우를 절충한 방법이라 하겠다.

시간기준

직접작업시간

제품 제조과정에서 소요된 직접작업시간을 기준으로 제조간접원가를 각 작업이나 제품에 배부하는 방법이다. 일정기간 동안에 발생한 총제조간접원가를 동 기간의 총직접작업시간으로 나누어 배부율을 구한 다음, 각 작업이나 제품에 소요된 직접작업시간에 배부율을 곱하여 각 작업이나 제품에 부담할 제조간접원가 배부액을 계산한다. 직접작업시간을 기준으로 하는 경우는 주로 제조과정이 작업자의 노동에 의하여 이루어지는 경우에 적합하며, 제조간접원가의 발생요인이 시간과의 함수관계임을 고려해 볼 때 이론적으로 합리적인 방법이라 하겠다. 일반적으로 실무에서 가장 많이 선호하는 방법이다. 그러나 제조간접원가 중에는 시간과 무관하게 발생된 원가도 있기 때문에 한계점을 가지고 있다.

기계작업시간

제품 제조과정에서 소요된 기계작업시간을 기준으로 제조간접원가를 각 작업이나 제품에 배부하는 방법이다. 일정기간 동안에 발생한 총제조간접원가를 동 기간의 총기계시간으로 나누어 배부율을 구한 다음, 각 작업이나 제품에 소요된 기계작업시간에 배부율을 곱하여 각 작업이나 제품에 부담할 제조간접원가 배부액을 계산한다. 기계작업시간을 기준으로 하는 경우는 주로 제조과정이 자본집약적이고, 직접작업시간을 기준으로 하는 경우와 마찬가지로 제조간접원가의 발생요인이 시간과의 함수관계인 점을 고려 할 때 합리적인 방법이라 하겠다. 그러나 기계의 종류가 다양한 경우에는 서로 다른 배부율을 산정해야 하므로 계산이 복잡해질 수 있는 단점이 있다. 일반적으로 실무에서 는 직접작업시간기준과 더불어 기계작업시간기준을 많이 선호하고 있다.

물량기준

물량을 기준으로 하는 방법 중 대표적인 방법은 생산량을 기준으로 하는 방법이다.생산량을 기준으로 하는 방법은 일정기간 동안에 발생한 총제조간접원가를 동 기간의 총생산량으로 나누어 배부율을 구한 다음, 각 작업이나 제품에 생산된 생산량에 배부율을 곱하여 각 작업이나 제품에 부담할 제조간접원가 배부액을 계산한다. 생산량을 기준으로 하는 경우는 제조간접원가의 발생이 생산량과의 인과관계가 밀접한 경우에 적합한 방법으로서, 제조공정이 간단하면서 한 종류의 제품을 생산하는 경우에는 유용하다. 그러나 실무에서는 거의 사용하지 않고 있다.

이상에서와 같이 제조간접원가의 배부기준은 다양하며 각각의 장단점을 지니고 있기 때문에 어느 것이 타당한 배부기준인가에 대해서는 기업의 경영정책이나 생산환경, 작업조건, 회계시스템 등이 다르기 때문에 명확하게 밝히기는 어렵다.

■ 공장전체 배부율과 부문별 배부율

제품의 제조과정에서 공통적으로 발생된 제조간접원가는 배부절차를 거쳐 각 제품이나 작업에 배부하게 된다. 이를 위해 먼저 제조간접원가를 배부하기 위한 제조간접원가배부율을 산정하고 이를 기초로 제조간접원가 배부액을 계산하게 된다. 제조간접원가배부율을 산정하는데 있어서는 공장전체로 제조간접원가를 파악하여 배부하는 방법과 부문별로 제조간접원가를 파악하여 배부하는 방법 등 크게 두 가지로 구분된다.

공장전체 배부율

공장전체 배부율은 제조간접원가를 부문별로 집계하지 않고 공장전체단위로 집계한 다음, 합리적인 배부기준을 선정하여 제품에 배부한다. [그림 5-1]은 공장전체 배부율을 산출하여 개별제품이나 개별작업에 집계되는 흐름이 표시되어 있다. 공장전체 배부율을 적용하는 경우는 제조과정이 단일의 제조공정으로 구성되어 있거나, 원가의 집계를 제조부문별로 인위적으로 구분하기가 불가능하거나, 제조부문별로 구분은 가능하나 원가계산자료를 집계하고 수집하는데 경제적 효익이 없을 때 이용된다. 따라서 계산이 간편하다는 장점이 있지만 다양한 제조간접원가의 구성항목에 대해 하나의 배부율을 적용함으로써 제품원가계산의 정확성을 저해할 수 있다.

■ 공징진체 제조간집원가 배부율

$$\text{공장전체 배부율} = \frac{\text{일정기간의 공장전체 제조간접원가}}{\text{동 기간의 배부기준}}$$

■ 공장전체 배부율에 의한 제품별 제조간접원가배부액

제품별 제조간접원가 배부액
= 공장전체 배부율 × 각 제품별 배부기준 실제조업도

[그림 5-1] 공장전체 배부율

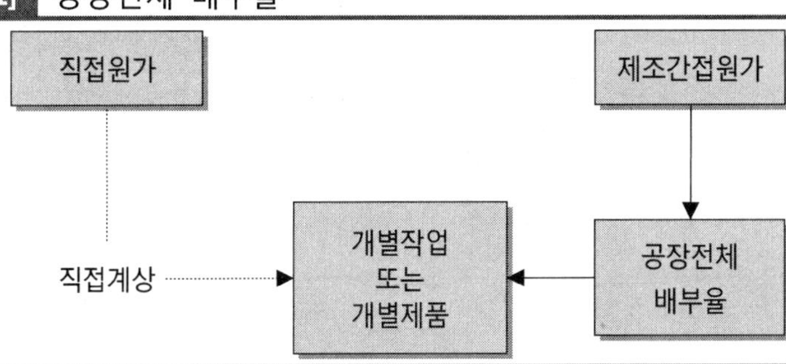

부문별 배부율

공장전체 배부율은 다양한 원가항목으로 구성되어 있는 제조간접원가를 단일의 배부율로 개별제품이나 개별작업에 배부하고자 하는 것이나. 그러나 공장전체 배부율과 제조간접원가 항목간의 인과관계를 설명하기에는 어려움이 있다. 부문별 배부율은 제조과정에 따른 원가부문을 설정하고, 설정된 각 원가부문별로 제조간접원가를 집계하여 인과관계에 따른 배부기준으로 개별제품이나 개별작업에 배부하게 함으로써 정확한 제품원가계산이 가능하도록 하는 것이다. [그림 5-2]는 부문별 배부율을 산출하여 개별제품이나 개별작업에 집계되는 흐름이 표시되어 있다. 부문별 배부율을 적용하기 위해서는 부문별로 제조간접원가 통제계정에 집계되고 계산되어야 한다. 제조간접원가 통제계정에는 간접재료원가, 간접노무원가, 간접경비를 비롯한 기타 제조간접원가항목들로 구성되어 있다. 제조간접원가를 부문별로 집계함으로써 제조간접원가에 대한 관리 및 통제가 가능해져 원가관리에 유용한 정보를 제공해 줄 수 있다. 다만 제조간접원가의 발생요인과 인과관계를 고려하여 배부기준을 선정하는 것이 바람직하다 하겠다.

■ 부문별 배부율

$$\text{부문별 배부율} = \frac{\text{일정기간의 부문별 제조간접원가}}{\text{동 기간의 부문별 배부기준}}$$

■ 부문별 예정배부율의 의한 각 제품별 제조간접원가 배부액

제품별 제조간접원가 배부액
= 부문별 배부율 × 각 부문별 배부기준 실제조업도

[그림 5-2] 부문별 배부율

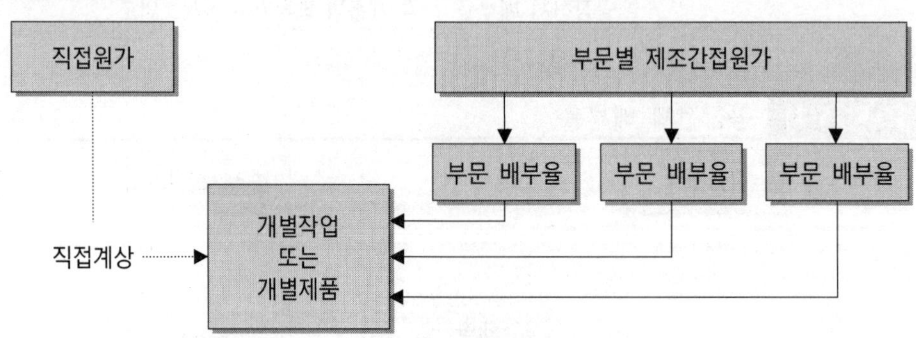

예제 5-1 제조간접원가 배부기준

A회사는 두 개의 제조부문에서 X제품과 Y제품을 생산하고 있다. 20××년 3월 중 제조부문에 집계된 제조간접원가와 생산활동 자료는 다음과 같다.

	X제품	Y제품	합계
직접재료원가	₩1,000,000	₩ 850,000	₩1,850,000
직접노무원가	1,500,000	2,000,000	3,500,000

	제1제조부문	제2제조부문	합계
제조간접원가	600,000	900,000	1,500,000
직접작업시간			
X제품	100시간	200시간	300시간
Y제품	150시간	150시간	300시간
합 계	250시간	350시간	600시간
기계작업시간			
X제품	200시간	400시간	600시간
Y제품	200시간	200시간	400시간
합 계	400시간	600시간	1,000시간
생산량	500개	800개	1,300개

[물음사항]

1. 공장전체 배부율을 이용하여 제조간접원가를 각 제품에 배부하시오.
   (1) 직접작업시간을 기준으로 하는 경우
   (2) 기계작업시간을 기준으로 하는 경우

2. 부문별 배부율을 이용하여 제조간접원가를 각 제품에 배부하시오.

■ 풀이

1. 공장전체 배부율

(1) 직접작업시간 기준

$$\text{공장전체 제조간접원가 배부율} = \frac{\text{총제조간접원가(₩1,500,000)}}{\text{총직접작업시간(600시간)}} = \text{@₩2,500/직접작업시간}$$

	X제품	Y제품	합계
직접재료원가	₩1,000,000	₩ 850,000	₩1,850,000
직접노무원가	1,500,000	2,000,000	3,500,000
제조간접원가	300시간 × @₩2,500 = 750,000	300시간 × @₩2,500 = 750,000	1,500,000
합 계	₩3,250,000	₩3,600,000	₩6,850,000
제품 단위당원가	₩3,250,000 ÷ 500개 = @₩6,500	₩3,600,000 ÷ 800개 = @₩4,500	

(2) 기계작업시간 기준

공장전체 제조간접원가 배부율 = 총제조간접원가(₩1,500,000) / 총기계작업시간(1,000시간) = @₩1,500/기계작업시간

	X제품	Y제품	합계
직접재료원가	₩1,000,000	₩ 850,000	₩1,850,000
직접노무원가	1,500,000	2,000,000	3,500,000
제조간접원가	600시간 × @₩1,500 = 900,000	400시간 × @₩1,500 = 600,000	1,500,000
합 계	₩3,400,000	₩3,450,000	₩6,850,000
제품 단위당원가	₩3,400,000 ÷ 500개 = @₩6,800	₩3,450,000 ÷ 800개 = @₩4,312.5	

2. 부문별 배부율

(1) 부문별 제조간접원가 배부율

제1제조부문 제조간접원가 배부율 = 제1제조부문 제조간접원가(₩600,000) / 제1제조부문 직접작업시간(250시간) = @₩2,400/직접작업시간

제2제조부문 제조간접원가 배부율 = 제2제조부문 제조간접원가(₩900,000) / 제2제조부문 기계작업시간(600시간) = @₩1,500/기계작업시간

	X제품	Y제품	합계
직접재료원가	₩1,000,000	₩ 850,000	₩1,850,000
직접노무원가	1,500,000	2,000,000	3,500,000
제조간접원가			
제1제조부문	100시간 × @₩2,400 = 240,000	150시간 × @₩2,400 = 360,000	600,000
제2제조부문	400시간 × @₩1,500 = 600,000	200시간 × @₩1,500 = 300,000	900,000
합 계	₩3,340,000	₩3,510,000	₩6,850,000
제품 단위당원가	₩3,340,000 ÷ 500개 = @₩6,680	₩3,510,000 ÷ 800개 = @₩4,387.5	

*** 제품 단위당원가의 비교**

		X제품	Y제품
공장전체 배부율	직접작업시간	@₩6,500	@₩4,500
	기계작업시간	@₩6,800	@₩4,312.5
부문별 배부율		@₩6,680	@₩4,387.5

2. 제조간접원가의 예정배부

■ 제조간접원가 실제배부의 문제점

제조간접원가는 일정한 배부기준에 따라 원가계산대상에 배부하게 된다. 또한 배부기준에 따라 각 작업이나 제품의 원가가 변동된다는 사실도 확인하였다. 지금까지 설명한 제조간접원가의 배부는 실제 발생한 제조간접원가와 실제로 발생한 금액 또는 양의 배부기준을 적용한 실제배부율과 실제배부율을 전제로 계산된 실제배부액을 각 작업이나 제품에 부담시켰다. 그러나 이와 같이 실제배부율을 사용할 경우 다음과 같은 문제점으로 인하여 실무에서는 일반적으로 제조간접원가 예정배부율을 사용하고 있다.

첫째, 원가계산의 지연

제조간접원가를 실제발생액으로 할 경우 원가계산기간 동안 발생한 제조간접원가 총액을 집계하고 확정하기 위해서는 기말에 가서야 이루어질 수 있으므로 자연히 원가계산은 기말에 이루어질 수 밖에 없다. 따라서 기중에 각 작업이나 제품이 완성되었다 하더라도 원가계산을 위해서는 기말까지 지연되어야 하고 그로 인해 업무가 기말에 집중되게 된다. 또한 회계정보의 적시성을 총족시키지 못하여 회계정보의 유용성이라는 관점에서도 적절하지 못하다.

둘째, 제품 단위당원가의 왜곡

제조간접원가는 원가행태에 따라 변동제조간접원가와 고정제조간접원가로 구별된다. 변동제조간접원가는 조업도에 따라 비례적으로 증가하지만 고정제조간접원가는 조업도와는 관계없이 항상 일정하게 발생되므로 조업도가 낮은 기간에는 단위당 고정제조간접원가가 조업도가 높은 기간의 단위당 고정제조간접원가보다 높게 측정되므로 제품의 단위당 원가를 왜곡시키게 된다. 이로 인하여 기업의 가격 의사결정에도 유용한 정보를 제공하지 못하게 되며, 매출원가 및 재고자산평가를 함에 있어서도 동일한 제품에 대해 서로 다른 평가가 이루어지는 모순이 나타나게 된다.

예를 들어, 직접노동시간 10,000시간에서 제조간접원가총액이 ₩500,000(변동제조간접원가 ₩300,000과 고정제조간접원가 ₩200,000) 발생하였다고 가정할 경우, 단위당변동제조간접원가는 @₩30(₩300,000÷10,000시간)이고 단위당고정제조간접원가는 @₩20(₩200,000÷10,000시간)이므로 단위당제조간접원가는 @

₩50이다. 그러나 직접노동시간 20,000시간인 경우, 단위당 변동제조간접원가는 @₩30과 단위당고정제조간접원가는 @₩10(₩200,000÷20,000시간)이므로 단위당 제조간접원가는 @₩40이 된다. 이렇듯 조업도의 변화에 따라 단위당제조간접원가가 변화되므로 결국 제품의 단위당원가도 변화되게 되어 제품의 가격정책이나 재고자산평가 등에 모순이 발생되게 된다.

우리나라 원가계산준칙에서는 "제조간접비는 예정배부율을 적용하여 계산할 수 있다"라고 규정하고 있어 제조간접원가 실제배부에 따른 문제점을 해결하도록 하고 있다(준칙 제13조).

셋째, 성과평가목적의 결여

제조간접원가 배부율을 실제배부율을 사용하느냐 예정배부율을 사용하느냐의 문제는 제품원가계산목적과 성과평가목적과 관련이 있다. 특히 실제배부율을 사용하는 경우 성과평가목적을 달성할 수 없게 된다. 즉, 제조부문의 비능률로 인한 제조간접원가가 제품에 전가시킬 수 있는 여지가 있기 때문이다. 제조간접원가 실제배부율을 사용하는 경우 제조부문 관리자의 원가통제능력에 대한 평가가 이루어지지 못해 효율성에 대한 통제수단이 없게 되며 적절한 보상도 이루어지지 못하게 된다.

■ 제조간접원가의 예정배부

제조간접원가 예정배부율

제조간접원가 실제배부율을 사용하였을 경우의 문제점에 대해 살펴보았다. 이러한 실제배부율의 문제점을 극복하기 위하여 일반적으로 실무에서는 제조간접원가 예정배부율을 사용하고 있다. 제조간접원가 예정배부율을 사용하는 경우 제조간접원가 예정배부율이 미리 책정됨에 따라 제품의 제조원가계산이 신속하게 이루어질 수 있으며, 예정배부율은 기준조업도를 변경하지 않는 한 매기 일정하게 유지되어 보다 정확한 원가계산이 가능하다. 그러나 예정배부율을 산정하기 위해서는 제조간접원가 예산액을 추정해야 하는데 제조간접원가와 조업도 간의 관계를 반드시 고려하여야 하며, 기준조업도의 예측 역시 기업의 경영정책과 경영자 및 관리자의 기대를 반영해야 한다. 또한 제조간접원가 실제발생액과 예정배부액 간에는 차이가 발생하는 것이 일반적이므로 이에 대한 회계처리가 문제가 된다. 이를 배부차이라 하는데 다음 절에서 자세히 설명하도록 하겠다. 제조간접원가 예정배부율과 예정배부액을 계산하는 식은 다음과 같다.

■ 제조간접원가 예정배부율

$$제조간접원가\ 예정배부율 = \frac{일정기간의\ 제조간접원가\ 예산액}{동\ 기간의\ 예정조업도(예정배부기준)}$$

■ 제조간접원가 예정배부액

제품별 제조간접원가 예정배부액
= 제조간접원가 예정배부율 × 각 제조지시서별 실제배부기준

기준조업도

제조간접원가 예정배부율을 산정하기 위해서는 기준조업도를 결정하는 것이 중요하다. 기준조업도의 수준을 어느 정도로 하느냐에 따라 예정배부율이 다르게 되고, 이로 인해 제품원가도 달라지게 되기 때문이다. 조업도란 기업이 보유한 자원의 활용 정도를 나타내는 수치로서 여기서의 기준조업도는 예산편성과정에서 미리 설정해 놓은 예정조업도의 100% 수준을 말한다. 기준조업도의 종류로는 최고조업도, 최적조업도, 평균조업도, 장상조업도 등이 있다.

이론적 조업도(理論的 操業度, theoretical capacity)란, 작업이 중단되지 않는 이상적인 상태에서 달성할 수 있는 조업도를 말하며, 최고조업도(最高操業度, maximum capacity), 이상적 조업도(理想的 操業度, ideal capacity)라고도 한다. 이론적 조업도는 이론적으로 계산할 수 있는 최고수준의 조업수준을 의미하므로 기준조업도를 선택하기에는 부적절하다.

실제적 조업도(實際的 操業度, practical capacity)란, 기업의 산출량 단위당 평균비용이 최저로 되는 조업도를 말하며, 최적조업도(最適操業度, maximum capacity)라고도 한다. 실제적 조업도는 하며 최고조업도에서 회피불능으로 인한 조업수준을 차감한 조업도이다. 예를 들어 정상적인 휴식시간이나 기계수선시간 등을 차감한 실제적으로 달성할 수 있는 최적의 조업도 수준을 말한다. 그러나 최적조업도는 기술적으로 가장 유리한 조업도를 나타낼 뿐, 그것이 경제적으로 가장 유리한 조업도라는 것은 아니다.

평균조업도(平均操業度, average capacity)란, 과거의 경기변동에 의해 변동하는 조업도를 평준화하여 미래의 조업도를 예측하는 조업도를 말하며, 평준화조업도(平準化操業度, normal capacity)라고도 한다. 즉, 평균조업도는 과거 여러 해(일반적으로 5년)에 걸쳐 고객의 수요를 충족시킬 수 있는 조업수준으로서 생산과 판매의 능력을 정상적으로 이용하는 조업도이다.

기대실제조업도(期待實際操業度, expected actual capacity)란, 미래의 예산되는

조업도(capacity): 일정 기간에 있어서의 조업의 정도를 말한다. 즉, 예를 들면, 생산 수량, 생산 작업 시간수, 설비, 기계 운전 시간수와 같은 물량 또는 수치로 나타난 조업 상태를 말한다. 가격 정책, 조업의 최적화 등의 결정, 또는 원가관리 자료로 사용된다. [네이버 지식백과]

기준조업도(denominator volume): 기업활동의 정도를 측정하는 데 기준이 되는 활동량을 말한다. 기준조업도로서는 최고조업도, 최적조업도(평균비용이 최소가 되는 조업도), 평균조업도, 정상조업도(과거의 평균조업도를 장래의 경영조건의 변화를 고려하여 수정한 조업도) 등이 있다. 기준조업도를 어떻게 결정하는가에 의해 제품 단위당 부담액이 변화하고 재고자산원가, 제품원가, 제품가격이 변화된다. [네이버 지식백과]

판매수준을 고려하여 결정하는 조업도를 말한다. 기대실제조업도는 매년 말 다음 연도의 판매예측량을 추정하여 조업도수준을 결정하게 된다. 연간기대조업도(年間期待操業度, annual expected capacity)라고도 하며, 종합예산의 기초자료로 사용되므로 예산조업도(豫算操業度, budgeted capacity)라고도 한다.

3. 제조간접원가의 예정배부 절차

일반적으로 기업은 하나의 제조부문에서 제품을 생산하기보다는 여러 개의 제조부문에서 작업이 이루어져 제품이 생산되게 된다. 이처럼 여러 개의 제조부문이 있을 경우 제조간접원가의 공장전체 예정배부율에 따라 각 제품에 배부하는 방법과 각각의 제조부문별로 부문별 예정배부율에 따라 각 제품에 배부하는 방법, 그리고 활동별로 활동원가동인별 예정배부율에 따라 각 제품에 배부하는 방법 등이 있다. 본 절에서는 공장전체 예정배부율과 제조부문별 예정배부율에 대해 설명하고 활동원가동인별 예정배부율에 대해서는 6장 활동기준원가계산에서 설명하겠다.

■ 공장전체 예정배부율

제조간접원가의 공장전체 예정배부율은 일정기간 동안의 보조부문과 제조부문의 예산액을 합계한 총제조간접원가예산액을 기초로 동 기간의 기준조업도로 나누어 계산한다. 이는 제조간접원가를 단일의 배부율로 하여 제품에 배부하는 방법이다. 이 방법은 주로 중소기업이나 제조공정이 단순한 경우 적용하며 계산이 간편하다는 장점이 있다. 그러나 부문별 원가계산에서도 언급되었듯이 제조간접원가의 성격이 각 제조부문마다 다르고 작업공정의 정도 역시 다른 것이 일반적이어서 제품원가계산뿐만 아니라 원가관리목적에도 부적절하다 하겠다. 공장전체 예정배부율을 계산하는 식은 다음과 같다.

■ 공장전체 예정배부율

$$\text{공장전체 예정배부율} = \frac{\text{일정기간의 총제조간접원가 예산액}}{\text{동 기간의 예정배부기준}}$$

■ 공장전체 예정배부액

제품별 제조간접원가 예정배부액

= 공장전체 예정배부율 × 각 제조지시서별 실제배부기준

■ 부문별 예정배부율

일반적으로 제조간접원가 항목은 다양하게 구성되어 있으므로 공장전체의 단일의 배부율을 적용하는 것은 다소 부적합하다고 하겠다. 따라서 정확한 제품원가계산과 제조간접원가의 관리와 통제를 위해서는 부문별 예정배부율을 적용하는 것이 합리적이라 하겠다. 즉, 제조공정에 따라 원가부문이 설정되고, 각 제조부문에 제조간접원가를 집계한 후, 제조부문의 제품제조활동 정도에 따라 제조간접원가를 배부하게 됨으로써 제품제조활동과 제조간접원가 간의 인과관계가 명확하게 되어 정확한 제품원가계산이 이루어질 수 있다. 또한 제조부문관리자의 제조간접원가에 대한 효율적 관리와 통제를 유도할 수 있기 때문이다. 부문별 예정배부율을 사용하는 경우 노동집약적인 부문에 대해서는 직접작업시간 또는 직접노무원가를, 기계집약적인 부문에 대해서는 기계시간 등을 기준조업도로 사용할 수 있다. 부문별 예정배부율을 계산하는 식은 다음과 같다.

■ 부문별 예정배부율

$$\text{부문별 예정배부율} = \frac{\text{일정기간의 부문별 제조간접원가 예산액}}{\text{동 기간의 부문별 예정배부기준}}$$

■ 부문별 예정배부액

제품별 제조간접원가 예정배부액
= 부문별 예정배부율 × 각 부문별 실제배부기준

예제 6-2 공장전체 예정배부율과 부문별 예정배부율

A회사는 두 개의 제조부문에서 X제품과 Y제품을 생산하고 있다. 20××년 3월 중 제조부문에 집계된 제조간접원가 및 생산활동 예산자료는 다음과 같다.

<예산자료>	제1제조부문	제2제조부문	합 계
제조간접원가	₩800,000	₩800,000	₩1,600,000
직접작업시간	250시간	250시간	500시간
기계작업시간	500시간	640시간	1,140시간

* [예제 6-1]의 자료를 이용하시오. 자료는 실제발생원가와 실제생산활동이다.

[물음사항]

1. 직접작업시간을 기준조업도로 하는 공장전체 예정배부율을 이용하여 제조간접원가를 각 제품에 배부하시오.
2. 제1제부문은 직접작업시간을, 제2제조부문은 기계작업시간을 기준조업도로 하는 부문별 배부율을 이용하여 제조간접원가를 각 제품에 배부하시오.

■ 풀이

1. 공장전체 예정배부율

(1) 공장전체 예정배부율

$$\text{공장전체 제조간접원가 예정배부율} = \frac{\text{제조간접원가 예산액(₩1,600,000)}}{\text{예정직접작업시간(500시간)}} = \text{@₩3,200/직접작업시간}$$

(2) 제조간접원가 예정배부

	X제품	Y제품	합계
직접재료원가	₩1,000,000	₩ 850,000	₩1,850,000
직접노무원가	1,500,000	2,000,000	3,500,000
제조간접원가 예정배부액	300시간 × @₩3,200 = 960,000	300시간 × @₩3,200 = 960,000	1,920,000
합 계	₩3,460,000	₩3,810,000	₩7,270,000
제품 단위당원가	₩3,460,000 ÷ 500개 = @₩6,920	₩3,810,000 ÷ 800개 = @₩4,762.5	

2. 부문별 배부율

(1) 부문별 제조간접원가 배부율

$$\text{제1제조부문 제조간접원가 예정배부율} = \frac{\text{제1제조부문 제조간접원가 예산액(₩800,000)}}{\text{제1제조부문 예정직접작업시간(250시간)}} = \text{@₩3,200/직접작업시간}$$

$$\text{제2제조부문 제조간접원가 예정배부율} = \frac{\text{제2제조부문 제조간접원가 예산액(₩800,000)}}{\text{제2제조부문 예정기계작업시간(640시간)}} = \text{@₩1,250/기계작업시간}$$

	X제품	Y제품	합계
직접재료원가	₩1,000,000	₩ 850,000	₩1,850,000
직접노무원가	1,500,000	2,000,000	3,500,000
제조간접원가 예정배부액			
제1제조부문	100시간 × @₩3,200 = 320,000	150시간 × @₩3,200 = 480,000	800,000
제2제조부문	400시간 × @₩1,250 = 500,000	200시간 × @₩1,250 = 250,000	960,000
합 계	₩3,320,000	₩3,580,000	₩7,110,000
제품 단위당원가	₩3,320,000 ÷ 500개 = @₩6,640	₩3,580,000 ÷ 800개 = @₩4,475	

3. 실재배부액과 예정배부액 간의 차이

<제조간접원가 배부액>	실제배부액		예정배부액	
	X제품	Y제품	X제품	Y제품
공장전체 배부율	₩750,000	₩750,000	₩960,000	₩960,000
부문별 배부율	840,000	660,000	820,000	730,000

*** 제품 단위당원가의 비교**

<제품 단위당원가>	실제배부		예정배부	
	X제품	Y제품	X제품	Y제품
공장전체 배부율	@₩6,500	@₩4,500	@₩6,920	@₩4,762.5
부문별 배부율	@₩6,680	@₩4,387.5	@₩6,640	@₩4,475

제3절 제조간접원가 배부차이

1. 제조간접원가 배부차이

제조간접원가를 제품에 예정배부하는 경우, 예정배부율과 실제배부율이 동일하다면 제조간접원가 실제발생액과 예정배부액은 일치할 것이다. 그러나 제조간접원가의 실제발생액과 예정배부액이 일치하지 않는 것이 일반적이다. 이와 같이 제조간접원가의 실제발생액과 예정배부액 간의 차이를 배부차이라 하며, 실제발생액보다 예정배부액이 적은 경우를 과소배부 또는 불리한 차이(unfavorable variance)라 하며, 실제발생액보다 예정배부액이 크면 과대배부 또는 유리한 차이(favorable variance)라 한다. 불리한 차이는 예정액보다 실제발생액이 크기 때문에 원가가 예정보다 더 많이 발생하였다는 것이며 원가의 낭비를 의미한다. 역으로 유리한 차이는 예정액보다 실제발생액이 적기 때문에 원가가 예정보다 적게 발생하였다는 것이며 원가의 절약을 의미한다.

불리한 차이: 예정액보다 실제발생액이 크기 때문에 원가가 예정보다 더 많이 발생하였다는 것이며 원가의 낭비를 의미.
유리한 차이: 예정액보다 실제발생액이 적기 때문에 원가가 예정보다 적게 발생하였다는 것이며 원가의 절약을 의미.

외부보고용 재무제표는 실제발생액에 의하여 작성되므로 실제발생액과 예정배부액 간의 차이에 대해서는 회계기간말에 조정하는 절차가 필요하다. 제조간접원가에 대한 실제발생액과 예정배부액 간의 차이에 대한 구체적인 내용은 표준원가계산에서 자세히 설명하도록 하겠다. 본 절에서는 제조간접원가에 대한 과소·과대배부에 대한 회계처리 중심으로 설명하겠다.

■ 배부차이

실제발생액 < 예정배부액 : 과소배부 또는 불리한 차이
실제발생액 > 예정배부액 : 과대배부 또는 유리한 차이

		실제발생액	예정배부액	배부차이
공장전체배부율	X제품	₩750,000	₩960,000	과대배부(불리한 차이)
	Y제품	₩750,000	₩960,000	과대배부(불리한 차이)
부문별 배부율	X제품	₩840,000	₩820,000	과소배부(유리한 차이)
	Y제품	₩660,000	₩730,000	과대배부(불리한 차이)

2. 제조간접원가 배부차이의 회계처리

제조간접원가의 실제발생액과 예정배부액 간의 차이에 대한 회계처리는 [그림 5-3]에서 보는 바와 같다. 먼저 제품원가계산이 이루어질 때 제조간접원가 예정배부액은 제조간접원가 대변과 재공품계정 차변에 기입된다. 제조간접원가 실제발생액은 원가계산기간 말에 제조간접원가가계정 차변에 기입되며, 이 때 제조간접원가 과소배부액은 제조간접원가계정 대변에 나타나게 되고, 과대배부액은 차변에 나타나게 된다. 과소배부액과 과대배부액은 제조간접원가 배부차이계정에 대체된다.

[그림 5-3] 제조간접원가의 과소배부와 과대배부

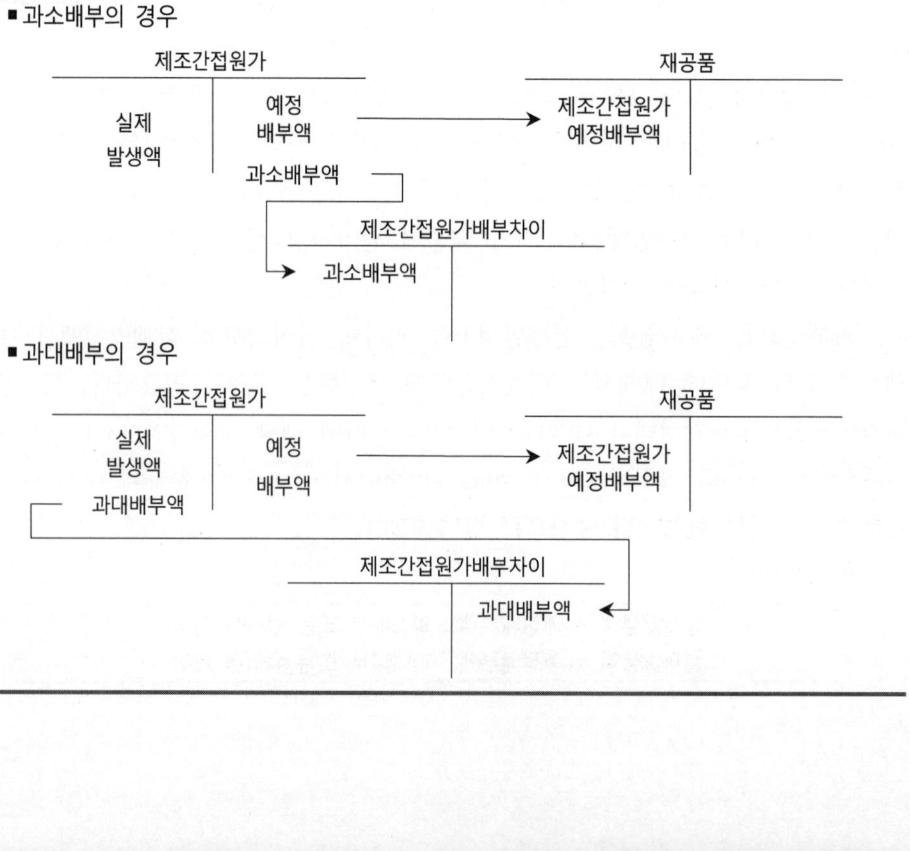

앞 절에서도 설명되었듯이 외부보고용 재무제표는 제조간접원가를 실제발생한 금액은 전부 기록하도록 요구하고 있기 때문에 배부차액 조정을 위한 회계처리가 필요하다. 제조간접원가의 배부차액은 제품제조과정에서의 원가흐름에 영향을 끼쳤기 때문에 재공품 · 제품 · 매출원가계정을 이용하여 조정하게 된다. 제조간접원가 배부차를 회계처리하는 방법으로는 매출원가에서 조정하는 방법과 제품 · 재공품 · 매출원가에 비례배분하여 조정하는 방법이 있다.

■ 배부차이 발생

□ 예정배부율에 의하여 특정 제품에 제조간접원가를 예정배부할 때의 분개

(차) 재 공 품 ××× (대) 제조간접원가 (예정액) ×××

□ 제조간접원가 실제발생액을 제조간접원가계정에 대체할 때의 분개

(차) 제조간접원가 (실제발생액) ××× (대) 제원가요소계정 (실제발생액) ×××

□ 배부차이를 제조간접원가배부차이 계정에 대체할 때의 분개

- 과소배부의 경우

(차) 제조간접원가배부차이 ××× (대) 제조간접원가 ×××

- 과대배부의 경우

(차) 제조간접원가 ××× (대) 제조간접원가배부차이 ×××

매출원가조정법

매출원가조정법은 제조간접원가 배부차이를 매출원가에 가산 또는 차감하여 처리하는 방법이다. 과소배부액은 매출원가에 가산하고, 과대배부액은 매출원가에서 차감한다. 매출원가조정법은 회계처리가 간편하며, 배부차이 금액이 소액이거나 재고자산이 근소한 경우에 적용된다.

■ 배부차이 조정

□ 과소배부의 경우

(차) 매출원가 ××× (대) 제조간접원가배부차이 ×××

□ 과대배부의 경우

(차) 제조간접원가배부차이 ××× (대) 매출원가 ×××

비례배분법

비례배분법은 제조간접원가 배부차이를 재공품 · 제품 · 매출원가에 비례배분하는 방법이다. 과소배부액은 재공품 · 제품 · 매출원가에 비례적으로 가산하고, 과대배부액은 재공품 · 제품 · 매출원가에서 비례적으로 차감한다. 배부차이를 비례배분하는 방법으로는 재공품 · 제품계정의 기말잔액과 매출원가의 상대적인 비율에 따라 배분하는 방법과 재공품 · 제품계정의 기말잔액 그리고 매출원가에 포함되어 있는 제조간접원가의 상대적 비율에 따라 배분하는 방법 등 두 가지가 있다. 전자는 총원가 비례배분법이라 하고, 후자를 원가요소별 비례배분법이라 한다. 비례배분법은 배부차액이 큰 경우 제품원가에 영향을 미치므로 이에 대한 부담을 줄이기 위한 방법이다.

총원가 비례배분법 제조간접원가배부차이를 재고자산계정(재공품 · 제품)의 기말잔액 및 매출원가의 상대적 비율에 따라 배분하는 방법

원가요소 비례배분법 제조간접원가배부차이를 재고자산계정(재공품 · 제품)의 기말잔액 및 매출원가에 포함되어 있는 제조간접원가배부액의 상대적 비율에 따라 배분하는 방법

■ 배부차이 조정(총원가 비례배분법)

□ 과소배부의 경우

(차) 재 공 품	×××	(대) 제조간접원가배부차이	×××
제　　품	×××		
매출원가	×××		

□ 과대배부의 경우

(차) 제조간접원가배부차이	×××	(차) 재 공 품	×××
		제　　품	×××
		매출원가	×××

*재공품계정과 제품계정의 기말잔액과 당기매출원가의 상대적 비율에 따라 배분

■ 배부차이 조정(원가요소 비례배분법)

□ 과소배부의 경우

(차) 재 공 품	×××	(대) 제조간접원가배부차이	×××
제　　품	×××		
매출원가	×××		

□과대배부의 경우

(차) 제조간접원가배부차이	×××	(차) 재 공 품	×××
		제　　품	×××
		매출원가	×××

*재공품계정과 제품계정 및 당기매출원가에 포함되어 있는 제조간접원가 배부액의 상대적 비율에 따라 배분

영업외 손익법

영업외 손익법은 제조간접원가의 배부차이를 영업외손익으로 처리하는 방법으로써, 과소배부액은 영업외비용으로 과대배부액은 영업외수익으로 회계처리한다. 영업외 손익법은 제조간접원가 배부차이가 제품원가에 영향을 미치지 못하거나 배부차액 소액이고 중요하지 않다고 판단될 경우 적용한다.

■ 배부차이 조정

□과소배부의 경우

(차) 손　　익	×××	(대) 제조간접원가배부차이	×××

□과대배부의 경우

(차) 제조간접원가배부차이	×××	(대) 손　　익	×××

우리나라 원가계산준칙에서는 "원가차이는 일정한 기준에 따라 회계연도의 매출원가와 기말재고자산에 배부하며, 원가차이의 배부를 보다 정확히 하기 위하여 원가요소별로 다른 배부기준을 적용할 수 있다. 비정상적으로 발생한 원가차이는 영업외수익 또는 영업외비용으로 한다. 실제원가계산제도에 있어서 원가의 일부를 예정가격등으로 계산할 경우 발생한 원가차이는 제1항 및 제2항의 규정을 준용하여 처리한다."라고 규정하고 있다(준칙 제33조 ①, ②, ③). 따라서 총원가 비례배분법과 원가요소 비례배분법 그리고 영업외 손익으로 회계처리하도록 모두 허용하고 있다.

예제 5-4 제조간접원가 배부차이 회계처리

A회사는 제품원가계산을 위해 제조간접원가를 예정배부하고 있다. 20××년 12월 말 재공품계정과 제품계정의 잔액과 매출원가에 관한 자료는 다음과 같다.

	재공품	제 품	매출원가	합 계
직접재료원가	₩200,000	₩ 380,000	₩ 800,000	₩1,380,000
직접노무원가	120,000	220,000	880,000	1,220,000
제조간접원가	480,000	600,000	1,320,000	2,400,000
합 계	₩800,000	₩1,200,000	₩3,000,000	₩5,000,000

[물음사항]

1. 20××년 실제 발생한 제조간접원가가 ₩2,600,000인 경우,
   1) 제조간접원가 배부차이를 계산하시오.
   2) 매출원가조정법과 비례배분법을 사용하여 배부차이를 조정하는 분개를 하시오.
   3) 배부차이 조정법에 따를 경우 각각의 매출원가를 계산하시오.
2. 20××년 실제 발생한 제조간접원가가 ₩2,000,000인 경우,
   1) 제조간접원가 배부차이를 계산하시오.
   2) 매출원가조정법과 비례배분법을 사용하여 배부차이를 조정하는 분개를 하시오.
   3) 배부차이 조정법에 따를 경우 각각의 매출원가를 계산하시오.

■ 풀이

1. 제조간접원가 실제발생액 ₩2,600,000

(1) 배부차이

제조간접원가 실제발생액	₩2,600,000
제조간접원가 예정배부액	2,400,000
배 부 차 이(과소배부)	₩ 200,000

(2) 매출원가조정법

(차) 매출원가	₩200,000	(대) 제조간접원가배부차이	₩200,000

* 손익계산서 상의 매출원가 : ₩3,000,000 + ₩200,000 = ₩3,200,000

(3) 총원가 비례배분법

계 정	총원가	배분비율	조정 배분액
재 공 품	₩ 800,000	16%	₩32,000
제 품	1,200,000	24%	48,000
매출원가	3,000,000	60%	120,000
합 계	₩5,000,000	100%	₩200,000

(차) 재 공 품	₩ 32,000	(대) 제조간접원가배부차이	₩200,000
제 품	48,000		
매출원가	120,000		

* 손익계산서 상의 매출원가 : ₩3,000,000 + ₩120,000 = ₩3,120,000

(4) 원가요소 비례배분법

계 정	제조간접원가배부액	배분비율	조정 배분액
재 공 품	₩ 480,000	20%	₩40,000
제 품	600,000	25%	50,000
매출원가	1,320,000	55%	110,000
합 계	₩2,400,000	100%	₩200,000

(차) 재 공 품	₩ 40,000	(대) 제조간접원가배부차이	₩200,000
제 품	50,000		
매출원가	110,000		

* 손익계산서 상의 매출원가 : ₩3,000,000 + ₩110,000 = ₩3,110,000

2. 제조간접원가 실제발생액 ₩2,000,000

(1) 배부차이

제조간접원가 실제발생액	₩2,000,000
제조간접원가 예정배부액	2,400,000
배 부 차 이(과대배부)	₩ 400,000

(2) 매출원가조정법

(차) 제조간접원가배부차이	₩400,000	(대) 매출원가	₩400,000

* 손익계산서 상의 매출원가 : ₩3,000,000 - ₩400,000 = ₩2,600,000

(3) 총원가 비례배분법

계 정	총원가	배분비율	조정 배분액
재 공 품	₩ 800,000	16%	₩32,000
제 품	1,200,000	24%	48,000
매출원가	3,000,000	60%	120,000
합 계	₩5,000,000	100%	₩200,000

(차) 제조간접원가배부차이	₩400,000	(대) 재 공 품	₩ 32,000
		제 품	48,000
		매출원가	120,000

* 손익계산서 상의 매출원가 : ₩3,000,000 - ₩120,000 = ₩2,880,000

(4) 원가요소 비례배분법

계 정	제조간접원가배부액	배분비율	조정 배분액
재 공 품	₩ 480,000	20%	₩40,000
제 품	600,000	25%	50,000
매출원가	1,320,000	55%	110,000
합 계	₩2,400,000	100%	₩200,000

(차) 제조간접원가배부차이	₩400,000	(대) 재 공 품	₩ 40,000
		제 품	50,000
		매출원가	110,000

* 손익계산서 상의 매출원가 : ₩3,000,000 - ₩110,000 = ₩2,890,000

연 | 습 | 문 | 제

01. 다음은 제조간접비의 원가배분에 관한 설명이다. 옳지 않은 것은? *(2015. 전산회계운용사 2급)*

① 특정제품에 대하여 추적가능한 원가의 부과
② 하나의 원가부문에서 다른 원가부문으로 배분
③ 제조부문의 원가를 원가대상인 제품에 배분
④ 여러 부문에 공통으로 발생한 원가를 각 부문으로 배분

02. 원가배분의 목적으로서 옳지 않은 것은? *(42회. 전산세무회계 1급)*

① 회사의 미래계획수립 또는 자원배분과 관련된 의사결정을 하기 위해서이다.
② 책임원가계산제도의 형성에 따른 조직구성원에 대한 동기부여와는 관련이 없다.
③ 재고자산, 매출원가를 정확히 산출하여 주주, 채권자 등 이해관계자들에게 합리적인 정보를 제공하기 위해 원가를 배분한다.
④ 계약금액등을 결정함에 있어서 발생한 원가를 정당화 할 수 있다.

03. 다음 제조간접비 배부차이조정에 대한 설명이다. 옳지 않은 것은? *(2015. 전산회계운용사 1급)*

① 실제발생액보다 예정배부애이 적은 경우 과소배부된 것이다.
② 배부차이조정에는 매출원가조정, 비례배분, 기타 손익조정이 있다.
③ 매출원가조정법은 비정상적 사건에 의하여 발생한 경우 사용한다.
④ 비례배분법은 총원가비례배분법과 원가요소비례배분법이 있다.

04. 다음 중 제조간접비 예정배부율에 대한 설명으로 옳은 것은? *(2015. 전산회계운용사 1급)*

① 실제원가계산에 비해 제조간접비 배부는 빨라지므로 추가적인 회계처리가 필요없다.
② 예정배부율을 결정하기 위해서는 추정이 필요하다.
③ 배부차이에 대한 회계처리는 필요없다.
④ 재품 단위당 원가의 변동에 대응할 수 없다.

05. 다음 중 예정제조간접비 배부차이에 대한 처리 순서로 옳은 것은? *(2015. 전산회계운용사 1급)*

① 실제발생액 → 예정배부액 → 차이액 조정 → 배부차이 계산
② 예정배부액 → 실제발생액 → 배부차이 계산 → 차이액 조정
③ 배부차이 계산 → 차이액 조정 → 예정배부액 → 실제발생액
④ 차이액 조정 → 배부차이 조정 → 실제발생액 → 예정배부액

06. 다음 중 매출액과 원가의 발생 간에 밀접한 인과관계가 있는 경우에만 사용되어야 하는 원가배분기준은? *(54회. 전산세무회계 1급)*

① 수혜기준　　② 공정성기준　　③ 부담능력기준　　④ 경영자율기준

07. ㈜대한은 제조간접비를 예정배부율을 기준으로 배부하고 있다. 예정 배부한 제조간접비와 실제 발생한 재조간접비의 차액을 조정(비례배부법을 사용)하고자 한다. 이에 대한 설명으로 옳은 것은? *(2015. 전산회계운용사 2급)*

① 초과배부차이는 매출원가를 상향 조정한다.
② 부족배부차이는 매출원가를 하향 조정한다.
③ 초과배부차이는 기말재공품, 기말제품, 매출원가를 상향 조정한다.
④ 부족배부차이는 기말재공품, 기말제품, 매출원가를 상향 조정한다.

08. 실제생산량이 예상생산량보다 매우 낮음에도 불구하고 제조간접비에 대하여 예정배부를 실시한 결과, 제품원가의 차이가 중요하지 않은 것으로 나타났다면 그 이유로 가장 적합한 것은? *(2015. 전산회계운용사 2급)*

① 제조간접비가 주로 고정비로 구성
② 제조간접비가 주로 변동비로 구성
③ 제조간접비의 실제발생액이 예상했던 것보다 매우 낮음
④ 제조간접비의 실제발생액이 예상했던 것보다 매우 높음

09. 원가배부와 관련된 다음 설명 중 옳지 않은 것은? *(46회. 전산세무회계 1급)*

① 제조간접원가가 전체 제조원가에서 차지하는 비중이 클수록 다양한 원가배부기준을 설정하여야 정확한 원가계산이 가능하다.
② 원가배부기준으로 선택된 원가동인이 원가발생의 인과관계를 잘 반영하지 못하는 경우 제품 원가계산이 왜곡될 가능성이 있다.
③ 경제적의사결정과 동기부여 등을 위해서는 이중배부율법을 사용하는 것이 보다 바람직하다.
④ 공장전체 제조간접비배부율을 이용할 경우에도 보조부문원가를 먼저 제조부문에 배분하여야 한다.

10. 개별원가계산시 제조간접원가 배부차이가 과소배부가 발생하였다. 배부차이를 매출원가와 기말제품 및 기말재공품에 균등하게 1/3씩 배부하는 과정에서, 관련항목에 대한 설명으로 틀린 것은? *(65회. 전산세무회계 1급)*

① 재무상태표상 재고자산가액이 증가한다.
② 손익계산서상 매출원가가 증가한다.
③ 당기총제조원가가 증가한다.
④ 재무상태표상 자본총계는 증가한다.

11. 제조간접비를 예정배부율을 이용하여 제조간접비를 배부하는 경우 실제 발생한 총제조간접비와 차이가 발생하게 된다. 이러한 차이를 조정하는 방법으로서 비례배분법, 매출원가조정법, 기타손익법이 있다. 각 방법별로 조정하였을 경우 대차대조표상의 자산가액이 가장 크게 계상되는 방법은? *(43회. 전산세무회계 1급)*

	과대배부된 경우	과소배부된 경우
①	매출원가조정법	원가비례배분법
②	원가비례배분법	기타손익법
③	매출원가조정법	기타손익법
④	원가비례배분법	매출원가조정법

12. ㈜상공전자는 제조간접비를 예정배부하고 있다. 제10기의 제조간접비 예정배부액은 ₩250,000이었다. 비례배분법(보충률법)을 이용하여 배부차이를 조정한다. 매출원가, 기말제품, 기말재공품의 제조간접비 배부차이 조정전 금액은 각각 ₩250,000, ₩187,500, ₩187,500이다. 제조간접비 배부차이를 조정한 후 매출원가는 ₩280,000이 되었다. 제10기의 실제 제조간접비는 얼마인가? *(2015. 전산회계운용사 1급)*

① ₩175,000 ② ₩225,000 ③ ₩275,000 ④ ₩325,000

13.. 제조간접비를 예정배부하는 경우, 다음의 제조간접비배부차이계정에 대한 설명으로 옳은 것은? *(2014. 전산회계운용사 2급)*

제조간접비배부차이	
매출원가 ₩10,000	

① 제조간접비 실제발생액 ₩10,000을 매출원가계정에 대체한다.
② 제조간접비 예정배부액 ₩10,000을 매출원가계정에 대체한다.
③ 제조간접비 과대배부차액 ₩10,000을 매출원가계정에 대체한다.
④ 제조간접비 과소배부차액 ₩10,000을 매출원가계정에 대체한다.

14. ㈜동해는 A, B 두 제품을 생산・판매한다. 제조활동은 제조1과 제조2 두 부문에서 이루어진다. 공장에서의 제조간접원가는 공장전체 배부율인 직접노무시간당 ₩17을 기준으로 각 제품에 배부된다. 이 배부율은 예산제조간접원가 ₩340,000과 예산직접노무시간 20,000시간에 근거하고 있다. *(2015. 전산회계운용사 1급)*

제조부문	예산간접원가	예산직접노무시간
1	₩240,000	10,000
2	₩100,000	10,000
	₩340,000	20,000

각 제품을 작업하는데 소요되는 직접노무시간은 다음과 같다.

제조부문	제품 A	제품 B
1	4	1
2	1	4
	5	5

두 제품에 소요되는 직접제조원가의 단위당 원가는 다음과 같다.

직접제조원가	제품 A	제품 B
직접재료원가	₩120	₩150
직접노무원가	80	80

기말재공품은 없으며, 제품A와 B의 재고는 각각 200개와 600개이다. ㈜동해 공장의 예산생산량은 정확히 달성되었다. ㈜동해가 공장전체 간접원가배부율을 사용한 경우와 부문별 간접원가배부율을 사용한 경우 제품 A와 B의 제품원가에 포함될 제조간접원가는 전부 얼마나 차이가 나는가?

① ₩8,400 ② ₩9,200 ③ ₩9,350 ④ ₩9,500

15. 어느 회사의 1년간 직접재료비는 ₩700,000, 직접노무비는 ₩500,000, 제조간접비는 ₩300,000이다. 한편 제조지시서 갑의 직접재료비는 ₩160,000, 직접노무비는 ₩80,000이다. 직접노무비를 기준으로 제조간접비를 배부한다면 제조지시서 갑의 제조간접비 배부액은 얼마인가? *(2014. 전산회계운용사 2급)*

① ₩68,571 ② ₩60,000 ③ ₩5,500 ④ ₩48,000

16. 직접노무비를 기준으로 제조간접비를 배부하고 있다. 추정 제조간접비 총액은 ₩250,000이고 추정 직접노무시간은 10,000시간이다. 제조간접비 실제발생액은 ₩200,000이고, 실제 직접노무시간은 105,000시간이다. 이 기간 동안 제조간접비 과소(대)배부는 얼마인가? (2014. 전산회계운용사 2급)

① ₩2,250 과대배부 ② ₩2,250 과소배부
③ ₩2,500 과대배부 ④ ₩2,500 과소배부

17. ㈜대한전자는 제조간접비 배부차이를 조정하기 전에 재공품 및 제품의 기말재고가 각각 ₩320, ₩160이었으며, 매출원가는 ₩1,120이었다. 제조간접비의 과대배부액이 ₩80인 경우, 안분법(비례배분법)에 의하여 기말조정을 실시한 이후 재공품의 기말재고는 얼마인가? *(2014. 전산회계운용사 2급)*

① ₩284 ② ₩304 ③ ₩336 ④ ₩356

(2014. 전산회계운용사 2급) ④

18. 제조간접비는 예정배부법을 이용하고 있으며, 제10기 중 예정배부액은 ₩300,000이나, 실제 발생한 제조간접비는 ₩250,000이었다. 이에 대한 설명으로 옳은 것은? 단, 제조간접비 배부차이는 비례배분법(보충률법)을 이용하여 조정한다.

① 기말제품은 증가한다. ② 매출원가는 증가한다.
③ 매출원가는 변화하지 않는다. ④ 기말재공품은 감소한다.

(2015. 전산회계운용사 2급)

19. ㈜대한은 직접노무시간을 기준으로 예정제조간접원가 배부율을 적용한다. ㈜대한의 예정직접노무시간은 30,000시간이며, 예정제조간접원가는 ₩1,500,000이다. 2013년 실제 직접노무시간이 28,000시간인 경우, 이에 대한 제조간접비 예정배부시의 회계처리로 옳은 것은? 단, ㈜대한은 제조간접비의 실제발생액이나 예정배부의 계정과목을 제조간접비로 통일하기로 하였다.

① (차) 제조간접비 ₩1,400,000 (대) 재 공 품 ₩1,400,000
② (차) 재 공 품 ₩1,400,000 (대) 제조간접비 ₩1,400,000
③ (차) 제조간접비 ₩1,500,000 (대) 재 공 품 ₩1,500,000
④ (차) 재 공 품 ₩1,500,000 (대) 제조간접비 ₩1,500,000

20. ㈜대한조선은 제조간접비를 직접노동시간을 기준으로 배부하고 있다. 다음 자료에 의하여 제조간접비 예정배부율을 계산하면 얼마인가? *(2015. 전산회계운용사 2급)*

가. 제조간접비 예정총액 ₩330,000 나. 제조간접비 실제발생액 ₩350,000
다. 직접노동 예정시간 수 100,000시간

① ₩3 ② ₩3.2 ③ ₩3.3 ④ ₩3.5

21. (주)용마는 예정개별원가계산을 채택하고 있다. 제조간접원가는 기계시간을 기준으로 배부한다. 2015년초 원가계산팀은 정상기계시간 80,000시간, 총제조간접원가 560,000원이 발생 할 것으로 예상했다. 2015년 실제기계시간이 70,000시간이라고 할 때, (1)제조간접비 예정배부율과 (2)재공품계정에 배부되는 제조간접원가는 각각 얼마인가? *(63회. 전산세무회계 1급)*

	예정배부율	재공품 제조간접원가		예정배부율	재공품 제조간접원가
①	7	560,000원	②	7	490,000원
③	8	490,000원	④	8	640,000원

22. 제조간접비 배부차이를 총원가비례배분법으로 조정하고 있는 정상원가계산에서 배부차이 전액을 매출원가계정에서 조정한다면 영업이익의 변화에 대한 설명으로 옳은 것은? *(62회. 전산세무회계 1급)*

・과대배부액 900,000원	・기말재공품 1,000,000원
・기말제품 2,000,000원	・매출원가 2,000,000원

① 540,000원 증가 ② 360,000원 감소 ③ 900,000원 증가 ④ 변화없음

23. 다음의 자료를 이용하여 제조간접원가 과소배부액 1,000,000원을 매출원가조정법을 적용하여 배부할 경우 기말재공품의 가액은 얼마인가? *(53회. 전산세무회계 1급)*

구 분	재공품(원)	완성품(원)	매출원가(원)
직접재료비	1,000,000	1,500,000	500,000
직접노무비	1,000,000	1,500,000	2,000,000
제조경비	1,000,000	1,000,000	500,000
계	3,000,000	4,000,000	3,000,000

① 2,700,000원 ② 3,000,000원 ③ 3,300,000원 ④ 3,600,000원

24. 당사는 제조간접원가를 직접노무원가에 비례하여 예정배부하고 있다. 당기 제조간접원가배부차이 계정의 대변잔액이 53,000원이라면 다음 자료에 의하여 당기 직접노무원가 실제발생액을 계산하면 얼마인가? *(52회. 전산세무회계 1급)*

·당기 제조간접원가 실제발생액 : 2,691,000원 ·당기 제조간접원가 예상액 : 2,800,000원
·당기 직접노무원가 예상액 : 4,000,000원

① 3,914,000원 ② 3,920,000원 ③ 3,930,000원 ④ 3,944,000원

25. (주)대포는 제조간접비를 직접노무시간으로 예정배부하고 있다. 당기말 현재 실제제조간접비 발생액이 6,150,000원이고 실제 직접노무시간이 50,000시간인 경우 당기의 제조간접비는 150,000원 과소배부된다는 것을 알았다. 이 경우 제조간접비 예정배부율은 직접노무시간당 얼마인가? *(48회. 전산세무회계 1급)*

① 110원 ② 120원 ③ 126원 ④ 130원

(47회. 전산세무회계 1급)

26. (주)정상의 제조간접비 예정배부 및 작업별 제조원가는 다음과 같다. 2011년 중 작업번호가#201, #202, #203인 세 가지 작업을 시작하여 #201, #202가 완성되었고, #201은 판매되었다. 2011년 중 제조간접비 실제발생액은 1,200,000원이었다. 제조간접비 배부차이를 매출원가조정법, 비례배분법, 영업외손익법으로 회계처리 할 경우 매출총이익을 가장 크게 하는 방법은?

	#201	#202	#203	합 계
직접재료비	150,000원	150,000원	200,000원	500,000원
직접노무비	250,000원	150,000원	100,000원	500,000원
제조간접비	500,000원	300,000원	200,000원	1,000,000원
합 계	900,000원	600,000원	500,000원	2,000,000원

① 영업외손익법 ② 비례배분법 ③ 매출원가조정법 ④ 모두 동일하다

27. ㈜한라는 정상원가계산(normal costing)을 적용하고 제조간접비 배부차이를 기말재고자산 및 매출원가에 포함된 제조간접비 예정배부액에 비례하여 조정할 경우 실제 발생한 제조간접비는 얼마인가? *(42회. 전산세무회계 1급)*

구 분	매출원가	기말재공품	기말제품
배부차액조정 전 원가	5,000,000원	1,000,000원	2,000,000원
예정배부된 제조간접비	400,000원	300,000원	100,000원
제조간접비 배부차액 조정시 기말제품에 차감된 금액이 3,000원이다.			

① 776,000원 ② 788,000원 ③ 812,000원 ④ 824,000원

제 6 장

Activity Based Costing

활동기준원가계산

제1절 활동기준원가계산의 개요

1. 전통적 원가계산의 단점

전통적인 제품원가계산은 왜곡된 제품원가정보를 만들어 낸다. 전통적인 원가시스템은 재무제표에서 원가와 수익을 적절하게 대응시킬 수는 있어도, 미시적인 수준에서 측정되는 개별제품의 원가를 체계적으로 왜곡시킨다. 이러한 왜곡현상은 제품에 대한 제조간접원가의 배부방법에 기인하는 것이다. 조업도 관련 원가동인들을 이용한 제조간접원가의 배부는 제조간접원가가 조업도의 변동에 의해 조장되거나 조업도에 비례하여 발생되는 경우에만 신뢰성있는 원가정보를 제공할 수 있다. 그러나 다품종 소량생산이 보편화됨에 따른 제조간접원가의 급성장은 제품배합의 다양성이 더욱 고도화되고 조업도와 무관한 간접원가항목들이 늘어나게 된 탓이지, 조업도의 변동에 따른 것은 아니었다. 그럼에도 불구하고 조업도와 무관한 원가동인에 의해 발생된 제조간접원가를 조업도관련 원가동인을 이용하여 제품에 배부하게 되면, 간접비성장에 주된 공헌을 한 소량생산제품의 원가는 체계적으로 과소평가되고 간접비성장과는 별로 관련이 없는 대량생산제품의 원가는 체계적으로 과대평가된다. 제조간접원가의 구성비중이 높아질수록 이러한 왜곡의 정도도 더 심각해진다. 제품원가계산의 체계적인 왜곡은 거시적 수준에서는 서로 상쇄되는 경향이 있어서 재무제표에 보고되는 총자산과 이익의 크기에는 영향을 미치지 않지만, 미시적인 수준에서는 개별 제품의 원가와 수익성을 오도하게 된다.

전통적인 원가시스템에서도 보다 정확한 제품원가계산을 위한 접근방법들이 개발되어 있다. 그 하나는 가능한 한 실제소비량을 기준으로 보조자원들의 원가를 원가중심점에 부과할 수 있도록 1단계 배부절차를 설계하고, 원가중심점별로 제품과 인과관계를 가지는 별개의 배부기준을 이용하여 제품에 원가를 배부할 수 있도록 2단계 배부절차를 설계하는 것이다. 그 일환으로 설계된 1단계 배부방법으로는 이분배분율법을 그리고 2단계 배부방법으로는 부문별배부율법을 들 수 있다. 이분배분율법은 변동간접원가와 고정간접원가에 대해 서로 다른 배부기준을 적용하여 보조부문에서 발생된 간접원가를 제조부문에 배부하는 것이고, 부문별배부율법은 제조부문별로 서로 다른 배부기준을 적용하여 제조간접원가를 제품에 배부하는 것이다. 그런데, 배부대상이 되는 제조간접원가에는 조업도관련 배부기준들에 비례해서 변하는 것이 아닌 원가항목들도 포함되어 있는데, 제품수명주기의 단축화에 대응하기 위해 기업들이 다품종 소량생산체제를 갖추게 되면 이러한 성질을 가지는 간접원가항목들의 원가가 훨씬 더 많이 늘어난다. 제품의 다양성과 생산의 복잡성에 대처하기 위한 지원부문의 활동이 큰 폭으로 증대되기 때문이다. 그러므로 아무리 다중배부기준을 이용한다고 하더라도, 그것이 조업도관련 배부기준들로 구성된 것이라면 제품원가의 정확성이 개선될 것이라고는 기대할 수 없다.

다른 하나는 변동원가만으로 제품원가를 측정할 것을 주장하는 변동원가계산이 있다. 이러한 변동원가계산은 특히 제품과 관련된 의사결정에서는 전부원가계산보다 더 타당한 방법으로 평가되어 왔다. 왜냐하면, 제품과 관련된 의사결정은 주로 최대조업능력의 변동을 수반하지 않는 단기적 성질의 의사결정으로 간주되었기 때문이다. 다음의 몇 가지 이유로, 변동원가계산의 타당성은 더 이상 설명력을 가지기 어렵게 되었다. 첫째, 새로운 제조환경에서는 총제조원가에서 고정제조간접원가가 차지하는 비중이 매우 커져서, 변동원가만으로 측정된 제품원가는 제품제조에 소비된 자원의 원가를 정확하게 반영하지 못한다. 둘째, 변동원가계산에서 변동원가로 간주되는 원가항목들은 단기적으로 조업도의 변동에 따라 변동하는 것이지만, 단기적으로는 조업도와 무관하게 일정하더라도 장기적으로는 제품다양성과 생산의 복잡성이 증대됨에 따라 변동하는 소위 장기적 변동원가 항목들이 많이 있다. 따라서 조업도와의 관계를 기준으로 분류된 단기적 변동원가만으로는 제품제조에 소비된 자원의 원가를 제대로 측정하지 못한다. 셋째, 제품과 관련된 모든 의사결정은 장기적인 것이다. 어떤 제품을 제조하기 위해서는 제조단계이전의 제품기획 및 설계단계에서부터 자원을 사용하며, 제조이후의 유통, 판매, 그리고 서비스 활동에서도 자원이 사용된다. 따라서 특정 제품과 관련된 장기적 의사결정에서는 제품의 제조원가에 한정된 것이 아닌 전체 수명주기에 걸친 원가정보를 필요로 한다.

[표 6-1] 활동기준원가계산의 개발배경

배경	내 용
정확한 수익성 판단의 필요성	-치열한 경쟁환경 하에서 기업은 다양한 여러 종류의 제품을 생산 -수익성 있는 제품에 기업의 역량을 집중할 필요성이 증대
제조간접원가의 중대	-제조기술이 발달되고, 공장 자동화가 보편화 됨 -직접노동의 투입량이 감소되고, 제조간접원가의 비중이 증대
제품별 다양성 증가	-제품의 다양성으로 인한 기능과 설계, 생산공정 및 작업규모가 상이함 -제조간접원가의 배부방법에 대한 모순이 발생
정보수집기술의 발달	-정보처리기술의 발달로 활동기준원가계산을 위한 자원동인, 활동원가, 활동원가동인 등에 대한 정보수집 및 집계가 가능해짐

2. 활동기준원가계산의 의의

제품의 표준화 및 대량생산이 일반화되고 기본원가가 직접원가들로 구성되어 있던 제조환경에서는 전부원가계산과 변동원가계산이 원가회계에서의 지배적인 패러다임이었다. 그러나 기업들이 세계적인 시장경쟁에 대처하기 위해 다품종소량생산체제로 생산방법을 전환시키고 이를 뒷받침하기 위해 공장자동화를 서둘러 도입함에 따라 제품원가계산에 대한 전통적인 원가회계 패러다임의 적합성에 대해 의문이 제기되어 왔다. 이러한 의문의 제기는 생산방법의 변화 및 제조환경의 변화와 더불어 제조원가에서 간접원가가 차지하는 비중이 급격히 높아지면서, 간접원가의 임의적인 배분을 필요로 하는 전부원가계산이나 고정간접원가를 제조원가에서 제외시키는 변동원가계산으로는 단위당 원가계산의 정확성을 기대할 수 없게 되었기 때문이다. 치열한 경쟁시장에서 가격결정이나 제품배합결정과 같은 제품관련전략을 적절하게 선택하거나 조정하기 위해서는 제품의 단위당 원가를 정확하게 파악하는 것이 필수적이다. 이에 따라 전통적인 원가계산의 한계점을 극복하기 위해서 활동기준원가계산제도가 개발되었다.

활동기준원가계산(活動基準原價計算, activity-based costing) 또는 활동기준회계(活動基準會計, activity-based accounting)는 기업의 목표를 달성하기 위해 수행하고 있는 각각의 활동별로 그 성과를 측정하고 관련되는 원가를 추적함으로써 보다 정확한 원가정보를 산출하고 전사적인 관점에서 비능률을 제거할 수 있는 원가정보를 체계적으로 산출하는 시스템이다. 즉, 활동기준원가회계는 활동은 자원(資源, resources)을 소비하고, 제품은 활동을 소비한다는 전제로 모든 원가를 활동을 중심으로 파악하며, 제품원가계산도 활동별로 파악된 원가에 근거하여 행하여진다. 활동기준원가계산은 원가를 발생시키는 활동을 체계적으로 분석하고 활동별로 원가정보를 산출하여 궁극적으로는 보다 정확한 제품별로 원가계산을 행하는 방법이다. 그런데 이러한 체계화노력이 가지는 의미는 제품원가계산의 정확성을 향상시키는 데 그치는 것이 아니라, 원가의 추적가능성이 향상되면 제품의 단위당 원가가 보다 정확하게 계산될 수 있을 뿐만 아니라 의사결정의 정확성과 원가관리의 효율성도 높아질 수 있다. 따라서 이를 계기로 관리적 의사결정과 원가관리에 대한 새로운 접근의 가능성이 모색될 수 있게 되었고, 전략적 의사결정과 전략적 원가관리를 원가회계의 틀 내에서 다룰 수 있는 토대가 마련되었다는 점에서 더욱 중요한 의미를 가진다.

활동기준원가계산은 Bain & Co.와 Boston Consulting Group 등의 경영자문기업과 Schrader Bellows, John Deere, Union Pacific, Caterpilla, Hewlett-Packard 등이 활동원가계산 초기의 발전을 이끈 대표적 기업들이다.

활동원가계산의 핵심적인 구성요소와 기본적인 절차를 체계적으로 정리하고, 활동원가계산의 구축을 위한 접근방법을 확립한 학자로는 Cooper, Kaplan, Johnson, Brimson 등이 있다.

[표 6-2] 전통적 원가계산과 활동기준원가계산의 특성

항 목	전통적 원가계산	활동기준원가계산
제조환경	-노동집약형, 소품종대량생산	-자본·기술집약형, 다품종소량생산
원가의 발생·집계	-제품의 자원소비로 원가발생 -제품별로 원가추적	-활동의 자원소비로 원가발생 -활동별 원가추적 후 제품별 배부
제조원가의 구성	-직접노무원가의 중요성	-제조간접원가의 중요성 증대
원가배분기준	-공장전체 또는 부문별 원가집합 -조업도 (금액기준, 시간기준, 물량기준 등)	-활동영역별 다수의 원가집합 -원가동인 (주문횟수, 작업준비시간, 검사시간 등)
비재무적 정보	-제공하지 않음	-제공함

3. 활동기준원가계산의 구성요소

활동기준원가회계를 구성하는 중요한 개념으로는 활동과 활동원가 그리고 원가동인을 들 수 있다.

■ 활동

기업은 물리적·기술적으로 구별될 수 있는 다양한 가치활동 등을 결합하여 사용자들에게 유용한 제품을 만들어 낸다. 활동(活動, activity)이란 어떤 기능이 목표로 하는 바를 성취하는 데 필요한 행동(行動, action)이다. 기능(機能, function)의 목표달성에 직접적으로 공헌하는 활동은 직접활동으로, 직접활동을 지원하여 그것이 지속적으로 수행될 수 있게 하는 활동은 간접활동으로 분류된다. 활동은 다시 일(works) 또는 작업(作業, operations)의 집합인 과업들로 구성되어 있다. 과업(課業, tasks)이란 활동과정을 구성하는 단위이다. 즉, 과업의 체계적인 연결을 통해 활동이 수행된다. 어떠한 과업들로 활동과정이 구성되는가에 따라 활동의 수행방법이 달라지고, 활동에 소비되는 자원의 종류와 사용량도 달라진다. 원가의 추적가능성과 원가통제의 관점에서 볼 때, 각각의 기능을 원가측정대상으로 설정하면 그 범위가 너무 넓어서 원가발생의 원인을 정확하게 추적하기가 어렵고, 그렇다고 각각의 과업을 원가측정대상으로 설정하면 원가통제의 대상이 지나치게 상세하게 식별되어 무의미하다. 따라서 각각의 활동을 원가대상으로 설정하는 것이 원가통제의 관점에서 가장 바람직하다고 할 수 있다.

활동은 '투입(input) - 활동과정(activity process) - 산출(output)'의 구조를 가지고 있다. 어떤 활동에의 투입은 사건 또는 다른 활동의 산출로 구성된다. 사건(事件, event)이란 활동의 외부에서 이루어진 행동들의 결과로서, 거래를 만들어 낸다. 거래(去來, transaction)는 정보의 전달매체인 문서(전자문서)로 나타난다. 이러한 문서는 거래가 있었음을 나타내는 증거이며, 사건을 대신 나타내는 것으로 사용되기도 한다. 활동의 실행을 일으키는 사건이 일어나고, 활동의 실행에 필요한 정보가 물리적 문서의 형태로 투입되면 활동과정이 진행된다. 활동과정이란 필요한 과업들을 정해진 체계에 맞추어 결합하는 것이다. 따라서 활동과정은 투입요소인 사건이나 거래가 요구하는 산출물을 만들어 내는 데 필요한 모든 과업들과 작업들로 구성된다. 예를 들어, 재료수령거래가 발생하여 그것이 문서로 기록되면, 재료수령에 관련된 재료검사, 재료이동, 재료저장, 재료비지급 등의 과업들이 수행된다.

활동과정에서 자원이 소비된다. 자원이란 어떤 활동을 수행하기 위해 사용된 생산요소들로서 예를 들어, 자동차판매활동에는 자동차, 판매원, 전시장 등의 자원이 소요된다. 이러한 자원은 외부에서 구입된 것일 수도 있고, 다른 부문으로부터 이전되어온 것일 수도 있다. 즉, 어떤 활동에 투입되는 다른 활동의 산출물은 모두 그 활동의 자원이다. 활동과정은 어떠한 과업들을 어떠한 체계로 결합하느냐에 따라 여러 가지 방식으로 수행될 수 있으며, 수행방식에 따라 자원의 소비도 달라진다.

활동과정의 산출이란 어떤 활동에 의해 자원이 변형된 결과물이거나, 그 활동을 수행하여 성취하거나 획득하고자 하는 목적 그 자체이다. 예를 들어, 자동차판매활동의 산출물은 판매계약서이고, 제품에 대한 광고활동의 산출물은 광고이며, 최종제품의 조립활동의 산출물은 완성품이다. 그러므로, 어떤 활동을 수행하면 유형의 서류나 무형의 행위, 아이디어, 개념 등이 생기게 된다. 어떤 활동의 산출물은 다른 어떤 활동들에의 투입이 된다. 따라서 활동들은 상호 관련되어 있다.

기업이 수행하는 모든 활동들은 일차적 활동과 보조적 활동으로 분류될 수 있다. 일차적 활동은 제품의 제조, 판매, 인도, 사후서비스 등의 기능영역들과 관련된 활동들로 나누어질 수 있다. 그리고 각 활동범주들은 다시 산업의 특성과 기업의 전략에 따라 여러 가지의 독특한 활동들로 나눌 수 있다.

보조적 활동은 일차적 활동을 지원하며, 보조적 활동들 상호간에도 서로 지원을 주고받는다. 일차적 활동과 마찬가지로, 보조적 활동들도 각 산업의 고유한 특성에 따라 다수의 활동들로 다시 나누어질 수 있다.

일차적 활동과 보조적 활동의 체계는 제품과의 관련성을 기준으로 다시 분류될 수 있다. 활동원가계산에서는 일반적으로 공장에서 일어나는 활동의 계층구조

[표 6-3] 일차적 활동

구 분	내 용
내부적 물류	재료취급, 저장, 재고통제, 운반구사용 일정계획, 납품업자에게로의 반환품 등과 같은 투입요소의 수령, 저장, 배급 등과 관련된 활동.
제조	기계가공, 포장, 조립, 설비유지, 검사, 인쇄, 설비조작 등과 같은 투입요소를 최종 완성품으로 변형시키는 것과 관련된 활동.
외부적 물류	완성품저장, 재료취급, 배달용 운송구조작, 주문처리, 일정계획 등과 같이 제품을 수집, 저장하여 구매자들에게 배달하는 것과 관련된 활동.
마케팅・판매	광고, 판촉, 판매원운용, 유통경로선택, 유통경로와의 관계, 가격결정 등과 같이 구매자들의 구매활동에 이용될 수 있거나 그들을 구매행동으로 이끌어 내는 데 이용될 수 있는 수단을 제공하기 위한 활동.
서비스	설치, 수선, 훈련, 부품공급, 제품조정 등과 같이 제품의 가치를 높이거나 유지하기 위한 서비스의 제공과 관련된 활동.

[표 6-4] 보조적 활동

구 분	내 용
조달	조달이란 기업의 가치활동에 사용되는 투입요소들을 구매하는 기능을 가리킨다. 외부에서 구매되는 투입요소에는 기계, 실험장비, 사무장비, 선물 등과 같은 유형자산, 경영자문, 관리기술, 정보시스템 등과 같은 무형자산 뿐만 아니라 원재료, 소모품, 기타 소비성 품목들이 포함된다.
기술개발	모든 가치활동은 기술을 사용한다. 기술은 노하우일 수도 있고, 절차일 수도 있으며, 공정설비에 구현되어 있는 기술일 수도 있다. 제품과 공정의 개선을 위한 노력으로 간주될 수 있는 범위에 속하는 활동들로 구성되어 있으며, 연구개발보다는 더 넓은 범위의 활동들을 포함된다.
인적자원관리	인적자원관리는 모든 유형의 인적자원을 선발, 고용, 훈련, 개발, 보상하는 데 수반되는 활동들로 구성되어 있다. 개별적인 가치활동들을 지원할 뿐만 아니라 전체 가치활동을 지원하기도 한다. 종업원들의 숙련과 동기유발 및 고용과 훈련에 소요되는 원가에 영향을 미치므로, 기업의 경쟁적 이점을 결정짓는 중요한 요소이다.
하부조직 운영	기본적인 하부조직운영은 일반관리활동, 계획활동, 자금조달활동, 회계, 법률활동, 대정부관계활동, 품질관리활동 등을 포함하는 많은 활동들로 구성되어 있다. 때때로 간접활동(overhead)으로 간주되지만, 경쟁적 이점의 중요한 원천이 될 수 있다.

를 공장유지활동, 제품유지활동, 뱃치관련활동, 제품수준의 활동 등의 네 가지 단계로 구분하고 있다.

1단계 : 단위수준활동

단위수준활동(單位水準活動, units level activity)이란, 제품단위수에 비례해서 소비되는 활동이다. 즉, 재료, 노동, 기계 등의 일차적인 생산요소를 소비하는 활동을 말하며, 생산량의 변동에 정비례하여 필요한 자원을 소비한다. 단위수준활동의 원가는 생산량에 비례적으로 소비되는 자원의 원가로 측정된다. 지금까지 단기적 변동비로 분류되어 왔던 원가들의 대부분이 이러한 단위제품수준의 활동원가와 일치된다. 예를 들어, 직접재료원가 · 직접노무원가 · 동력원가 그리고 기계가공시간에 비례하여 소비되는 감가상각비 · 기계수선유지비 · 소모성 소모품비 등의 원가가 여기에 포함된다. 단위수준 활동원가에 해당되는 제조간접원가는 기계작업시간 · 직접작업시간 등의 원가동인에 의해 제품에 배부할 수 있다.

2단계 : 뱃치수준활동

제품뱃치(batch: 정량 묶음)

뱃치수준활동(묶음水準活動, batch level activity)이란, 제품뱃치수에 비례해서 소비되는 활동을 말한다. 가공될 뱃치가 바뀔 때마다 일어나는 활동이며, 작업준비, 생산일정계획수립, 구매명령서작성, 재료운반, 제품검사 등의 활동이 대표적인 뱃치수준활동들이다. 이러한 활동들에 의해 소비되는 자원의 양은 가공된 뱃치의 수에 따라 변하지만, 하나의 뱃치내에서 몇 개의 제품이 생산되었는가 하는 것과는 관계가 없다. 뱃치수준 활동원가로는 기계가동준비원가 · 작업준비원가 · 주문원가 · 재료이동 및 보관원가 · 표본검사비용 등의 원가가 여기에 포함된다. 뱃치수준 활동원가는 주문횟수, 작업준비횟수, 원재료처리횟수 등의 원가동인이 사용된다.

품질검사의 경우, 다음과 같이 구분된다.
- 표본검사: 뱃치수준활동
- 전수검사: 단위수준활동

3단계 : 제품수준활동

제품수준활동(製品水準活動, product level activity)이란, 제품종류수에 비례해서 소비되는 활동을 말한다. 특정 제품내에 포함되는 각 품종들의 생산활동을 지속적 변경, 재료명세서와 가공경로표의 작성, 검사과정의 설계, 주문이행 독촉, 제품개선, 유통지원 등의 활동으로 수행할 수 있도록 지원하는 제품유지활동들이며, 제품설계와 공정설계, 설계을 들 수 있다. 이러한 활동들은 제품계열내의 각 품종별로 추적가능한 것이어서, 배분을 통하지 않고서도 그 활동에 소비된 자원을 특정 품종의 제품에 할당할 수 있다. 이러한 제품유지활동에 드는 원가는 하나의 제품계열에 포함되는 품종의 수가 많아질수록(제품계열내의 제품배합의 다양성이 커질수록) 증가하는 경향이 있지만, 일정한 기간내에 생산되는 특정 품종의 생산량과는 독립적이다. 그 원가는 특정 품종별로 용이하게 추적될 수 있지만, 특정 품종의 뱃치가 몇개나 가공되었는가 또는 그 품종의 생산량이 얼마나 되는가 하는 것과는 관계가 없다. 제품수준 활동원가로는 제품개발원가、제품개량원가、시설시험원가、품질검사원가 등이 여기에 포함된다. 검사횟수와 시간·설계횟수와 시간 등이 원가동인으로 사용된다.

4단계 : 설비 또는 공장수준활동

설비 또는 공장수준활동(設備·工場水準活動, facility level activity)이란, 개별 공장에서 모든 제품계열들과 관련된 일차적 활동을 지원하기 위해 수행되는 보조적 활동이다. 공장관리, 건물 및 공장용지의 유지보수, 동력 및 용수의 공급 등과 같은 활동이 여기에 속한다. 이러한 활동에 소비되는 자원의 양은 특정 제품계열의 조업도 변동이나 제품배합의 변동과는 관계가 없이 정해진다. 설비 또는 공장수준 활동원가로는 공장 설비관리자의 급료、설비감가상각비、재산세와 보험료、교육훈련비 등이 여기에 포함된다. 그러나 설비 또는 공장수준 활동원가는 생산되는 제품과 무관하게 전체 제조공정을 유지하기 위해 발생되는 특성이 있으므로 다소 주관적인 기준을 이용하여 일괄배부하는 것이 일반적이며, 작업시간、기계시간、훈련시간 등의 원가동인이 이용된다.

■ 원가동인

활동원가는 활동에 자원이 소비되기 때문에 발생된다. 어떤 활동에서 자원의 소비를 일으키거나 활동에 소비되는 자원의 양에 영향을 미치는 요인을 원가결정인자라 한다. 활동원가가 발생되는 원인은 장기적으로는 구조적 요인들에 의해 정해지고, 단기적으로는 주어진 구조 내에서 활동의 양에 의해 정해지는데, 이 가운데 전자의 요인을 구조적 원가동인(原價動因, cost driver)이라고 한다.

원가동인은 활동별로 집계된 원가를 제품에 배부할 때의 배부기준이다. 원가동인은 원가를 발생시키거나 또는 발생정도에 영향을 미치는 요소이며, 활동의 측정치(活動測定値, measure of activity)이다. 활동기준원가계산에서는 활동에 따라 상이한 다양한 배부기준을 이용하여 제조간접원가를 제품에 배부한다. 활동과 원가동인의 자세하면 자세할수록 정확한 원가계산을 행할 수 있다.

원가동인에는 두 가지 종류가 있다. 하나는 조업도 관련 원가동인이고, 다른 하나는 조업도와 무관한 원가동인이다. 조업도 관련 원가동인은 조업도와 정비례하면서 자원을 소비하는 활동의 원가행태를 결정하는 것으로서, 직접노동시간, 기계작업시간, 직접재료비 등이 대표적인 것이다. 단위제품수준활동들의 원가행태는 이러한 원가동인들에 비례적인 경향을 보인다.

활동이란 조직이 하고 있는 일을 가리킨다. 조직이 하는 일을 변화시키기 위해서는 사람이 하는 일, 즉, 활동을 변화시켜야 한다. 따라서 활동을 기초적인 관리단위로 하여 관리시스템을 조직화하면 환경과의 상호작용이 이루어지는 최전선의 행동수준까지 활동들 간의 상호작용을 고려하면서 필요한 변화를 일으킬 수 있다.

원가를 발생시키는 것도 바로 활동이다. 활동이 원가를 발생시키는 것은 활동이 자원을 소비하기 때문이다. 따라서 원가를 통제하기 위해서는 불필요한 활동을 제거하고, 필요한 활동이라면 새로운 기술의 도입이나 활동과정의 변경을 통해 그것의 능률성을 개선시키는 것이 순서일 것이다.

조업도와 무관한 원가동인으로는 자원소비량이 조업도에 비례적이지 않은 공장수준활동, 제품계열수준활동, 뱃치수준활동 등의 원가행태를 결정하는 것이다. 이러한 활동을 위해 소비된 자원의 크기에 직접적으로 영향을 미치는 원가동인들은 계량적으로 측정되기가 쉽지 않다. 이때는 그러한 활동에 소비된 자원의 크기를 간접적으로 측정하는 데 이용될 수 있는 소위 '거래의 횟수'를 원가동인의 대용지표로 이용할 수 있다. 예를 들어 작업준비횟수, 재료이동횟수, 재작업횟수, 발주된 주문횟수, 수주된 주문횟수, 검사횟수, 생산일정변경횟수, 직접노동시간, 대리점의 수, 반조립품의 수, 노동거래횟수, 공손품수, 부품수, 기계시간 등이 있다. 원가동인은 가급적 활동원가의 크기와 높은 상관관계를 가지고 있는 것들로 선택되어야 할 것이다. 상관관계 이외에도 측정원가가 가장 적게 드는 원가동인을 선택하여야 한다. 그리고 행동적 효과를 고려해야 한다.

[표 6-5] 보조적 활동

활동수준	대표적 활동	활동원가동인
단위수준활동	노동관련작업 기계작업관련 품질검사(전수조사)	직접노동시간, 생산량 기계작업시간, 생산량 품질검사시간, 품질검사횟수
뱃치수준활동	기계작업준비 품질검사(표본검사) 구입주문 재료이동 및 보관 선적활동 생산일정계획	작업준비시간 검사시간, 품질검사횟수 주문횟수 재료이동횟수 선적횟수 생산가동횟수
제품수준활동	부품관리 엔지니어링 설계	부품의 수 설계변경지시횟수
설비 또는 공장수준활동	공장관리 회계 및 인사	점유면적 종업원수

제2절 활동기준원가계산의 절차

활동기준원가계산이란 원가항목들의 추적가능성을 높여서 제품원가계산의 정확성을 향상시킬 수 있도록 전통적인 제품원가계산의 2단계 배부절차를 진화적으로 수정한 것이다. 따라서 활동기준원가계산도 2단계 배부절차를 통해 제품원가를 계산하는 점은 마찬가지이다. 즉, 활동기준원가계산은 소비된 자원들의 원가를 각 활동이 소비한 자원의 양을 기준으로 활동이라는 중간단계의 원가대상에 배부하고(1단계 배부), 각 활동에 집계된 원가를 각 제품이 소비한 활동들의 활동량을 기준으로 제품에 배부한다(2단계 배부). 다만, 기술적 측면에서 활동기준원가계산은 1단계 배부의 원가대상을 원가중심점들이 아닌 활동들로 설정하고, 복수의 배부기준들에 의해 2단계 배부가 이루어질 수 있도록 2단계 배부절차를 좀 더 복잡하게 설계하여, 추적가능한 원가항목들의 수를 증가시킨다는 점에서 전통적인 제품원가계산과 차이가 있다. [그림 6-1]은 활동기준원가계산의 2단계 배부절차를 나타내고 있다.

[그림 6-1] 활동기준원가계산 2단계 배부절차

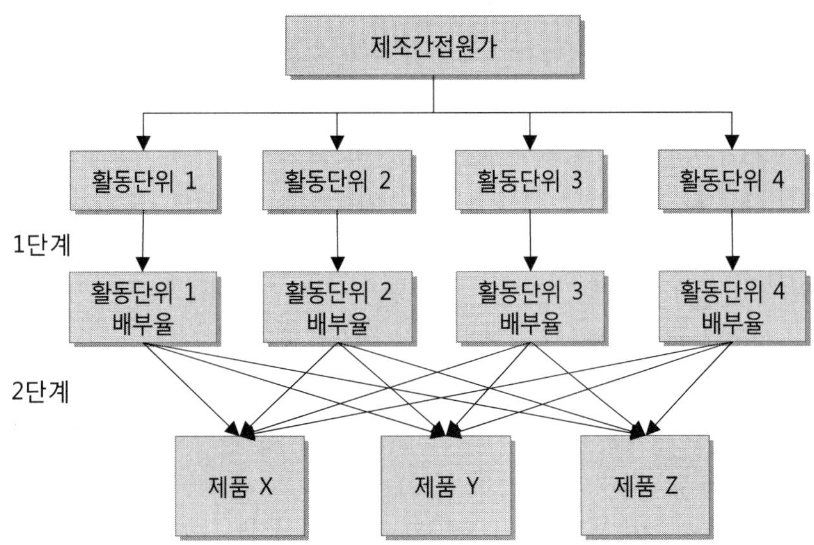

1. 활동분석

활동분석(活動分析, activity analysis)이란 거대하고 복잡한 조직을 이해가능하고 관리가능한 활동들 및 활동들의 산출물로 분해하는 과정이다. 활동분석은 중요한 활동들의 현행의 원가와 성과를 파악하고, 의사결정대안들의 경제성을 평가하며, 비부가가치활동과 그것의 원가를 식별하여 원가절감과 능률성개선의 기회를 찾아내고, 중요한 활동들 간의 연계를 구체적으로 부각시키기 위한 토대가 된다. 따라서 활동분석은 활동계획수립의 출발점이 된다. 활동계획이란 활동을 어느 특정 수준으로 수행하는 데 필요한 자원의 양을 결정하고 필요 이상으로 수행되거나 낭비적인 활동을 제거하여 사업과정을 합리화시킬 수 있는 방법을 찾는 것이라고 할 수 있다.

활동분석의 과정은 기능영역별 또는 각 기능을 담당하는 부문별로 수행되는 복잡한 활동들을 활동의 계층구조에 따라 관리가능한 기초적인 활동들로 분해하여 가는 순서로 진행될 수 있다. 활동분석은 기업의 모든 활동들을 대상으로 할 수도 있지만, 특정 문제나 의사결정을 중심으로 이루어지는 경우도 있다.

활동분석에 들어가기 전에 먼저 활동분석의 범위가 정해져야 하는데, 그것은 활동분석의 목적에 의해 규정된다. 활동분석의 범위가 결정되면, 공식적인 조직단위들이 수행하는 활동들을 조사하여 활동들의 목록을 작성하는 것으로부터 활동분석이 시작된다. 활동자료는 활동이 어떤 방식으로 수행되고 있는가가 아니라 어떤 활동들이 수행되고 있는가에 초점을 두고 수집되어야 하며, 과거의 활동들이나 규범적인 활동들이 아닌 현재 수행되고 있는 그대로의 활동들에 관한 자료가 수집되어야 한다. 활동자료의 수집은 먼저 직무분류의 분석에서 출발한다. 여기서는 각각의 직무들이 수행하는 활동들과 각 활동들을 수행하는 데 투입되어 있는 인원 및 시간을 분석한다. 이러한 정보는 인원배치현황과 직무기술서로부터 얻을 수 있으며, 해당 직무를 담당하는 부문관리자들과의 면접을 통해 확인을 받는다.

공식적인 조직단위들이 수행하는 활동들이 정의된 다음에는, 조직상의 경계를 뛰어 넘는 업무영역 또는 기능영역(제품설계, 재료조달, 생산계획 및 통제 등)별로 활동들을 분석하고 정의한다. 이러한 업무영역은 앞에서 일차적 활동과 보조적 활동들로 그 큰 범주들이 분류된 바 있다.

업무영역별 활동분석결과를 토대로 하여 공식적인 조직단위별로 분석된 활동들의 초기목록과 활동들의 정의를 수정한다. 즉, 초기목록에서 통합되어 있었던 중요한 활동들은 적절하게 분리시키고 다시 정의한다. 이때는 활동들간의 정보의 흐름, 지시의 흐름, 서류의 흐름 등이 중요한 기준으로 이용된다. 개별적인 활동들을 어느 정도로 상세하게 분리시킬 것인가는 각 기업이 소속된 산업의 특성과 전략에 따라 기업마다 다르겠지만, 기본적인 원칙은 경제적 특징의 차이로 인해 원가행태가 다른 활동들, 경쟁기업과 다른 방식으로 수행되는 것이어서 차별화에 중요한 영향을 미칠 수 있는 활동들, 원가구성에서 그 활동의 원가가 사지하는 비중이 크거나 증대되고 있는 활동들은 별개의 활동으로 분리되어야 한다는 것이다. 이러한 원칙에 따라 분리된 활동들은 필요하다면 더 세분하거나 다시 결합시킬 수 있다.

활동목록이 작성되고 각 활동들이 정의되면, 각 활동들을 활동의 계층구조에 따라 체계화시키고 그것에 대응되는 원가동인을 식별한다. 원가동인을 식별할 때는 활동을 정의할 때와 마찬가지로 작업흐름, 지시의 흐름, 서류의 흐름, 부문관리자들과의 면담 등을 참고로 하는 것이 바람직하다. 그리고 각 활동들에 작업이 어떤 패턴으로 부하되는지를 측정하여 참조하는 것도 편리하다. 활동의 발생패턴은 하루, 한달, 또는 일년의 어떤 시점에 대부분의 투입물이 도달하는가와 관련된 것인데, 활동의 발생패턴을 아는 것은 활동의 적절한 수준을 설정하고 최대한으로 가능한 활동의 량을 결정하는 데 중요하다. 원가동인의 식별과 더불어, 중요한 활동들의 성과지표들도 정해져야 한다. 성과지표는 활동의 산출물의 품질, 적시성, 탄력성 등을 기준으로 활동의 수행방법을 감시하는 데 이용된다.

활동분석의 결과는 활동명세서, 활동배분도, 활동흐름도 등의 형태로 문서화하는 것이 바람직하다. 활동명세서는 각 활동별로 그것이 속해 있는 조직단위, 업무영역, 활동수행시간, 투입물, 사용되는 생산요소, 산출물, 원가동인, 성과지표 등의 명세를 기록하는 데, 활동배분도는 각각의 활동별로 그것을 구성하는 과업들이 종업원별로 배정되어 있는 현황과 각각의 과업을 수행하는 데 걸리는 시간을 기록한다. 그리고 활동흐름도는 각 활동에의 투입과 산출을 기준으로 활동들 간의 연계와 공식적인 조직단위들 간의 의사소통경로를 기록하는 데 사용할 수 있을 것이다. 활동분석을 통해 제공되는 정보들을 이러한 방식으로 문서화해 두면, 활동정보의 이용이 편리해 지고 필요한 조정을 용이하게 할 수 있다.

2. 제1단계 배부: 자원과 활동의 대응

개별기업의 사정에 적합하도록 활동분석이 이루어지고 각각의 활동에 대응되는 원가동인이 식별되고 나면, 각 활동에 소비된 활동의 원가를 측정해야 한다. 이러한 활동원가를 측정하는 것이 활동원가계산의 제 1단계 배부과정이다.

적시성: 계획된 시간에 맞추어 다음 단계의 활동에 산출물을 인도할 수 있는 능력

탄력성: 수량, 범위, 배합, 기술, 요건 등의 변화에 대처할 수 있는 능력

활동원가를 추정하는 방법에는 두 가지가 있다. 하나는 어떤 활동이 이루어질 때마다 그 활동에 실제로 소비된 자원을 직접 측정하는 것이다. 이 방법은 실행하기는 어렵지만, 정확한 제품원가계산을 가능하게 한다. 다른 하나는 소비된 자원의 총원가를 적절한 배부기준을 이용하여 각각의 활동에 배부하는 것이다. 분석된 최소단위의 활동에서 이루어진 작업량을 나타낼 수 있는 지표가 1단계 배부기준으로 이용되는 것이 보통이다. 이 방법은 실행하기는 용이하지만, 제품원가계산의 정확성은 다소 떨어진다.

그런데 활동기준원가계산을 설계할 때는 기업에서 수행되는 광범위한 개개의 활동별로 활동원가계정을 설정하기보다, 전략적인 관리목적상 독립된 계정으로 존재할 필요가 있는 활동들이 아니라면, 개개의 활동원가계정들을 활동단위계정들로 요약하여 나타낼 수 있도록 하는 것이 중요하다. 활동통제계정이란 곧 동질적인 원가동인들을 가지고 있는 활동원가들의 집합이다. 이러한 활동단위계정을 구성하는 방법은 다음의 두 가지가 있을 수 있다.

하나는, 다수의 활동들의 원가가 어떤 하나의 원가동인과 높은 상관관계를 가지는 경우에 이 활동들의 원가를 하나의 활동단위계정에 집계하는 것이다. 다른 하나는, 어떤 활동이 각 제품들에서 사용되는 상대적인 비율, 즉 소비율을 측정하였을 때, 이 소비율이 동일한 패턴으로 나타나는 활동들을 하나의 활동단위계정에 집계하는 것이다.

활동단위계정에 대응되는 원가동인의 수는 최대로는 그 단위계정에 관련된 활동의 수만큼 있을 수 있다. 그러나 활동단위계정을 대표하는 원가동인은 하나만 선택되어야 하는데, 이때는 앞에서 지적된 바 있는 '원가동인 선택에서의 고려사항'을 반드시 참작해야 한다. 활동단위계정에 집계된 원가를 선택된 원가동인의 크기로 나누면 활동단위계정별로 배부율이 산정된다. 활동원가계산의 제 1단계 배부는 이와 같이 활동단위계정의 구성 및 배부율을 산정하는 것이다.

3. 제2단계 배부: 활동과 제품의 대응

활동기준원가계산의 두 번째 단계는 배부율을 이용하여 각 활동단위계정에 집계된 원가를 제품별로 또는 원가계산목적에 따라 설정된 최종원가대상별로 배부하는 것이다. 제품별로 관련된 원가동인들의 크기를 측정하고, 거기에 각각의 원가동인과 관련된 해당 단위계정의 배부율을 곱하면 모든 활동원가가 각각의 제품들에 완전히 배부된다. 따라서 어떤 제품의 원가를 측정하는 데는 그 제품과 관

련된 단위계정의 수만큼 다양한 복수의 원가동인들이 사용될 것이다. 이러한 접근 방법을 따르게 되면, 고정원가의 상당한 부분이 변동원가로 인식될 수 있다. 조업도를 기준으로 할 때 고정원가로 간주되었던 항목들이 뱃치의 수, 생산가동횟수, 구매주문횟수, 품종의 수와 범위 등의 원가동인에 의존하여 변동하게 된다. 그 원가들은 임의적인 배분을 거치지 않고서도 제품별로 배부될 수 있다.

이러한 배부가 의미를 가지기 위해서는 활동단위계정에 집계된 원가와 그것의 원가동인 사이에 엄격한 비례관계가 있어야 한다. 즉, 선택된 어떤 원가동인을 독립변수로 하는 각 활동단위계정의 원가함수는 원점을 지나는 선형함수이어야 한다. 어떤 단위계정에 집계된 활동원가가 비선형원가함수나 양의 절편을 가진 선형원가함수의 행태를 보이는 경우에는 배부율 이용하여 배분되어서는 안된다. 이때는 각 활동별로 최소자승법을 이용하여 해당 원가동인을 독립변수로 하는 원가함수를 추정하고, 해당 원가동인을 기준으로 고정원가와 변동원가를 분리시킨다. 이 가운데 변동원가부분은 여전히 새로 추정된 배부율을 이용하여 제품별로 배분하고, 고정원가부분은 임의적인 방법으로 배분하거나 기간비용으로 처리한다. 제품을 원가대상으로 설정할 경우에 고정원가의 성질을 가지는 전형적인 원가항목은 설비 또는 공장유지활동에 투입된 원가들이다. 설비 또는 공장유지원가는 기간비용으로 처리하는 것이 원칙이지만, 굳이 제품에 배부하고자 한다면 임의적인 방법으로 제품들에 배부될 수밖에 없다.

각 제품별로 관련된 활동원가를 집계하고, 제품별 총활동원가를 해당 제품의 생산량으로 나누면 제품별로 단위당 활동원가가 구해진다. 여기에 단위당 기본원가를 합하면 단위당 제품원가가 계산된다. 이러한 과정을 거쳐 계산된 제품원가는 제품과 관련하여 소비된 자원들과 직접적으로 관계를 맺게 된다.

[표 6-6] 활동기준원가계산의 절차

활동수준	대표적 활동
1단계: 활동분석	활동들을 체계적으로 분석하여 부가가치활동과 비부가가치활동을 파악
2단계: 활동중심점의 설정	자원원가(제조간접원가)를 활동중심점에 집계
3단계: 원가동인의 선택	활동원가와 제품 간 높은 상관관계를 가지고 논리적으로 타당한 인과관계가 있는 원가동인의 선택
4단계: 활동별 배부율 계산	원가동인당 배부율 = (활동중심점의 활동원가 ÷ 원가동인의 조업도)
5단계: 활동원가의 배부	원가대상이 소비한 원가동인의 수를 이용하여 각 제품에 활동원가를 배부

예제 6-1 전통적 원가계산과 활동기준원가계산의 비교

A회사는 X제품과 Y제품을 생산하고 있으며, 제품의 특성은 다음과 같다.

	X제품	Y제품
생산량	2,500개	25,000개
직접작업시간	1.2시간/개	0.8시간/개
직접재료원가	@₩6/개	@₩18/개
직접노무원가	@₩20/시간	@₩20/시간
제조간접원가	₩690,000	

X제품은 Y제품보다 고급형이기 때문에 더 많은 작업시간이 필요하며, 품질검사 역시 많이 요구된다. 활동분석결과, 제품생산에 필요한 활동과 활동원가 및 원가동인 자료는 다음과 같다.

			각 제품당 활동사용량		
활동	원가동인	활동원가	X제품	Y제품	총사용량
작업준비활동	준비횟수	₩200,000	15,000회	10,000회	25,000회
생산발주활동	주문횟수	240,000	300회	500회	800회
품질검사활동	품질검사횟수	250,000	300회	200회	500회
		₩690,000			

[물음사항]

1. 직접작업시간을 제조간접원가 배부기준으로 사용하는 경우 X제품과 Y제품의 단위당원가를 계산하시오.
2. 활동기준원가계산에 의한 X제품과 Y제품의 단위당원가를 계산하시오.
3. 전통적 원가계산방법과 활동기준원가계산에 의한 제품단위당원가를 비교하고, 차이의 원인에 대해 설명하시오.

■ 풀이

1. 전통적 제품원가계산(개별원가계산)

(1) 제조간접원가 배부율

제조간접원가 배부율 = ₩690,000 ÷ 23,000시간* = @₩30

* X제품: 2,500개 × 1.2시간 = 3,000시간
Y제품: 25,000개 × 0.8시간 = 20,000시간

(2) 제조간접원가 배부액

X제품 : 3,000시간 × @₩30 = ₩90,000

Y제품 : 15,000시간 × @₩30 = ₩600,000

(3) 제품 단위당원가

	X제품	Y제품
직접재료원가	@₩ 6	@₩18
직접노무원가	24	16
제조간접원가	36*	24**
합 계	@₩66	@₩58

* X제품: ₩90,000 ÷ 2,500개 = @₩36
** Y제품: ₩600,000 ÷ 25,000개 = @₩24

2. 활동기준원가계산

(1) 활동별 배부율

활동	활동원가	총사용량	원가동인	단위당원가
작업준비활동	₩200,000	25,000회	준비횟수	@₩8
생산발주활동	240,000	800회	주문횟수	@₩300
품질검사활동	250,000	500회	품질검사횟수	@₩500
	₩690,000			

(2) 제품별 배부

활 동	X제품		Y제품	
	활동사용량	금액	활동사용량	금액
작업준비활동	15,000회	₩120,000	10,000회	₩ 80,000
생산발주활동	300회	90,000	500회	150,000
품질검사활동	300회	150,000	200회	100,000
합 계		₩360,000		₩330,000
단위당 제조간접원가		÷ 2,500개 = @₩144		÷ 25,000개 = @₩13.2

* X제품
작업준비활동 15,000회 × @₩8 = ₩120,000
생산발주활동 300회 × @₩300 = ₩90,000
품질검사활동 400회 × @₩500 = ₩200,000

Y제품
작업준비활동 10,000회 × @₩8 = ₩80,000
생산발주활동 500회 × @₩300 = ₩150,000
품질검사활동 100회 × @₩500 = ₩50,000

3. 각 원가계산 방법 간 제품제조원가 차이의 원인

(1) 제품제조원가의 차이

원가요소	전통적 원가계산		활동기준원가계산	
	X제품	Y제품	X제품	Y제품
직접재료원가	@₩ 6	@₩18	@₩ 6	@₩18
직접노무원가	24	16	24	16
제조간접원가	36	24	144	13.2
단위당 원가	@₩66	@₩58	@₩174	@₩47.2

전통적 원가계산은 단일의 제조간접원가배부율을 모든 활동에 일괄하여 적용하고 있으나, 활동기준원가계산은 활동별로 상이한 제조간접원가배부율을 적용하고 있기 때문에 제품의 단위당원가에 차이가 발생한다.

(2) 제조간접원가의 발생내역을 보면, 작업준비활동, 생산발주활동, 품질검사활동임에도 불구하고, 전통적 원가계산에서는 직접작업시간(조업도)이라는 단일의 배부기준으로 제조간접원가를 제품에 배부하였다. X제품은 Y제품보다 고급형이므로 상대적으로 작업준비 및 품질검사가 더 많기 발생하기 때문에, Y제품보다 X제품에 제조간접원가가 많이 배부되게 하는 활동기준원가계산방법이 제품원가의 왜곡을 피할 수 있다.

제3절 활동기준원가계산의 유용성과 한계

1. 활동기준원가계산의 유용성

활동기준원가계산을 도입하게 되면 제품배합의 다양성에 기인하는 제품원가의 왜곡현상을 막을 수 있다. 이에 대해 구체적으로 설명하면 다음과 같다.

첫째, 원가중심점이 아닌 활동을 중간단계의 원가대상으로 설정하고 있다는 점이다. 원가중심점에는 다양한 원가행태를 가진 원가항목들이 혼합되어 있으므로, 원가중심점에 집계된 원가를 하나의 배부기준에 따라 제품계열에 배부하게 되면 원가배분이 임의적일 수밖에 없다. 그러나 활동단위로 집계된 원가는 원가동인을 통해 제품들과의 인과관계를 추적할 수 있다. 활동 그 자체가 이미 원가동인을 매개로 하여 특정 제품계열과 인과관계를 가질 수 있도록 식별된 것이기 때문이다.

둘째, 활동기준원가계산이 2단계 배부과정에서 추적가능성 기준에 따라 선택된 다수의 원가동인들을 이용하도록 설계되어 있다는 점이다. 활동기준원가계산은 조업도에 비례적으로 자원을 소비하는 활동의 원가는 조업도 관련 배부기준에 따라 그리고 조업도에 불비례적으로 자원을 소비하는 활동의 원가는 조업도와 무관한 원가동인들을 이용하여 제품에 할당한다. 따라서 제품계열에 대한 활동원가의 추적가능성이 매우 높아지고, 2단계 배부과정에서 전통적인 원가시스템보다 훨씬 많은 원가동인들이 이용된다.

셋째, 활동기준원가계산을 통해 제품의 단위당 원가를 정확하게 계산할 수 있다는 점은 그 효과가 재고자산평가나 재무보고의 신뢰성을 향상시키는 데 한정되는 것이 아니다. 왜곡된 제품원가정보를 이용하면, 실제로는 과대평가된 대량생산제품계열의 생산을 중단하고 실제로는 과소평가된 소량생산제품계열의 생산에 집중함으로써 기업전체의 수익성을 향상시킬 수 있을 것이라고 잘못 판단하게 된다. 뿐만 아니라, 제품설계, 신제품도입결정, 특정 제품의 생산중지여부의 결정, 어떤 제품에 대한 판촉노력의 정도에 관한 결정, 시장가격이 형성되어 있지 않은 제품의 가격결정 등에서 부적절하거나 수익성이 없는 전략을 따르게 할 수 있다. 이러한 전략은 사실상 기업의 이익을 감소시키고 기업을 파산지경으로 이끌게 될 수도 있다. 따라서 제품의 단위당 원가를 정확하게 파악하는 것은 제품관련전략의 합리적 선택을 위해서도 중요하다.

위에서 설명한 첫 번째와 두 번째의 특징은 활동기준원가계산이 어떤 활동에서 실제로 사용된 자원의 원가를 측정하는 것이라는 사실에서 비롯된다. 전통적인 원가시스템이 자원지출에 근거하여 원가를 계산하는 데 비해 활동기준원가계산에서는 자원소비를 근거로 원가를 계산하며, 활동기준원가계산을 '사용된 자원의 원가를 측정하는 모형'으로 가정하고 있다. 이러한 가정은 어떤 자원은 필요할 때 필요한 만큼만 공급되지만, 필요한 양보다 더 많은 양이 미리 공급되어 있는 자원도 있다. 전자와 같은 자원은 일반적으로 기업이 장기적인 계약없이 외부 공급업자로부터 구입하는 자원이다. 장기계약에 의존하지 않은 채 구입되는 재료, 기계가동을 위해 구입되는 에너지, 시간에 따라 급료가 지급되는 일용직 노동력, 차입자본 등을 예로 들 수 있다. 이러한 자원은 어떤 활동을 위해 공급되는 양과 그 활동에서 사용된 양이 거의 일치된다. 그러나 서비스공급능력이 수 기간에 걸쳐있거나 장기계약에 의해 공급되는 자원들이 일정한 기간 동안에 어떤 활동의 수행을 위해 사용될 경우에는 단기적으로 미사용자원이 생기게 되며, 그 만큼은 미리 공급되어 있는 셈이 된다. 구입 또는 임차된 건물이나 설비, 장기계약을 통해 안정적으로 공급되는 재료나 에너지, 노조와의 안정적 고용계약에 의해 공급된 노동력 등이 그러한 자원들의 전형적인 예이다. 활동기준원가계산은 어떤 활동의 원가를 측정할 때, 그 활동의 최대조업능력에서 사용가능한 자원의 원가를 측정하는 것이 아니라, 그 활동의 실제조업수준에서 실제로 사용된 자원의 원가를 측정한다. 어떤 활동의 최대조업능력에서 사용가능한 자원의 원가는 단기적으로 고정적일 수 있지만, 일정기간에 실제로 사용된 자원의 원가는 그 활동의 수행량에 비례하여 변동한다. 따라서 활동원가계산에서는 변동원가항목들이 늘어나게 된다.

[표 6-7] 활동기준원가계산의 장점

구 분	내 용
정확한 제품원가계산	-각 활동별로 인과관계를 추적하여 제품원가가 정확하게 계산된다. -경영자가 제품수익성에 대한 올바른 의사결정을 유도할 수 있다.
효율적 원가절감과 통제	-비부가가치활동을 제거하고 부가가치활동은 활동에 소요되는 자원이나 시간을 감소시켜 효율적 원가절감과 통제가 가능하다.
성과평가방법의 개선	-활동기준원가계산을 이용하여 성과평가가 수행되면 활동에 따른 업무실적과 성과평가 간의 관계가 명확해지므로 성과평가방법의 개선에 도움을 준다.
원가계산의 신축성	-활동별로 원가가 측정되므로 다양한 제품구성이 이루어지더라도 신축적인 원가계산이 가능하다.

2. 활동기준원가계산의 한계

활동기준원가계산은 전통적인 원가계산보다 많은 유용성을 가지고 있지만 실행과정에서 몇 가지 한계점을 지니고 있다.

첫째, 활동을 명확히 정의하고 구분하는 기준이 존재하지 않는다는 점이다. 활동의 정의 및 분석은 활동기준원가계산의 핵심사항이지만 이를 위한 구체적이고 객관적인 기준이 마련되어 있지 않다. 또한 활동기준원가계산의 실행을 위해서는 활동분석이 이루어져야 하는데, 활동분석에 대해 타당성을 평가하기 위한 기준 역시 존재하지 않는다.

둘째, 원가동인의 선택이 자의적일 수밖에 없다는 점이다. 이는 전통적 원가계산의 단점을 여전히 해결하지 못하고 있는 문제이다. 활동의 원인인 원가동인을 발견하고 이것을 활동과 연계시키는데 있어서 자의적일 수밖에 없다. 대표적인 예로서 실비 또는 공장수준원가는 원가동인이 명확하지 않기 때문에 직접노동시간 등의 조업도를 이용하는 자의적인 기준을 선택할 수밖에 없다.

셋째, 활동에 관한 정보 취득과 관련한 비용이 많이 든다는 점이다. 활동기준원가계산의 경제적 효익을 비교할 때 정보획득 비용이 과대하게 발생할 가능성이 있으며, 이는 활동기준원가계산의 도입과 실행에 주된 저해요인으로 작용된다.

넷째, 활동기준원가계산 과정에서 재고과잉을 초래할 수 있다는 점이다. 활동기준원가계산에서 원가절감방식으로 사용되는 방법 중 하나로 묶음크기를 증가시킬 수 있다. 묶음크기가 증가되는 경우 묶음 수는 상대적으로 감소되어 묶음수준 활동원가를 절감시킬 수 있지만 공정의 평균재고가 증가되어 재고유지비용이 늘어나 재무적 성과에 악영향을 줄 수 있다.

[표 6-8] 활동기준원가계산의 단점

구분	내 용
기준의 부재	-수많은 활동을 정의하고 구분하기 위한 명확한 기준이 없다.
원가동인의 자의적 선택	-활동과 원가동인의 인과관계를 찾기 어려워 자의적인 원가동인을 선택 가능하게 한다.
과다한 운영비용	-활동기준원가계산을 개발하는 과정에서 많응 비용이 발생되며, 원가동인을 측정하기 위한 비용이 많이 소요된다.
재고과잉의 유도	-묶음크기를 증가시킴으로 인해 묶음의 수를 줄일 수 있지만, 그로 인해 공정의 평균재고를 증가시켜 재고유지비용이 증기된다.

연 | 습 | 문 | 제

01. 다음은 활동기준원기계산에 대한 설명이디. 옳은 것은? *(2015. 진산회계운용사 1급)*

① 원가계산에 소요되는 시간과 비용이 전통적 원가계산보다 적게 들어 경제적이다.

② 묶음수준활동원가는 작업준비원가, 구매주문원가등과 같이 묶음 수에 비례하는 원가이다

③ 활동은 자원을 소비하고 제품은 활동을 소비한다는 사고는 전통적 원가계산방법이다.

④ 제조간접비는 제조부문별로 상이한 배부기준을 적용하여 배부한다.

02. 활동기준원가계산(Activity Based Costing: ABC)의 기본적인 가정으로 타당한 것은? *(2015. 전산회계운용사 1급)*

① 모든 제조원가는 생산단위에 따라 변동한다.

② 제품 또는 용역은 활동에 따른 성과가 요구되고 활동은 자원을 소비한다.

③ 단위수준의 동인(drivers)에 관련된 원가만이 제품원가이다.

④ 활동원가풀(cost pools)의 수를 최소화하는 것이 바람직하다.

(2015. 전산회계운용사 1급)

03. 활동기준원가계산에서 활동을 네 개의 계층구조로 나눌 때 다음 중 제품유지활동으로 구분될 수 있는 것은?

① 작업준비활동 ② 기계감가상각비 ③ 품질전수조사 ④ 기계설계변경활동

(2015. 전산회계운용사 1급)

04. 활동기준원가계산이란 활동별 원가계산으로서 원가를 활동별로 계산하여 제품원가계산이나 의사결정에 사용한다. 이러한 활동기준원가계산은 생산과정에서 수행되는 활동을 일반적으로 네 가지 원가계층으로 구분하는데 이에 해당하지 않는 것은?

① 단위수준활동 ② 묶음수준활동 ③ 노무수준활동 ④ 설비수준활동

05. 활동기준원가계산에 관한 설명으로 옳지 않은 것은? *(2015. 세무사)*

① 활동기준원가계산은 생산 환경변화에 따라 증가되는 제조간접원가를 좀 더 정확하게 제품에 배부하고 효과적으로 관리하기 위한 새로운 원가계산방법이라 할 수 있다.

② 활동기준원가계산에서는 일반적으로 활동의 유형을 단위수준활동, 묶음수준활동(배치수준활동), 제품유지활동, 설비유지활동의 4가지로 구분한다.

③ 제품유지활동은 주로 제조공정이나 생산설비 등을 유지하고 관리하기 위하여 수행되는 활동으로서 공장시설관리, 환경관리, 안전유지관리, 제품별 생산설비관리 등의 활동이 여기에 속한다.

④ 묶음수준활동은 원재료구매, 작업준비 등과 같이 묶음단위로 수행되는 활동을 의미하는데 품질검사의 경우 표본검사는 묶음수준활동으로 분류될 수 있지만, 전수조사에 의한 품질검사는 단위수준활동으로 분류된다.

⑤ 단위수준활동은 한 단위의 제품을 생산하는데 수반되어 이루어지는 활동으로서 주로 생산량에 비례적으로 발생하며, 주로 직접노무시간, 기계작업시간 등을 원가동인으로 한다.

06. 활동기준원가계산(Activity Based Costing)시스템은 조업도기준원가계산(Volume Based Costing)시스템에 비하여 보다 정확한 제품원가를 제공할 수 있다. 다음 중에서 활동기준원가계산시스템을 도입함에 따라서 그 효과를 크게 볼 수 있는 기업의 일반적인 특성에 해당되지 않은 것은? *(2013. KICPA)*

① 생산과정에 거액의 간접원가가 발생하는 경우
② 제품, 고객 및 생산공정이 매우 복잡하고 다양한 경우
③ 회사가 치열한 가격경쟁에 직면한 경우
④ 제품의 제조와 마케팅 원가에 대해서 생산작업자와 회계담당자 사이에 심각한 견해차이가 있는 경우.
⑤ 생산과 판매에 자신이 있는 제품의 이익은 높고 생산과 판매에 자신이 없는 제품의 이익이 낮은 경우.

07. 아래에서 올바른 활동기준원가계산(ABC)의 절차를 나타낸 것은? *(2001. 세무사)*

A. 활동중심점의 설정	B. 원가동인의 선택
C. 활동분석	D. 제조간접원가의 배부
E. 활동별 제조간접원가배부율의 계산	

① C → A → E → B → D　② C → A → D → B → E　③ C → A → B → E → D
④ C → B → A → D → E　⑤ C → B → A → E → D

08. ㈜백제는 제품 A, B를 생산하고 있고, 활동기준원가계산을 적용한다. 1월의 생산 자료가 다음과 같을 때 제품 A에 할당될 원가는 얼마인가? *(2015. 전산회계운용사 1급)*

활동	원가동인	활동원가	원가동인 발생량		
			제품 A	제품 B	계
작업준비	준비횟수	₩20,000	4	6	10
가공	작업시간	₩40,000	5	15	20

① ₩18,000　② ₩19,000　③ ₩20,000　④ ₩21,000

09. ㈜대한은 A, B, C 세 제품을 생산하고 있다. 다음의 자료를 활용하여 구매활동의 원가동인별 배부율을 계산한 것으로 옳은 것은? *(2015. 전산회계운용사 1급)*

활동	제조간접비	원가동인	A제품	B제품	C제품
구매	₩4,000,000	구매횟수	70회	90회	40회
제조	₩5,400,000	부품수	제품당 5개	제품당 7개	제품당 5개
생산량			40,000개	48,000개	2,000개

① ₩20,000　② ₩18,000　③ ₩15,000　④ ₩10,000

10. 다음은 단일제품을 생산하여 판매하는 ㈜국세의 연간 활동원가 예산자료와 4월의 활동원가 자료이다.

■ 연간 활동원가 예상자료

활동	활동원가	원가동인	원가동인수량
재료이동	₩5,000,000	이동횟수	1,000회
성　형	₩3,000,000	제품생산량	24,000단위
도　색	₩1,500,000	직접노동시간	6,000시간
조　립	₩2,000,000	기계작업시간	2,000시간

■ 4월 중에 생산한 제품의 활동원가 자료

제품 생산량 : 2,000단위,　직접노동시간 : 500시간　기계작업시간 : 200시간

활동기준원가계산에 의할 경우, ㈜국세가 4월 중에 생산한 제품의 활동원가 금액은 ₩1,050,000으로 계산되었다. ㈜국세가 4월 중에 제품을 생산하는 과정에서 발생한 재료의 이동횟수는 얼마인가? *(2011. 세무사)*

① 95회　② 96회　③ 97회　④ 98회　⑤ 99회

11. ㈜하나는 당기에 제품 A를 1,500단위, 제품 B를 1,000단위, 제품 C를 500단위 생산하였으며, 이와 관련하여 기계절삭작업에 ₩100,000, 조립작업에 ₩80,000, 품질검사에 ₩40,000의 제조간접원가가 소요되었다. 당사는 활동기준원가계산을 시행하고 있으며, 관련 자료는 아래와 같다. 다음 중 옳지 않은 것은? *(2013. KICPA)*

구분	원가동인	A제품	B제품	C제품
기계절삭작업	기계시간	2,240	3,380	4,380
조 립 작 업	조립시간	330	660	1,10
품 질 검 사	횟　수	12	13	15

① 제품 B 전체에 배부되는 기계절삭작업 활동원가는 제품 A 전체에 배부되는 기계절삭작업 활동원가의 약 1.5배이다.
② 제품 B 전체에 배부되는 조립작업 활동원가는 제품 C 전체에 배부되는 조립작업 활동원가가 더 크다.
③ 제품 A 전체에 배부되는 품질검사 활동원가는 제품 C 전체에 배부되는 품질검사 활동원가가 25% 더 크다.
④ 제품 단위당 총활동원가가 가장 큰 것은 제품 C이다.
⑤ 각 제품의 단위당 활동원가를 계산하면 제품 A는 ₩31.73, 제품 B는 ₩73.20, 제품 C는 ₩138.40이다.

12. ㈜호남은 두 종류의 제품(X와 Z)을 생산하고 있다. 이 회사의 원가담당자는 간접비 중 엔지니어링변경원가에 관심을 가지고 있다. 1회 엔지니어링 변경에 소요되는 원가는 ₩600이다. 제품별 생산량, 엔지니어링 변경횟수, 기계시간은 다음과 같다. 엔지니어링변경원가를 엔지니어링 변경횟수가 아닌 기계시간으로 배부한다면 X제품에 과대배부 혹은 과소배부 되는 금액은 얼마인가? *(2009. KICPA)*

구분	X제품	Z제품
생산량	1,000단위	1,000단위
엔지니어링변경횟수	14회	6회
생산량 단위당 기계시간	1시간	2시간

① ₩15,000 과소배부　② ₩14,400 과대배부　③ ₩12,200 과소배부
④ ₩7,200 과대배부　⑤ ₩4,400 과소배부

13. ㈜한야의 영업팀은 활동원가에 근거하여 고객의 수익성을 평가한다. 당기에 주문처리와 고객관리를 위해 수행한 활동 및 원가 자료는 다음과 같다. 긴급주문 처리를 위해서는 통상적인 주문처리 원가에 추가하여 1회 당 ₩100의 원가가 발생한다.

활동 및 원가항목	원가
주문처리	₩70/1회 주문
긴급주문 처리를 위한 추가원가	₩100/1회 긴급주문
고객상담	₩450/1회 상담
고객관계관리	₩80,000/고객 1인

상기 원가 이외에 매출원가는 매출액의 80%에 해당한다. 당기 중에 ㈜한야의 주요 고객인 A와 관련하여 매출액 ₩500,000, 주문처리 횟수 300회(이 중 70%는 긴급주문임), 고객상담 횟수 140회가 발생하였다. 고객관계 관리는 모든 고객에게 공통으로 적용된다. 회사가 고객 A로부터 얻은 이익(혹은 손실)은 얼마인가? *(2010. KICPA)*

① ₩5,000 이익　② ₩76,000 이익　③ ₩64,000 손실
④ ₩70,300 손실　⑤ ₩85,000 손실

14. ㈜서울은 가전제품을 생산하여 판매하는 기업이다. ㈜서울의 경영자는 현재 생산하고 있는 양문냉장고의 설계를 변경하는 경우 원가를 얼마나 절감할 수 있는지를 알아보려 한다. 20×2년의 양문 냉장고 예상판매량 100대를 현재 설계된 대로 생산하는 경우 직접재료원가 ₩100,000, 직접노무원가 ₩50,000 그리고 제조간접원가 ₩350,000이 발생할 것으로 추정된다. ㈜서울은 활동기준원가계산을 적용하고 있는데 제조간접비를 발생원인에 따라 항목별로 구분한 결과는 다음과 같다.

제조간접원가 항목	X제품	원가동인별 발생 현황	
기계가동원가	₩100,000	기계가동원가	100시간
작업준비원가	50,000	작업준비원가	10시간
검사원가	100,000	검사원가	10시간
제작업원가	100,000	제작업원가	20시간

설계를 변경하는 경우 기계가동시간과 재작업시간은 20% 감소되며, 작업준비시간은 25% 감소될 것으로 예상된다. 그러나 검사시간은 현재보다 20% 늘어날 것으로 예상된다. (주0서울이 설계를 변경하는 경우 단위당 제조간접원가를 얼마나 절감할 수 있는가? (상기 자료외의 원가는 고려하지 않는다) *(2010. 세무사)*

① ₩275　② ₩325　③ ₩375
④ ₩425　⑤ ₩475

제 7 장

Job Order Costing
개별원가계산

제1절 개별원가계산의 개요

1. 개별원가계산의 의의

개별원가계산(個別原價計算, job-order costing)은 주문이나 특별수요에 따라 형태, 크기, 종류가 상이한 여러 가지 제품을 생산하는 기업에 적용되는 제품원가계산시스템이다. 개별원가계산은 특정 제품을 생산할 때 제조지시서에 의해 작업이 이루어지며, 제조지시서별로 제품제조에 소요된 원가가 집계되기 때문에 제조지시서별 원가계산이라고도 한다. 여기서 말하는 작업(作業, job)이란 하나의 제품으로 구성될 수도 있고, 동종의 제품을 묶음 단위로 구성될 수도 있다. 제조지시서(製造指示書, production order)란 제품의 제조 또는 특정의 작업을 제조부문에 지시하기 위한 서식으로써, 특정의 제품을 어디서, 어떻게, 언제까지, 얼마만큼 제조할 것인가를 생산하도록 지시하는 서류를 말한다. 제조명령서 · 제조지령서 · 작업지시서(job order)라고도 한다. 제조지시서에 의해 특정 제품을 생산하는데 소비된 원가는 개별원가계산표에 집계되는데, 개별원가계산표(個別原價計算表, job-cost sheet)란, 직접재료원가 · 직접노무원가 · 제조간접원가의 각 제조원가를 요소별로 집계하고 각 제품의 원가를 계산하기 위한 서식을 말한다. 개별원가계산표는 각 제조과정에 소요된 원가요소가 집계되므로 통제계정인 재공품계정에 대한 보조계정이 다. 또한 개별원가계산표는 제품원가계산을 위해 반드시 필요한 정부를 담고 있을 뿐만 아니라 성과평가와 의사결정에도 유용한 정보를 제공해 준다. 즉, 개별원가계산표에 집계된 실제원가와 예산원가를 비교함으로써 원가통제와 성과평가에 활용되며, 주문가격결정 및 미래의 정확한 제품원가추정에도 유용한 정보를 제공해 준다.

개별원가계산은 주로 여러 가지 종류의 제품을 소량으로 주문 생산하거나 특별수요에 따라 생산하는 업종에서 이용되며, 조선업 · 건설업 · 항공기산업 · 가구제조업 등이 대표적이라 하겠다. 개별원가계산은 부문별 원가계산의 실시여부에 따라 단순개별원가계산과 부문별개별원가계산으로 구별되며, 개별원가의 구성요소에 따라 실제개별원가계산과 정상(예정)개별원가계산, 그리고 표준개별원가계산으로도 구별된다.

2. 개별원가계산의 특징

개별원가계산의 원가집계는 제조지시별로 이루어지게 되는데, 이 경우 제품별로 추적이 가능한 직접원가는 제품별 개별원가계산표에 직접 부과하며, 여러 제품에 공통적으로 소비된 제조간접원가는 제조지시서별로 직접 추적이 불가능하기 때문에 원가계산기간 중에 발생한 총제조간접원가를 집계하여 적절한 배부기준에 따라 각 개별원가계산표별로 배부하는 절차를 거치게 된다. 따라서 제조지시서에 의해 완성된 제품의 개별원가계산표에 집계된 원가가 완성품원가 즉 제품제조원가이며, 미완성된 제품의 개별원가계산표에 집계된 원가는 기말재공품원가가 된다.

개별원가계산에서 중요하게 다루어야 할 부분은 제조간접원가의 배부이다. 제6장에서 설명되었듯이 제조간접원가의 실제배부와 예정배부, 그리고 배부차이에 대한 회계처리가 핵심과제이다. 이상에서와 같이 개별원가계산에 대한 특징을 다음과 같이 요약해 볼 수 있겠다.

첫째, 특정 작업에 대한 원가의 추적가능성에 따라 원가를 직접원가(직접재료원가, 직접노무원가, 직접경비)와 간접원가(간접재료원가, 간접노무원가, 간접경비)로 분류한다.

둘째, 원가가 발생할 때마다 직접원가로 분류된 원가는 실제원가를 제조지시서별로 작성된 각 개별원가계산표에 직접 집계한다.

셋째, 간접원가로 분류된 원가는 당 원가계산기간 중에 발생한 간접원가(제조간접원가) 총액 또는 원가계산기간 중에 발생할 예산액을 제조간접원가 실제배부율 또는 예정배부율을 계산하여 각 개별원가계산표에 배부한다.

넷째, 특정 작업이 완성되면 특정 작업의 개별원가계산표에 집계된 원가는 그대로 완성품원가가 되고, 특정 작업이 미완성되었으면 특정 작업의 원가계산표에 집계된 원가는 그대로 기말재공품원가가 된다.

제2절 개별원가계산의 절차

1. 개별원가계산의 기본절차

■ 개별원가계산의 절차

개별원가계산에서 기본적으로 설정되는 계정은 직접재료원가와 직접노무원가 그리고 제조간접원가계정이다. 이러한 원가요소는 특정 제품과 관련하여 직접원가와 간접원가로 분류하여 직접원가 즉, 직접재료원가와 직접노무원가 그리고 직접경비는 특정 제품의 각 개별원가계산표에 집계되며, 간접원가 즉, 간접재료원가와 간접노무원가 그리고 간접경비는 제조간접원가계정에 집계되어 적절한 배부기준에 따라 제조지시서별로 배부되어 개별 제품의 개별원가계산표에 집계된다. 개별원가계산의 기본적인 절차는 다음과 같다.

첫째, 특정 제품에 대한 제조지시서를 발행하고 제조지시서별 번호를 부여한다.

둘째, 개별원가계산표를 작성한다.

셋째, 직접재료원가와 직접노무원가를 개별원가계산표에 집계한다.

넷째, 제조간접원가를 각 개별원가계산표에 배부한다.

■ 제조지시서

제조지시서(製造指示書, production order)란, 제품의 제조 또는 특정의 작업을 제조부문에 지시하기 위한 서식을 말한다. 제조지시서는 제조명령서ㆍ제조지령서ㆍ작업지시서라고도 하는데, 제조공정에서는 제조지시서의 의해 작업이 이루어지게 된다. 제조지시서에는 일반적으로 제조지시서번호ㆍ작성년원일ㆍ제품의 종류 및 규격ㆍ제조수량ㆍ발주회사ㆍ제조착수일ㆍ제조완료일 등의 제조와 관련한 제반 사항들이 기록되게 된다. 특히 제조지시서에서 가장 중요한 부분은 제조지시서번호이다. 그 이유는 제조지시서번호에 따라 직접원가가 집계되고 간접원가가 배부되는 대상을 지정하는 것이며, 작업관리를 위한 자료가 되기 때문이다.

■ 직접원가 집계

직접재료원가의 집계

재료는 재료출고청구서에 의해 출고되어 제조과정에 투입된다. 재료는 특정 제품에만 투입되기도 하고 여러 제품에 공통으로 투입되기도 한다. 따라서 개별원가계산에서의 재료원가 소비액은 재료출고청구서에 제조지시서번호가 기입되어 있는지 여부에 따라 직접재료원가와 간접재료원가로 분류한다. 즉, 재료출고청구서에 제조지시서번호가 기입되어 있으면 직접재료원가로 분류하고, 제조지시서번호가 기입되어 있지 않으면 간접재료원가로 분류한다.

직접노무원가의 집계

제조과정에 관여한 작업자 역시 특정 제품에만 투입되는 경우도 있고 여러 제품을 제조하기 위해 투입되는 경우도 있다. 개별원가계산에서의 노무원가 소비액 역시 재료원가의 경우와 마찬가지로 작업시간보고서에 제조지시서번호가 기입되어 있는지 여부에 따라 직접노무원가와 간접노무원가로 분류한다.

■ 제조간접원가 배부

개별원가계산에서 제조간접원가의 배부가 중요하다. 제조간접원가는 간접재료원가·간접노무원가·전기수도료·감가상각비·수선유지비·공장관리자의 급료·재산세·보험료 등 제품제조를 위한 공통원가이므로 각 제조지시서나 제품에 나눠주기 위해서는 적절한 배부기준에 따라 배부하게 된다. 제6장 제조간접원가 배부에서 설명되었듯이 제조간접원가는 공장전체 또는 부문별 배부율을 이용하게 되는데, 개별원가계산에서의 제조간접원가는 공장전체 또는 부문별로 작성된 제조간접원가배부표를 이용하여 각 제조지시서별로 배부된다. 만약 예정액을 배부할 경우에는 원가계산기간말에 제조간접원가예정배부표를 작성하여 예정배부율에 따라 개별원가계산표에 기록한다. 직접재료원가와 직접노무원가는 실제발생액으로 하고 제조간접원가는 예정액으로 하여 제조원가를 측정하는 방법을 정산원가계산이라고 한다. 정상개별원가에 대해서는 다음 절에 설명하도록 하겠다.

2. 단순개별원가계산

개별원가계산은 부문별 원가계산 과정을 거치느냐의 여부에 따라 단순개별원가계산과 부문별개별원가계산으로 분류한다. 단순개별원가계산은 부문별 원가계산을 생략하고 요소별 원가계산의 결과를 바로 제조지시서별로 집계하게 되는데, 이 경우 제조간접원가는 하나의 제조간접원가 통제계정에 집계하고 공장전체 배부율에 따라 각 제조지시서별로 배부하여 제품원가계산을 실시하는 방법이다. 단순개별원가계산의 절차는 다음과 같다.

1단계 : 원가요소별로 원가를 집계한다.

2단계 : 원가요소 중 직접원가(직접재료원가, 직접노무원가, 직접경비)는 제조지시서별로 재공품계정에 대체한다.

3단계 : 원가요소 중 간접원가(간접재료원가, 간접노무원가, 간접경비)는 제조간접원가통제계정에 대체한다.

4단계 : 제조간접원가통제계정에 집계된 제조간접원가 총액은 일정한 배부기준에 의하여 각 제조지시서별로 재공품계정에 대체시킨다.

5단계 : 당기완성품의 제조원가를 계산한다. 완성된 제품에 대한 제조지시서의 원가계산표에 집계된 금액을 제품계정에 대체시킨다.

■ 단순개별원가계산의 절차

직접원가의 집계

직접원가는 개별 작업 및 제품과의 인과관계에 따라 직접적으로 추적가능하므로 발생 즉시 제조지시서별로 재공품계정 또는 제조지시서계정에 대체시킨다.

□ 직접재료원가

(차) 재공품 #1 (제조지시서 #1)	×××	(대) 직접재료원가	×××
재공품 #2 (제조지시서 #1)	×××		

□ 직접노무원가

(차) 재공품 #1 (제조지시서 #1)	×××	(대) 직접노무원가	×××
재공품 #2 (제조지시서 #1)	×××		

□ 직접경비

(차) 재공품 #1 (제조지시서 #1) ××× (대) 직접경비 ×××
재공품 #2 (제조지시서 #1) ×××

간접원가의 집계 및 배부

간접원가는 요소별 원가계산을 통하여 제조간접원가 발생액을 파악한 후, 제조간접원가 공장전체 배부율에 따라 각 제조지시서에 배부한다.

제조간접원가의 발생

제조간접원가는 개별 작업 및 제품과의 인과관계에 따라 직접적으로 추적이 불가능하므로 제조간접원가 발생액은 제조간접원가통제계정에 집계한다.

(차) 제조간접원가 ××× (대) 간접재료원가 ×××
간접노무원가 ×××
간접경비

제조간접원가의 배부

제조간접원가의 배부는 제조간접원가통제계정에 집계된 제조간접원가를 공장전체 배부율을 이용하여 제조지시서별로 재공품계정 또는 제조지시서계정에 배부하게 된다.

(차) 재공품 #1 (제조지시서 #1) ××× (대) 제조간접원가 ×××
재공품 #2 (제조지시서 #1) ×××

당기완성품의 제품계정 대체

당기에 완성된 제품의 제조원가를 계산하게 되는데, 이때 완성된 제품에 대한 제조지시서의 원가계산표에 집계된 금액을 각 제품계정에 대체시킨다.

(차) 제 품 #1 ××× (대) 재공품 #1 (제조지시서 #1) ×××
제 품 #2 ××× 재공품 #2 (제조지시서 #1) ×××

이상에서와 같이 단순개별원가계산은 분개과정을 거쳐 총계정원장의 재공품통제계을 사용하여 기록하는 대신에 제조지시서별 재공품계정 또는 제조지시서계정을 이용할 수도 있다. 단순개별원가계산의 원가흐름을 [그림 7-1]과 같이 표시할수 있다.

[그림 7-1] 단순개별원가계산의 원가흐름

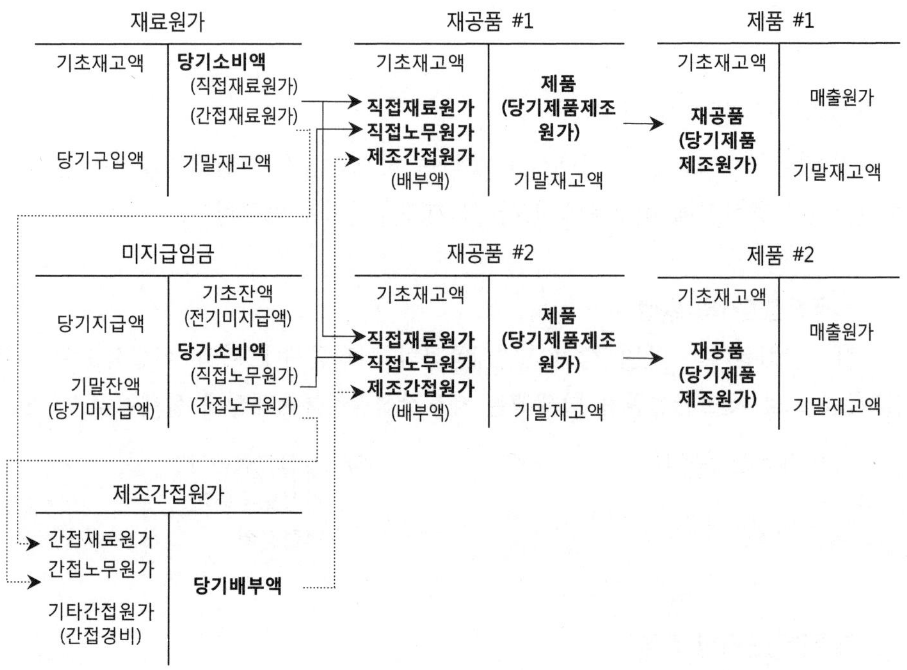

예제 7-1 **단순개별원가계산**

A회사의 20××년 4월 중 작업중인 생산 및 원가자료는 다음과 같다.

1. 4월 1일 현재 미완성된 작업 #300의 발생원가는 ₩32,000이다.

직접재료원가	₩ 2,000
직접노무원가	10,000
제조간접원가	20,000
	₩32,000

2. 4월 중 #401, #402, #403을 새로 제조과정에 투입하였다.

3. 4월 중 #300, #401, #402가 완성되었으며, #300과 #401을 ₩300,000에 외상으로 판매하다 .

4. 4월 중 원재료계정의 기초잔액은 ₩8,000이었으며, 4월 중 원재료 ₩50,000을 현금으로 구매하였다.

5. 4월 중 작업지시서에 집계된 직접재료원가와 직접노무원가는 다음과 같다.

	#300	#401	#402	#403	합계
직접재료원가	₩ 0	₩15,000	₩12,000	₩10,000	₩ 37,000
직접노무원가	18,000	30,000	30,000	22,000	100,000
합 계	₩18,000	₩45,000	₩42,000	₩32,000	₩137,000

6. 4월 중 발생된 제조간접원가는 다음과 같으며, 미지급상태이다.

간접재료원가	₩15,000	간접노무원가	₩35,000
감가상각비	₩24,000	복리후생비	₩42,000
수선비	₩26,000	재산세	₩18,000

7. 제조간접원가는 직접노무원가를 기준으로 개별작업에 배부한다.

[물음사항]

1. 4월 중의 거래를 분개하시오.
2. 위의 분개를 T계정에 전기하시오.
3. 제조원가명세서를 작성하시오

■ 풀이

1. 거래

(1) 원재료 구입

(차) 원재료	₩50,000	(대) 현금	₩50,000

(2) 원재료 소비

(차) 재공품 #401	₩15,000	(대) 원재료	₩52,000
재공품 #402	12,000		
재공품 #403	10,000		
제조간접원가	15,000		

(3) 노무원가 발생

(차) 임금	₩135,000	(대) 미지급임금	₩135,000

(4) 노무원가 소비

(차) 재공품 #300	₩18,000	(대) 임금	₩135,000
재공품 #401	30,000		
재공품 #402	30,000		
재공품 #403	22,000		
제조간접원가	35,000		

(5) 간접경비의 발생

(차) 감가상각비	₩24,000	(대) 미지급금	₩110,000
복리후생비	42,000		
수 선 비	26,000		
재 산 세	18,000		

(6) 간접경비의 제조간접원가로 대체

(차) 제조간접원가	₩110,000	(대) 감가상각비	₩24,000
		복리후생비	42,000
		수 선 비	26,000
		재 산 세	18,000

(7) 제조간접원가의 배부

(차) 재공품 #300	₩28,800	(대) 제조간접원가	₩160,000
재공품 #401	48,000		
재공품 #402	48,000		
재공품 #403	35,200		

* 제조간접원가배부율 = 총제조간접원가 ÷ 직접노무원가
= ₩160,000 ÷ ₩100,000 = @₩1.6

** 작업지시서별 제조간접원가 배부액
#300 : ₩18,000 × @₩1.6 = ₩28,800
#401 : ₩30,000 × @₩1.6 = ₩48,000
#402 : ₩30,000 × @₩1.6 = ₩48,000
#403 : ₩22,000 × @₩1.6 = ₩35,200

(8) 작업이 완료된 #300, #401, #402의 제품계정으로의 대체

(차) 제 품 #300	₩78,800	(대) 재공품 #300	₩78,800
제 품 #401	93,000	재공품 #401	93,000
제 품 #402	90,000	재공품 #402	90,000

* 실제개별원가계산표

	#300	#401	#402	#403	합계
기초재공품	₩32,000	₩ 0	₩ 0	₩ 0	₩ 32,000
직접재료원가	0	15,000	12,000	10,000	37,000
직접노무원가	18,000	30,000	30,000	22,000	100,000
제조간접원가	28,800	48,000	48,000	35,200	160,000
합 계	₩78,800	₩93,000	₩90,000	₩67,200	₩329,000

(9) #300, #401 제품의 판매

(차) 매출원가	₩171,800	(대) 제 품 #300	₩ 78,800
매출채권	300,000	제 품 #401	93,000
		매 출	300,000

2. T-계정으로의 전기

원재료

차변	금액	대변	금액
기초재고액	₩ 8,000	②재공품 #401	₩15,000
①현 금	50,000	재공품 #402	12,000
		재공품 #403	10,000
		②제조간접원가	15,000
		기말재고액	6,000
	₩58,000		₩58,000

미지급임금

차변	금액	대변	금액
③임 금	₩130,000	④재공품 #300	₩18,000
		재공품 #401	25,000
		재공품 #402	30,000
		재공품 #403	22,000
		④제조간접원가	35,000
	₩130,000		₩130,000

제조간접원가

차변	금액	대변	금액
②원재료	₩ 15,000	⑦재공품 #300	₩28,800
④임 금	35,000	재공품 #401	48,000
⑥제 좌	110,000	재공품 #402	48,000
		재공품 #403	35,200
	₩160,000		₩160,000

재공품 #300

차변	금액	대변	금액
기초재고액	₩32,000	⑧제 품(#300)	₩78,800
④임 금	18,000		
⑦제조간접원가	28,800		
	₩78,800		₩78,800

재공품 #401

차변	금액	대변	금액
②원 재 료	₩15,000	⑧제 품(#401)	₩93,000
④임 금	30,000		
⑦제조간접원가	48,000		
	₩93,000		₩93,000

재공품 #402

차변	금액	대변	금액
②원 재 료	₩12,000	⑧제 품(#402)	₩90,000
④임 금	30,000		
⑦제조간접원가	48,000		
	₩90,000		₩90,000

재공품 #403

차변	금액	대변	금액
②원 재 료	₩10,000	기말재고액	₩67,200
④임 금	22,000		
⑦제조간접원가	35,200		
	₩67,200		₩67,200

제 품 #300

차변	금액	대변	금액
⑧ 재공품(#300)	₩78,800	⑨매출원가	₩78,800
	₩78,800		₩78,800

제 품 #401

차변	금액	대변	금액
⑧ 재공품(#401)	₩93,000	⑨매출원가	₩93,000
	₩93,000		₩93,000

제 품 #402

차변	금액	대변	금액
⑧ 재공품(#402)	₩90,000	기말재고액	₩90,000
	₩90,000		₩90,000

매출원가

차변	금액	대변	금액
⑨제품(#300)	₩78,800		
제품(#401)	93,000		
	₩171,800		

3. 제조원가명세서

제조원가명세서		
직접재료원가		₩ 37,000
직접노무원가		100,000
제조간접원가		
간접재료원가	₩15,000	
간접노무원가	35,000	
감가상각비	24,000	
복리후생비	42,000	
수선비	26,000	
재산세	18,000	160,000
당기총제조원가		₩297,000
기초재공품재고액		32,000
합 계		₩329,000
기말재공품재고액		(67,200)
당기제품제조원가		₩ 261,800

■ 부문별 개별원가계산의 절차

부문별 개별원가계산은 단순개별원가계산의 절차와 유사하지만, 제조간접원가를 제조지시서별로 재공품계정에 직접 대체시키지 않고, 일단 원가발생장소인 원가부문별로 부문발생원가를 파악한 후, 보조부문에 집계된 부문원가를 제조부문에 대체시키며, 제조부문에 집계된 부문원가를 제조지시서별로 제조계정에 대체시킨다. 부문별 개별원가계산의 절차는 다음과 같다.

제1차 배부 : 원가발생장소인 원가부문별로 부문발생원가를 집계한다.
제2차 배부 : 보조부문에 집계된 부문원가를 제조부문에 대체시킨다.
제3차 배부 : 제조부문에 집계된 부문원가를 제조지령서별로 제조계정에 대체시킨다.

직접원가의 집계

부문별 개별원가계산에서의 직접원가의 집계는 단순개별원가계산의 경우와 동일하다. 직접원가는 개별 작업 및 제품과의 인과관계에 따라 직접적으로 추적가능하므로 발생 즉시 제조지시서별로 재공품계정 또는 제조지시서계정에 대체시킨다.

(차)	재공품 #1 (제조지시서 #1)	×××	(대) 직접재료원가	×××
	재공품 #2 (제조지시서 #1)	×××	직접노무원가	×××
			직 접 경 비	×××

간접원가의 집계 및 배부

간접원가는 요소별 원가계산을 통하여 제조간접원가 발생액을 파악한 후, 제조간접원가통제계정에 대체시킨 후, 부문개별원가와 부문공통원가로 분류하여 부문개별원가는 각 부문에 대체시키고, 부문공통원가는 합리적인 배부기준에 따라 각 부분에 배분한다.

제조간접원가의 발생

제조간접원가는 개별 작업 및 제품과의 인과관계에 따라 직접적으로 추적이 불가능하므로 제조간접원가 발생액은 제조간접원가통제계정에 집계한다.

(차) 제조간접원가	×××	(대) 간접재료원가	×××
		간접노무원가	×××
		간 접 경 비	×××

제조간접원가 중 부문개별원가의 대체

제조간접원가통제계정에 집계된 제조간접원가 중 부문개별원가는 각 부문에 개별적으로 발생한 것이므로 각 해당 부문에 직접 대체한다.

(차) 제1제조부문	×××	(대) 제조간접원가	×××
제2제조부문	×××	(부문개별원가)	
보조부문 1	×××		
보조부문 2	×××		

제조간접원가 중 부문공통원가의 대체

제조간접원가통제계정에 집계된 제조간접원가 중 부문공통원가는 합리적인 배분기준에 따라 각 해당부문에 배분한다. 부문공통원가의 배부기준에 대해서는 제5장 부문별 원가계산에서 설명되어 있다.

(차) 제1제조부문	×××	(대) 제조간접원가	×××
제2제조부문	×××	(부문공통원가)	
보조부문 1	×××		
보조부문 2	×××		

부문원가의 집계 및 배분

보조부문원가의 제조부문으로의 배분

부문개별원가와 부문공통원가가 각 제조부문과 보조부문에 집계되면 보조부문의 원가를 제조부문에 대체시킨다. 제품의 제조는 제조부문에서만 이루어지므로 제조부문에 집계된 원가를 제조지시서별 재공품계정 또는 제조지시서계정에 배부하기 전에 보조부문의 원가를 제조부문에 배부하는 것이다. 이때의 배부기준은 부문 간 용역수수 또는 사용 정도를 이용하게 된다. 배부방법으로는 직접배부법, 단계배부법, 상호배부법 등이 있다. 보조부문원가를 제조부문으로의 배부방법에 대해서는 제5장에서 자세히 설명되어 있다.

(차) 제1제조부문	×××	(대) 보조부문 1	×××
제2제조부문	×××	보조부문 2	×××

제조부문원가의 재공품계정으로의 배분

궁극적으로 제조간접원가는 모두 제조부문에 집계되므로 제조부문에 집계된 원가를 배부기준에 따라 제조지령서별로 재공품계정 또는 제조지시서계정에 배분한다.

(차) 재공품 #1 (제조지시서 #1)	×××	(대) 제1제조부문	×××
재공품 #2 (제조지시서 #1)	×××	제2제조부문	×××

당기완성품의 제품계정 대체

당기에 완성된 제품의 제조원가를 계산하게 되는데, 이때 완성된 제품에 대한 제조지시서의 원가계산표에 집계된 금액을 각 제품계정에 대체시킨다.

(차) 제 품 #1	×××	(대) 재공품 #1 (제조지시서 #1)	×××
제 품 #2	×××	재공품 #2 (제조지시서 #1)	×××

이상에서와 같이 부문별 개별원가계산의 원가흐름을 [그림 7-2]과 같이 표시할 수 있다.

예제 7-2 부문별 개별원가계산

A회사는 부문별 개별원가계산을 실시하고 있다. 회사는 두 개의 제조부문과 세 개의 보조부문으로 구성되어 있으며, 제조간접원가는 직접작업시간을 기준으로 배부하고 있다. 20××년 4월의 생산 및 원가자료는 다음과 같다.

1. 원재료계정과 재공품(#390)계정의 기초잔액은 각각 ₩5,000과 ₩24,000이다.

2. 4월 중 원재료 ₩100,000을 매입하였으며, 제조지시서별 원재료 사용내역은 다음과 같다.

	#390	#411	#412	#413
직접재료원가	₩8,000	₩12,000	₩10,000	₩4,000

3. 4월 중 제조지시서별 직접작업시간은 다음과 같으며, 시간당 임률은 @₩500 이다.

직접작업시간	#390	#411	#412	#413
조립부문	40시간	120시간	160시간	100시간
절단부문	60시간	180시간	200시간	160시간

4. 4월 중 부문별 제조간접원가 발생내역은 다음과 같다.

	제조부문		보조부문			합 계
	조립부문	절단부문	수선부	동력부	공장관리부	
부문개별원가						
간접재료원가	₩20,000	₩30,000	₩ 0	₩ 0	₩ 0	₩ 50,000
간접노무원가	80,000	90,000	40,000	60,000	80,000	350,000
부문공통원가						
감가상각비						₩ 50,000
수 선 비						30,000
전 력 비						120,000

5. 부문공통원가는 부문개별원가에 비례하여 배부한다.

6. 보조부문원가의 제조부문으로의 배부는 단계법으로 하며, 배부순서는 공장관리부, 동력부, 수선부 순으로 한다. 보조부문의 용역제공 내역은 다음과 같다.

	제조부문		보조부문		
	조립부문	절단부문	수선부	동력부	공장관리부
수선부	25시간	15시간	-	5시간	-
동력부	100㎾	200㎾	20㎾	-	30㎾
공장관리부	40명	40명	10명	10명	-

7. 제조부문원가의 제조지시서별 배부는 직접작업시간을 기준으로 배부한다.

8. 4월 중에 제조지시서 #390, #411, #412가 완성되었다.

9. 4월 중 제품 #390과 #411이 판매되었다.

[물음사항]

1. 4월의 부문원가배분표를 작성하시오.
2. 4월의 실제개별원가계산표를 작성하시오.
3. 4월 중 발생한 거래를 분개하시오.
4. 4월 중 거래의 분개를 T계정에 전기하시오.
5. 제조원가명세서를 작성하시오

■ 풀이

1. 부문원가배분표

	제조부문		보조부문			합 계
	조립부문	절단부문	수선부	동력부	공장관리부	
부문개별원가						
간접재료원가	₩20,000	₩30,000	₩ 0	₩ 0	₩ 0	₩ 50,000
간접노무원가	80,000	90,000	40,000	60,000	80,000	350,000
합 계	₩100,000	₩120,000	₩40,000	₩60,000	₩80,000	₩400,000
부문공통원가						
감가상각비	₩12,500	₩15,000	₩ 5,000	₩ 7,500	₩10,000	₩ 50,000
수 선 비	7,500	9,000	3,000	4,500	6,000	30,000
전 력 비	30,000	36,000	12,000	18,000	24,000	120,000
합 계	₩50,000	₩60,000	₩20,000	₩30,000	₩40,000	₩200,000
부문원가합계	₩150,000	₩180,000	₩60,000	₩90,000	₩120,000	₩600,000
공장관리부배부액	₩48,000	₩48,000	₩12,000	₩12,000	(₩120,000)	
동력부배부액	31,875	63,750	6,375	(₩102,000)		
수선부배부액	48,984	29,391	(₩78,375)			
제조부문원가합계	₩278,859	₩321,141				

(1) 부문공통원가 배분액

감가상각비 : ₩50,000

조립부문 : ₩50,000 × (₩100,000 ÷ ₩400,000) = ₩12,500
절단부문 : ₩50,000 × (₩120,000 ÷ ₩400,000) = ₩15,000
수선부 : ₩50,000 × (₩40,000 ÷ ₩400,000) = ₩ 5,000
동력부 : ₩50,000 × (₩60,000 ÷ ₩400,000) = ₩ 7,500
공장관리 : ₩50,000 × (₩80,000 ÷ ₩400,000) = ₩10,000

수선비 : ₩30,000

조립부문 : ₩30,000 × (₩100,000 ÷ ₩400,000) = ₩7,500
절단부문 : ₩30,000 × (₩120,000 ÷ ₩400,000) = ₩9,000
수선부 : ₩30,000 × (₩40,000 ÷ ₩400,000) = ₩3,000
동력부 : ₩30,000 × (₩60,000 ÷ ₩400,000) = ₩4,500
공장관리 : ₩30,000 × (₩80,000 ÷ ₩400,000) = ₩6,000

전력비 : ₩120,000

조립부문 : ₩120,000 × (₩100,000 ÷ ₩400,000) = ₩30,000
절단부문 : ₩120,000 × (₩120,000 ÷ ₩400,000) = ₩36,000
수선부 : ₩120,000 × (₩40,000 ÷ ₩400,000) = ₩12,000
동력부 : ₩120,000 × (₩60,000 ÷ ₩400,000) = ₩18,000
공장관리 : ₩120,000 × (₩80,000 ÷ ₩400,000) = ₩24,000

(2) 보조부문원가의 제조부문으로의 배분액

공장관리부 : ₩120,000

조립부문 : ₩120,000 × (40명 ÷ 100명) = ₩48,000

절단부문 : ₩120,000 × (40명 ÷ 100명) = ₩48,000

수선부 : ₩120,000 × (10명 ÷ 100명) = ₩12,000

동력부 : ₩120,000 × (10명 ÷ 100명) = ₩12,000

동력부 : ₩102,000

조립부문 : ₩102,000 × (100kW ÷ 320kW) = ₩31,875

절단부문 : ₩102,000 × (200kW ÷ 320kW) = ₩63,750

수선부 : ₩102,000 × (20kW ÷ 320kW) = ₩ 6,375

수선부 : ₩78,375

조립부문 : ₩78,375 × (25시간 ÷ 40시간) = ₩48,984

절단부문 : ₩78,375 × (15시간 ÷ 40시간) = ₩29,391

2. 실제개별원가계산표

	#390	#411	#412	#413	합 계
기초재공품	₩24,000	₩ 0	₩ 0	₩ 0	₩ 24,000
직접재료원가	8,000	12,000	10,000	4,000	34,000
직접노무원가	80,000	150,000	180,000	130,000	540,000
제조간접원가					
조립부문	26,558	79,674	106,232	66,395	278,859
절단부문	32,114	96,342	107,047	85,638	321,141
합 계	₩170,672	₩338,016	₩403,279	₩286,033	₩1,198,000

조립부문의 제조간접원가배부율 = ₩278,859 ÷ 420시간 = @₩663.^{95}

작업지시서#390 : 40시간 × @₩663.^{95} = ₩26,558

작업지시서#411 : 120시간 × @₩663.^{95} = ₩79,674

작업지시서#412 : 160시간 × @₩663.^{95} = ₩106,232

작업지시서#413 : 100시간 × @₩663.^{95} = ₩66,395

절단부문의 제조간접원가배부율 = ₩321,141 ÷ 600시간 = @₩535.^{235}

작업지시서#390 : 60시간 × @₩535.^{235} = ₩32,114

작업지시서#411 : 180시간 × @₩535.^{235} = ₩96,342

작업지시서#412 : 200시간 × @₩535.^{235} = ₩213,279

작업지시서#413 : 160시간 × @₩535.^{235} = ₩152,033

3. 분개

(1) 원재료 구입

차변	금액	대변	금액
(차) 원재료	₩100,000	(대) 매입채무	₩100,000

(2) 원재료 소비

차변	금액	대변	금액
(차) 재공품 #390	₩ 8,000	(대) 원재료	₩84,000
재공품 #411	12,000		
재공품 #412	10,000		
재공품 #413	4,000		
제조간접원가	50,000		

(3) 노무원가 발생

차변	금액	대변	금액
(차) 임금	₩890,000	(대) 미지급임금	₩890,000

(4) 노무원가 소비

차변	금액	대변	금액
(차) 재공품 #390	₩ 80,000	(대) 임금	₩890,000
재공품 #411	150,000		
재공품 #412	180,000		
재공품 #413	130,000		
제조간접원가	350,000		

(5) 간접경비의 발생

차변	금액	대변	금액
(차) 감가상각비	₩50,000	(대) 미지급금	₩200,000
수 선 비	30,000		
동 력 비	120,000		

(6) 간접경비의 제조간접원가로 대체

차변	금액	대변	금액
(차) 제조간접원가	₩200,000	(차) 감가상각비	₩50,000
		수 선 비	30,000
		동 력 비	120,000

(7) 제조간접원가의 부문에의 집계(부문개별원가)

차변	금액	대변	금액
(차) 조립부문	₩100,000	(대) 제조간접원가	₩400,000
절단부문	120,000	(부문개별원가)	
수 선 부	40,000		
동 력 부	60,000		
공장관리부	80,000		

(8) 제조간접원가의 부문에의 집계(부문공통원가)

차변	금액	대변	금액
(차) 조립부문	₩50,000	(대) 제조간접원가	₩200,000
절단부문	60,000	(부문공통원가)	
수 선 부	20,000		
동 력 부	30,000		
공장관리부	40,000		

(9) 보조부문원가의 제조부문으로의 대체(공장관리부)

(차) 조립부문	₩48,000	(대) 공장관리부	₩120,000
절단부문	48,000		
동력부	12,000		
수선부	12,000		

(10) 보조부문원가의 제조부문으로의 대체(동력부)

(차) 조립부문	₩31,875	(대) 동력부	₩102,000
절단부문	63,750		
수선부	6,375		

(11) 보조부문원가의 제조부문으로의 대체(수선부)

(차) 조립부문	₩48,000	(대) 수선부	₩78,375
절단부문	48,000		

(12) 제조부문원가의 제조지시서 집계(조립부문)

(차) 재공품 #390	₩26,558	(대) 조립부문	₩278,857
재공품 #411	79,674		
재공품 #412	106,232		
재공품 #413	66,395		

(13) 제조부문원가의 제조지시서 집계(절단부문)

(차) 재공품 #390	₩32,114	(대) 절단부문	₩321,141
재공품 #411	96,342		
재공품 #412	107,047		
재공품 #413	85,638		

(14) 완성된 작업의 제품계정으로의 대체

(차) 제 품 #390	₩170,672	(대) 재공품 #390	₩170,672
제 품 #411	338,016	재공품 #411	338,016
제 품 #412	403,279	재공품 #412	403,279

(15) 제품 판매

(차) 매출원가	₩508,688	(대) 제 품 #390	₩170,672
매출채권	800,000	제 품 #411	338,016
		매 출	800,000

4. T-계정에의 전기

원재료

기초재고액	₩ 5,000	②재공품 #390	₩8,000
①매입채무	100,000	②재공품 #411	12,000
		②재공품 #412	10,000
		②재공품 #413	4,000
		②제조간접원가	50,000
		기말재고액	21,000
	₩105,000		₩105,000

미지급임금

③임 금	₩890,000	④재공품 #390	₩80,000
		④재공품 #411	150,000
		④재공품 #412	180,000
		④재공품 #413	130,000
		④제조간접원가	350,000
	₩890,000		₩890,000

제조간접원가

②원재료	₩ 50,000	⑦조립부문	₩100,000
④임 금	350,000	⑦절단부문	120,000
⑥제 좌	200,000	⑦수선부	40,000
		⑦동력부	60,000
		⑦공장관리부	80,000
		⑧조립부문	50,000
		⑧절단부문	20,000
		⑧수선부	60,000
		⑧동력부	30,000
		⑧공장관리부	40,000
	₩600,000		₩600,000

공장관리부

⑦제조간접원가	80,000	⑨조립부문	₩48,000
⑧제조간접원가	40,000	⑨절단부문	48,000
		⑨동력부	12,000
		⑨수선부	12,000
	₩120,000		₩120,000

동력부

⑦제조간접원가	60,000	⑩조립부문	₩31,875
⑧제조간접원가	30,000	⑩절단부문	63,750
⑨공장관리부	12,000	⑩수선부	6,375
	₩102,000		₩102,000

수선부

⑦제조간접원가	40,000	⑪조립부문	₩48,984
⑧제조간접원가	20,000	⑪절단부문	29,391
⑨공장관리부	12,000		
⑨동력부	6,375		
	₩78,375		₩78,375

조립부문

⑦제조간접원가	₩100,000	⑫재공품 #390	₩ 26,558
⑧제조간접원가	50,000	⑫재공품 #411	79,674
⑨공장관리부	48,000	⑫재공품 #412	106,232
⑩동력부	31,875	⑫재공품 #413	66,395
⑪수선부	48,984		
	₩278,859		₩278,859

절단부문

⑦제조간접원가	₩120,000	⑬재공품 #390	₩ 32,114
⑧제조간접원가	60,000	⑬재공품 #411	96,342
⑨공장관리부	48,000	⑬재공품 #412	107,047
⑩동력부	63,750	⑬재공품 #413	85,638
⑪수선부	29,391		
	₩321,141		₩321,141

재공품 #390

기초재고액	₩24,000	⑭제 품(#390)	₩170,672
②원 재 료	8,000		
④임 금	80,000		
⑫조립부문	26,558		
⑬절단부문	32,114		
	₩170,672		₩170,672

재공품 #411

②원 재 료	₩12,000	⑭제 품(#411)	₩338,016
④임 금	150,000		
⑫조립부문	79,674		
⑬절단부문	96,342		
	₩338,016		₩338,016

재공품 #412

차변	금액	대변	금액
②원 재 료	₩ 10,000	⑭제 품(#412)	₩403,279
④임 금	180,000		
⑫조립부문	106,232		
⑬절단부문	107,047		
	₩403,279		₩403,279

재공품 #413

차변	금액	대변	금액
②원 재 료	₩ 4,000	기말재고액	₩286,033
④임 금	130,000		
⑫조립부문	66,395		
⑬절단부문	85,638		
	₩286,033		₩286,033

제품 #390

차변	금액	대변	금액
⑭재공품(#390)	₩170,672	⑮매출원가	₩170,672
	₩170,672		₩170,672

제품 #411

차변	금액	대변	금액
⑭재공품(#411)	₩338,016	⑮매출원가	₩338,016
	₩338,016		₩338,016

제품 #412

차변	금액	대변	금액
⑭재공품(#412)	₩403,279	기말재고액	₩403,279
	₩403,279		₩403,279

매출원가

차변	금액	대변	금액
⑮제품(#390)	₩170,672		
⑮제품(#411)	₩338,016		
	₩403,279		

3. 제조원가명세서

제조원가명세서

직접재료원가		₩ 34,000
직접노무원가		540,000
제조간접원가		
간접재료원가	₩ 50,000	
간접노무원가	350,000	
감가상각비	50,000	
수선비	30,000	
동력비	120,000	600,000
당기총제조원가		₩1,174,000
기초재공품재고액		24,000
합 계		₩1,198,000
기말재공품재고액		(286,033)
당기제품제조원가		₩ 911,967

[그림 7-2] 부문별 개별원가계산의 원가흐름

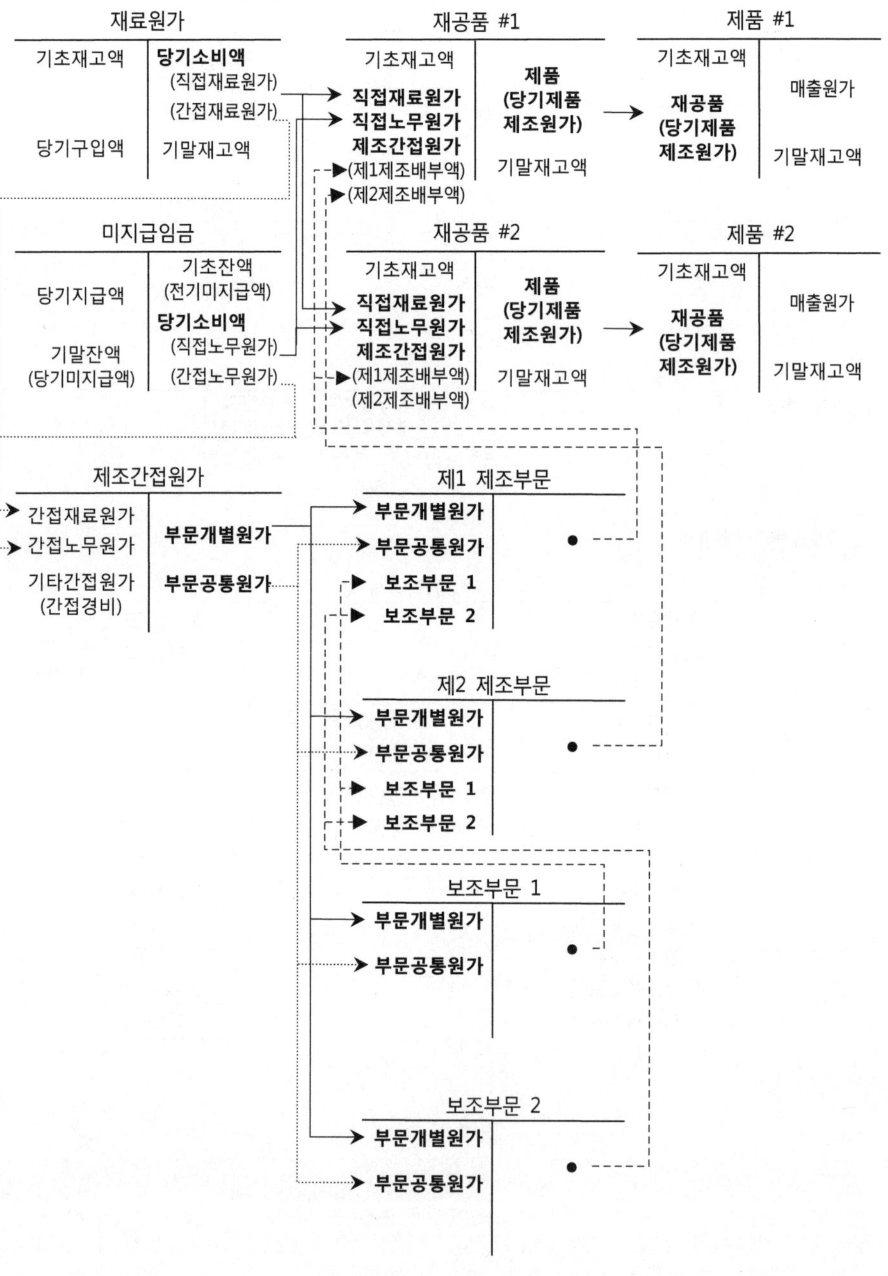

제3절 정상개별원가계산

1. 정상개별원가계산의 의의

개별원가계산은 주문이나 특별수요에 따라 형태, 크기, 종류가 상이한 여러 가지 제품을 생산하는 기업에 적용되는 제품원가계산시스템이다. 개별원가계산은 원가요소 중 제조간접원가 배부율을 산출하는 방법에 따라 실제개별원가계산과 정상개별원가계산으로 분류되며, 원가요소를 표준원가로 하는 표준개별원가계산이 있다.

실제개별원가계산(實際個別原價計算, actual job-order costing)은 직접재료원가와 직접노무원가 그리고 제조간접원가를 실제원가로 제조지시서별 재공품계정 또는 제조지시서계정에 집계하는 원가계산방법으로서 이 경우 제조간접원가는 실제배부율에 의하여 배부하게 된다. 따라서 제조간접원가계정의 차변과 대변의 금액은 항상 일치한다. 그러나 제조간접원가를 실제배부율로 사용할 경우 다음과 같은 문제점이 있다.

첫째, 원가계산의 지연이다. 제조간접원가를 실제발생액으로 할 경우 원가계산기간 동안 발생한 제조간접원가 총액을 집계하고 확정하기 위해서는 기말에 가서야 이루어질 수 있으므로 자연히 원가계산은 기말에 이루어질 수밖에 없다. 따라서 기중에 각 작업이나 제품이 완성되었다 하더라도 원가계산을 위해서는 기말까지 지연되어야 하고 그로 인해 업무가 기말에 집중되게 된다. 또한 회계정보의 적시성을 충족시키지 못하여 회계정보의 유용성이라는 관점에서도 적절하지 못하다.

둘째, 제품 단위당원가의 왜곡이다. 제조간접원가는 원가행태에 따라 변동제조간접원가와 고정제조간접원가로 구별된다. 변동제조간접원가는 조업도에 따라 비례적으로 증가하지만 고정제조간접원가는 조업도와는 관계없이 항상 일정하게 발생되므로 조업도가 낮은 기간에는 단위당 고정제조간접원가가 조업도가 높은 기간의 단위당 고정제조간접원가보다 높게 측정되므로 제품의 단위당 원가를 왜곡시키게 된다. 이로 인하여 기업의 가격 의사결정에도 유용한 정보를 제공하지 못하게 되며, 매출원가 및 재고자산평가를 함에 있어서도 동일한 제품에 대해 서로 다른 평가가 이루어지는 모순이 나타나게 된다.

셋째, 성과평가목적의 결여이다. 제조간접원가 배부율을 실제배부율을 사용하느냐 예정배부율을 사용하느냐의 문제는 제품원가계산목적과 성과평가목적과 관련이 있다. 특히 실제배부율을 사용하는 경우 성과평가목적을 달성할 수 없게 된다. 즉, 제조부문의 비능률로 인한 제조간접원가가 제품에 전가시킬 수 있는 여지가 있기 때문이다. 제조간접원가 실제배부율을 사용하는 경우 제조부문 관리자의 원가통제능력에 대한 평가가 이루어지지 못해 효율성에 대한 통제수단이 없게 되며 적절한 보상도 이루어지지 못하게 된다.

이러한 문제점으로 인하여 실무에서는 일반적으로 제조간접원가 예정배부율을 사용하고 있다. 정상개별원가계산(正常個別原價計算, normal job-order costing)은 직접재료원가와 직접노무원가는 실제발생액을 제조지시서별 재공품계정 또는 제조지시서별계정에 직접 부과하고, 제조간접원가는 원가계산기간 초에 미리 결정된 제조간접원가 예정배부율을 이용하여 제조지시서별 재공품계정 또는 제조지시서계정에 배부하는 원가계산방법이다. 정상개별원가계산을 예정원가계산, 평준화원가계산이라고도 한다.

2. 정상개별원가계산의 절차

직접재료원가와 직접노무원가는 실제발생액을 제조지시서별 재공품계정 또는 제조지시서계정에 직접 부과하므로 실제개별원가계산 절차와 동일하나, 제조간접원가는 예정배부율에 의해 계산된 예정제조간접원가를 이용하므로 차이가 있다. 즉, 정상개별원가계산에서는 실제직접재료원가, 실제직접노무원가, 제조간접원가 예정배부액이 제품원가를 구성하게 된다. 이 경우 실제로 발생한 제조간접원가는 제조간접원가계정 차변에 기록되고, 예정배부된 제조간접원가는 대변에 기록된다.

■ **직접원가의 집계**

(차) 재공품 #1 (제조지시서 #1)	×××	(대) 직접재료원가	×××
재공품 #2 (제조지시서 #1)	×××	직접노무원가	×××
		직 접 경 비	×××

■ **제조간접원가 예정배부**

제조간접원가 예정배부 시

(차) 재공품 #1 (제조지시서 #1)	×××	(대) 제조간접원가	×××
재공품 #2 (제조지시서 #1)	×××	(예정배부액)	×××

제조간접원가 실제발생 시

(차) 제조간접원가 (실제발생액)	×××	(대) 제 좌	×××

■ **제조간접원가 배부차이 회계처리**

배부차이의 회계처리

- 과소배부

(차) 제조간접원가배부차이	×××	(대) 제조간접원가	×××

- 과대배부

(차) 제조간접원가	×××	(대) 제조간접원가배부차이	×××

■ **당기완성품의 제품계정으로 대체**

제조원가의 제품계정으로의 대체

(차) 제 품 #1	×××	(대) 재공품 #1 (제조지시서 #1)	×××
제 품 #2	×××	재공품 #2 (제조지시서 #1)	×××

예제 7-3 정상개별원가계산

[예제 7-1]의 자료를 이용하시오. 단, A회사는 제조간접원가를 예정배부율을 이용하여 각 제조지시서별에 배부한다. 배부기준은 예정직접노무원기로 하며, 예산지료는 다음과 같다.

제조간접원가 예산액 : ₩200,000
직접노무시간 예산액 : ₩100,000

[물음사항]

1. 4월 중 각 제조지시서에 제조간접원가를 배부하시오.
2. 4월 중 거래을 분개하시오.
3. 분개에 대해 T-계정에 전기하시오.
4. 제조원가명세서를 작성하시오.

■ 풀이

1. 제조간접원가 예정배부

$$\text{제조간접원가 예정배부율} = \frac{\text{제조간접원가 예산액(₩200,000)}}{\text{직접노무원가 예산액(₩100,000)}} = @₩2$$

	#300	#401	#402	#403	합 계
제조간접원가	₩18,000 × @₩2	₩30,000 × @₩2	₩30,000 × @₩2	₩22,000 × @₩2	
예정배부액	= ₩36,000	= ₩60,000	= ₩60,000	= ₩44,000	₩200,000

2. 거래에 대한 분개

(1) ~ (4)는 [예제 7-1]과 같다.

(5) 제조간접원가 예정배부

(차)		(대)	
재공품 #300	₩36,000	제조간접원가	₩200,000
재공품 #401	60,000		
재공품 #402	60,000		
재공품 #403	44,000		

(6) 실제간접경비의 발생

(차)		(대)	
감가상각비	₩24,000	미지급금	₩110,000
복리후생비	42,000		
수 선 비	26,000		
재 산 세	18,000		

(7) 실제간접경비의 제조간접원가로 대체

(차)		(대)	
제조간접원가	₩110,000	감가상각비	₩24,000
		복리후생비	42,000
		수 선 비	26,000
		재 산 세	18,000

(8) 제조간접원가 배부차이

(차)		(대)	
제조간접원가	₩40,000	제조간접원가 배부차이(과대)	₩40,000

제조간접원가 실제발생액	₩160,000
제조간접원가 예정배부액	200,000
제조간접원가 배부차이(과대배부)	₩ 40,000

(9) 작업이 완료된 #300, #401, #402의 제품계정으로의 대체

(차)		(대)	
제 품 #300	₩ 86,000	재공품 #300	₩ 86,000
제 품 #401	105,000	재공품 #401	105,000
제 품 #402	102,000	재공품 #402	102,000

* 정상개별원가계산표

	#300	#401	#402	#403	합계
기초재공품	₩32,000	₩ 0	₩ 0	₩ 0	₩ 32,000
직접재료원가	0	15,000	12,000	10,000	37,000
직접노무원가	18,000	30,000	30,000	22,000	100,000
제조간접원가	36,000	60,000	60,000	44,000	200,000
합 계	₩86,000	₩105,000	₩102,000	₩76,000	₩369,000

(10) #300, #401 제품의 판매

(차)		(대)	
매출원가	₩191,000	제 품 #300	₩ 86,000
매출채권	300,000	제 품 #401	105,000
		매 출	300,000

2. T-계정으로의 전기

원재료

기초재고액	₩ 8,000	②재공품 #401	₩15,000
①현 금	50,000	재공품 #402	12,000
		재공품 #403	10,000
		②제조간접원가	15,000
		기말재고액	6,000
	₩58,000		₩58,000

미지급임금

③임 금	₩130,000	④재공품 #300	₩18,000
		재공품 #401	25,000
		재공품 #402	30,000
		재공품 #403	22,000
		④제조간접원가	35,000
	₩130,000		₩130,000

제조간접원가

②원재료	₩ 15,000	⑤재공품 #300	₩36,000
④임 금	35,000	⑤재공품 #401	60,000
⑦제 좌	110,000	⑤재공품 #402	60,000
⑧배부차이	40,000	⑤재공품 #403	44,000
	₩200,000		₩200,000

제조간접원가 배부차이

		⑧제조간접원가	₩40,000
			₩40,000

재공품 #300

기초재고액	₩32,000	⑨제 품(#300)	₩86,000
④임 금	18,000		
⑤제조간접원가	36,000		
	₩86,000		₩86,000

재공품 #401

②원 재 료	₩15,000	⑨제 품(#401)	₩105,000
④임 금	30,000		
⑤제조간접원가	60,000		
	₩105,000		₩105,000

재공품 #402

②원 재 료	₩12,000	⑨제 품(#402)	₩102,000
④임 금	30,000		
⑤제조간접원가	60,000		
	₩102,000		₩102,000

재공품 #403

②원 재 료	₩10,000	기말재고액	₩76,000
④임 금	22,000		
⑤제조간접원가	44,000		
	₩76,000		₩76,000

제 품 #300

⑨재공품(#300)	₩86,000	⑩매출원가	₩86,000
	₩86,000		₩86,000

제 품 #401

⑨재공품(#401)	₩105,000	⑩매출원가	₩105,000
	₩105,000		₩105,000

제 품 #402

⑨재공품(#402)	₩102,000	기말재고액	₩102,000
	₩102,000		₩102,000

매출원가

⑩제품(#300)	₩86,000		
제품(#401)	105,000		
	₩191,000		

4. 제조원가명세서

제조원가명세서

직접재료원가	₩ 37,000
직접노무원가	100,000
제조간접원가	200,000
당기총제조원가	₩337,000
기초재공품재고액	32,000
합 계	₩369,000
기말재공품재고액	(76,000)
당기제품제조원가	₩ 293,000

예제 7-4 부문별정상개별원가계산

[예제 7-2]의 자료를 이용하시오. 단, A회사는 제조간접원가를 부문별예정배부율을 이용하여 각 제조지시서에 배부하며, 배부기준은 직접작업시간을 기준으로 한다. 부문별 예산자료와 보조부문의 용역내역은 다음과 같다.

예산자료	조립부문	절단부문	수선부	동력부	공장관리부	합계
부문원가	₩150,000	₩150,000	₩60,000	₩100,000	₩80,000	₩540,000
직접작업시간	500시간	400시간				
수선부	20시간	20시간	-	10시간	-	50시간
동력부	150kW	150kW	100kW	-	50kW	450kW
공장관리부	40명	40명	10명	10명	-	100명

[물음사항]

1. 부문별 제조간접원가를 배부하시오.
2. 정상개별원가계산표를 작성하시오
3. 4월 중 거래를 분개하고 T-계정에 전기하시오.
4. 제조간접원가 배부차이를 구하시오.
5. 제조원가명세서를 작성하시오.

■ 풀이

1. 부문별 제조간접원가의 배부(단계법)

	제조부문		보조부문			합 계
	조립부문	절단부문	수선부	동력부	공장관리부	
부문원가예산액	₩150,000	₩150,000	₩60,000	₩100,000	₩80,000	₩540,000
공장관리부배부액	32,000	32,000	8,000	8,000	(₩80,000)	
동력부배부액	40,500	40,500	27,000	(₩108,000)		
수선부배부액	47,500	47,500	(₩95,000)			
제조부문원가합계	₩270,000	₩270,000				

공장관리부 : ₩80,000

조립부문 : ₩80,000 × (40명 ÷ 100명) = ₩32,000
절단부문 : ₩80,000 × (40명 ÷ 100명) = ₩32,000
수선부 : ₩80,000 × (10명 ÷ 100명) = ₩ 8,000
동력부 : ₩80,000 × (10명 ÷ 100명) = ₩ 8,000

동력부 : ₩108,000

조립부문 : ₩108,000 × (150kW ÷ 320kW) = ₩40,500
절단부문 : ₩108,000 × (150kW ÷ 320kW) = ₩40,500
수선부 : ₩108,000 × (100kW ÷ 320kW) = ₩27,000

수선부 : ₩95,000

조립부문 : ₩95,000 × (20시간 ÷ 40시간) = ₩47,500
절단부문 : ₩95,000 × (20시간 ÷ 40시간) = ₩47,500

2. 실제개별원가계산표

	#390	#411	#412	#413	합 계
기초재공품	₩24,000	₩ 0	₩ 0	₩ 0	₩ 24,000
직접재료원가	8,000	12,000	10,000	4,000	34,000
직접노무원가	80,000	150,000	180,000	130,000	540,000
제조간접원가					
조립부문	24,000	72,000	96,000	60,000	252,000
절단부문	32,400	97,200	108,000	86,400	324,000
합 계	₩168,400	₩331,200	₩394,000	₩280,400	₩1,174,000

조립부문의 제조간접원가배부율 = ₩270,000 ÷ 450시간 = @₩600

작업지시서#390 : 40시간 × @₩600 = ₩24,000

작업지시서#411 : 120시간 × @₩600 = ₩72,000

작업지시서#412 : 160시간 × @₩600 = ₩96,000

작업지시서#413 : 100시간 × @₩600 = ₩60,000

절단부문의 제조간접원가배부율 = ₩270,000 ÷ 500시간 = @₩540

작업지시서#390 : 60시간 × @₩540 = ₩32,400

작업지시서#411 : 180시간 × @₩540 = ₩97,200

작업지시서#412 : 200시간 × @₩540 = ₩108,000

작업지시서#413 : 160시간 × @₩540 = ₩86,400

3. 분개

(1) ~ (4) : [예제 7-2]에서와 같다.

(5) 제조간접원가의 각 부문에 집계(예산액)

(차) 조립부문	₩150,000	(대) 제조간접원가 (예산액)	₩540,000
절단부문	150,000		
동력부	60,000		
수선부	100,000		
공장관리부	80,000		

(6) 보조부문원가의 제조부문으로의 대체(공장관리부)

(차) 조립부문	₩32,000	(대) 공장관리부(예산액)	₩80,000
절단부문	32,000		
동력부	8,000		
수선부	8,000		

(7) 보조부문원가의 제조부문으로의 대체(동력부)

(차) 조립부문	₩40,500	(대) 동력부(예산액)	₩108,000
절단부문	40,500		
수선부	27,000		

(8) 보조부문원가의 제조부문으로의 대체(수선부)

(차) 조립부문	₩47,500	(대) 수선부(예산액)	₩95,000
절단부문	47,500		

(9) 제조부문원가의 각 제조지시서별 배분(조립부문)

(차) 재공품 #390	₩24,000	(대) 조립부문(예산액)	₩252,000
재공품 #411	72,000		
재공품 #412	96,000		
재공품 #413	60,000		

(10) 제조부문원가의 제조지시서 집계(절단부문)

(차) 재공품 #390	₩32,400	(대) 절단부문(예산액)	₩324,000
재공품 #411	97,200		
재공품 #412	108,000		
재공품 #413	86,400		

(11) 완성된 작업의 제품계정으로의 대체

(차) 제 품 #390	₩168,400	(대) 재공품 #390	₩168,400
제 품 #411	331,200	재공품 #411	331,200
제 품 #412	394,000	재공품 #412	394,000

(12) 제품 판매

(차) 매출원가	₩499,600	(대) 제 품 #390	₩168,400
매출채권	800,000	제 품 #411	331,200
		매 출	800,000

(13) 간접경비의 발생

(차) 감가상각비	₩50,000	(대) 미지급금	₩200,000
수 선 비	30,000		
동 력 비	120,000		

(14) 간접경비의 제조간접원가로 대체

(차) 제조간접원가	₩200,000	(차) 감가상각비	₩50,000
		수 선 비	30,000
		동 력 비	120,000

(15) 제조간접원가 배부차이

(차) 제조간접원가 배 부 차 이	₩40,000	(대) 제조간접원가	₩40,000

3. T-계정에의 전기

원재료

기초재고액	₩ 5,000	②재공품 #390	₩8,000
①매입채무	100,000	②재공품 #411	12,000
		②재공품 #412	10,000
		②재공품 #413	4,000
		②제조간접원가	50,000
		기말재고액	21,000
	₩105,000		₩105,000

미지급임금

③임 금	₩890,000	④재공품 #390	₩80,000
		④재공품 #411	150,000
		④재공품 #412	180,000
		④재공품 #413	130,000
		④제조간접원가	350,000
	₩890,000		₩890,000

제조간접원가

차변	금액	대변	금액
②원재료	₩ 50,000	⑤조립부문	₩150,000
④임　금	350,000	⑤절단부문	150,000
⑭제　좌	200,000	⑤수선부	60,000
		⑤동력부	100,000
		⑤공장관리부	80,000
		⑮배부차이	60,000
	₩600,000		₩600,000

공장관리부

차변	금액	대변	금액
⑤제조간접원가	80,000	⑥조립부문	₩32,000
		⑥절단부문	32,000
		⑥동력부	8,000
		⑥수선부	8,000
	₩80,000		₩80,000

동력부

차변	금액	대변	금액
⑤제조간접원가	100,000	⑦조립부문	₩40,500
⑥공장관리부	8,000	⑦절단부문	40,500
		⑦수선부	27,000
	₩108,000		₩108,000

수선부

차변	금액	대변	금액
⑤제조간접원가	60,000	⑧조립부문	₩47,500
⑥공장관리부	8,000	⑧절단부문	47,500
⑦동력부	27,000		
	₩95,000		₩95,000

조립부문

차변	금액	대변	금액
⑤제조간접원가	₩150,000	⑨재공품 #390	₩ 24,000
⑥공장관리부	32,000	⑨재공품 #411	72,000
⑦동력부	40,500	⑨재공품 #412	96,000
⑧수선부	47,500	⑨재공품 #413	60,000
	₩270,000		₩270,000

절단부문

차변	금액	대변	금액
⑤제조간접원가	₩150,000	⑩재공품 #390	₩ 32,400
⑥공장관리부	32,000	⑩재공품 #411	97,200
⑦동력부	40,500	⑩재공품 #412	108,000
⑧수선부	47,500	⑩재공품 #413	86,400
	₩270,000		₩270,000

재공품 #390

차변	금액	대변	금액
기초재고액	₩24,000	⑪제 품(#390)	₩168,400
②원 재 료	8,000		
④임　　금	80,000		
⑨조립부문	24,000		
⑩절단부문	32,400		
	₩168,400		₩168,400

재공품 #411

차변	금액	대변	금액
②원 재 료	₩12,000	⑪제 품(#411)	₩331,200
④임　　금	150,000		
⑨조립부문	72,000		
⑩절단부문	97,200		
	₩331,200		₩331,200

재공품 #412

차변	금액	대변	금액
②원 재 료	₩ 10,000	⑪제 품(#412)	₩394,000
④임　　금	180,000		
⑨조립부문	96,000		
⑩절단부문	108,000		
	₩394,000		₩394,000

재공품 #413

차변	금액	대변	금액
②원 재 료	₩ 4,000	기말재고액	₩286,033
④임　　금	130,000		
⑨조립부문	66,395		
⑩절단부문	85,638		
	₩286,033		₩286,033

제품 #390

차변	금액	대변	금액
⑪재공품(#390)	₩170,672	⑫매출원가	₩170,672
	₩170,672		₩170,672

제품 #411

차변	금액	대변	금액
⑪재공품(#411)	₩338,016	⑫매출원가	₩338,016
	₩338,016		₩338,016

제품 #412

차변	금액	대변	금액
⑪재공품(#412)	₩403,279	기말재고액	₩403,279
	₩403,279		₩403,279

매출원가

차변	금액	대변	금액
⑫제품(#390)	₩170,672		
⑫제품(#411)	₩338,016		
	₩403,279		

4. 제조간접원가 배부차이

	조립부문	절단부문	합계
제조간접원가 실제발생액	₩278,859	₩321,141	₩600,000
제조간접원가 예정배부액	270,000	270,000	540,000
제조간접원가 배부차이(과소배부)	₩ 8,859	₩ 51,141	₩ 60,000

5. 제조원가명세서

제조원가명세서

직접재료원가		₩ 34,000
직접노무원가		540,000
제조간접원가		
간접재료원가	₩ 50,000	
간접노무원가	350,000	
감가상각비	50,000	
수선비	30,000	
동력비	120,000	600,000
당기총제조원가		₩1,174,000
기초재공품재고액		24,000
합 계		₩1,198,000
기말재공품재고액		(286,033)
당기제품제조원가		₩ 911,967

제4절 공손품 · 작업폐물의 회계처리

1. 공손품과 회계처리

■ 공손품의 의의

공손품(工損品, spoilage)이란 제품의 제조과정에서 표준규격이나 표준품질 등에 미달하여 불합격된 불량품 및 파손품으로서, 폐기되거나 재작업을 하더라도 정상적인 제품으로 될 수 없는 경우를 말한다. 공손은 재료의 불량 · 작업자의 부주의나 과실 · 기계공구의 결함 등에 의하여 발생되며, 공손품에 투입된 원가를 공손비, 공손원가, 공손품원가라 한다. 공손은 그 발생원인이 정상적이냐 아니면 비정상적인 것이냐에 따라 정상공손과 비정상공손으로 구분된다.

정상공손(正常工損, normal spoilage)은 현재의 효율적인 작업조건 하에서도 불가피하게 발생하는 공손을 말한다. 정상공손은 제품의 제조과정에서 회피할 수 없는 수준의 공손이므로 사전에 정상공손율을 이용하여 허용수준을 결정하게 된다. 그러므로 정상공손에 투입된 제조원가는 제품원가에 포함시킨다.

비정상공손(非正常工損, abnormal spoilage)은 현재 효율적인 작업조건 하에서는 회피가능한 공손으로 제조과정을 효율적으로 관리했다면 발생되지 않을 수 있는 공손을 말한다. 비정상공손은 정상공손 수준을 초과한 공손이므로 비정상공손에 투입된 제조원가는 제품원가에 포함시키지 않고 기간비용(영업외비용)으로 처리한다. 이는 작업 등의 비능률로 인해 발생한 원가를 제품원가에서 제외시키고자 하는 것이다.

우리나라 원가계산준칙에서는 "공손비는 다음 각호에 따라 계산하여 당해 제품의 제조원가에 부과하거나 원가발생부문의 간접비용으로 한다. 다만, 비정상적인 공손비는 영업외비용으로 한다."라고 규정하고 있다(준칙 제25조 ①).

▪ 공손원가의 회계처리

공손품에 대한 회계처리는 먼저 공손원가를 계산하여야 한다. 일반적으로 공손품이 확정된 검사시점까지 제조지시서에 집계된 공손품의 원가에서 공손품의 처분가치를 차감하여 공손원가를 구한다. 그러나 개별원가계산에서는 보수 가능여부에 따라 회계처리가 달라진다. 우리나라 원가계산준칙에서는 다음과 같이 규정하고 있다(준칙 제25조 ① 1~3.)

첫째, 공손이 보수에 의하여 회복될 경우 공손비는 그 보수비용으로 한다.

둘째, 공손이 보수로서 회복되지 않고 그 전부를 다시 생산할 경우 공손비는 기발생된 공손품 제조원가에서 공손품의 평가액을 차감한 가액으로 한다.

셋째, 공손이 보수로서 완전 회복되지 않고 그 일부를 다시 생산할 경우 공손비는 추가적으로 발생하는 제조원가에서 공손품의 평가액을 차감한 가액으로 한다.

또한, 공손품의 평가는 다음과 같이 규정하고 있다(준칙 제24조 ①, ②, ③).

첫째, 그대로 외부에 매각할 수 있는 경우에는 추정매각가격에서 판매비와 일반관리비 및 정상이윤을 공제한 가액으로 한다.

둘째, 추가가공후 매각하는 경우에는 가공제품의 추정매각가격에서 추가가공비, 판매비와 일반관리비 및 정상이윤을 공제한 가액으로 한다.

셋째, 그대로 자가소비하는 경우에는 그 추정매입가격으로 한다.

넷째, 추가가공후 자가소비하는 것은 그 추정매입가격에서 추가가공비 발생액을 공제한 가액으로 한다.

다섯째, 추정매각가격 또는 추정매입가격은 최근의 거래가격 또는 권위있는 물가조사기관의 물가조사표에 의한 시가를 적용한다.

여섯째, 판매비와 일반관리비 및 정상이윤은 유사제품의 최근 평균매출원가율을 적용하여 계산한다.

공손이 보수에 의하여 회복될 경우

공손이 보수에 의해 회복이 가능한 경우의 공손품에 대한 공손원가는 보수제조지시서에 집계된 원가로 한다. 따라서, 본래의 제품 생산에 더불어 보수작업이 이루어지는 것이므로 원제조지시서의 제조원가를 증가시키게 하는 회계처리방법이다.

공손원가의 계산

(차) 공손원가	×××	(대) 직접재료원가	×××
		직접노무원가	×××
		제조간접원가	×××

공손원가를 보수제조지시서에 대체

(차) 보수제조지시서	×××	(대) 공손원가	×××

보수제조지시서 집계원가의 원제조지시서로의 대체

(차) 재공품 (제조지시서)	×××	(대) 보수제조지시서	×××

예제 7-5 공손품의 회계처리(공손품 모두를 보수에 의해 회복시키는 경우)

A회사는 원가계산기간 중에 100개의 제품(제조지시서 #100)을 생산하였으며, ₩1,000,000의 제조원가가 발생하였다. 이중 5개의 공손품이 발생하였으며, 공손품 모두를 보수하기 위해 보수제조지시서(#100-1)를 발행하였으며, 재료원가 ₩10,000. 노무원가 ₩25,000. 제조간접원가 ₩15,000이 소비되었다.

[물음사항] 공손이 보수에 의해 회복되는 경우 다음에 대해 회계처리하시오.

(1) 공손이 정상적인 경우.

(2) 공손이 비정상적인 경우.

■ 풀이

1. 공손원가의 계산

공손원가 = 추가제조원가

= (₩10,000 + ₩25,000 + 15,000) = ₩50,000

2. 공손이 정상적인 경우

차변	금액	대변	금액
(차) 공손원가	₩50,000	(대) 직접재료원가	₩10,000
		직접노무원가	25,000
		제조간접원가	15,000
(차) 보수제조지시서(#100-1)	₩50,000	(대) 공손원가	₩50,000
(차) 재공품(#100)	₩50,000	(대) 보수제조지시서(#100-1)	₩50,000
(차) 제품(#100)	₩1,050,000	(대) 재공품(#100)	₩1,050,000

3. 공손이 비정상적인 경우

차변	금액	대변	금액
(차) 공손원가	₩50,000	(대) 직접재료원가	₩10,000
		직접노무원가	25,000
		제조간접원가	15,000
(차) 공손손실	₩50,000	(대) 공손원가	₩50,000
(차) 제품(#100)	₩1,000,000	(대) 재공품(#100)	₩1,000,000

공손이 보수로서 회복되지 않은 경우

공손이 보수에 의해 회복되지 않은 경우, 일부를 다시 생산하는 경우와 전부를 다시 생산하는 경우로 구분되어 회계처리된다.

일부를 다시 생산하는 경우의 공손원가

공손이 보수에 의해 완전히 회복되지 못하고 그 일부를 다시 생산하는 경우 공손원가는 추가적으로 발생하는 제조원가에서 공손품의 평가액을 차감한 가액으로 한다. 이에 대한 분개는 다음과 같다.

차변	금액	대변	금액
(차) 공손원가	×××	(대) 직접재료원가	×××
		직접노무원가	×××
		제조간접원가	×××
(차) 공손품	×××	(대) 공손원가	×××

공손이 보수에 의해 완전히 회복되지 못하고 그 일부를 다시 생산하는 경우 공손이 정상적인 것이라면 공손원가를 재공품계정 또는 제조지시서계정에 부과시

킨다. 이에 대한 분개는 다음과 같다.

(차) 재공품 (제조지시서)	×××	(대) 공손원가	×××

공손이 보수에 의해 완전히 회복되지 못하고 그 일부를 다시 생산하는 경우 공손이 비정상적인 것이라면 공손원가를 영업외비용으로 처리한다. 이에 대한 분개는 다음과 같다.

(차) 영업외비용	×××	(대) 공손원가	×××

예제 7-6 공손품의 회계처리(공손품 일부를 다시 생산하는 경우)

A회사는 원가계산기간 중에 100개의 제품(제조지시서 #100)을 생산하였으며, ₩1,000,000의 제조원가가 발생하였다. 이중 5개의 공손품이 발생하였으며, 처분가치는 ₩12,000이다. 공손품 중 일부를 다시 생산하기 위해 재료원가 ₩5,000. 노무원가 ₩15,000. 제조간접원가 ₩10,000이 소비되었다.

[물음사항] 공손품 일부를 다시 생산하는 경우, 다음에 대해 회계처리하시오.

(1) 공손이 정상적인 경우.

(2) 공손이 비정상적인 경우.

■ 풀이

1. 공손원가의 계산

공손원가 = 추가제조원가 – 공손품 처분가치

= (₩5,000 + ₩15,000 + 10,000) - ₩12,000 = ₩18,000

2. 공손이 정상적인 경우

(차) 공손원가	₩30,000	(대) 직접재료원가	₩ 5,000
		직접노무원가	15,000
		제조간접원가	10,000
(차) 공손품	₩12,000	(대) 공손원가	₩12,000

또는

(차) 공손원가	₩18,000	(대) 직접재료원가	₩ 5,000
공 손 품	12,000	직접노무원가	15,000
		제조간접원가	10,000

(차) 재공품(#100)	₩18,000	(대) 공손원가	₩18,000
(차) 제품(#100)	₩1,018,000	(대) 재공품(#100)	₩1,018,000

3. 공손이 비정상적인 경우

(차) 공손원가	₩30,000	(대) 직접재료원가	₩ 5,000
		직접노무원가	15,000
		제조간접원가	10,000

(차) 공손품	₩12,000	(대) 공손원가	₩30,000
공손손실	18,000		

또는

(차) 공 손 품	₩12,000	(대) 직접재료원가	₩ 5,000
공손손실	18,000	직접노무원가	15,000
		제조간접원가	10,000

(차) 제품(#100)	₩1,000,000	(대) 재공품(#100)	₩1,000,000

[그림 7-3] 공손원가의 계산과 회계처리 흐름도

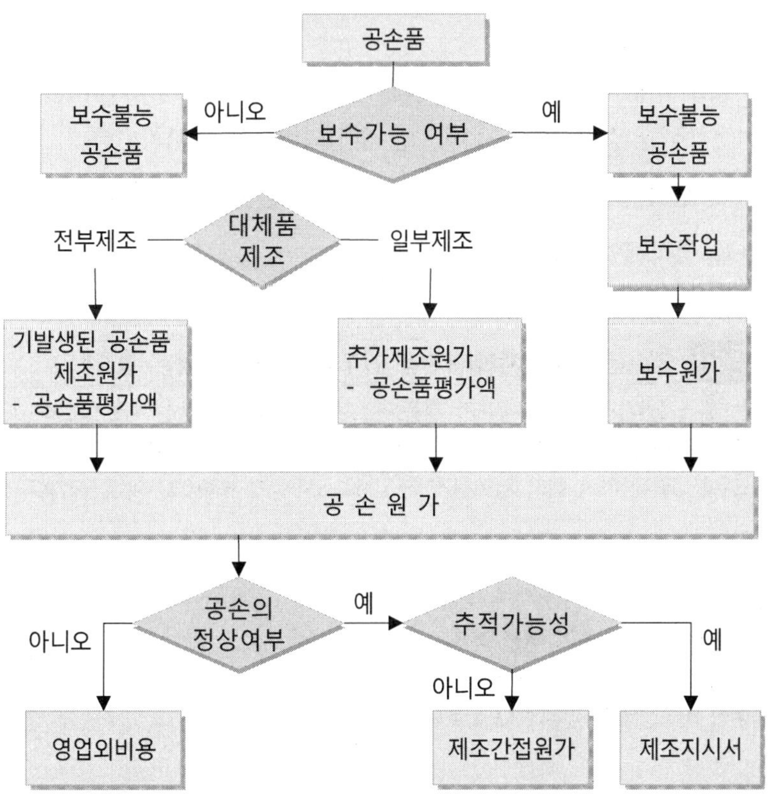

자료: 안일준(2010), IFRS 원가회계, 형설출판사, p. 302.

전부를 다시 생산하는 경우의 공손원가

공손이 보수에 의해 완전히 회복되지 못하고 그 전부를 다시 생산하는 경우 공손원가는 기발생된 공손품제조원가에서 공손품의 평가액을 차감한 가액으로 한다. 이에 대한 분개는 다음과 같다.

(차) 공손원가	×××	(대) 재공품 (제조지시서)	××× ××× ×××
(차) 공손품	×××	(대) 공손원가	×××

공손이 보수에 의해 완전히 회복되지 못하고 그 전부를 다시 생산하는 경우 공손이 정상적인 것이라면 공손원가를 재공품계정 또는 제조지시서계정에 부과시킨다.

(차) 재공품 (제조지시서)	×××	(대) 공손원가	×××

공손이 보수에 의해 완전히 회복되지 못하고 그 전부를 다시 생산하는 경우 공손이 비정상적인 것이라면 공손원가를 영업외비용으로 처리한다.

(차) 영업외비용	×××	(대) 공손원가	×××

상의 내용을 정리하면 [그림 7-3]과 같다.

예제 7-5 공손품의 회계처리(공손품 전부를 다시 생산하는 경우)

A회사는 원가계산기간 중에 100개의 제품(제조지시서 #100)을 생산하였으며, ₩1,000,000의 제조원가가 발생하였다. 이중 5개의 공손품이 발생하였으며, 처분가치는 ₩12,000이다.
공손품 모두를 재생산하기 위해 재료원가 ₩15,000. 노무원가 ₩30,000. 제조간접원가 ₩25,000이 소비되었다.

[물음사항]

1. 공손품 전부를 재생산하기 위한 경우

(1) 공손이 정상적인 경우에 대해 회계처리하시오.

(2) 공손이 비정상적인 경우에 대해 회계처리하시오.

■ 풀이

1. 공손원가의 계산

공손원가 = 공손품의 제조원가 − 공손품 처분가치
= (@₩10,000 × 5개) - ₩12,000 = ₩38,000

* 제품의 단위당제조원가 = ₩1,000,000 ÷ 100개 = @₩10,000

2. 공손이 정상적인 경우

차변	금액	대변	금액
(차) 공손원가	₩50,000	(대) 재공품(#100)	₩50,000
(차) 공손품	₩12,000	(대) 공손원가	₩12,000

또는

차변	금액	대변	금액
(차) 공손원가	₩38,000	(대) 재공품(#100)	₩50,000
공 손 품	12,000		

차변	금액	대변	금액
(차) 재공품(#100)	₩38,000	(대) 공손원가	₩38,000
(차) 재공품(#100)	₩70,000	(대) 직접재료원가	₩15,000
		직접노무원가	30,000
		제조간접원가	25,000
(차) 제품(#100)	₩1,058,000	(대) 재공품(#100)	₩1,058,000

3. 공손이 비정상적인 경우

차변	금액	대변	금액
(차) 공손원가	₩50,000	(대) 재공품(#100)	₩50,000
(차) 공손품	₩12,000	(대) 공손원가	₩50,000
공손손실	38,000		

또는

차변	금액	대변	금액
(차) 공 손 품	₩12,000	(대) 재공품(#100)	₩50,000
공손손실	38,000		

차변	금액	대변	금액
(차) 재공품(#100)	₩70,000	(대) 직접재료원가	₩15,000
		직접노무원가	30,000
		제조간접원가	25,000
(치) 제품(#100)	W1,020,000	(대) 재공품(#100)	₩1,020,000

2. 작업폐물과 회계처리

■ 작업폐물의 의의

작업폐물(作業廢物, scrap)이란 제품의 제조과정에서 발생하는 폐물로서 원재료의 찌꺼기나 부스러기 등을 말한다. 작업폐물은 작업상태가 정상적이든 비정상적이든 발생하기 때문에 공손품과는 차이가 있다. 작업폐물은 그 처분가치가 있는지의 여부 또는 대체적인 용도의 사용가능 여부에 따라 가치 있는 작업폐물과 가치 없는 작업폐물로 구별된다. 작업폐물과 유사한 개념으로 감손(減損, waste)이 있다.

감손은 제품의 제조과정 중에 증발이나 가스화 등으로 소실되는 부분을 말한다. 감손은 육안으로 볼 수 없다는 점에서 가치 없는 작업폐물과는 구별되며, 감손의 처리는 공손품에 준하며, 가치있는 작업폐물의 평가는 부산물평가법에 따른다.

■ 작업폐물의 회계처리

작업폐물의 회계처리는 원칙적으로 작업폐물을 외부에 매각할 수 있는 경우, 작업폐물의 가치를 정확히 계산하여 평가한 후, 그 평가액을 작업폐물이 발생한 제조부문의 원가에서 차감하거나 제품 또는 제조지시서별로 추적이 가능하다면 제품제조원가에서 차감한다. 우리나라 원가계산준칙에서는 "추정매각가격에서 추가가공원가, 판매비와 관리비 및 정상이윤을 차감한 가액으로 평가한 다음, 이를 발생한 부문의 제조원가에서 차감하거나 필요에 따라 당해 제품의 제조원가에서 차감한다."라고 규정하고 있다(준칙 제24조 ④).

당해 제품 또는 제조지시서의 제조원가에서 차감하는 경우

(차) 작업폐물	×××	(대) 재공품 (제조원가)	×××

발생부문의 제조원가에서 차감하는 경우

(차) 작업폐물	×××	(대) 제조부문	×××

매각하는 경우

(차) 현　　금	×××	(대) 작업폐물	×××

예제 7-6 작업폐물의 회계처리

A회사는 원가계산기가 중에 조립부문의 제조지시서 #100을 생산하는 과정에서 작업폐물이 발생하였다. 그 평가액은 ₩100,000이다.

[물음사항]

1. 작업폐물이 제조지시서 #100에서 발생하는 경우의 분개를 하시오.
2. 작업폐물이 조립부문에서 발생하는 경우의 분개를 하시오.
3. 작업폐물을 현금 매각한 경우의 분개를 하시오.

■ 풀이

1. 작업폐물이 제조지시서 #100에서 발생한 경우

(차) 작업폐물	₩100,000	(대) 재공품(#100)	₩100,000

2. 작업폐물이 조립부문에서 발생한 경우

(차) 작업폐물	₩100,000	(대) 조립부문	₩100,000

3. 작업폐물을 현금 판매한 경우

(차) 현　　금	₩100,000	(대) 작업폐물	₩100,000

연 | 습 | 문 | 제

01. 다음 개별원가계산에 대한 설명으로 옳지 않은 것은? *(2015. 전산회계운용사 1급)*

① 직접재료비는 각 개별작업별로 추적한다.
② 직접노무비는 공장전체로 집계하여 일정한 기준에 따라 배부율을 계산한다.
③ 제조간접원가는 전체를 집계하여 일정 배부기준에 따라 배부율을 계산한다.
④ 계산된 배부율에 각 작업별 배부기준을 곱하여 제조간접비를 계산한다.

02. 다음 개별원가계산에 대한 설명으로 옳은 것은? *(2015. 전산회계운용사 1급)*

① 개별원가계산은 고객의 주문에 따라 제품을 생산하는 주문생산 형태의 기업에 적용된다.
② 개별원가계산에서는 기말재공품의 평가문제가 추가로 발생한다.
③ 개별원가계산에서는 제조직접비와 제조간접비의 구분이 중요하지 않다.
④ 개별원가계산을 사용하는 업종은 정유업, 화학공업 등이 주로 적용된다.

03. 다음은 개별원가계산에 대한 설명이다. 옳지 않은 것은? *(2015. 전산회계운용사 1급)*

① 여러 가지 제품을 주문에 의해 생산하거나 동종의 제품을 일정 간격을 두고 비반복적으로 생산하는 업종에 적합한 원가계산제도이다.
② 조선업, 기계제작업 등과 같이 수요자의 주문에 기초하여 제품을 생산하는 업종에서 주로 사용한다.
③ 종합원가계산에 비해 각 제품별로 원가를 집계하기 때문에 직접원가와 간접원가의 구분이 보다 중요한 의미를 갖는다.
④ 개별원가계산은 제조간접원가의 배부절차가 필요없다.

04. 다음 중 개별원가계산에 대한 설명으로 옳은 것은? *(2015. 전산회계운용사 1급)*

① 제조원가를 재료비와 가공비로 구분하여 계산한다.
② 제조지시서별로 원가계산표를 작성하여 원가계산을 한다.
③ 연속 대량 생산하는 작업에 적용하는 원가계산방법이다.
④ 완성품원가를 계산하기 위해서는 기말재공품을 평가하여야 한다.

05. 개별원가계산의 의의, 적용범위, 종류에 대한 전반적인 내용이다. 다음 중 옳지 않은 것은? *(2015. 전산회계운용사 1급)*

① 주로 고객의 주문에 다라 서로 다른 여러 종류의 제품을 소량씩 개별적으로 생산하는 조선업, 건설업, 영화제작업 등에서 사용한다.
② 제품별로 제조를 지시하는 제조지시서를 사용하고 있기 때문에 제조지시서 번호별로 원가를 집계한다.
③ 원가계산은 제조지시서별로 언제라도 수행할 수 있으므로 종합원가계산에 비해 원가계산기간은 중요하지 않다.
④ 월말에 완성된 제조지시서의 제조원가는 월말재공품원가가 되며, 미완성 제조지시서의 제조원가는 완성품원가가 된다.

06. 개별원가계산에 재공품 계정에서 제품 계정으로 대체되는 금액은 무엇을 의미하는가? *(2015. 전산회계운용사 1급)*

① 당기에 투입된 모든 작업의 원가 ② 당기에 지급된 모든 작업의 원가
③ 당기에 완성된 모든 작업의 원가 ④ 당기에 완성되어 판매된 모든 작업의 원가

07. (주)한남은 정상개별원가계산를 사용하고 있다. 20,000원의 제조간접원가 불리한 차이가 발생한 경우에 대한 설명으로 잘못된 것은? *(51회, 전산세무회계 1급)*

① 불리한 제조간접원가차이를 배부할 경우 매출원가조정법보다 영업외손익조정법이 당기순이익을 보다 더 크게 나타낸다.
② 비례배분법을 사용한다 하더라도 기말원재료가액은 달라지지 않는다.
③ 비례배분법은 원가요소별 비례배분법과 총원가비례배분법으로 나누어진다.
④ 제조간접원가실제발생액이 예정배부액 보다 크다면, 과소배부가 이루어진 것이고 이는 곧 불리한 차이를 의미한다.

08. ㈜대한의 10월 초 재공품원가는 ₩40,000이며, 이는 모두 제조지시서 No.17의 것이다. 10월 중 당기총제조비용은 ₩380,000이 발생하였으며, 이중 제조지시서 No.17을 위한 것이 ₩180,000, No.18을 위한 것이 ₩200,000이다. 제조지시서 No.17의 제품생산량은 500개였으며, 완성제품 중 300개를 판매하였다. 제조지시서 No.18은 10월 말 현재 미완성 상태이다. 10월의 매출원가는 얼마인가? *(2015. 전산회계운용사 1급)*

① ₩105,000 ② ₩108,000 ③ ₩115,000 ④ ₩132,000

09. ㈜대한은 개별원가계산제도를 이용하고 있다. 10월 초 재공품원가는 ₩30,000이다. 10월 중 직접재료비는 ₩85,000, 직접노무비는 ₩40,000, 제조간접비는 ₩35,000이 발생하였다. 10월 중 완성품제조원가는 ₩160,000이다. 회사는 제조간접비로 직접노무비의 40%를 배부하고 있다. 10월 말 현재 미완성 제조지시서는 No.5이다. 이 제조지시서의 제조간접비가 ₩4,000이라면, 직접재료비는 얼마인가? *(2015. 전산회계운용사 1급)*

① ₩13,333 ② ₩15,000 ③ ₩16,000 ④ ₩19,333

10. 10월 중에 두 개의 제조지시서(No.2, No.3)가 착수되었고, 제조지시서 No.1은 완성되었다. 각 제조지시서와 관련하여 10월 중에 발생한 제조원가는 다음과 같다. 옳지 않은 것은? *(2015. 전산회계운용사 1급)*

	No.1	No.2	No.3	합계
월초재공품	₩60,000	-	-	₩60,000
직접재료비	16,000	₩44,800	₩67,200	128,000
직접노무비	32,000	30,400	49,600	112,000
제조간접비	22,400	21,280	34,720	78,400
합 계	₩130,400	₩96,480	₩151,520	₩378,400

① 월초재공품재고액 ₩60,000 ② 당기총제조비용 ₩378,400
③ 월말재공품재고액 ₩248,000 ④ 당기제품제조원가 ₩130,400

11. 다음은 개별원가계산에 대한 회계처리로서 옳은 것은? *(2015. 전산회계운용사 1급)*

① 재료 구입시: (차) 재 공 품 ××× (대) 재 료 ×××
② 노무비 지급시: (차) 재 공 품 ××× (대) 노 무 비 ×××
③ 제조간접비 배부시: (차) 재 공 품 ××× (대) 제조간접비 ×××
④ 생산 완료시: (차) 재 공 품 ××× (대) 제 품 ×××

12. 다음은 ㈜서울산업의 5월 중 원가자료이다. ㈜서울산업은 개별원가계산제도를 채택하고 있으며, 직접노무비에 비례하여 제조간접비를 제조지시서별로 배부하고 있다. ㈜서울산업의 5월 중 제조간접비 총 발생액이 ₩800,000일 경우, 5월말 재공품은 얼마로 계상되는가? *(2015. 전산회계운용사 1급)*

	No.1	No.2	No.3	합계
직접재료비	₩1,000,000	₩600,000	₩400,000	₩2,000,000
직접노무비	1,000,000	500,000	500,000	2,000,000

*당월 중 기처재공품은 없었다. No.1과 No.2는 당월 중 전량 완성되었으며, No.3은 당월 말 현재 미완성 상태이다.

① ₩900,000 ② ₩1,000,000 ③ ₩1,100,000 ④ ₩1,300,000

13. 정상개별원가계산에 의한 제조간접원가배부차이를 매출원가(640,000원), 기말재공품(270,000원), 기말제품(90,000원)에 비례배부하여 처리한 결과 기말제품이 86,850원으로 수정되었다면, 제조간접원가배부차이는 얼마인가? *(64회, 전산세무회계 1급)*

① 20,000원(과대배부) ② 35,000원(과대배부)
③ 15,000원(과소배부) ④ 25,000원(과소배부)

14. (주)둥이는 개별원가계산제도를 채택하고 있다. 제품A의 제조와 관련한 다음의 자료를 토대로 당기에 발생한 제품A의 직접재료원가를 구하면 얼마인가? *(62회, 전산세무회계 1급)*

- 당기총제조원가 : 6,000,000원
- 당기제품제조원가 : 4,900,000원
- 제조간접원가는 직접노무원가의 60%가 배부되었는데 이는 당기총제조원가의 25%에 해당한다.

① 2,000,000원 ② 3,600,000원 ③ 4,125,000원 ④ 4,500,000원

15. 06. 당사는 직접노무시간을 기준으로 정상원가계산에 의하여 제품원가를 계산하고 있다. 연초에 제조간접원가 예산은 2,600,000원이었고 직접노무시간 예상시간은 32,500시간이었다. 당기에 실제 직접노무시간 32,000시간에 의한 배부결과 제조간접원가가 20,000원 과대배부되었다면 당기 실제 제조간접원가는 얼마인가? *(61회, 전산세무회계 1급)*

① 2,500,000원 ② 2,540,000원 ③ 2,580,000원 ④ 2,600,000원

16. 정상원가계산하에서 제조간접비 배부차이를 총원가비례배분법으로 배부한다고 가정할 때 다음 자료에서 재무제표에 미치는 영향으로 잘못된 것은? *(60회, 전산세무회계 1급)*

(1) 제조간접비 실제발생액 : 10,000,000원 (2) 기말재공품 : 2,000,000원
(3) 기말제품 : 4,000,000원 (4) 매출원가 : 10,000,000원
(5) 제조간접비 예정배부액 : 14,000,000원
※ 기초재공품과 기초제품은 없는 것으로 가정한다.

① 재무상태표상 기말재공품은 1,500,000원이다. ② 기말제품은 3,000,000원이다.
③ 당기순이익은 2,500,000원이 증가한다. ④ 재무상태표상 자본에 미치는 영향은 없다.

17. 당기 제조간접원가 180,000원을 직접재료원가에 비례하여 배부하는 경우 기말재공품원가를 계산하면 얼마인가? 단, 기초 재고자산은 없고, 다음 세가지 제품 중 NO.1과 NO.2는 완성되었고 NO.3는 미완성이다. *(54회, 전산세무회계 1급)*

구분	NO.1	NO.2	NO.3	합계
직접재료원가	126,000원	126,000원	168,000원	420,000원
직접노무원가	118,000원	129,000원	123,000원	370,000원

① 363,000원 ② 309,000원 ③ 298,000원 ④ 613,000원

18. (주)정일정밀은 개별원가계산을 사용한다. 제조간접비는 직접노무비의 150%이다. 작업#01에서 발생한 직접재료비는 500,000원 제조간접비는 2,250,000원이다. 또한, 작업#07에서 발생한 직접재료비는 1,000,000원 직접노무비는 1,800,000원이다. 작업#01의 직접노무비와 작업#07의 총제조원가는 얼마인가? *(41회, 전산세무회계 1급)*

	작업#01직접노무비	작업#07 당기총제조원가
①	1,500,000	5,500,000
②	1,500,000	4,000,000
③	1,687,500	4,000,000
④	1,687,500	5,500,000

19. 개별원가계산을 채택하고 있는 목성(주)의 생산과 관련한 원자자료는 다음과 같으며, 당기말 현재 제조지시서 #101 · #102가 완성되었고, #103은 미완성상태인 경우 당기총제조원가는 얼마인가? *(40회, 전산세무회계 1급)*

제조지시서	#101	#102	#103	계
전 기 이 월	5,000			5,000
직접재료비	3,000	5,000	2,000	10,000
직접노무비	3,000	3,500	2,000	8,500
제조간접비	1,500	3,000	2,000	6,500
계	12,500	11,500	6,000	30,000

① 19,000원 ② 24,000원 ③ 25,000원 ④ 30,000원

20. (주)원가는 기계장치를 생산, 판매하는 기업으로 사업 첫 해에 다음과 같은 원가가 발생했다. 이 자료를 바탕으로 원가계산을 했을 경우 (가)부터 (마)까지의 설명 중 타당하지 않은 것을 모두 고르면? (단, 기초재공품재고액은 없고, 기말재공품재고액이 ₩10 존재한다) *(2010, KICPA)*

직접재료원가	₩110	간접재료원가	₩30	판매직급여	₩30
직접노무원가	₩120	간접노무원가	₩60	관리직급여	₩70
간접경비	₩200	광고선전비	₩20	이자비용	₩10

(가) 당기제품제조원가는 ₩510
(나) 기본원가(기초원가)는 ₩230
(다) 제조간접원가에는 어떤 재료원가도 포함되지 않으므로 간접노무원가와 간접경비를 합한 ₩260이다.
(라) 당기총제조원가는 ₩520으로, 기본원가에 가공원가를 합한 금액이다.
(마) 기간원가는 ₩130으로, 재고가능원가라고 부르기도 한다.

① (가), (나) ② (다), (라) ③ (라), (마)
④ (나), (다), (마) ⑤ (다), (라), (마)

21. ㈜세무의 20×1년도 기초 및 기말 재고자산은 다음과 같다.

	기초잔액	기말잔액
원재료	₩34,000	₩10,000
재공품	₩37,000	₩20,000
제 품	₩10,000	₩48,000

원재료의 제조공정 투입금액은 모두 직접재료이며, 20×1년 중에 매입한 원재료는 ₩76,000이다. 20×1년 기본원가는 ₩400,000이고, 전환원가(가공원가)의 50%가 제조간접원가이다. ㈜세무의 20×1년 매출원가는 얼마인가? *(2014, 세무사)*

① ₩679,000 ② ₩700,000 ③ ₩717,000
④ ₩727,000 ⑤ ₩747,000

22. ㈜세무는 정상개별원가계산을 사용하며, 직접노무시간을 기준으로 제조간접원가를 배부하고 있다. 20×1년 연간 제조간접원가 예산은 ₩5,000,000이다. 20×1년 실제 발생한 제조간접원가는 ₩4,800,000이고, 실제직접노무시간은 22,000시간이다. 20×1년 중 제조간접원가 과소배부액이 ₩400,000이라고 할 때 연간 예산직접노무시간은? *(2013, 세무사)*

① 22,000시간 ② 23,000시간 ③ 24,000시간
④ 25,000시간 ⑤ 26,000시간

23. ㈜세무는 정상개별원가계산을 사용하고 있으며, 직접노무시간을 기준으로 제조간접원가를 예정배부하고 있다. (주0세무의 20×1년 연간 제조간접원가 예산은 ₩144,000이고, 실제 발생한 제조간접원가는 ₩145,000이다. 20×1년 연간 에정조업도는 16,000직접노무시간이고, 실제 사용한 직접노무시간은 17,000시간이다. 20×1년 말 제조간접원가 배부차이 조정전 재공품, 제품, 매출원가의 잔액은 재공품 ₩50,000, 제품 ₩150,000, 매출원가 ₩800,000이다. ㈜세무는 제조간접원가 배부차이를 재공품, 제품 및 매출원가의 (제조간접원가 배부차이 조정 전) 기말잔액 비율에 따라 조정한다. 이 경우 제조간접원가 배부차이를 매출원가에 전액 조정하는 방법에 비해 증가(혹은 감소)되는 영업이익은 얼마인가? (단, 기초재고는 없다) *(2014, 세무사)*

① ₩1,200 감소 ② ₩1,200 증가 ③ ₩1,600 감소
④ ₩1,600 증가 ⑤ ₩1,800 증가

24. 본사와 생산 공장이 동일 건물에 소재하는 ㈜대한의 3월 중 발생한 비용과 재고자산 자료는 다음과 같다. 3월 중 직접재료 매입액은 ₩1,200,000이며, 매출액은 ₩7,400,000이다.

3월 중 발생비용	
직접노무원가	₩3,000,000
공장감독자 급여	100,000
기타 제조간접원가	200,000
전기료(본사에 40%, 공장에 60% 배부)	200,000
감가상각비(본사에 20%, 공장에 80% 배부)	500,000
본사의 기타 판매관리비	400,000

재고자산	기초잔액	기말잔액
재공품재고	₩1,000,000	₩800,000
직접재료재고	300,000	100,000
제품재고	700,000	400,000

위의 자료를 토대로 ㈜대한의 3월 1일부터 3월 31일까지의 영업이익을 구하면 얼마인가? *(2009, 세무사)*

① ₩1,000,000 ② ₩1,100,000 ③ ₩1,280,000 ④ ₩1,600,000 ⑤ ₩1,680,000

25. (주)한라는 2007년초에 설립되었으며, 정상원가계산을 적용하고 있다. 제조간접비는 직접노무시간을 기준으로 예정배부한다. 회사는 제조간접비 배부차이를 기말재고자산 및 매출원가에 포함된 제조간접비 예정배부액에 비례하여 안분한다. 당기에 기말재공품, 기말제품 및 매출원가에는 1 : 3 : 4의 비율로 제조간접비가 각각 예정배부되었고, 기말재공품에 차감하여 조정된 배부차이는 ₩2,500이었다. 당기의 실제 제조간접비는 ₩180,000이고, 실제 직접노무시간은 총 1,250시간이었다면, 제조간접비 예정배부율은 직접노무시간당 얼마인가? *(2008, KICPA)*

① ₩144 ② ₩160 ③ ₩168 ④ ₩170 ⑤ ₩178

26. (주)국세는 개별-정상원가계산을 채택하고 있다. ㈜국세는 제조간접원가를 예정배부하며, 예정배부율은 직접노무원가의 60%이다. 제조간접원가의 배부차이는 매기 말 매출원가에서 전액 조정한다. 당기에 실제 발생한 직접재료원가는 ₩24,000이며, 직접노무원가는 ₩16,000이다. 기초재공품은 ₩5,600이며, 기말재공품에는 직접재료원가 ₩1,200과 제조간접원가 배부액 ₩1,500이 포함되어 있다. 또한 기초제품은 ₩5,000이며, 기말제품은 ₩8,000이다. 제조간접원가 배부차이를 조정한 매출원가가 ₩49,400이라면, 당기에 발생한 실제 제조간접원가는 얼마인가? *(2011, 세무사)*

① ₩7,200 ② ₩9,600 ③ ₩10,400 ④ ₩12,000 ⑤ ₩13,200

제 8 장

Process Costing

종합원가계산

제1절 종합원가계산의 개요

1. 종합원가계산의 의의

종합원가계산은 개별원가계산과 더불어 제품원가계산의 가장 중요한 방법이다. 종합원가계산(綜合原價計算, process costing)은 하나 또는 연속적인 제조공정을 통하여 생산되는 동질적인 제품에 원가를 배분하는 방법이다. 따라서 연속적인 제조공정을 통해 동종의 제품을 대량으로 생산하는 기업에 적용되는 원가계산시스템이다. 종합원가계산시스템이 적용되는 업종으로는 철강업·정유업·섬유업·식품가공업·화학공업·제분업·제화업 등이다.

종합원가계산은 직접재료원가·직접노무원가·제조간접원가를 제품에 할당하고 제품의 단위당 원가를 계산한다는 점에서는 개별원가계산과 동일하다. 그러나 특정 제조지시서별로 원가계산이 이루어지는 개별원가계산과는 달리 종합원가계산은 공정별(또는 부문별)로 원가계산이 이루어진다는 점에서 다르다. 즉, 개별원가계산은 특정 제조지시서별로 제조과정에 소비된 원가를 집계하고 완성여부에 따라 완성된 제조지시서의 원가를 당기제품제조원가로 하고 당기제품제조원가를 완성량으로 나누어 제품의 단위당원가를 구한다. 그리고 미완성된 제조지시서의 원가는 기말재공품재고액이 된다. 그러나 종합원가계산은 제품이 연속적으로 생산되는 경우에 적용되는 원가계산이므로 이러한 생산형태에서는 생산을 종료하기 전까지는 생산량을 파악하기 곤란하다. 그러므로 원가를 제품 단위별(또는 제조지시서별)로 계산할 필요가 없으며, 일정기간 동안에 각 제조공정에서 발생한 제조원가를 집계한 후, 총제조원가를 동기간 동안 그 공정(또는 부문)에서 완성된 생산량(완성품수량)으로 나누어 단위당원가를 계산한다. 이러한 단위당원가를 완성품수량에 곱하여 당기제품제조원가를 계산하고, 미완성품수량에 단위당원가를 곱하여 기말재공품재고액을 계산하는 방법으로 당기총제조원가를 배분하게 된다. 이러한 특성으로 인해 종합원가계산을 평준원가계산(平均原價計算, average costing)이라고도 한다. 종합원가계산의 특징은 다음과 같으며, 개별원가계산과 종합원가계산의 차이점을 비교하면 [표 8-1]과 같다.

첫째, 동일한 공정을 거쳐 생산된 각 제품은 동질적이기 때문에 각 제품의 단위당원가는 동일하다는 것을 기본가정으로 하고 있다.

둘째, 동종제품을 연속적으로 대량생산하므로 개별 제조지시서별로 제조지시서를 발행할 필요가 없으며, 계산절차가 단순하다.

셋째, 동종제품을 연속적으로 대량생산하므로 생산이 완전히 종료되기 전에는 생산량 파악이 어렵기 때문에 인위적인 기간개념을 도입하여 그 기간에 발생된 총제조원가와 생산된 생산량을 근거로 원가계산을 하게 되며, 각 공정별(또는 부문별)로 원가가 집계되고, 각 공정별(또는 부문별)로 제조원가보고서가 작성된다. 일반적으로 월별이나 분기별로 이루어진다.

넷째, 공정(또는 부문)에서 발생하는 제조간접원가는 직접노무원가와 별도로 구분하지 않고 가공원가로 단순화한다. 이는, 일정기간 내에 생산한 제품원가를 종합적으로 집계하기 때문에 제조간접원가를 각 제품에 배부할 필요가 없기 때문이다. 따라서, 원가의 분류는 직접재료원가와 가공원가로 구분한다.

> 제19조(종합원가계산) ①종합원가계산은 동일 종류 또는 다른 종류의 제품을 연속하여 반복적으로 생산하는 생산형태에 적용한다.
> ②종합원가계산의 단위당 원가는 발생한 모든 원가요소를 집계한 당기총제조비용에 기초재공품원가를 가산한 후 그 합계액을 완성품과 기말재공품에 안분계산함으로써 완성품총원가를 계산하고, 이를 제품단위에 배분하여 산정한다.
> ③종합원가계산에 있어서 완성품원가와 기말재공품원가는 완성품환산량에 의하여 선입선출법.후입선출법 또는 총평균법 등 기타 합리적인 방법을 적용하여 계산한다.
> ④기말재공품의 완성품환산량은 재료의 투입정도 또는 가공정도 등을 고려하여 직접재료비와 가공비로 구분하여 산정할 수 있다.
> ⑤종합원가계산은 생산되는 제품의 형태 및 공정에 따라 공정별원가계산, 조별원가계산, 등급별원가계산 및 연산품원가계산 등으로 분류한다.

2. 종합원가계산의 유형

동일한 제품을 연속적으로 대량생산하는 업종이라 하더라도 제품의 생산공정은 다를 수밖에 없다. 종합원가계산은 생산하는 제품의 종류, 작업의 성질, 기업의 생산형태 등에 따라 원가계산방법이 다르게 적용되며, 이에 따라 종합원가계산이 분류된다. 우리나라 원가계산준칙에서는 "종합원가계산은 생산되는 제품의 형태 및 공정에 따라 공정별원가계산, 조별원가계산, 등급별원가계산 및 연산품원가계산 등으로 분류한다."라고 규정하고 있다(준칙 제19조 ⑤).

제품의 종류에 따른 분류

- 단일제품 종합원가계산: 단일 종류의 제품을 생산하는 경우에 적용
- 조별 종합원가계산: 다른 종류의 제품을 조별로 연속하여 발생하는 형태에 적용. 조(組, class)란, 제품을 말함.

공정의 수에 따른 분류

- 단순종합원가계산: 제조공정이 하나인 경우에 적용
- 공정별 종합원가계산: 제조공정이 2개 이상인 경우에 적용.

[표 8-1] 개별원가계산과 종합원가계산의 비교

구 분	개별원가계산	종합원가계산
적용 가능성	• 개별제품, 프로그램, 용역별로 원가를 구분할 필요가 있는 경우 • 이종제품의 개별생산 형태	• 제품이 개별적으로 다른 제품과 구분할 수 없는 경우 • 동종제품의 대량생산 형태
적용 산업	• 건설업, 조선업, 기계공업, 인쇄업 항공산업, 자동차수선업, 주조업, 가구제조업	• 철강업, 화공약품제조업, 플라스틱제조업, 정유업, 식품가공업, 섬유업, 통조림제조업, 광업, 시멘트생산업, 정육포장업, 은행, 양조업
원가 계산	• 개별제품, 프로그램, 용역별로 작업원가표를 통해 집계(개별원가계산표) • 원가계산기간이 중요치 않음 • 원가흐름의 가정이 필요 없음 • 개별원가계산표로 집계된 제조원가를 완성된 제품수량으로 나누어 단위당 원가를 계산 • 원가계산표에 집계된 제조원가를 기초로 기말재공품의 자동 계산	• 부문통제표를 사용하여 부문, 공정, 작업별로 집계하거나 부문별 재고계정의 차변에 기록하여 집계 • 원가계산기간의 인위적 구분 • 원가흐름의 가정 (선입선출법, 평균법, 후입선출법) • 일정기간 동안의 총원가를 생산량(완성품환산량)으로 나누어 단위당 원가를 계산 • 완성량에 단위당원가를 곱하여 제품제조원가를 계산
원가 요소	• 원가요소를 각 제품에 개별적으로 집계하기 때문에 반드시 직접원가와 간접원가로 구분 필요	• 원가를 종합적으로 파악하기 때문에 직접원가와 간접원가로 구분할 필요가 없으며, 직접재료원가와 가공원가로 구분
기말 재공품 평가	• 기말 미완성된 제조지시서에 원가를 집계하여 기말재공품원가 평가	• 인위적인 방법에 따라 미완성량에 단위당원가를 곱하여 기말재공품원가 평가
장점	• 보다 정확한 원가계산이 가능 • 제품별 손익계산과 분석이 용이 • 개별원가계산표에 의해 원가의 효율성을 통제할 수 있고 미래 작업을 평가할 수 있음.	• 보다 경제적이며 덜 복잡함 • 부문, 공정, 작업별로 원가 및 차이가 집계되므로 책임회계 및 통제에 용이
단점	• 상세한 기록이 필요하므로 비용이 많이 소요됨 • 작업기록이 복잡하여 오류가 발생할 가능성이 있음	• 원가가 비교적 부정확함 • 작업·제품별로 손익비교가 어려움 • 작업량에 관계없이 총제조원가를 평균화 함

공정별 계산대상에 따른 분류

- 전원가요소 공정별 종합원가계산: 모든 제조원가를 공정별 계산의 대상으로 하여 적용
- 가공원가 공정별 종합원가계산: 직접재료원가는 하나의 공정으로 가정하고, 가공원가는 공정별 계산대상으로 하여 적용.

3. 종합원가계산의 기본개념

종합원가계산을 위해서는 기본적인 두 가지 개념에 대해 이해할 필요가 있다. 첫째는 종합원가계산 원가흐름의 가정이며, 둘째는 완성품환산량의 개념이다.

▪ 종합원가계산 원가흐름의 가정

종합원가계산은 제품이 연속적으로 생산되는 경우에 적용되는 원가계산이므로 이러한 생산형태에서는 생산을 종료하기 전까지는 생산량을 파악하기 곤란하기 때문에 일정기간을 두고 생산량과 총제조비용을 파악하여 원가계산을 하는 것이다. 따라서 종합원가계산에서는 일정기간이라는 원가계산기간(보통 1개월)을 정함으로써 원가계산기말에는 공정에서의 작업이 끝난 완성품과 아직 공정 중에 있는 미완성품이 존재하게 된다. 만약 미완성품이 존재하지 않는다면 원가계산기간 동안에 공정에 투입된 제조원가는 모두 제품제조원가가 되기 때문에 원가계산의 어려움은 없다. 그러나 종합원가계산에서는 일반적으로 원가계산기간 동안 완성품과 미완성품이 존재하게 되며, 이 경우 원가계산기간 동안에 발생한 총제조원가를 완성품과 미완성품에 어떻게 부담시켜야 하는지가 문제가 된다. 그래서 종합원가계산에서는 기말재공품의 평가가 매우 중요한 과정이다.

전기에 착수된 단위 중 일부가 기말에 완성되지 않는 경우 기말재공품이 존재하게 되고 당기의 입장에서는 기초재공품이 된다. 종합원가계산에서 기초재공품이 존재하지 않으면 당기에 투입된 원가를 완성품과 기말재공품에 배분하면 된다. 그러나 기초재공품과 기말재공품이 존재하는 경우에는 기초재공품원가를 당기에 투입된 원가에 포함시킬 것인지 아니면 당기에 투입된 원가에서 제외할 것인지의 문제이다. 이러한 문제를 해결하기 위한 수단이 바로 원가흐름의 가정이 며 평균법과 선입선출법 및 후입선출법이 있다. 우리나라 원가계산준칙에서는 " 종합원가계산에 있어서 완성품원가와 기말재공품원가는 완성품환산량에 의하여 선입선출법・후입선출법 또는 총평균법 등 기타 합리적인 방법을 적용하여 계산한다."라고 규정하고 있다(준칙 제19조 ③).

평균법(平均法, weighted average method)은 원가계산 목적상 기초재공품이 전기에 이미 제조에 착수되었음에도 불구하고 마치 당기에 처음부터 착수되어 완성된 것처럼 가정한다. 따라서 당기에 완성된 제품이면 그것이 기초재공품이 추가가공된 것이든 당기에 새로 착수하여 완성된 것이든 구분하지 않는다.

선입선출법(先入先出法, first-in first-out method)은 먼저 투입된 것이 먼저 완성된다는 가정 하에 기초재공품은 당기 중에 우선적으로 완성품이 되고 기말재공품에는 포함시키지 않는다고 가정한다.

후입선출법(後入先出法, last-in first-out method)은 선입선출법과는 반대로 제조과정에 늦게 투입된 것이 먼저 완성되고 먼저 투입된 것이 기말재공품으로 된다고 가정한다. 그러나 실무에서는 거의 이용되고 있지 않다.

■ 완성품환산량

종합원가계산은 연속적인 생산공정을 통해 동종의 제품을 대량으로 생산하는 시스템에 적용되므로 원가계산을 위해서는 인위적인 기간개념이 도입되게 된다. 이 경우 제품 단위당원가를 계산하기 위해서는 원가계산기간 동안 제품을 생산하기 위해 투입된 총원가를 동 기간 동안에 완성된 완성품으로 나누어 구해야 하는데, 이 때 완성품을 파악하는 것이 중요하다. 즉, 당기에 공정(또는 부문)에 착수된 물량 중 일부가 기말에 완성되지 않는 경우 완성량을 얼마로 할 것인가하는 문제가 발생되게 된다. 왜냐하면 기말에 완성되지 않는 물량에 대해서도 당기의 원가가 투입되었기 때문이다. 이러한 문제를 해결하는 데 필요한 개념이 바로 완성품환산량 개념이다.

완성품환산량(完成品換算量, equivalent unit)이란 일정기간 동안 투입한 모든 노력의 정도를 동 기간 동안에 제품을 완성하는데에만 투입하였다면 완성되었을 완성품 수량으로 환산한 수치이다. 원가계산기간 내에 최초 원재료 투입부터 가공이 완료되어 완성된 완성품수량은 그 수량자체가 그대로 완성품환산량이 되지만, 아직 완성되지 않은 미완성제품 즉, 기말재공품은 어느 정도 완성되었는지 그 완성도를 파악하여 완성품환산량을 구하게 된다. 완성품환산량을 구하는 식은 다음과 같다.

완성품환산량 = 물량 × 완성도

따라서, 종합원가계산에서는 완성도가 서로 다른 기초 또는 기말재공품과 완성품에 당기투입원가를 배분하는 문제를 해결하기 위하여 완성품환산량이라는 배부기준을 활용하는 것이다.

완성품환산량을 구하기 위해서는 완성도에 대한 이해가 필요한데, 완성도(完成度, degree of completion)란 공정에 투입되어 현재 공정에 남아 있는 가공대상 생산물에 대하여 공정이 어느 정도 진척되었는가를 나타내는 척도이다. 즉, 완성도란 원가의 투입과정에서 작업이 진행된 정도를 말한다. 일반적으로 직접재료원가, 직접노무원가, 제조간접원가 등의 원가요소는 투입시점이 상이하므로 완성도를 나타내는 수치도 각 원가요소별로 계산하여야 한다. 직접재료원가는 대개 공정 착수시점이나 공정 중간시점 또는 공정 종료시점 등과 같이 특정시점에서 전액 발생하는데 반해 가공원가(직접노무원가, 제조간접원가)는 공정 전반에 걸쳐 균등하게 발생하는 것이 일반적이다. 이와 같이 각 원가요소별로 원가발생 시점에 차이가 있으므로 각각에 대하여 별도로 완성품환산량을 계산하여야 한다.

예제 8-1 완성품환산량

1. 완성품의 완성품환산량

당기완성품에는 직접재료원가와 가공원가가 모두(100%) 투입되었기 때문에 당기완성품물량 모두가 완성품환산량이다.

ex) 당기완성량 1,000개 ⇒ 완성품환산량 1,000개

2. 기초(기말)재공품의 직접재료원가 완성품환산량

1) 직접재료가 공정초에 모두(100%) 투입되는 경우.

: 직접재료가 공정초에 투입된다는 것은 기초(기말)재공품 물량에는 이미 직접재료가 100% 투입되었다는 것을 의미하므로, 기초(기말)재공품이 아직 미완성되었지만 기초(기말)재공품의 완성도와는 관계없이 물량 모두(100%)를 완성품환산량으로 한다.

ex) 기초(기말)재공품: 1,000개(완성도 40%)이며, 직접재료는 공정초에 모두 투입된다.

: 직접재료가 공정초에 투입되므로 완성도와 관계없이 기초(기말)재공품 물량 1,000개가 완성품환산량이 된다.

2) 직접재료가 공정의 특정시점에 모두(100%) 투입되는 경우.

: 직접재료가 공정의 특정시점(예; 공정의 20%, 또는 50% 등)에 투입되는 경우에는 기초(기말)재공품의 완성도와 직접재료 투입시점과의 비교를 통해 완성품환산량을 계산한다.

① 기초(기말)재공품 완성도 〉 직접재료 투입시점

완성품환산량 = 기초(기말)재공품 물량 모두(100%)

ex) 기초(기말)재공품: 1,000개(완성도 40%), 직접재료는 공정의 20%시점에서 투입된다.

: 기초(기말)재공품 완성도(40%) 〉 직접재료 투입시점(20%)이므로, 기초(기말)재공품 물량 1,000개가 완성품환산량이 된다.

② 기초(기말)재공품 완성도 〈 직접재료 투입시점

완성품환산량 = 0개

ex) 기초(기말)재공품: 1,000개(완성도 40%), 직접재료는 공정의 50%시점에서 투입된다.

기초(기말)재공품 완성도(40%) 〈 직접재료 투입시점(50%)이므로, 기초(기말)재공품 물량에는 직접재료가 투입되지 않았기 때문에 완성품환산량은 0개가 된다.

3) 직접재료가 공정초에 일부가 투입되고, 나머지는 공정의 특정시점에 투입되는 경우.

: 직접재료의 일부가 공정초에 투입되고, 나머지가 공정의 특정시점(예; 공정의 20%, 또는 50% 등)에 투입되는 경우 세 단계에 걸쳐 환산량을 계산한다.

1단계: 공정초에 투입된 직접재료의 환산량 계산

기초(기말)재공품 물량 × 직접재료 투입비율 = 공정초에 투입된 직접재료 환산량

2단계: 기초(기말)재공품 완성도 〉 나머지 직접재료 투입시점

환산량 = 기초(기말)재공품 나머지 물량

또는,

기초(기말)재공품 완성도 〈 나머지 직접재료 투입시점

환산량 = 0개

3단계: 1단계와 2단계에서의 환산량을 더하여 완성품환산량으로 한다.

따라서, 기초(기말)재공품 완성도 〉 나머지 직접재료 투입시점인 경우에는 기초(기말)재공품 모두(100%)가 완성품환산량이 된다. 그러나, 기초(기말)재공품 완성도 〈 나머지 직접재료 투입시점인 경우에는 공정초에 투입된 직접재료 환산량이 완성품환산량이 된다.

ex1) 기초(기말)재공품: 1,000개(완성도 60%), 직접재료는 공정초에 40% 투입되고, 나머지는 공정의 50%시점에서 투입된다.

1단계: 공정초에 투입된 직접재료의 환산량 계산

기초(기말)재공품 물량(1,000개) × 직접재료 투입비율(40%) = 400개

2단계: 기초(기말)재공품 완성도 〉 나머지 직접재료 투입시점

기초(기말)재공품 나머지 물량(1,000개 – 400개) = 600개

3단계: 완성품환산량(1단계 + 2단계) = 1,000개

ex2) 기초(기말)재공품: 1,000개(완성도 60%), 직접재료는 공정초에 40% 투입되고, 나머지는 공정의 80%시점에서 투입된다.

1단계: 공정초에 투입된 직접재료의 환산량 계산

기초(기말)재공품 물량(1,000개) × 직접재료 투입비율(40%) = 400개

2단계: 기초(기말)재공품 완성도 〈 나머지 직접재료 투입시점

기초(기말)재공품에는 직접재료가 투입되지 않으므로 = 0개

3단계: 완성품환산량(1단계 + 2단계) = 400개

4) 직접재료가 공정초에 일부가 투입되고, 나머지는 공정의 진행정도에 따라 투입되는 경우.

: 직접재료의 일부가 공정초에 투입되고, 나머지가 공정의 진행정도에 따라 투입되는 경우 두 단계에 걸쳐 환산량을 계산한다.

1단계: 공정초에 투입된 직접재료의 환산량 계산

기초(기말)재공품 물량 × 직접재료 투입비율 = 공정초에 투입된 직접재료 환산량

2단계: 기초(기말)재공품 나머지 물량 × 완성도 = 나머지 직접재료의 환산량

3단계: 1단계와 2단계에서의 환산량을 더하여 완성품환산량으로 한다.

ex) 직접재료는 공정초에 40% 투입되고, 나머지는 공정의 진행정도에 따라 투입된다.

기초(기말)재공품: 1,000개(완성도 60%)

1단계: 공정초에 투입된 직접재료의 환산량 계산

기초(기말)재공품 물량(1,000개) × 직접재료 투입비율(40%)

= 공정초에 투입된 직접재료 환산량 = 400개

2단계: 기초(기말)재공품 나머지 물량(1,000개 − 400개) × 완성도(60%)

= 나머지 직접재료의 환산량 = 360개

3단계: 완성품환산량(1단계 + 2단계) = 760개

제2절 종합원가계산의 절차

1. 종합원가계산의 기본절차

종합원가계산은 다음과 같은 5단계의 기본절차를 거쳐 당기완성품원가(당기제품제조원가)와 기말재공품원가를 계산한다.

1단계: 물량단위의 흐름을 파악한다

2단계: 완성품환산량을 계산한다. 산출량에 대한 직접재료원가와 가공원가의 완성품환산량을 각각 계산한다

3단계: 총투입원가를 집계한다. 직접재료원가와 가공원가의 총투입원가(기초+당기)를 집계한다.

4단계: 완성품환산량 단위당원가를 계산한다. 직접재료원가와 가공원가의 완성품환산량 단위당원가를 각각 계산한다.

5단계: 완성품원가와 기말재공품원가를 계산한다.

■ 물량단위의 흐름 파악

종합원가계산을 수행하기 위한 첫 번째 단계는 완성품과 기초 및 기말재공품의 물량단위를 파악하는 것이다. 즉, 원가계산기간 동안 특정 공정(또는 부문)의 투입량과 산출량을 파악하는 것이다.

[그림 8-1] 물량흐름의 파악

제 공 품

기초재공품	×××	당기완성품	×××
당기착수량	×××	기말재공품	×××
합 계	×××	합 계	×××

기초재공품 + 당기착수량 = 당기완성량 + 기말재공품

■ 완성품환산량 계산

종합원가계산을 수행하기 위한 두 번째 단계는 완성품과 기초 및 기말재공품에 포함된 직접재료원가와 가공원가에 대한 완성품환산량을 계산하는 것이다. 완성품환산량은 물량에 완성도를 곱하여 계산한다. 완성품환산량은 종합원가계산의 원가흐름 가정에 따라 같은 물량흐름이라 하더라도 평균법과 선입선출법에 따라 다르다. 평균법은 기초재공품이 전기에 이미 제조에 착수되었음에도 불구하고 마치 당기에 처음부터 착수되어 완성된 것처럼 가정하여 완성품환산량을 측정하는 반면에 선입선출법은 기초재공품을 완성시키기 위해 추가로 수행한 작업량과 당기에 처음부터 착수하여 완성시킨 작업량을 대상으로 완성품환산량을 측정하기 때문이다. 즉, 평균법은 기초재공품의 완성도를 고려하지 않는 반면에 선입선출법은 기초재공품의 완성도를 고려한다. 이러한 이유로 인하여 기초재공품이 존재하지 않은 경우에는 평균법과 선입선출법에서의 완성품환산량은 동일하다.

■ 평균법의 경우

완성품환산량 = 당기완성품수량 + (기말재공품수량 × 완성도)

* 당기완성품수량은 기초재공품완성분과 당기착수완성분을 구분할 필요 없이 모두 당기에 착수 완성된 것으로 간주한다.

■ 선입선출법의 경우

완성품환산량 = 당기완성품수량 + (기말재공품수량 × 완성도) - (기초재공품수량 × 완성도)

또는,

완성품환산량 = 당기착수완성품수량 + (기말재공품수량 × 완성도) + {기초재공품수량 × (1-완성도)}

예제 8-1 완성품환산량

A회사는 단일공정에서 단일제품을 생산하고 있다. 재료는 공정착수시점에 모두 투입되고, 가공원가는 공정의 진행정도에 따라 균등하게 발생한다. 20××년 3월과 4월의 생산자료는 다음과 같다.

3월		4월	
기초재공품 :	없음	기초재공품 :	2,000개(완성도 40%)
당기착수량 :	10,000개	당기착수량 :	12,000개
당기완성량 :	8,000개	당기완성량 :	10,000개
기말재공품 :	2,000개(완성도 40%)	기말재공품 :	4,000개(완성도 80%)

[물음사항] 평균법, 선입선출법

1. 3월의 직접재료원가와 가공원가의 완성품환산량을 측정하시오.
2. 4월의 직접재료원가와 가공원가의 완성품환산량을 측정하시오.

■ 풀이

1. 3월의 완성품환산량

1) 기초재공품이 없으므로 평균법과 선입선출법에서의 완성품환산량은 동일하다.

	(물량흐름)	완성품환산량	
		직접재료원가	가공원가
기초재공품	0개		
당기착수량	10,000개		
당기완성량	8,000개	8,000개	8,000개
기말재공품	2,000개(40%)	2,000개	800개
합 계	10,000개	10,000개	8,800개

* 당기착수완성분 8,000개는 100%완성된 물량이므로 직접재료원가와 가공원가 완성품환산량은 각각 8,000개이다. (8,000개 × 100% = 8,000개)

** 기말재공품 환산량: 직접재료원가는 공정초에 투입되므로 기말재공품 물량에는 이미 접재료원가가 100% 투입되었으므로 직접재료원가 완성품환산량은 2,000개이다. (2,000개 × 100% = 2,000개)

가공원가는 공정의 진행정도에 따라 투입되므로 가공원가 완성품환산량은 800개이다. (2,000개 × 40% = 800개)

2. 4월의 완성품환산량

1) 평균법

	(물량흐름)	완성품환산량	
		직접재료원가	가공원가
기초재공품	2,000개		
당기착수량	12,000개		
당기완성량	10,000개	10,000개	10,000개
기말재공품	4,000개(80%)	4,000개	3,200개
합 계	14,000개	14,000개	13,200개

* 평균법에서의 당기완성량은 기초재공품완성분과 당기착수완성분을 구분하지 않는다.

** 당기착수완성분 10,000개는 100%완성된 물량이므로 직접재료원가와 가공원가 완성품환산량은 각각 10,000개이다. (10,000개 × 100% = 10,000개)

** 기말재공품 환산량: 직접재료원가는 공정초에 투입되므로 기말재공품 물량에는 이미 접재료원가가 100% 투입되었으므로 직접재료원가 완성품환산량은 4,000개이다. (4,000개 × 100% = 2,000개)

가공원가는 공정의 진행정도에 따라 투입되므로 가공원가 완성품환산량은 3,200개이다. (4,000개 × 80% = 3,200개)

2) 선입선출법

	(물량흐름)	완성품환산량	
		직접재료원가	가공원가
기초재공품(40%)	2,000개		
당기착수량	12,000개		
당기완성량			
기초재공품완성분(100-40%)	2,000개	0개	1,200개
당기착수완성분	8,000개	8,000개	8,000개
기말재공품(80%)	4,000개	4,000개	3,200개
합 계	14,000개	12,000개	12,400개

* 선입선출법에서의 당기완성량은 기초재공품완성분과 당기착수완성분을 구분하여 당기 생산물량만을 고려한다.

** 기초재공품완성분: 직접재료원가 환산량은 0개이다. 왜냐하면 기초재공품에 대한 직접재료원가는 이미 3월에 100% 투입되었기 때문에 4월에는 투입되지 않으므로 환산량은 0개이다.

가공원가 환산량은 3월에 40% 완성되었기 때문에 4월에 완성시키기 위해서는 60% 추가 공정이 이루어져야 하므로 환산량은 1,200개이다. (2,000개 × 60% = 1,200개).

*** 기말재공품 환산량: 직접재료원가는 공정초에 투입되므로 기말재공품 물량에는 이미 직접재료원가가 100% 투입되었으므로 직접재료원가 완성품환산량은 4,000개이다. (4,000개 × 100% = 4,000개)

가공원가는 공정의 진행정도에 따라 투입되므로 가공원가 완성품환산량은 3,200개이다. (4,000개 × 80% = 3,200개)

■ 총투입원가 집계

종합원가계산을 수행하기 위한 세 번째 단계는 직접재료원가와 가공원가를 집계한다. 완성품환산량을 종합원가계산의 원가흐름 가정에 의해 평균법과 선입선출법에 따라 다르게 계산하듯이 총투입원가 집계 역시 평균법은 기초재공품원가와 당기에 새로 투입된 제조원가를 구별하지 않고 이를 합하여 직접재료원가와 가공원가 각각의 당기투입원가로 하고, 선입선출법은 당기에 새로 투입된 직접재료원가와 가공원가만을 당기투입원가로 한다.

■ 완성품환산량 단위당원가의 계산

종합원가계산을 수행하기 위한 네 번째 단계는 직접재료원가와 가공원가에 대한 완성품환산량 단위당원가를 계산한다. 완성품환산량 단위당 원가는 총투입원가를 완성품환산량으로 나누어 직접재료원가 완성품환산량 단위당원가와 가공원가 완성품환산량 단위당원가를 계산한다.

- 평균법의 경우

$$\text{완성품환산량 단위당원가} = \frac{(\text{기초재공품원가} + \text{당기제조원가})}{\text{완성품환산량}}$$

- 선입선출법의 경우

$$\text{완성품환산량 단위당원가} = \frac{\text{당기제조원가}}{\text{완성품환산량}}$$

■ 완성품원가와 기말재공품원가 계산

종합원가계산을 수행하기 위한 마지막 단계는 완성품원가와 기말재공품원가를 계산한다. 완성품원가는 당기완성품수량에 네 번째 단계에서 계산된 완성품환산량 단위당원가를 곱하여 계산하며, 기말재공품원가는 기말재공품수량에 완성품환산량 단위당원가를 곱하여 계산하다. 완성품원가는 당기제품제조원가가 된다. 이와 같이 다섯 단계에 의한 종합원가계산 절차를 정리하면 제조원가보고서(製造原價報告書, production cost report)가 된다. 우리나라 원가계산준칙에서는 "종합원가계산의 단위당원가는 발생한 모든 원가요소를 집계한 당기총제조비용에 기초재공품원가를 가산한 후 그 합계액을 완성품과 기말재공품에 안분계산함으로써 완성품총원가를 계산하고, 이를 제품단위에 배분하여 산정한다."라고 규정하고 있다(준칙 제19조 ②).

예제 8-2 종합원가계산(기초재공품이 존재하지 않는 경우)

A회사는 단일공정에서 단일제품을 생산하고 있다. 재료는 공정착수시점에 모두 투입되고, 가공원가는 공정의 진행정도에 따라 균등하게 발생한다. 20××년 4월 중 생산활동에 관한 자료는 다음과 같다.

기초재공품	: 없음	당기투입원가	
당기착수량	: 12,200개	직접재료원가	: ₩122,000
당기완성량	: 10,200개	가공원가	: 220,000
기말재공품	: 2,000개(완성도 40%)		

[물음사항]

1. 4월 중의 완성품원가와 기말재공품원가를 계산하시오.
2. 4월 중에 발생한 거래를 분개하고, 이를 재공품계정에 전기하고 마감하시오.

■ 풀이

1. 완성품원가와 기말재공품원가

	1단계 (물량흐름)	**2단계**(완성품환산량) 직접재료원가	가공원가
당기착수량	12,200개		
합 계	12,200개		
당기완성량	10,200개	10,200개 (100%)	10,200개 (100%)
기말재공품(40%)	2,000개	2,000개 (100%)	800개 (40%)
합 계	12,200개	12,200개	11,000개
3단계 (총원가 집계)			
당기발생원가	₩342,000	₩122,000	₩220,000
합 계	₩342,000	₩122,000	₩220,000
4단계 (완성품환산량단위당원가)		₩122,000÷12,200개 = @₩10	₩220,000÷11,000개 = @₩20
5단계 (총원가 배분)			
완성품원가	**₩306,000**	(10,200개×@10)=₩102,000	(10,200개÷@20)=₩204,000
기말재공품원가	**36,000**	(2,000개×@10)= 20,000	(800개×@20)= 16,000
합 계	**₩342,000**	**₩122,000**	**₩220,000**

1단계: 물량흐름

기초재공품	0개	당기완성품	10,200개
당기착수량	12,200개	기말재공품	2,000개
합 계	12,200개	합 계	12,200개

2단계: 완성품환산량

직접재료원가 완성품환산량 = 완성품수량 + 기말재공품수량

12,200개 = 10,200개 + 2,000개

직접재료는 공정초에 투입되므로 기말재공품 20,000개에는 직접재료가 100%투입됨.

가공원가 완성품환산량 = 완성품수량 + (기말재공품수량 × 완성도)

11,000개 = 10,200개 + (2,000개 × 40%)

3단계: 당기투입원가

직접재료원가 당기투입원가 = ₩122,000

가공원가 당기투입원가 = ₩220,000

4단계: 완성품환산량 단위당원가

완성품환산량 단위당원가 = 당기투입원가 ÷ 완성품환산량

직접재료원가 : @₩10 = ₩122,000 ÷ 12,200개

가공원가 : @₩20 = ₩220,000 ÷ 11,000개

5단계: 완성품원가와 기말재공품원가

완성품원가 = 당기완성품수량 × (완성품환산량 단위당 총원가)

₩306,000 = 10,200개 × (@₩10 + ₩20)

기말재공품원가 = 요소별 기말재공품환산량 × 요소별 완성품환산량 단위당원가

₩36,000 = (2,000개 × @₩10) + (800개 × @₩20)

2. 분개

① 4월 중 제조과정에 소요된 직접재료원가

(차) 재 공 품 ₩122,000 (대) 직접재료 ₩122,000

② 4월 중 발생된 직접노무원가 및 제조간접원가

(차) 재 공 품 ₩220,000 (대) 가공원가 ₩220,000

③ 4월 중 당기완성품을 제품계정으로 대체

(차) 제 품 ₩306,000 (대) 재 공 품 ₩306,000

재공품계정

재 공 품

차변	금액	대변	금액
① 직접재료원가	₩122,000	③ 당기완성품	₩306,000
② 가 공 원 가	220,000	기말재공품	36,000
합 계	₩342,000	합 계	₩342,000

2. 종합원가계산 방법

■ 평균법

평균법(平均法, weighted average method)은 원가계산 목적상 기초재공품이 전기에 이미 제조에 착수되었음에도 불구하고 마치 당기에 처음부터 착수되어 완성된 것처럼 가정한다. 따라서 당기에 완성된 제품이면 그것이 기초재공품이 추가가공된 것이든 당기에 새로 착수하여 완성된 것이든 구분하지 않는다. 그러므로 기초재공품원가와 당기에 새로 투입된 제조원가를 구별하지 않고 이를 합하여 당기

투입원가로 하고, 이를 당기완성품원가와 기말재공품원가로 배분 계산하는 방법이다. 이와 같이 평균법에 의한 종합원가계산의 원가흐름은 [그림 8-2]와 같으며, 평균법에 의한 종합원가계산 절차 5단계는 다음과 같다.

[그림 8-2] 평균법에 의한 원가흐름 가정

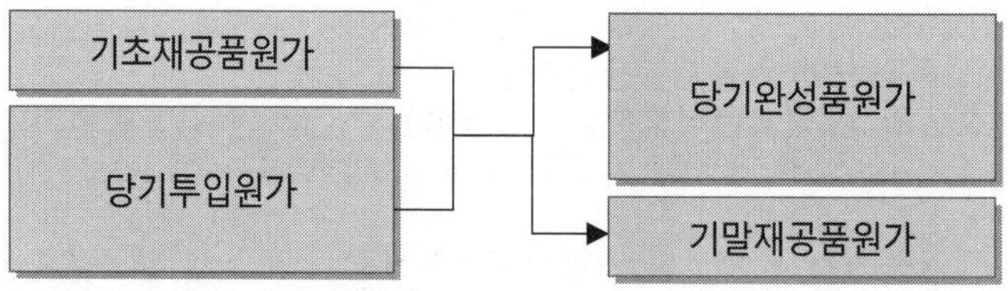

1단계: 물량단위의 흐름을 파악한다.

기초재공품 + 당기착수량 = 당기완성량 + 기말재공품

2단계: 완성품환산량을 계산한다.

직접재료원가와 가공원가별로 당기완성품수량에 기말재공품환산량을 합산하여 완성품환산량을 계산한다.

원가요소별 완성품환산량 = 당기완성품수량 + 원가요소별 기말재공품환산량

당기완성품수량 = 기초재공품수량 + 당기착수완성품수량

3단계: 총투입원가를 집계한다.

직접재료원가와 가공원가별로 기초재공품원가에 당기투입원가를 합산하여 총투입원가를 계산한다.

원가요소별 총투입원가

= 원가요소별 기초재공품원가 + 원가요소별 당기투입원가

4단계: 완성품환산량 단위당원가를 계산한다.

직접재료원가와 가공원가별로 총투입원가를 완성품환산량으로 나누어 완성품환산량 단위당원가를 계산한다.

원가요소별 완성품환산량 단위당원가

= 요소별 총투입원가 ÷ 원가요소별 완성품환산량

5단계: 완성품원가와 기말재공품원가를 계산한다.

당기완성품수량에 완성품환산량 단위당 총원가를 곱하여 완성품원가를 계산하고, 기말재공품원가는 원가요소별 기말재공품환산량에 원가요소별 완성품환산량 단위당원가를 곱하여 계산한다.

당기완성품원가 = 당기완성품수량 × 완성품환산량 단위당 총원가

기말재공품원가

= 원가요소별 기말재공품수량 × 원가요소별 완성품환산량 단위당원가

예제 8-3 평균법

A회사의 단일공정에서 단일제품을 생산하고 있다. 재료는 공정착수시점에 모두 투입되고, 가공원가는 공정의 진행정도에 따라 균등하게 발생한다. 20××년 5월 중 생산활동에 관한 자료는 다음과 같다.

		직접재료원가	가공원가
기초재공품 :	1,000개(완성도 60%)	₩24,000	₩36,000
당기착수량 :	15,000개	120,000	144,000
당기완성품 :	14,000개		
기말재공품 :	2,000개(완성도 50%)		

[물음사항]

1. 5월 중의 완성품원가와 기말재공품원가를 계산하시오.
2. 5월 중에 발생한 거래를 분개하고, 이를 재공품계정에 전기하고 마감하시오.

■ 풀이

1. 완성품원가와 기말재공품원가

	1단계 (물량흐름)	**2단계**(완성품환산량) 직접재료원가	가공원가
기초재공품(60%)	1,000개		
당기착수량	15,000개		
합 계	16,000개		
당기완성량	14,000개	14,000개 (100%)	14,000개 (100%)
기말재공품(50%)	2,000개	2,000개 (100%)	1,000개 (50%)
합 계	16,000개	16,000개	15,000개
3단계 (총원가 집계)			
기초재공품원가	₩60,000	₩24,000	₩36,000
당기발생원가	264,000	120,000	144,000
합 계	₩324,000	₩144,000	₩180,000
4단계 (완성품환산량단위당원가)		₩144,000÷16,000개 = @₩9	₩180,000÷15,000개 = @₩12
5단계 (총원가 배분)			
완성품원가	**₩294,000**	(14,000개×@9)= ₩126,000	(14,000개×@12)=₩168,000
기말재공품원가	**30,000**	(2,000개×@9)= 18,000	(1,000개×@12)= 12,000
합 계	**₩324,000**	**₩144,000**	**₩180,000**

2. 분개

① 5월 중 제조과정에 소요된 직접재료원가
(차) 재 공 품 ₩120,000 (대) 직접재료 ₩120,000

② 4월 중 발생된 직접노무원가 및 제조간접원가
(차) 재 공 품 ₩144,000 (대) 가공원가 ₩144,000

③ 4월 중 당기완성품을 제품계정으로 대체
(차) 제 품 ₩294,000 (대) 재 공 품 ₩294,000

재 공 품

차변	금액	대변	금액
기초재공품	₩ 60,000	③ 당기완성품	₩294,000
① 직접재료원가	120,000	기말재공품	30,000
② 가 공 원 가	144,000		
합 계	₩324,000	합 계	₩324,000

■ 선입선출법

선입선출법(先入先出法, first-in first-out method)은 먼저 투입된 것이 먼저 완성된다는 가정하에 기초재공품은 당기 중에 우선적으로 완성품이 되고 기말재공품에는 포함시키지 않는다고 가정한다. 즉, 기초재공품을 추가가공하여 완성시킨 제품(추가가공 완성품)의 원가는 전기에 투입된 원가와 당기에 추가 작업에 투입된 원가가 혼합되어 있는 반면, 당기에 새로 착수되어 완성된 제품(당기착수 완성분)의 원가는 당기의 원가만으로 구성되어 있다고 본다. 따라서, 당기에 완성된 제품이라도 기초재공품이 추가가공되어 완성된 것인가 아니면 당기에 착수되어 완성된 것인가에 따라 제품단위당원가가 달라지게 되는데, 선입선출법은 이를 분리하여 당기완성품원가와 기말재공품원가를 배분 계산하는 방법이다. 이와 같이 선입선출법에 의한 종합원가계산의 원가흐름은 [그림 8-3]과 같으며, 선입선출법에 의한 종합원가계산 절차 5단계는 다음과 같다.

[그림 8-3] 선입선출법에 의한 원가흐름 가정

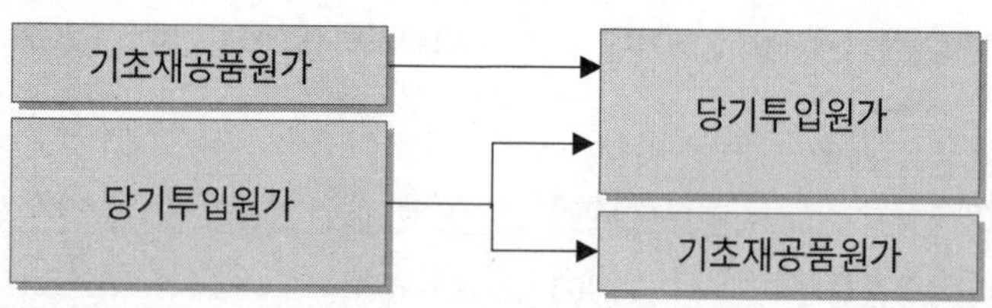

1단계: 물량단위의 흐름을 파악한다.

기초재공품 + 당기착수량 = 당기완성량 + 기말재공품

2단계: 완성품환산량을 계산한다.

직접재료원가와 가공원가별로 당기완성품수량에 기말재공품환산량을 합산한 후 기초재공품환선량을 제외하여 완성품환산량을 계산한다.

원가요소별 완성품환산량

= 기초재공품완성량환산량 + 당기착수완성품 + 기말재공품환산량

3단계: 당기투입원가를 집계한다.

직접재료원가와 가공원가별로 당기에 투입한 원가만을 집계한다.

원가요소별 총투입원가 = 원가요소별 당기투입원가

4단계: 완성품환산량 단위당원가를 계산한다.

직접재료원가와 가공원가별로 총투입원가를 완성품환산량으로 나누어 완성품환산량 단위당원가를 계산한다.

원가요소별 완성품환산량 단위당원가

= 요소별 당기투입원가 ÷ 원가요소별 완성품환산량

5단계: 완성품원가와 기말재공품원가를 계산한다.

당기완성품원가

= 기초재공품원가 + (기초재공품완성량 × 완성품환산량 단위당 총원가)

+ (당기착수완성품수량 × 완성품환산량 단위당 총원가)

기말재공품원가

= 원가요소별 기말재공품수량 × 원가요소별 완성품환산량 단위당원가

예제 8-4 **선입선출법**

예제 8-3의 자료를 이용하여 다음 물음에 답하시오

[물음사항]

1. 5월 중의 완성품원가와 기말재공품원가를 계산하시오.
2. 5월 중에 발생한 거래를 분개하고, 이를 재공품계정에 전기하고 마감하시오.

■ 풀이

1. 제조원가보고서(선입선출법)

	1단계 (물량흐름)	**2단계**(완성품환산량) 직접재료원가	가공원가
기초재공품(60%)	1,000개		
당기착수량	15,000개		
합 계	16,000개		
당기완성량			
기초재공품완선량	1,000개	0개	400개 (40%)
당기착수완성량	13,000개	13,000개 (100%)	13,000개 (100%)
기말재공품(50%)	2,000개	2,000개 (100%)	1,000개 (50%)
합 계	16,000개	15,000개	14,400개

* 선입선출법의 경우, 직접재료가 공정초에 투입될 때 직접재료원가의 완성품환산량은 당기착수량의 물량과 같다.

3단계 (총원가 집계)			
기초재공품원가	₩60,000	-	-
당기발생원가	264,000	₩120,000	₩144,000
합 계	₩324,000	₩120,000	₩144,000
4단계 (완성품환산량단위당원가)		₩120,000÷15,000개 = @₩8	₩144,000÷14,400개 = @₩10
5단계 (원가배분)			
기초재공품원가	₩60,000	₩24,000	₩36,000
기초재공품완성량원가	4,000	0	(400개×@10)= 4,000
당기착수완성량원가	234,000	(13,000개×@8)= 104,000	(13,000개×@10)= 130,000
당기완성품원가	**₩298,000**	₩128,000	₩170,000
기말재공품원가	**26,000**	(2,000개×@8)= 16,000	(1,000개×@10)= 10,000
합 계	**₩291,170**	**₩144,000**	**₩180,000**

2. 분개

① 5월 중 제조과정에 소요된 직접재료원가
(차) 재 공 품 ₩120,000 (대) 직접재료 ₩120,000

② 4월 중 발생된 직접노무원가 및 제조간접원가
(차) 재 공 품 ₩144,000 (대) 가공원가 ₩144,000

③ 4월 중 당기완성품을 제품계정으로 대체
(차) 제 품 ₩298,000 (대) 재 공 품 ₩298,000

재 공 품

차변	금액	대변	금액
기초재공품	₩ 60,000	③ 당기완성품	₩298,000
① 직접재료원가	120,000	기말재공품	26,000
② 가 공 원 가	144,000		
합 계	₩324,000	합 계	₩324,000

■ 평균법과 선입선출법의 차이

평균법과 선입선출법에 대한 예제 결과에서 알 수 있듯이 동일한 생산활동이라 하더라도 원가흐름의 기본가정에 따라 완성품환산량과 투입원가가 다르며, 이로 인해 완성품환상량 단위당원가에 차이가 있게 되어, 결국 완성품원가와 기말재공품원가에 차이가 발생하게 된다.

	선입선출법	평균법	차 이
당기완성품원가	₩298,000	₩294,000	₩4,000
기말재공품원가	26,000	30,000	(₩4,000)
총 원 가	₩324,000	₩324,000	0

이러한 차이는 선입선출법의 경우 기말재공품에는 완성품환산량 단위당원가가 낮은 당기착수량의 일부가 남아있게 하고, 당기완성품원가에는 기초재공품원가를 모두 포함시키도록 가정한다. 그러나 평균법은 전기의 완성품환산량 단위당원가와 당기의 완성품환산량 단위당원가를 평준화하여 기말재공품원가와 당기완성품원가를 계산하도록 가정하기 때문이다.

제품원가계산의 측면에서 보면 계산절차가 쉬운 평균법이 선입선출법보다는 유용하다. 그러나 원가관리 측면에서 보면 당기의 성과평가를 위해서는 당기투입원가만을 대상으로 측정해야하기 때문에 평균법보다는 선입선출법이 더 유용하다고 하겠다. 그러나 평균법과 선입선출법 모두 종합원가계산시스템을 운용하는데 있어서는 차이가 없다고 하겠다.

제3절 공정별 종합원가계산

1. 공정별 종합원가계산과 분류

■ 공정별 종합원가계산

공정별 종합원가계산은 동질적인 제품을 두 개 이상의 여러 공정을 통해 연속적으로 생산되는 제품에 대한 원가를 각 공정별로 집계하여 단위당원가를 계산하는 원가계산시스템이다. 대부분의 제조기업들은 두 개 이상의 공정을 통해 제품을 생산하고 있으며, 정확한 제품원가계산과 효율적인 원가관리를 위해 공정별 종합원가계산을 이용하고 있다. 우리나라 원가계산준칙에서는 "공정별원가계산은 제조공정이 2 이상의 연속되는 공정으로 구분되고 각 공정별로 당해 공정제품의 제조원가를 계산할 경우에 적용한다."라고 규정하고 있다(준칙 제20조 ①)

공정별 종합원가계산은 각 공정을 각각 독립된 제조부문으로 보고 각 공정별로 단일종합원가계산방법으로 공정별 완성품원가와 기말재공품원가를 계산하게 된다. 그런데 여러 공정을 거쳐서 제품을 생산하기 때문에 첫 공정의 완성품이 다음 공정으로 투입되고, 다음 공정의 완성물이 또 그 다음 공정으로 투입되는 연속성을 지니게 되며, 마지막 공정에서 완성된 제품의 원가가 당기제품제조원가가 된다. 그리고 모든 공정에서 아직 완성되지 못한 미완성된 제품의 원가는 기말재공품원가가 된다.

이때 이전 공정에서 다음 공정으로 대체되는 완성품의 원가를 전공정원가(前工程原價, transferred-in costs) 또는 전공정대체원가(前工程對替原價)라고 한다. 우리나라 원가계산준칙에서도 "전공정에서 다음 공정으로 대체되는 제조원가는 전공정대체원가로 하여 다음 공정의 제조원가에 가산한다."라고 규정하고 있다(준칙 제20조 ②). 이와 같이 전공정원가는 해당 공정 이전에 발생한 총원가를 의미한다. 공정별 종합원가계산에서의 제조원가보고서는 전공정원가 · 직접재료원가 · 가공원가로 분리하여 독립된 원가항목으로 보고한다. 따라서 정공정원가는 공정초에 투입되는 직접재료원가와 동일하게 취급하여 모든 물량은 100% 완성된 것으로 인정하며 해당 공정의 당기투입원가는 전공정의 완성품원가로 한다.

공정별 종합원가계산은 다음과 같은 목적을 가지고 있다.

첫째, 각 공정의 재공품원가를 정확히 산정함으로써 반제품과 같은 공정완성품과 최종완성품의 원가를 정확하게 계산하는데 있다.

둘째, 각 공정별로 생산능률을 측정함으로써 원가관리에 유익한 자료를 제공하는데 있다.

■ 공정별 종합원가계산의 분류

공정별 종합원가계산은 공정에 집계되는 원가요소의 범위에 따라 전원가요소 공정별 종합원가계산과 가공원가 공정별 종합원가계산으로 구분된다. 전원가요소 공정별 종합원가계산은 모든 제조원가를 공정별로 집계하여 계산하는 원가계산방법을 말하며, 가공원가 공정별 종합원가계산은 직접재료원가가 최초 공정초에 모두 투입되고 가공원가는 공정별로 집계하여 계산하는 원가계산방법을 말한다. 우리나라 원가계산준칙에서도 "재료가 최초 공정에 전량 투입되고 다음 공정 이후에는 단순히 가공비만이 발생하는 경우 완성품총원가는 각 공정별로 가공비를 집계하고 여기에 재료비를 가산하여 계산할 수 있다."라고 규정하고 있다(준칙 제20조 ③). 이하에서는 전원가요소 공정별 종합원가계산과 가공원가공정별 종합원가계산에 대해 설명하겠다.

2. 전원가요소 공정별 종합원가계산

전원가요소 공정별 종합원가계산은 모든 제조원가를 공정별로 집계하여 계산하는 원가계산방법이다. 전원가요소 공정별 종합원가계산을 일반적으로 공정별 원가계산이라 지칭한다.

전원가요소 공정별 종합원가계산은 각 공정을 각각 독립된 제조부문으로 보고 각 공정별로 단일종합원가계산방법으로 공정별 완성품원가와 기말재공품원가를 계산한다. 그러나 단일종합원가계산의 경우는 공정을 마친 완성품이 곧 최종 완성품이 되지만, 전원가요소 공정별 종합원가계산에서는 마지막 공정을 마친 완성품이 최종완성품이 된다. 따라서 여러 공정을 거쳐서 제품을 생산하기 때문에 예를 들어, 최종제품을 생산하기 위해서는 A공정, B공정, C공정을 거친다고 가정할 경우, 먼저 A공정의 완성품이 B 공정으로 착수량으로 투입되고, B공정의 완성품이 C공정의 착수량으로 투입되어 최종 C공정의 완성품이 최종완성품이 된다. 그러므로 C공정의 완성품원가가 당기제품제조원가가 되며, A공정, B공정, C공정에서 아직 완성되지 못한 미완성된 재공품의 원가는 기말재공품원가가 된다. 전원가요소 공정별 종합원가계산의 절차는 다음과 같다.

1단계: 최초공정에는 단일종합원가계산의 5단계 절차에 따라 완성품원가와 기말재공품원가를 계산한다.

2단계: 다음 공정에서는 이전 공정에서의 완성품을 착수량으로 하고, 이전 공정에서의 완성품원가를 전공정원가로 하여, 전공정원가・직접재료원가・가공원가로 원가항목을 분리하여 종합원가계산의 5단계 절차에 따라 완성품원가와 기말재공품원가를 계산한다. 이때 전공정원가의 물량은 이전 공정에서의 완성품이므로 물량의 완성도를 100%로 인정한다.

3단계: 마지막 공정에서도 2단계의 계산절차에 따라 완성품원가와 기말재공품원가를 계산한다. 이 때 마지막 공정에서의 완성품원가가 당기제품제조원가이며, 모든 공정에서 아직 미완성된 재공품원가를 합하여 기말재공품재고액으로 한다.

[그림 8-4] 전원가요소 공정별 종합원가계산

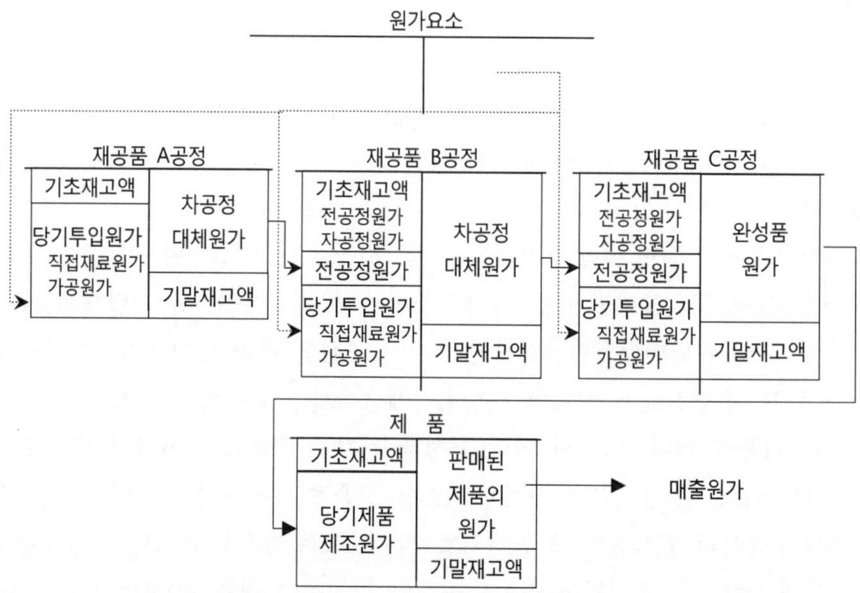

예제 8-5 전원가요소 공정별 종합원가계산

A회사는 두 개의 공정을 통해 단일제품을 생산하고 있다. 재료X는 제1공정의 공정착수시점에 투입되고 재료 Y는 제2공정의 50%시점에 모두 투입된다. 가공원가는 제1공정과 제2공정의 진행정도에 따라 균등하게 발생한다.

20××년 5월 중 생산활동에 관한 자료는 다음과 같다.

제1공정	직접재료원가	가공원가
기초재공품: 1,000개(완성도 40%)	₩10,000	₩ 8,000
당기착수량: 9,000개	90,000	130,000
당기완성품: 8,000개		
기말재공품: 2,000개(완성도 60%)		

제2공정	전공정원가	직접재료원가	가공원가
기초재공품: 1,500개(완성도 20%)	₩ 2,000	₩ 14,000	₩ 16,200
당기착수량: ? 개	?	114,000	163,800
당기완성품: 9,000개			
기말재공품: 500개(완성도 80%)			

[물음사항] 제1공정은 평균법, 제2공정은 선입선출법을 이용하고 있다.

1. 제1공정의 완성품원가와 기말재공품원가를 계산하시오.
2. 제2공정의 완성품원가와 기말재공품원가를 계산하시오.
3. 거래에 대해 분개를 하고, 재공품계정에 전기하시오.

■ 풀이

1. 제1공정(평균법)

	1단계 (물량흐름)	2단계(완성품환산량) 직접재료원가	가공원가
기초재공품(40%)	1,000개		
당기착수량	9,000개		
합 계	10,000개		
당기완성량	8,000개	8,000개 (100%)	8,000개 (100%)
기말재공품(60%)	2,000개	2,000개 (100%)	1,200개 (80%)
합 계	10,000개	10,000개	9,200개
3단계 (총원가 집계)			
기초재공품원가	₩18,000	₩10,000	₩8,000
당기발생원가	220,000	90,000	130,000
합 계	₩238,000	₩100,000	₩138,000
4단계 (완성품환산량단위당원가)		₩100,000÷10,000개 = @₩10	₩138,000÷9,200개 = @₩15
5단계 (총원가 배분)			
완성품원가	**₩200,000**	(8,000개×@10)= ₩80,000	(8,000개×@15)= ₩120,000
기말재공품원가	**38,000**	(2,000개×@10)= 20,000	(1,000개×@15)= 18,000
합 계	**₩238,000**	**₩100,000**	**₩138,000**

2공정(선입선출법)

	1단계 (물량흐름)	2단계(완성품환산량) 전공정원가	직접재료원가	가공원가
기초재공품(20%)	1,500개			
당기착수량	8,000개			
합 계	9,500개			
당기완성량				
기초재공품완성분	1,500개	1,500개(100%)	1,500개(100%)	1,200개(80%)
당기착수완성분	7,500개	7,500개(100%)	7,500개(100%)	7,500개(100%)
기말재공품(80%)	500개	500개(100%)	500개(100%)	400개(80%)
합 계	9,500개	9,500개	9,500개	9,100개
3단계 (총원가)				
기초재공품원가	-	-	-	-
당기발생원가	₩2,640,000	₩200,000	₩114,000	₩163,800
합 계	₩2,640,000	₩200,000	₩114,000	₩163,800
4단계 (완성품환산량단위당원가)		@₩21.^{052}	@₩12	@₩18
5단계(원가배분)				
기초재공품원가	₩ 32,200	₩ 2,000	₩14,000	₩ 16,200
기초재공품완성분	71,180	(1,500개×@21.^{052}) = 1,580	(1,500개×@12) = 18,000	(1,200개×@18) = 21,600
당기착수완성분	382,894	(7,500개×@21.^{052}) = 157,894	(7,500개×@12) = 90,000	(7,500개×@18) = 135,000
완성품원가	**₩486,274**	₩191,474	₩122,000	₩172,800
기말재공품원가	**23,726**	(500개×@21.^{052}) = 10,526	(500개×@12) = 6,000	(400개×@18) = 7,200
합 계	**₩510,000**	₩202,000	₩128,000	₩180,000

2. 분개

① 5월 중 제조과정에 소요된 직접재료원가

(차) 재 공 품(제1공정) ₩ 90,000 (대) 직접재료 ₩204,000
재 공 품(제2공정) 114,000

② 4월 중 발생된 가공원가

(차) 재공품(제1공정) ₩130,000 (대) 직접재료 ₩293,800
재공품(제2공정) 163,800

③ 제1공정 완성품의 제2공정으로의 대체

(차) 재공품(제2공정) ₩200,000 (대) 재공품(제1공정) ₩200,000

④ 4월 중 당기완성품을 제품계정으로 대체

(차) 제 품 ₩486,274 (대) 재공품(제2공정) ₩486,274

재공품(제1공정)

기초재고액	₩ 18,000	③재공품 (제1공정)	₩200,000
①직접재료	90,000	기말재고액	38,000
②가공원가	130,000		
	₩238,000		₩238,000

제 품

④재공품 (제2공정)	₩486,274		
	₩238,000		

재공품(제2공정)

기초재고액	₩ 32,200	④제품	₩486,274
①직접재료	114,000	기말재고액	23,726
②가공원가	163,800		
③재공품 (제1공정)	200,000		
	₩510,000		₩510,000

3. 가공원가 공정별 종합원가계산

가공원가 공정별 종합원가계산이란 직접재료는 최초 공정의 착수시점에 모두 투입되고 가공원가는 공정별로 집계하여 계산하는 원가계산방법을 말한다. 따라서 가공원가 공정별 종합원가계산에서는 가공원가만 공정별로 종합원가계산을 하고, 직접재료원가는 모든 공정을 단일의 공정으로 가정하여 단순종합원가계산을 적용한다. 직접재료에 대한 물량을 계산할 경우, 모든 공정을 단일의 공정으로 가정하는 방법은 다음과 같이 물량흐름을 조정한다.

기초재공품 : 모든 공정의 기초재공품 수량을 합한 수량

당기착수량 : 최초공정의 수량

당기완성량 : 마지막공정의 완성수량

기말재공품 : 모든 공정의 기말재공품 수량을 합한 수량

예제 8-6 직접재료 물량 조정

1. 생산활동자료

	제1공정	제2공정	제3공정
기초재공품	1,000개(40%)	800개(80%)	1,200개(20%)
당기착수량	5,000개	4,500개	5,000개
당기완성량	4,500개	5,000개	4,700개
기말재공품	1,500개(60%)	300개(50%)	1,500개(70%)

■ 풀이

직접재료원가의 물량흐름 조정

평균법	(물량흐름)	(완성품환산량)
기초재공품	3,000개	
당기착수량	5,000개	
합 계	8,000개	
당기완성량	4,700개	4,700개
기말재공품	3,300개	3,300개
합 계	8,000개	8,000개

선입선출법	(물량흐름)	(완성품환산량)
기초재공품	3,000개	
당기착수량	5,000개	
합 계	8,000개	
당기완성량		
기초재공품완성분	3,000개	3,000개
당기착수완성분	1,700개	1,700개
기말재공품	3,300개	3,300개
합 계	8,000개	8,000개

* 직접재료는 공정초에 투입되므로 기초재공품과 기말재공품에는 이미 직접재료가 100% 투입되었기 때문에 완성도를 고려할 필요가 없음.

가공원가 공정별 종합원가계산의 절차는 다음과 같다.

1단계: 완성품원가에 배분할 직접재료원가를 계산하기 위해 여러 공정의 물량흐름을 단일 공정의 물량흐름으로 조정하여 단순종합원가계산 절차에 의해 계산한다. 이때 직접재료가 공정 초에 투입되므로 모든 물량에는 직접재료가 100% 투입되었기 때문에 기초재공품과 기말재공품에는 완성도를 고려하지 않고 완성품환상량을 계산한다.

2단계: 가공원가에 대해서는 공정별 종합원가계산의 5단계 절차를 가공원가만을 대상으로 각 공정별 완성품원가와 기말재공품원가를 계산한다.

3단계: 마지막 공정에서 가공원가에 대한 완성품원가와 기말재공품원가를 계산한 후, 가공원가 공정별 원가계산표를 작성하여 당기제품제조원가와 기말재공품재고액을 계산한다.

[그림 8-4] 가공원가 공정별 종합원가계산

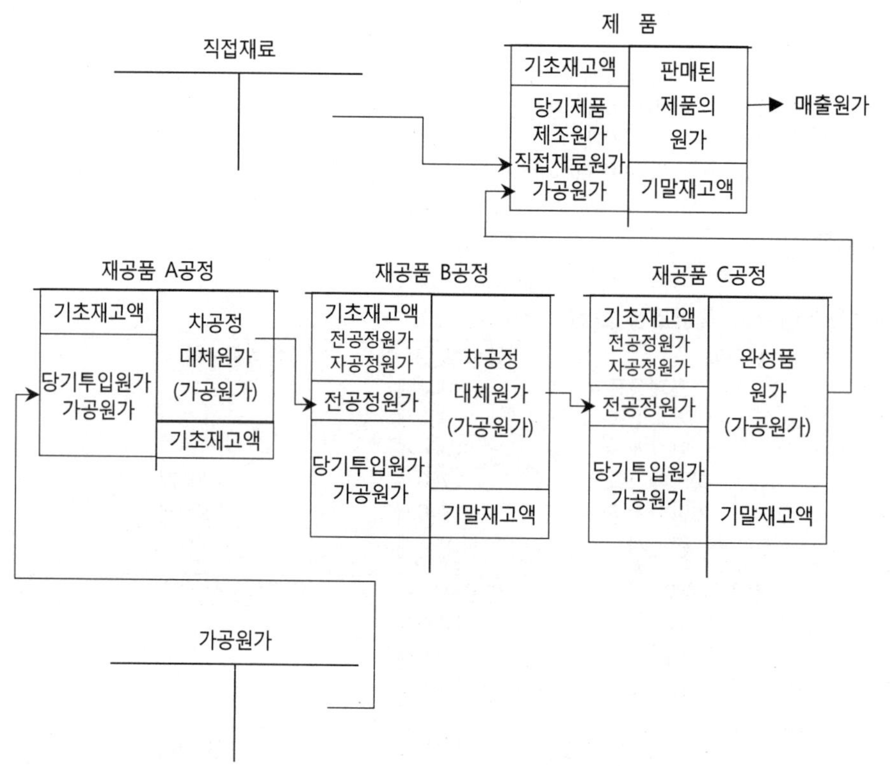

예제 8-7 가공원가 공정별 종합원가계산

A회사는 세 개의 공정을 통하여 제품을 생산하고 있으며, 가공원가 공정별 종합원가계산시스템을 적용하고 있다. 재료는 공정의 착수시점에 모두 투입되고, 가공원가는 세 공정의 진행정도에 따라 균등하게 발생한다. 기말재공품평가는 선입선출법에 의한다. 5월 중의 생산활동 및 원가자료는 다음과 같다.

1. 생산활동자료

	제1공정	제2공정	제3공정
기초재공품	1,000개(40%)	800개(70%)	1,200개(20%)
당기착수량	5,000개	?	?
당기완성량	4,500개	?	?
기말재공품	1,500개(60%)	300개(20%)	1,500개(30%)

2. 원가자료

	제1공정	제2공정	제3공정
기초재공품원가			
직접재료원가 ₩ 22,000			
가공원가	₩ 8,000	₩32,800	₩46,600
당기투입원가			
직접재료원가 ₩200,000			
가공원가	₩100,000	₩135,000	₩196,400

[물음사항] 선입선출법

1. 직접재료원가에 대한 완성품원가와 기말재공품원가를 계산하시오.
2. 가공원가에 대한 각 공정별 완성품원가와 기말재공품원가를 계산하시오.
3. 가공원가 공정별 원가계산표를 작성하시오.

▪ 풀이

1. 직접재료원가 제조원가보고서

	1단계 (물량흐름)	**2단계**(완성품환산량) 직접재료원가
기초재공품	3,000개	
당기착수량	5,000개	
합 계	8,000개	
당기완성량		
기초재공품완성량	3,000개	0개 (0%)
당기착수완성량	1,700개	1,700개 (100%)
기말재공품	3,300개	3,300개 (100%)
합 계	8,000개	5,000개
3단계 (총원가)		
기초재공품원가	₩ 22,000	-
당기발생원가	200,000	₩200,000
합 계	**₩222,000**	₩200,000
4단계 (완성품환산량단위당원가)		(₩200,000÷5,000개) @₩40
5단계 (원가배분)		
기초재공품원가	₩22,000	₩22,000
기초재공품완성량원가	0	0
당기착수완성량원가	68,000	(1,700개×@40)= 68,000
당기완성품원가	**₩90,000**	₩90,000
기말재공품원가	**132,000**	(3,300개×@40)= 132,000
합 계	**₩220,000**	**₩106,700**

2. 가공원가 공정별원가계산

1) 가공원가 제1공정

	1단계 (물량흐름)	2단계(완성품환산량) 직접재료원가
기초재공품(40%)	1,000개	
당기착수량	5,000개	
합 계	6,000개	
당기완성량		
기초재공품완성량	1,000개	600개 (60%)
당기착수완성량	3,500개	3,500개 (100%)
기말재공품(60%)	1,500개	900개 (60%)
합 계	6,000개	5,000개
3단계 (총원가)		
기초재공품원가	₩ 8,000	-
당기발생투입원가	100,000	₩100,000
합 계	**₩108,000**	₩100,000
4단계 (완성품환산량단위당원가)		(₩100,000÷5,000개) @₩20
5단계 (원가배분)		
기초재공품원가	₩8,000	₩8,000
기초재공품완성량원가	12,000	(600개×@20)= 12,000
당기착수완성량원가	70,000	(3,500개×@20)= 70,000
당기완성품원가	**₩90,000**	₩90,000
기말재공품원가	**18,000**	(900개×@20)= 18,000
합 계	**₩108,000**	**₩108,000**

2) 가공원가 제2공정

	1단계 (물량흐름)	2단계(완성품환산량) 전공정원가	가공원가(자공정)
기초재공품(70%)	800개		
당기착수량	4,500개		
합 계	5,300개		
당기완성량			
기초재공품완성량	800개	0개 (0%)	240개 (30%)
당기착수완성량	4,200개	4,200개 (100%)	4,200개 (100%)
기말재공품(20%)	300개	300개 (100%)	60개 (20%)
합 계	5,300개	4,500개	4,500개
3단계 (총원가 집계)			
기초재공품원가	₩32,800	-	-
당기발생원가	225,000	₩90,000	₩135,000
합 계	₩257,800	₩90,000	₩135,000
4단계 (완성품환산량단위당원가)		₩90,000÷4,500개 = @₩20	₩135,000÷4,500개 = @₩30

5단계 (원가배분)			
기초재공품원가	₩32,800	-	₩32,800
기초재공품완성량원가	7,200	-	(240개×@30)= 7,200
당기착수완성량원가	210,000	(4,200개×@20)= 84,000	(4,200개×@30)= 126,000
당기완성품원기	**₩250,000**	₩84,000	₩166,000
기말재공품원가	**7,800**	(300개×@20)= 6,000	(60개×@30)= 1,800
합 계	**₩257,800**	**₩90,000**	**₩167,800**

3) 가공원가 제3공정

	1단계 (물량흐름)	**2단계**(완성품환산량) 전공정원가	가공원가(자공정)
기초재공품(20%)	1,200개		
당기착수량	5,000개		
합 계	6,200개		
당기완성량			
기초재공품완성량	1,200개	0개 (0%)	960개 (80%)
당기착수완성량	3,500개	3,500개 (100%)	3,500개 (100%)
기말재공품(30%)	1,500개	1,500개 (100%)	450개 (30%)
합 계	6,200개	5,000개	4,910개
3단계 (총원가 집계)			
기초재공품원가	₩46,600	-	-
당기발생원가	446,400	₩250,000	₩196,400
합 계	₩493,000	₩250,000	₩196,400
4단계 (완성품환산량단위당원가)		₩250,000÷5,000개 = @₩50	₩196,400÷4,910개 = @₩40
5단계 (원가배분)			
기초재공품원가	₩46,600	-	₩46,600
기초재공품완성량원가	38,400	-	(960개×@40)= 38,400
당기착수완성량원가	315,000	(3,500개×@50)= 175,000	(3,500개×@40)= 140,000
당기완성품원가	**₩400,000**	₩175,000	₩225,000
기말재공품원가	**93,000**	(1,500개×@50)= 75,000	(450개×@40)= 18,000
합 계	**₩493,000**	**₩90,000**	**₩167,800**

3. 가공원가공정별 원가계산표

	가공원가 제1공정	제2공정	제3공정	직접 재료원가	합 계
기초재공품원가	₩8,000	₩32,800	₩46,600	₩22,000	₩109,400
당기투입원가					
자공정원가	100,000	135,000	196,400	200,000	631,400
전공정원가	-	90,000	250,000	-	
합 계	₩108,000	₩257,800	₩493,000	₩222,000	**₩740,800**
기말재공품원가	**(18,000)**	**(7,800)**	**(93,000)**	**(132,000)**	**(250,800)**
당기완성품원가	₩90,000	₩250,000	**₩400,000**	**₩90,000**	**₩490,000**

연 | 습 | 문 | 제

01. 다음에 설명하고 있는 원가계산제도는 무엇인가? *(2015, 전산회계운용사 2급)*

생산되는 제품의 형태 및 공정에 따라 공정별원가계산, 조별원가계산, 등급별원가계산 등으로 분류하고 있다.

① 실제원가계산 ② 표준원가계산 ③ 개별원가계산 ④ 종합원가계산

02. 종합원가계산의 개념에 대한 설명으로 옳지 않은 것은? *(2015. 전산회계운용사 2급)*

① 제조간접비의 배부가 필요 없다.
② 일반적으로 원가를 가공비와 재료비로 구분하여 계산한다.
③ 수주 수량에 따라 생산 수량이 결정된다.
④ 한 종류의 제품을 연속적으로 대량생산하는 기업에서 사용한다.

03. 종합원가계산에 대한 설명으로 옳지 않은 것은? *(2015. 전산회계운용사 2급)*

① 평균법이 비교적 간단하므로 원가통제에 항상 유리하다.
② 선입선출법에 따른 완성품환산량은 평균법보다 항상 적거나 같다.
③ 평균법에 의할 경우에는 기초재공품원가와 당기발생원가를 동일하게 취급한다.
④ 가격이나 재고수준이 안정적일 경우 평균법이나 선입선출법 중 어떤 방법으로 원가계산을 하여도 그 차이가 크지 않다.

04. 다음 중 종합원가계산의 종류에 대한 설명 중 옳지 않은 것은? *(2015, 전산회계운용사 2급)*

① 단일 종합원가계산 : 제품생산공정이 단일공정인 제품을 생산하는 기업
② 조별 종합원가계산 : 종류가 다른 다양한 제품을 연속 대량생산하는 기업
③ 공정별 종합원가계산 : 단일 공정을 가지고 있는 기업
④ 연산품 종합원가계산 : 동일한 공정 및 동일한 재료를 사용하여 계속적으로 생산하나 다른 제품을 생산하는 기업

05. 다음 중 종합원가계산에 대한 설명으로 틀린 것은? *(63회. 전산세무회계 1급)*

① 종합원가계산은 소품종대량생산기업에서 제품별로 원가를 계산하는 방법으로 제조간접원가의 배부가 핵심이다.
② 완성품환산량이란 완성품으로 환산한 수량을 의미하며 수량에 원가투입정도(완성도)를 곱하여 계산된다.
③ 종류가 다른 여러 제품을 연속적으로 대량 생산하는 기업의 경우 조별종합원가계산을 적용할 수 있다.
④ 기초재공품이 없는 경우에는 평균법과 선입선출법에 의한 원가계산의 차이가 발생하지 아니한다.

(2014. 전산회계운용사 2급)

06. 단순종합원가계산을 이용하는 어느 회사는 월말 재공품의 완성도가 실제로는 40%이나 50%를 적용하여 월말 재공품원가를 계산하였다. 재공품은 평균법을 이용하여 평가하고 있다. 다음 중 이러한 오류의 영향을 바르게 설명하고 있는 것은?

① 완성품제조원가와 기말재공품원가를 모두 과대평가한다.
② 완성품환산량 단위당 원가를 과대하게 계산한다.
③ 완성품환산량과 기말재공품원가를 과대평가한다.
④ 완성품환산량 단위당 원가와 기말재공품원가를 과소평가한다.

07. 어느 회사는 단순종합원가계산을 이용하고 있다. 다음 중 평균법과 선입선출법에 의한 완성품환산량이 동일하게 계산되는 경우는? *(2014. 전산회계운용사 2급)*

① 기초제품이 없는 경우 ② 기말제품이 없는 경우
③ 기초재공품이 없는 경우 ④ 기말재공품이 없는 경우

08. 공정별원가계산에 관한 설명 중 옳지 않은 것은? *(2014. 전산회계운용사 2급)*

① 공정별원가계산은 제조공정이 2 이상의 연속되는 공정으로 구분되고 각 공정별로 당해 공정제품의 제조원가를 계산할 경우에 적용한다.
② 제조간접비는 각 공정별로 예정배부율 또는 실제배부기준에 의하여 배부한다.
③ 재료가 최초 공정에 전량 투입되고 다음 공정 이후에는 단순히 가공비만이 발생하는 경우 완성품총원가는 각 공정별로 가공비를 집계하고 여기에 재료비를 가산하여 계산할 수 있다.
④ 전공정에서 다음 공정으로 대체되는 제조원가는 정공정 대체원가로 하여 다음 고정의 제조원가에 가산한다.

09. 제1공정의 완성품을 전액 제2공정에 대체하는 경우 제2공정의 전공정비에 대한 설명으로 옳은 것은? *(2014. 전산회계운용사 2급)*

① 제1공정의 재료비의 소비액 ② 제1공정의 완성품 제조원가
③ 제1공정의 월초재공품재고액 ④ 제1공정의 월말재공품재고액

10. 재공품평가는 선입선출법을 이용한다. 기말재공품의 수량이 100개이고 진척도가 60%인 상태에서 기초재공품의 완성도가 실제보다 과소하게 평가되었다. 이 오류로 인한 영향을 잘못 설명한 것은? 단, 기초재공품에 대하여 취합된 원가정보는 정확하다. *(2014. 전산회계운용사 2급)*

① 당기완성품원가는 과대하게 평가된다.
② 기말재공품원가는 과소하게 평가된다.
③ 당기완성량과 기말재공품에 대한 완성품환산량은 과대평가된다.
④ 당기투입원가를 당기완성품과 기말재공품에 배분하기 위한 완성품환산량 단위당 원가는 과대평가된다.

11. 종합원가계산에서 선입선출법을 사용하여 완성품환산량을 계산하면 그 값은 어느 항목과 일치하는가? *(2015, 전산회계운용사 2급)*

① 당기투입량 + 기초재공품
② 기초재공품 + 당기투입량 - (기말재공품 × 추가로 요구되는 진척도)
③ (기초재공품 × 추기로 요구되는 진척도) + 당기투입량 - (기말재공품 × 추가로 요구되는 진척도)
④ 당기완성품 대체량 - (기말재공품 × 추가로 요구되는 진척도)

12. 개별원가계산방법과 종합원가계산을 비교한 것 중 옳지 않은 것은? *(2015. 전산회계운용사 2급)*

종 류	개별원가계산	종합원가계산
① 제조방법	이종제품 소량생산	동종제품 대량생산
② 원가집계	직접비와 간접비로 구분	재료비와 가공비로 구분
③ 중요서류	각 공정별 제조원가보고서	개별작업에 대한 원가계산표
④ 적용업종	건설, 조선, 기계제조업	시멘트, 제분, 유리제조업

13. 다음은 개별원가계산과 종합원가계산에 대한 설명이다. 옳지 않은 것은? *(2015. 전산회계운용사 2급)*

① 종합원가계산의 단위당 원가는 발생한 모든 원가요소를 집계한 당기총제조비용에 기말재공품원가를 가산한 후 그 합계액을 완성품과 기초재공품에 안분계산함으로써 완성품 총원가를 계산하고, 이를 제품 단위에 배부하여 산정한다.

② 개별원가계산은 다른 종류의 제품을 개별적으로 생산하는 생산형태에 적용하며, 각 제조지시서별로 원가를 산정한다.

③ 원가의 제품별 계산은 원가요소를 제품단위에 집계하여 단위 제품의 제조우너가를 산정하는 절차를 말하며, 이는 생산형태에 따라 개별원가계산과 종합원가계산방식 등으로 분류한다.

④ 기말재공품의 완성품환산량은 재료의 투입정도 또는 가공정도 등을 고려하여 직접재료비와 가공비로 구분하여 산정할 수 있다.

14. 개별원가계산과 종합원가계산의 차이점에 대한 설명 중 옳지 않은 것은? *(2014. 전산회계운용사 2급)*

① 개별원가계산은 다품종 소량 주문생산에, 종합원가계산은 동종제품 대량생산이 보다 적합하다.

② 개별원가계산은 생산되는 제품의 형태 및 공정에 따라 공정별원가계산, 조별원가계산, 등급별원가계산 및 연산품원가계산 등으로 분류한다.

③ 개별원가계산의 원가 집계는 제조지시서별로 이루어지나 종합원가계산은 원가계산 기간별로 원가가 집계된다.

④ 개별원가계산은 제조간접비의 배부, 종합원가계산은 완성품환산량의 계산이 핵심이다.

15. 개별원가계산과 종합원가계산에 대한 설명이다. 틀린 것은? *(53회. 전산세무회계 1급)*

① 개별원가계산은 공통부문원가를 합리적으로 배분하는 것이 필요하다.

② 기초재공품이 없는 경우 종합원가계산에 의한 원가배분시 평균법과 선입선출법은 결과가 동일하다.

③ 종합원가계산은 공정별원가계산(process costing)방식과 결합원가계산(joint costing)방식으로 나눌 수 있다.

④ 종합원가계산의 평균법과 선입선출법 중 실제 물량흐름에 보다 충실한 방법은 선입선출법이다.

(2015. 전산회계운용사 1급)

16. 평균법을 이용하여 종합원가계산을 수행하는 회사에서 기말재공품 완성도를 실제보다 과대평가할 경우, 이 오류가 완성품환산량, 완성품환산량 단위당 원가, 당기완성품원가 그리고 기말재공품원가에 각각 어떠한 영향을 미치겠는가?

	완성품환산량	완성품환산량 단위당 원가	당기완성품원가	기말재공품원가
①	과대평가	과소평가	과소평가	과대평가
②	과소평가	과대평가	과대평가	과소평가
③	과대평가	과소평가	과대평가	과대평가
④	과소평가	과소평가	과대평가	과대평가

17. 다음은 종합원가계산시스템을 채택하고 있는 어느 한 부문의 자료이다. 재료비는 공정초기에 모두 발생하며, 가공비는 공장 전체에서 균일하게 발생한다. 평균법에 의하여 재료비와 가공비의 완성품환산량을 계산하면 얼마인가? *(2015. 전산회계운용사 1급)*

가. 기초재공품 1,000단위(가공비완성도 40%)
나. 당기착수량 4,000단위
다. 당기완성품 4,800단위
라. 기말재공품 200단위(가공비완성도 50%)

① 재료비(5,000단위), 가공비(4,900단위)
② 재료비(4,000단위), 가공비(4,900단위)
③ 재료비(5,000단위), 가공비(4,500단위)
④ 재료비(4,000단위), 가공비(4,500단위)

18. ㈜서울기업은 단일제품을 대량생산하고 있다. 원재료는 공정초에 전량 투입되며, 가공비는 공정전반에 걸쳐 균등하게 발생한다. 다음 자료를 이용하여 평균법에 의한 완성품원가와 기말재공품원가를 계산하면 각각 얼마인가? 단, 공손은 발생하지 않았다고 가정한다. *(2015. 전산회계운용사 1급)*

> 가. 기초재공품 100개 (직접재료원가 ₩20,000, 가공원가 ₩25,000, 가공원가완성도 60%)
> 나. 당기투입량 900개 (당기투입원가: 직접재료원가 ₩180,000, 가공원가 ₩200,000)
> 다. 기말재공품 200개

	완성품원가	기말재공품원가		완성품원가	기말재공품원가
①	₩360,000	₩45,000	②	₩360,000	₩65,000
③	₩380,000	₩45,000	④	₩380,000	₩65,000

19. 다음은 ㈜상공의 9월 중 생산관련 자료이다. 재공품 평가로 평균법을 이용하는 경우, 기말재공품의 완성도는 얼마인가? 단, 원재료는 공정의 초기에 모두 투입되고, 가공비는 전공정에 걸쳐 균등하게 발생한다. *(2015. 전산회계운용사 1급)*

> 가. 기초재공품의 수량 200개, 완성도 40%, 가공비 ₩50,000이다.
> 나. 기말재공품의 수량은 800개, 가공비는 ₩100,000이다.
> 다. 당기투입 가공비는 ₩350,000이며, 완성품 수량은 1,500개이다.

① 75.0% ② 67.5% ③ 62.5% ④ 60.0%

20. ㈜상공은 종합원가계산제도를 채택하고 있다. 재료비는 공정초에 전량 투입되며, 가공비는 공정전반에 걸쳐 균등하게 발생한다. 물량흐름이 다음과 같을 때 옳은 것은? *(2014. 전산회계운용사 2급)*

기초재공품	100개(완성도 30%)	당기완성품	700개
당기착수량	800개	기말재공품	200개(완성도 40%)

① 평균법에 의한 재료비의 완성품환산량은 800개이다.
② 선입선출법에 의한 재료비의 완성품환산량은 750개이다.
③ 평균법에 의한 가공비의 완성품환산량은 780개이다.
④ 선입선출법에 의한 가공비의 완성품환산량은 900개이다.

(2014. 전산회계운용사 2급)

21. 제품 A는 제1공정과 제2공정을 통해 생산되고 있으며, 두 공정 모두 선입선출법에 의해 재공품을 평가하고 있다. 다음을 기초로 제1공정의 월말재공품 원가를 계산하면 얼마인가? 단, 모든 원가요소는 전공정을 통해 균일하게 발생한다.

> <제1공정의 원가자료>
> - 월초재공품원가 ₩42,500 - 당월 투입 제조비용 ₩340,000
> - 제1공정 완성품 900개는 전량 제2공정으로 대체
> - 재공품 수량: 월초 250개(완성도 40%) 월말 100개(완성도 50%)

① ₩20,000 ② ₩22,500 ③ ₩23,500 ④ ₩20,132

22. 기초재공품(완성도 40%)은 300개이고, 기말재공품(완성도(60%)은 500개, 당기완성품은 2,500개이다. 재료는 생산의 최초 시점에서 모두 투입되며, 완성품 단위당재료비는 ₩1,600이다. 제품 1단위 생산을 위하여 재료는 8kg이 소비된다. 투입된 재료의 kg당 원가는 얼마인가? 단, 재공품 평가는 평균법에 의한다. *(2015. 전산회계운용사 2급)*

① ₩160　② ₩200　③ ₩220　④ ₩280

23. 당사는 선입선출법에 의한 종합원가계산을 적용하고 있다. 당기 가공원가에 대한 완성품환산량단위당원가가 7원인 경우 다음 자료에 의하여 당기 가공원가발생액을 계산하면 얼마인가? *(62. 전산세무회계 1급)*

- 기초재공품 : 300단위, 완성도 30%
- 기말재공품 : 600단위, 완성도 40%
- 당기착수수량 : 3,200단위
- 당기완성수량 : 2,900단위

① 20,270원　② 21,350원　③ 22,260원　④ 23,450원

24. (주)한토의 제조활동과 관련된 물량흐름이 다음과 같을 때 잘못된 것은? *(55. 전산세무회계 1급)*

- 기초재공품 : 300개
- 당기완성수량 : 900개
- 당기착수량 : 1,000개
- 기말재공품 : 200개

① 공손품 물량은 200개이다.　② 비정상공손원가는 영업외비용으로 처리한다.
③ 정상공손원가는 완성품에만 배분한다.
④ 정상공손품의 기준을 완성품의 10%라고 할 경우 비정상공손수량은 110개이다.

25. 당사는 종합원가계산에 의하여 원가를 계산하고 있다. 직접재료원가는 공정초기에 전액 투입되고 가공원가는 공정전체에 걸쳐 균등하게 투입된다면 평균법에 의하여 기말재공품 직접재료원가를 계산하면 얼마인가? *(54. 전산세무회계 1급)*

- 기초재공품 : 수량 30단위, 가공도 40%, 직접재료원가 264,000원, 가공원가 628,000원
- 당기투입 : 수량 450단위, 직접재료원가 1,272,000원, 가공원가 2,628,000원
- 기말재공품 : 수량 40단위, 가공도 30%

① 118,000원　② 128,000원　③ 138,000원　④ 148,000원

26. (주)환상은 평균법에 의한 종합원가계산을 이용한다. 기초에 비해 기말에 재공품잔액이 증가하였다. 그러나, 기초와 기말의 재공품 물량이 동일하다면 다음 설명 중 잘못된 것은? (52. 전산세무회계 1급)

① 전년도에 비해 생산직 직원에 대한 임률이 증가하였다.
② 기초재공품 완성도에 비해 기말재공품 완성도가 더 높다.
③ 전년도에 비해 고정제조간접원가가 증가하였다.
④ 재공품 생산착수량이 전년도에 비해 증가하였다.

27. ㈜국세는 단일제품을 생산하고 있으며, 종합원가계산제도를 채택하고 있다. 직접배료는 공정이 시작되는 시점에세 100% 투입되며, 가공원가는 공정 전체에 걸쳐 균등하게 발생한다. 평균법과 선입선출법에 의한 가공원가의 완성품환산량은 각각 85,000단위와 73,000단위이다. 기초재공품의 가공원가 완성도가 30%라면, 기초재공품 수량은 몇 단위인가? *(2011. 세무사)*

① 12,000단위　② 21,900단위　③ 25,500단위　④ 36,000단위　⑤ 40,000단위

28. ㈜해왕성은 종합원가계산에 의한 제품원가계산을 하고 있다. 2010년 제조활동과 관련된 다음 자료를 이용하여 평균법과 선입선출법에 의하여 원가계산한 결과를 비교한 것으로 옳지 않은 것은? *(42회. 전산세무회계 1급)*

> ■ 당기완성량 : 1,500개
> ■ 기말재공품 : 100개(재료비 완성도 100%, 가공비 완성도 20%)
> ■ 당기투입원가 : 새료비 210,000원
> 가공비 900,000원
> ■ 기초재공품 수량은 없다.
> ■ 당기 중 공손 및 감손은 전혀 발생하지 않았다.
> ■ 재료는 공정초기에 전량 투입된다.

① 완성품 환산량은 평균법이 선입선출법보다 크다.
② 재료비의 완성품 환산량은 평균법이나 선입선출법 모두 1,500개이다.
③ 기말재공품의 원가는 평균법이나 선입선출법 모두 동일하다.
④ 당기제품제조원가는 평균법이나 선입선출법 모두 동일하다.

29. 종합원가계산제도 하에서, 재료 Y는 70% 진행시점에서 투입되며 가공원가는 일정하게 투입된다. 80%가 완료된 재공품의 완성품 환산량에는 어떤 원가가 포함되는가? *(40회. 전산세무회계 1급)*

	재료원가	가공원가
①	불 포 함	불 포 함
②	포 함	포 함
③	포 함	불 포 함
④	불 포 함	포 함

30. ㈜한국은 종합원가계산제도를 채택하고 있으며, 원재료는 공정의 초기에 전량 투입되며, 가공원가는 공정 전반에 걸쳐서 진척도에 따라 균등하게 발생한다. 재료원가의 경우, 평균법에 의한 완성품환산량은 78,000단위이고, 선입선출법에 의한 완성품 환산량은 66,000단위이다. 또한, 가공원가의 경우 평균법에 의한 완성품환산량은 54,400단위이고, 선입선출법에 의한 완성품 환산량은 52,000단위이다. 기초재공품의 진척도는 몇 %인가? *(2005. KICPA)*

① 10% ② 20% ③ 30% ④ 50% ⑤ 70%

31. 대한회사는 선입선출법에 의한 종합원가계산을 채택하고 있다. 제품제조를 위하여 원재료 A와 원재료 B가 사용되는데, 원재료 A는 공정초기에 전부 투입되고 원재료 B는 공정의 50%시점에 전부 투입된다. 그리고 가공원가는 공정 전체에 걸쳐 균등하게 발생한다. 대한회사의 당기 제품제조활동과 관련한 다음의 자료를 토대로 당기에 완성된 제품의 원가와 기말재공품의 원가를 구하면 각각 얼마인가? *(2008. 세무사)*

> 기초재공품의 수량은 5,000개이며, 가공비완성도는 60%이다
> 당기의 완성품 수량은 80,000개이다.
> 기말재공품의 수량은 10,000개이며, 가공비완성도는 30%이다.
> 기초재공품의 원가와 당기에 발생한 원가의 현황은 다음과 같다.

구 분	원재료 A	원재료 B	가공원가	합 계
기초재공품원가	₩850,000	₩900,000	₩400,000	₩2,150,000
당기발생원가	₩3,400,000	₩4,500,000	₩1,600,000	₩9,500,000

	완성품원가	기말재공품원가
①	₩11,025,000	₩625,000
②	₩11,150,000	₩500,000
③	₩11,190,000	₩460,000
④	₩9,600,000	₩2,050,000
⑤	₩10,200,000	₩1,450,000

제 9 장

spoilage · waste

공손 · 감손회계

제1절 공손과 감손의 개요

1. 공손과 감손

제품의 제조과정에서 작업자의 부주의나 원재료의 불량 등으로 인하여 제품이 규격에 미달하거나 최초의 투입물량에 비해 최종 산출물량이 감소하는 경우가 있다. 제품의 원가를 정확히 계산하기 위해서는 규격에 미달한 제품이나 감소된 물량에 대한 파악이 무엇보다 중요하다. 왜냐하면 제품원가계산의 측면뿐만 아니라 원가관리 및 통제의 측면에서 더욱 중요하기 때문이다. 예를 들어 제조과정에서의 불량에 대한 원인이 파악되지 않는다면 제품원가의 상승뿐만 아니라 기업간 경쟁우위 확보에서도 뒤질 수밖에 없을 것이다. 이렇듯 제조과정에서의 품질관리 및 원가관리는 총원가를 감소시키고 매출을 증대시킬 수 있는 요인이므로 경영관리자의 입장에서는 의사결정에 유용한 정보를 제공해 줄 수 있게 된다.

이미 제7장 개별원가계산에서 공손에 대해서 살펴본 바와 같이 공손(工損, spoilage)은 제품의 제조과정에서 표준규격이나 표준품질 등에 미달하여 불량품 및 파손품이 되어, 폐기되거나 재작업을 하더라도 정상적인 제품으로 될 수 없는 경우를 말한다. 공손과 더불어 제조과정에서 감손이 발생할 수 있는데, 감손(減損, waste)이란 제조과정에서 가공이 진행됨에 따라 자연적으로 원재료가 증발 · 분산 · 가스화 · 연화 · 폐액화 되어 없어지거나 또는 경제적 가치가 없는 찌꺼기가 되는 것을 말한다. 이처럼 자연적으로 감소된 원재료원가나 경제적 가치가 없어 처리비용 등이 소요되는 경우 감손원가로 처리하게 된다. 본 장에서의 공손과 감손은 종합원가계산과 관련한 회계처리에 대해 설명하겠다.

2. 정상공손과 비정상공손

■ 정상공손과 비정상공손

공손은 제조과정의 모든 과정에서 발생할 수 있다. 그러나 실제로 공손품이 발견되는 시점은 품질검사 시점이라 하겠다. 즉, 공정 중에 품질검사가 이루어지든 공정이 완료된 시점에 품질검사가 이루어지든 품질검사를 통과하지 못한 제품은 곧 공손품이므로 공손품의 발견시점은 품질검사 시점이다. 이렇듯 공손품이 결정되면, 제8장 개별원가계산에서 이미 설명되었듯이 공손은 정확한 제품원가계산과 합리적인 원가관리를 위해 정상공손과 비정상공손으로 구분된다. 정상공손(正常工損, normal spoilage)은 현재의 효율적인 작업조건 하에서도 불가피하게 발생하는 공손을 말한다. 정상공손은 제품의 제조과정에서 회피할 수 없는 수준의 공손이므로 사전에 정상공손율을 이용하여 허용수준을 결정하게 된다. 그러므로 정상공손에 투입된 제조원가는 제품원가에 포함시키게 되는데, 정상공손원가를 완성품원가에만 부담시키거나, 완성품원가와 기말재공품원가에 배분하게 된다.

비정상공손(非正常工損, abnormal spoilage)은 현재 효율적인 작업조건 하에서는 회피가능한 공손으로 제조과정을 효율적으로 관리했다면 발생되지 않을 수 있는 공손을 말한다. 비정상공손은 정상공손 수준을 초과한 공손이므로 비정상공손에 투입된 제조원가는 제품원가에 포함시키지 않고 기간비용(영업외비용)으로 처리한다. 이는 작업 등의 비능률로 인해 발생한 원가를 제품원가에서 제외시키고자 하는 것이다. 우리나라 원가계산준칙에서는 "공손비는 다음 각호에 따라 계산하여 당해 제품의 제조원가에 부과하거나 원가발생부문의 간접비용으로 한다. 다만, 비정상적인 공손비는 영업외비용으로 한다."라고 규정하고 있다(준칙 제25조 ①).

■ 정상공손량의 결정

종합원가계산에서의 공손품수량의 결정은 물량흐름에 따라 파악한다. 즉 기초재공품과 당기착수량의 합이 당기완성량과 기말재공품의 합과 일치하여야 하는데, 기초재공품과 당기착수량의 합이 당기완성량과 기말재공품의 합을 초과하는 경우 차이가 나는 물량이 곧 공손량이다.

기초재공품 + 당기착수량 = 당기완성량 + 기말재공품 + 공손량

공손량이 결정되면 이를 정상공손량과 비정상공손량으로 구분하게 되는데, 현실적으로 정상공손량과 비정상공손량을 결정하는 것은 인위적일 수 있으며 이를 구별하는 노력과 비용 또한 매우 크다. 따라서 일반적으로 기업에서는 정상공손이라고 인정할 수 있는 공손의 허용한도를 사전에 설정하게 된다. 그 방법으로는 두 가지가 있다.

첫째, 품질검사를 받기위해 대기하는 물량 또는 실제투입량(총투입량)을 기준으로 하는 방법

이 방법은 일반적으로 사용하기에는 문제점을 가지고 있다. 즉, 품질검사를 받기 위해 대기하는 물량이나 실제투입량(총투입량)에는 정상공손량뿐만 아니라 비정상공손량이 포함되어 있기 때문에, 이를 기준으로 하여 몇 %를 정상공손량으로 결정할 경우 양품뿐만 아니라 비정상공손량에 의해 정상공손량이 좌우되는 모순점을 가지고 있다. 품질검사를 받기위해 대기하는 물량 또는 실제투입량을 결정하는 방법은 다음과 같다.

대기물량
= 기초재공품(또는 zero) + (당기착수완성량 + 공손량) + 기말재공품(또는 zero)

1. (당기착수완성량 + 공손량)을 기본적인 대기물량으로 한다.
2. 기초재공품완성도 < 품질검사시점 : 기초재공품수량을 대기물량에 더해준다.
   기초재공품완성도 > 품질검사시점 : 기초재공품수량을 zero로 한다.
3. 기말재공품완성도 < 품질검사시점 : 기말재공품수량을 zero로 한다.
   기말재공품완성도 > 품질검사시점 : 기말재공품수량을 대기물량에 더해준다.

먼저, 당기착수완성량과 공손량을 기본적인 대기물량으로 한다. 다음으로 기초재공품이 당기에 품질검사를 받게 된다면(기초재공품완성도 < 품질검사시점) 대기물량에 포함시킨다. 그러나 당기에 품질검사를 받지 않는다면(기초재공품완성도 > 품질검사시점) 당기의 대기물량과는 관계가 없으므로 고려하지 않는다(zero로 한다). 기말재공품의 경우는 기말재공품이 당기에 품질검사를 통과하지 못했다면(기말재공품완성도 < 품질검사시점) 당기의 대기물량이 될 수 없으므로 zero로 한다. 그러나 기말재공품이 당기에 품질검사를 받았다면 대기물량에 더해준다.

이와 같은 과정을 정리하면, 당기착수완성량과 공손량을 더한 물량을 기본 대기물량으로 하고 기초재공품과 기말재공품이 당기에 품질검사를 받았다면 대기물량에 더하여 정상공손과 비정상공손을 계산하기 위한 대기물량으로 한다.

예제 9-1 대기물량 기준: 정상공손량과 비정상공손량

A회사는 종합원가계산시스템을 적용하고 있으며, 정상공손의 허용한도는 품질검사를 대기하는 물량의 2%이다. 20××년 5월 중의 생산활동과 관련한 자료는 다음과 같다.

기초재공품	1,000개(완성도 40%)	당기완성량	8,500개
당기착수량	9,000개	기말재공품	1,200개(완성도 80%)

[물음사항] 다음의 각 경우에 따라 정상공손량과 비정상공손량을 계산하시오.

1. 품질검사를 20%시점에 실시한 경우.
2. 품질검사를 60%시점에 실시한 경우.
3. 품질검사를 공정 말에 실시한 경우.

■ 풀이

1. 품질검사를 20%시점에 실시한 경우

재공품

기초재공품	1,000개	당기완성량		8,500개
당기착수량	9,000개	기초재공품완성량	1,000개	
		당기착수완성량	7,500개	
		기말재공품		1,200개
		공손량		300개
	10,000개			10,000개

1) 공정도

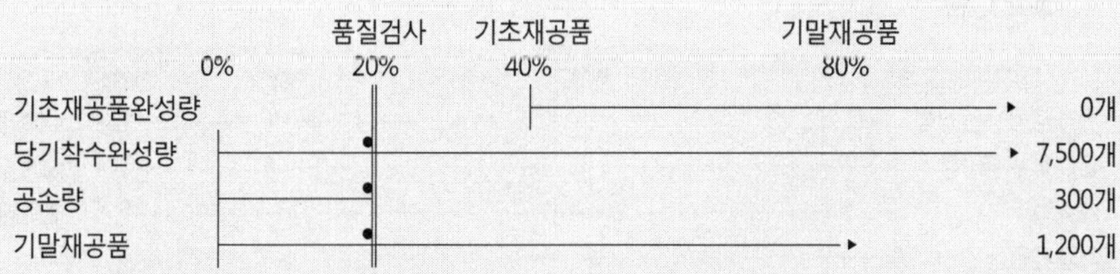

2) 품질검사를 받기위해 대기하는 물량

대기물량 = 0개 + (7,500개 + 300개) + 1,200개 = 9,000개

당기에 품질검사를 20%시점에 실시하는 경우, 기초재공품의 완성도가 40%이므로 전기에 품질검사를 받았기 때문에 당기의 대기물량에 포함시키지 않는다.

기말재공품의 완성도는 80%이므로 당기에 이미 품질검사를 통과했기 때문에 당기의 대기물량에 더해준다.

3) 정상공손량과 비정상공손량

정상공손량 = 대기물량(9,000개) × 2% = 180개

비정상공손량 = 공손량(300개) − 정상공손량(180개) = 120개

2. 품질검사를 60%시점에 실시한 경우

1) 공정도

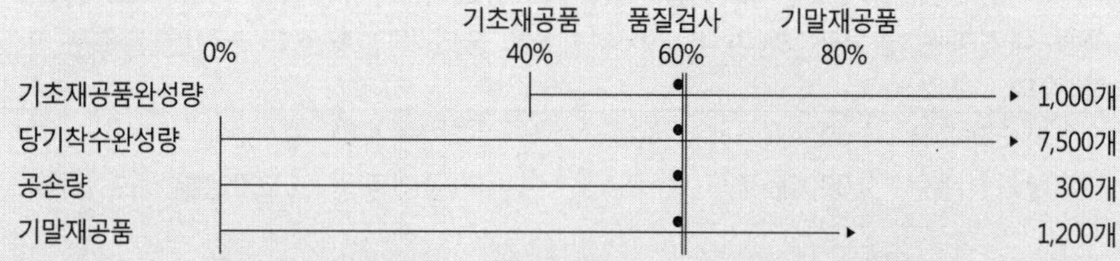

2) 검사시점을 통과한 양품

양품 = 1,000개 + (7,500개 + 300개) + 1,200개 = 10,000개

당기에 품질검사를 60%시점에 실시하는 경우, 기초재공품의 완성도가 40%이므로 당기에 품질검사를 받게 되므로 당기의 대기물량에 포함시킨다.

기말재공품의 완성도는 80%이므로 당기에 이미 품질검사를 통과했기 때문에 당기의 대기물량에서 차감하지 않는다. 따라서 당기의 대기물량은 당기착수량에서 기초재공품수량을 더한 물량이 된다.

3) 정상공손량과 비정상공손량

정상공손량 = 대기물량(10,000개) × 2% = 200개

비정상공손량 = 공손량(300개) − 정상공손량(200개) = 100개

3. 품질검사를 공정말에 실시하는 경우

1) 물량흐름

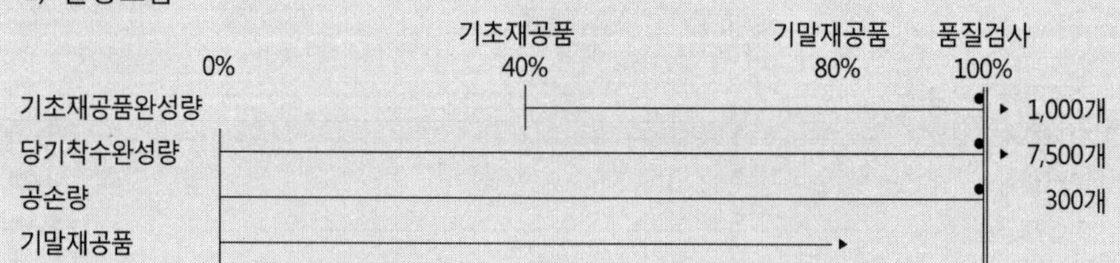

2) 검사시점을 통과한 양품

양품 = 1,000개 + (7,500개 + 300개) - 0개 = 8,800개

당기에 품질검사를 공정 말에 실시하는 경우, 기초재공품의 완성도가 40%이므로 당기에 품질검사를 받게 되므로 당기의 대기물량에 포함시킨다.

기말재공품의 완성도는 80%이므로 당기에 품질검사를 받지 않기 때문에 대기물량에서 차감한다. 따라서 당기착수량에서 기초재공품수량을 더하고 기말재공품수량을 차감하여 당기의 대기물량으로 한다.

3) 정상공손량과 비정상공손량

정상공손량 = 대기물량(8,800개) × 2% = 176개

비정상공손량 = 공손량(300개) − 정상공손량(176개) = 124개

둘째, 품질검사를 통과한 양품 또는 정상투입량(실제투입량에 허용된 표준 투입량)을 기준으로 하는 방법.

이 방법은 기업에서 일반적으로 사용하고 있는 방법으로서 정상공손과 비정상공손을 계산하는 과정에서 파악되는데, 양품이나 정상투입량을 기준으로 하여 몇 %를 정상공손량으로 하기 때문에 정상공손량이 비정상공손량에 의해 좌우되는 모순을 사전에 제거할 수 있다.

한편, 정상공손량의 결정은 원가흐름의 가정 중 선입선출법이 적용되는 것으로 가정한다. 즉, 기초재공품을 먼저 완성시키고 난 후, 당기착수량을 완성시킨다는 가정 하에 품질검사를 통과한 양품(합격품)에 몇 %로 결정한다. 양품을 결정하는 방법은 다음과 같다.

양 품 = 기초재공품(또는 zero) + (당기착수완성량) + 기말재공품(또는 zero)

1. 당기착수완성량을 기본적인 양품으로 한다.
2. 기초재공품완성도 < 품질검사시점 : 기초재공품수량을 양품에 더해준다.
   기초재공품완성도 > 품질검사시점 : 기초재공품수량을 zero로 한다.
3. 기말재공품완성도 < 품질검사시점 : 기말재공품수량을 zero로 한다.
   기말재공품완성도 > 품질검사시점 : 기말재공품수량을 양품에 더해준다.

먼저, 당기착수완성량을 뺀 물량을 당기의 기본적인 양품으로 하고, 기초재공품이 당기에 품질검사를 통과하면(기초재공품완성도 < 품질검사시점) 양품에 포함시킨다. 그러나 전기에 품질검사를 통과했다면(기초재공품완성도 > 품질검사시점) 당기의 양품과는 관계가 없으므로 고려하지 않는다(zero로 한다). 기말재공품의 경우는 기말재공품이 당기에 품질검사를 통과하지 못했다면(기말재공품완성도 < 품질검사시점) 당기의 양품이 될 수 없으므로 zero로 한다. 그러나 당기에 품질검사를 받았다면 양품이 되었기 때문에 양품에 포함시킨다. 이 과정을 요약하면 당기착수완성량을 기본적인 양품으로 하고, 품질검사시점을 기준으로 기초재공품과 기말재공품이 당기에 품질검사를 통과하면 양품에 모두 더해준다. 이와 같은 방법에 의해 최종 양품을 계산하게 되며, 계산된 양품에 몇 %로 하여 정상공손량을 결정한다.

정상공손수량 = 품질검사를 통과한 양품 × 공손허용한도(%)

비정상공손수량 = 공손수량 - 정상공손수량

예제 9-2 정상공손량과 비정상공손량

[예제 10-1]의 자료를 이용하시오. 단, 정상공손의 허용한도는 검사시점을 통과한 양품의 2%이다.

[물음사항] 다음의 각 경우에 따라 정상공손량과 비정상공손량을 계산하시오.

1. 품질검사를 20%시점에 실시한 경우.
2. 품질검사를 60%시점에 실시한 경우.
3. 품질검사를 공정 말에 실시한 경우.

■ 풀이

1. 품질검사를 20%시점에 실시한 경우

1) 물량흐름

재공품

기초재공품	1,000개	당기완성량		8,500개
당기착수량	9,000개	기초재공품완성량	1,000개	
		당기착수완성량	7,500개	
		기말재공품		1,200개
		공손량		300개
	10,000개			10,000개

2) 공정도

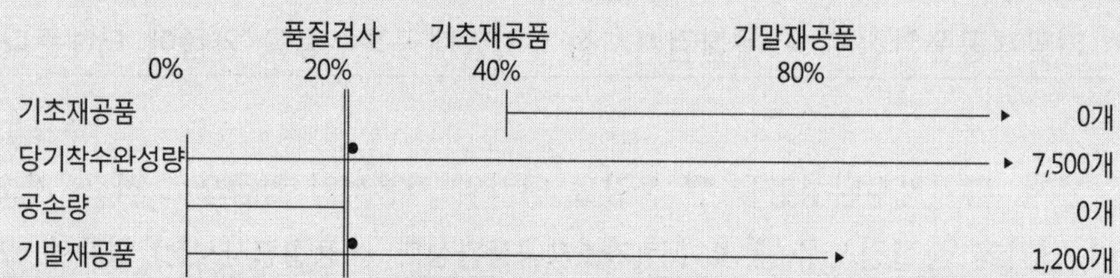

3) 검사시점을 통과한 양품

양품 = 0개 + (7,500개) + 1,200개 = 8,700개

당기에 품질검사를 20%시점에 실시하는 경우, 공손량은 품질검사에서 탈락했기 때문에 양품이 될 수 없으므로 0개이다.

기초재공품의 완성도가 40%이므로 전기에 품질검사를 받았기 때문에 당기의 양품에 포함시키지 않는다.

기말재공품의 완성도는 80%이므로 당기에 품질검사를 통과했기 때문에 1,200개를 양품에 더해준다. 따라서 당기착수완성량과 기말재공품을 더한 8,700개가 양품이 된다.

4) 정상공손량과 비정상공손량

정상공손량 = 양품(8,700개) × 2% = 174개

비정상공손량 = 공손량(300개) − 정상공손량(174개) = 124개

2. 품질검사를 60%시점에 실시한 경우

1) 공정도

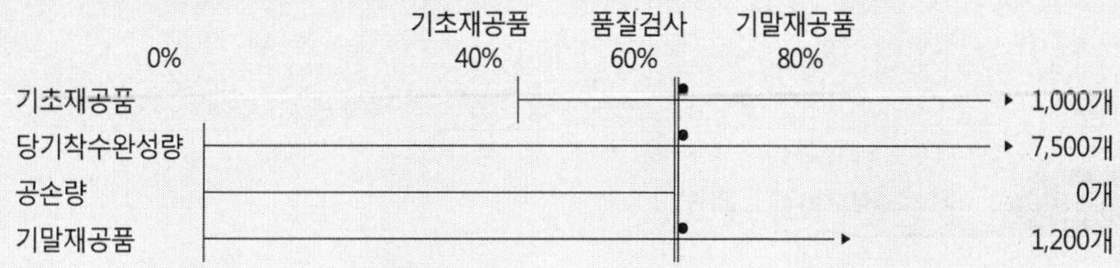

2) 검사시점을 통과한 양품

양품 = 1,000개 + (7,500개) + 1,200개 = 9,700개

당기에 품질검사를 60%시점에 실시하는 경우, 기초재공품의 완성도가 40%이므로 당기에 품질검사를 통과했기 때문에 1,000개를 당기의 양품에 포함시킨다. 기말재공품의 완성도는 80%이므로 당기에 품질검사를 통과했기 때문에 1,200개를 당기의 양품에 포함시킨다. 따라서 당기의 양품은 당기착수완성량에서 기초재공품과 기말재공품을 포함시킨 9,700개가 양품이 된다.

3) 정상공손량과 비정상공손량

정상공손량 = 양품(9,700개) × 2% = 194개

비정상공손량 = 공손량(300개) − 정상공손량(194개) = 106개

3. 품질검사를 공정의 종료시점에 실시하는 경우

1) 공정도

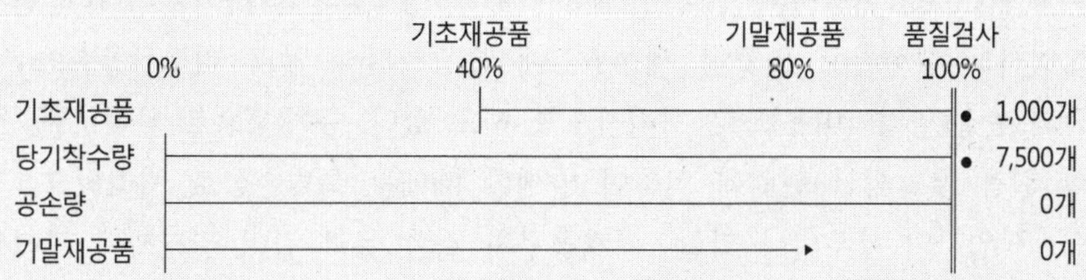

2) 검사시점을 통과한 양품

양품 = 1,000개 + (7,500개) + 0개 = 8,500개

당기에 품질검사를 공정 말에 실시하는 경우, 기초재공품의 완성도가 40%이므로 당기에 품질검사를 통과했기 때문에 1,000개를 양품에 포함시킨다. 기말재공품의 완성도는 80%이므로 당기에 품질검사를 통과하지 못했기 때문에 양품이 되지 못한다. 따라서 당기착수완성량에서 기초재공품수량을 더한 8,500개가 당기의 양품이다.

3) 정상공손량과 비정상공손량

정상공손량 = 양품(8,500개) × 2% = 170개

비정상공손량 = 공손량(300개) − 정상공손량(170개) = 130개

제2절 공손원가의 회계처리

1. 공손원가의 구분

종합원가계산에서 공손품이 발생한 경우 공손원가의 결정은 일반적인 종합원가계산 절차와 다르지 않다. 총투입원가를 완성품원가와 기말재공품원가로 배분하기 위해서 완성품환산량 단위당원가를 계산한 후, 당기완성품과 기말재공품의 완성품환산량을 곱하여 완성품원가와 기말재공품원가를 계산한다. 만약 공손품이 발생한 경우라 하더라도 공손품의 완성품환산량을 계산하여 완성품환산량 단위당원가를 곱하여 공손원가를 구하면 된다. 또한 공손원가 중 정상공손원가와 비정상공손원가의 구분은 정상공손의 완성품환산량과 비정성공손의 완성품환산량에 각각 완성품환산량 단위당원가를 곱하여 계산하면 된다.

정상공손원가는 제품의 제조과정에서 불가피하게 발생하는 것이므로 제품의 제조원가에 포함시키는 것은 당연하다. 그러나 문제는 당기의 제조과정에서 발생된 공손이므로 당기의 완성품에만 포함시킬지 아니면 당기완성품과 기초 및 기말재공품에도 포함시킬지의 결정이 필요하다. 비정상공손원가는 우리나라 원가계산준칙에서도 규정하고 있듯이 제품원가에 포함시키지 않고 비정상공손이 발생한 기간의 손실(영업외비용)으로 처리하도록 하고 있다. 구체적으로 살펴보면, 천재지변과 같은 우발적인 원인에 의하여 발생한 때에는 특별손실로 처리하고, 재료의 불량 · 작업자의 부주의나 과실 · 기계공구의 결함 등과 같이 관리자의 관리책임에 따라 발생한 경우에는 영업외비용으로 처리한다. 본 절에서는 정상공손원가에 대한 회계처리방법에 대해 설명하도록 하겠다.

공손원가를 정상공손과 비정상공손으로 구별하여 어떻게 회계처리하느냐 하는 것은 공손원가가 제품의 제조원가에 영향을 미치기 때문에 중요하다. 즉, 정상공손과 비정상공손을 어떻게 구별하느냐에 따라 회계처리방법이 다르며, 그 결과 제품의 제조원가도 다르게 계산되기 때문이다. 공손원가의 회계처리방법은 공손을 분리하여 별도로 인식하느냐의 여부에 따라 공손무인식법(비분리법)과 공손인식법(분리법)으로 나뉜다.

2. 공손무인식법

공손무인식법(工損無認識法, method of neglect)은 공손회계처리에서 공손을 고려하지 않는 방법으로써, 완성품환산량을 계산할 때 정상공손이든 비정상공손이든 모든 공손을 완성품환산량에 포함시키지 않는 방법이다. 즉, 공손은 발생하였지만 마치 공손이 발생하지 않은 것처럼 완성품환산량을 계산하여 공손원가를 양품의 원가에 전가시키는 방법이다. 이처럼 공손을 인식하지 않고 완성품환산량을 계산하기 때문에 완성품환산량이 감소하게 되며, 이로 인해 완성품환산량 단위당 원가는 증가하게 된다. 따라서 제품의 제조원가를 증가시키는 결과를 초래하게 된다. 공손무인식법은 계산절차가 간편하다는 장점을 가지고 있지만, 다음과 같은 문제점을 지니고 있다.

첫째, 공손원가를 모두 제품의 제조원가에 포함시키게 되므로 결과적으로 정상공손원가뿐만 아니라 비정상공손원가가 제품의 제조원가에 포함되게 된다.

둘째, 기말재공품이 품질검사를 통과하지 못한 경우에도 공손원가가 포함되게 된다. 또한 당기의 기말재공품이 차기에 완성품이되는 경우 당기에도 공손원가가 포함되고 차기에도 공손원가가 포함되는 중복 계산이 이루어지게 된다.

셋째, 정상공손과 비정상공손을 구분하지 않음으로서 경영의사결정에 유용한 정보를 제공하지 못한다.

따라서 공손무인식법은 공손이 정상적으로 발생하면서, 기말재공품이 품질검사를 통과한 경우에 적용하는 것이 바람직하다 하겠다.

예제 9-3 공손무인식법

A회사는 종합원가계산시스템을 적용하고 있다. 직접재료는 공정의 착수시점에 모두 투입되며, 가공원가는 공정의 진행정도에 따라 균등하게 발생한다. 품질검사는 공정의 완료시점에 이루어지며, 공손품에 대한 잔존가치는 없다.

20××년 5월 중의 생산활동과 관련한 자료는 다음과 같다.

		직접재료원가	가공원가
기초재공품	1,000개(완성도 40%)	₩ 2,300	₩ 3,270
당기착수량	9,000개	104,400	181,200
당기완성량	8,500개		
기말재공품	1,200개(완성도 80%)		

[물음사항]

1. 선입선출법에 의한 5월 중 당기완성품원가와 기말재공품원가를 계산하시오.
2. 평균법에 의한 5월 중 당기완성품원가와 기말재공품원가를 계산하시오.

■ 풀이

*** 물량흐름**

재공품				
기초재공품	1,000개	당기완성량		8,500개
당기착수량	9,000개	기초재공품완성량	1,000개	
		당기착수완성량	7,500개	
		기말재공품		1,200개
		공손량		300개
	10,000개			10,000개

1. 공손무인식법 – 선입선출법

	1단계 (물량흐름)	**2단계**(완성품환산량) 직접재료원가	가공원가
기초재공품(40%)	1,000개		
당기착수량	9,000개		
합 계	10,000개		
당기완성량			
기초재공품완성량	1,000개	0개 (0%)	600개 (60%)
당기착수완성량	7,500개	7,500개 (100%)	7,500개 (100%)
정상공손량	300개	0개 (0%)	0개 (0%)
기말재공품(80%)	1,200개	1,200개 (100%)	960개 (80%)
합 계	10,000개	8,700개	9,060개
3단계 (총원가 집계)			
기초재공품원가	₩5,570	-	-
당기발생원가	285,600	₩104,400	₩181,200
합 계	₩291,170	₩104,400	₩181,200
4단계 (완성품환산량단위당원가)		₩104,400÷8,700개 = @₩12	₩181,200÷9,060개 = @₩20
5단계 (원가배분)			
기초재공품원가	₩5.570	₩2,300	₩3,270
기초재공품완성량원가	₩ 19,000	0	(600개×@20)= 12,000
당기착수완성량원가	231,000	(7,500개×@12)= 90,000	(7,500개×@20)= 150,000
당기완성품원가	**₩257,570**	₩92,300	₩165,270
기말재공품원가	**33,600**	(1,200개×@12)= 14,400	(960개×@20)= 19,200
합 계	**₩291,170**	**₩106,700**	**₩184,470**

2. 공손무인식법 - 평균법

	1단계 (물량흐름)	**2단계**(완성품환산량) 직접재료원가	가공원가
기초재공품(40%)	1,000개		
당기착수량	9,000개		
합 계	10,000개		
당기완성량	8,500개	8,500개 (100%)	8,500개 (100%)
정상공손량	300개	0개 (0%)	0개 (0%)
기말재공품(80%)	1,200개	1,200개 (100%)	960개 (80%)
합 계	10,000개	9,700개	9,460개
3단계 (총원가 집계)			
기초재공품원가	₩5,570	₩2,300	₩3,270
당기발생원가	285,600	104,400	181,200
합 계	₩291,170	₩106,700	₩184,470
4단계 (완성품환산량단위당원가)		₩106,700÷9,700개 = @₩11	₩184,470÷9,460개 = @₩19.5
5단계 (총원가 배분)			
완성품원가	**₩259,250**	(8,500개×@11)= ₩93,500	(8,500개×@19.5)=₩165,750
기말재공품원가	**31,920**	(1,200개×@12)= 13,200	(960개×@19.5)= 18,720
합 계	**₩291,170**	**₩106,700**	**₩184,470**

3. 공손인식법

공손인식법(工損認識法, method of recognition)은 공손회계처리에서 공손을 별도로 인식·측정하는 방법으로써, 완성품환산량을 계산할 때 정상공손과 비정상공손을 완성품환산량에 포함시키며, 공손원가를 정상공손원가와 비정상공손원가로 분리하여 정상공손원가를 제품의 제조원가에 포함시키고, 비정상공손원가는 영업외비용으로 처리하는 방법이다.

공손익식법에 의한 정상공손원가와 비정상공손원가를 결정하기 위해서는 완성품환산량을 계산할 때 정상공손과 비정상공손을 분리하여 파악해야 한다. 공손을 정상공손과 비정상공손으로 분리하여야만 정상공손원가와 비정상공손원가의 계산이 가능해지며, 정상공손원가를 제품의 제조원가에 포함시킬 수 있게 된다. 그런데 정상공손원가라 하더라도 기초재공품·당기착수완성품·기말재공품 모두에 포함시키는 것은 아니다. 왜냐하면 공손은 품질검사를 받기위해 대기하는 물량을 기준으로 하든 품질검사를 통과한 양품을 기준으로 하든, 그 시점에서 인식되는 것이기 때문에 당기 대기물량 또는 양품에 포함되지 않은 기초재공품과 기말재공품에는 배부되지 않아야 한다. 일반적으로 정상공손원가를 배부하는 방법으로는 두 가지 방법이 있다.

첫째, 정상공손원가를 당기완성품에만 재배부하는 방법

이 방법은 품질검사가 공정의 완료시점에 이루어지는 경우와 품질검사가 공정의 완료시점이 아니더라도 기말재공품이 품질검사를 통과하지 못한 경우에 적용된다.

둘째, 정상공손원가를 당기완성품과 기말재공품에 재배부하는 방법

이 방법은 품질검사가 공정의 완료시점 이전이고 기말재공품이 품질검사를 통과한 경우에 적용된다. 정상공손원가를 완성품원가에 재배부하는 경우에는 별다른 어려움이 없다. 그러나 완성품원가와 기말재공품원가에 재배부하는 경우에는 배부기준을 무엇으로 하느냐에 따라 배부금액이 달라지게 되므로 당기완성품과 기말재공품의 상대적 물량을 기준으로 재배부한다. 왜냐하면 완성품환산량을 기준으로 했을 경우 품질검사 이후의 가공 진행여부에 따라 환산량이 달라지므로 완성도에 따라 배부금액이 변화되는 모순이 있기 때문이다.

정상공손원가를 당기완성품과 기말재공품의 상대적 물량을 기준으로 재배부하는 경우 또 하나 고려해야할 문제는 기초재공품에 대한 당기완성품에의 포함여부이다. 이것은 원가흐름의 가정 중 평균법인 경우에는 상관이 없지만 선입선출법을 사용하였을 경우 정상공손원가의 배부액이 달라지기 때문이다. 즉, 당기완성품에는 기초재공품과 당기착수완성품으로 구성되어 있기 때문에 만약 기초재공품이 당기에 품질검사를 받지 않았거나 대기물량에 포함되지 않았다면 정상공손원가를 배부하지 않아야 한다. 이하에서는 평균법과 선입선출법을 사용하는 경우 각각에 대한 정상공손원가의 재배부방법에 대해 설명하겠다.

■ 품질검사시점 〉 기말재공품의 완성도

공손품의 품질검사시점이 기말재공품의 완성도보다 큰 경우, 즉 기말재공품이 품질검사를 통과하지 않은 경우에는 품질검사를 통과한 물량은 완성품뿐이므로 정상공손원가는 완성품원가에만 전액 배부하게 된다. 이처럼 정상공손원가가 전액 완성품원가에 포함되므로 원가흐름의 가정(평균법, 선입선출법)에 따라 기초재공품의 품질검사 통과여부를 고려할 필요가 없다.

예제 9-4 공손인식법: 품질검사시점 > 기말재공품 완성도

A회사는 종합원가계산시스템을 적용하고 있다. 직접재료는 공정의 착수시점에 모두 투입되며, 가공원가는 공정의 진행정도에 따라 균등하게 발생한다. 제품의 품질유지를 위해 품질검사를 실시하며, 공손이 발생하는 경우 정상공손의 허용한도는 검사시점을 통과한 양품의 5%로 한다. 공손에 대한 처분가치는 없다.

20××년 5월 중의 생산활동과 관련한 자료는 다음과 같다.

		직접재료원가	가공원가
기초재공품	1,200개(완성도 40%)	₩ 40,400	₩ 44,520
당기착수량	10,000개	150,000	259,000
당기완성량	8,900개		
기말재공품	1,800개(완성도 80%)		

[물음사항] 품질검사는 공정의 종료시점에 실시한다.

1. 선입선출법에 의한 5월 중 당기완성품원가와 기말재공품원가를 계산하시오.
2. 평균법에 의한 5월 중 당기완성품원가와 기말재공품원가를 계산하시오.

■ 풀이

*** 물량흐름**

재공품

기초재공품	1,200개	당기완성량		8,900개
당기착수량	10,000개	기초재공품완성량	1,200개	
		당기착수완성량	7,700개	
		기말재공품		1,800개
		공손량		500개
	11,200개			10,000개

1. 공손인식법 - 선입선출법

1) 공정도

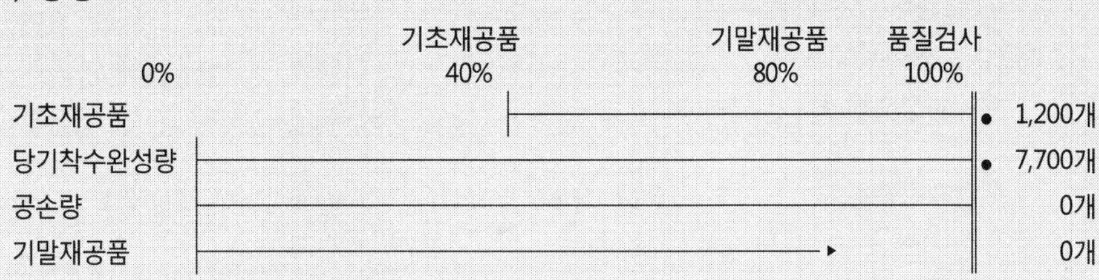

2) 검사시점을 통과한 양품

양품 = 기초재공품(1,200개) + 당기착수완성량(7,700개) + 기말재공품(0개)
= 8,900개

3) 정상공손량과 비정상공손량

정상공손량 = 양품(8,900개) × 5% = 445개

비정상공손량 = 공손량(500개) − 정상공손량(445개) = 55개

4) 당기완성품원가와 기말재공품원가

	1단계 (물량흐름)	2단계(완성품환산량) 직접재료원가	가공원가
기초재공품(40%)	1,200개		
당기착수량	10,000개		
합 계	11,200개		
당기완성량			
기초재공품완성량	1,200개	0개 (0%)*	720개 (60%)*
당기착수완성량	7,700개	7,700개 (100%)	7,500개 (100%)
정상공손량	445개	445개 (100%)**	445개 (100%)**
비정상공손량	55개	55개 (100%)**	55개 (100%)**
기말재공품(80%)	1,800개	1,800개 (100%)	1,440개 (80%)
합 계	11,200개	10,000개	10,360개

* 기초재공품의 전기완성도가 40%이므로 당기에는 60%공정이 이루어지게 된다. 따라서 가공원가의 기초재공품환산량은 1,200개×60%=720개이다. 또한, 직접재료원가는 공정초에 투입되므로 기초재공품의 직접재료원가는 전기에 이미 투입되었기 때문에 당기에는 직접재료원가가 투입되지 않기 때문에 직접재료원가의 기초재공품환산량은 0개이다.
**품질검사시점이 공정의 종료시점이므로 정상공손량과 비정상공손량의 완성도는 각각 100%이다.

3단계 (총원가 집계)			
기초재공품원가	₩84,920	-	-
당기발생원가	409,000	₩150,000	₩259,000
합 계	₩493,920	₩150,000	₩259,000
4단계 (완성품환산량단위당원가)		₩150,000÷10,000개 = @₩15	₩259,000÷10,360개 = @₩25

5단계 (원가배분)			
기초재공품원가	₩84,920	₩40,400	₩44,520
기초재공품완성량원가	18,000	0	(720개×@25)= 18,000
당기착수완성량원가	308,000	(7,700개×@15)= 115,500	(7,700개×@25)= 192,500
정상공손원가***	17,800	(445개×@15)= 6,675	(445개×@25)= 11,125
당기완성품원가	**₩428,720**	₩162,575	₩266,145
기말재공품원가	**63,000**	(1,800개×@15)= 27,000	(1,440개×@25)= 36,000
합 계	₩491,720	₩189,575	₩302,145

*** 품질검사가 공정의 종료시점이므로 정상공손원가는 완성품원가에만 배분한다.

5) 비정상공손원가

직접재료원가	₩ 825	(55개 × @₩15)
가공원가	1,375	(55개 × @₩25)
	₩2,200	

2. 공손인식법 - 평균법

	1단계 (물량흐름)	2단계(완성품환산량) 직접재료원가	2단계(완성품환산량) 가공원가
기초재공품(40%)	1,200개		
당기착수량	10,000개		
합 계	11,200개		
당기완성량	8,900개	8,900개 (100%)	8,900개 (100%)
정상공손량	445개	445개 (100%)*	445개 (100%)*
비정상공손량	55개	55개 (100%)*	55개 (100%)*
기말재공품(80%)	1,800개	1,800개 (100%)	1,440개 (80%)
합 계	11,200개	11,200개	10,840개

* 품질검사시점이 공정의 종료시점이므로, 직접재료원가와 가공원가의 정상공손량과 비정상공손량 완성도는 100%이다.

3단계 (총원가 집계)			
기초재공품원가	₩84,920	₩40,400	₩44,520
당기발생원가	409,000	150,000	259,000
합 계	₩493,920	₩190,400	₩303,520

4단계 (완성품환산량단위당원가)		
	₩190,400÷11,200개 = @₩17	₩303,520÷10,840개 = @₩28

5단계 (총원가 배분)			
완성품원가	₩400,500	(8,900개×@17)= ₩151,300	(8,900개×@28)= ₩249,200
정상공손원가**	20,025	(445개×@17)= 7,565	(445개×@28)= 12,460
당기완성품원가	**₩420,525**	₩158,865	₩261,660
기말재공품원가	**70,920**	(1,800개×@17)= 30,600	(1,440개×@28)= 40,320
합 계	**₩491,445**	**₩189,465**	**₩301,980**

**품질검사가 공정의 종료시점이므로 정상공손원가는 완성품원가에만 배분한다.

비정상공손원가

직접재료원가	₩ 935	(55개 × @₩17)
가공원가	1,540	(55개 × @₩28)
	₩2,475	

■ 품질검사시점 〈 기말재공품 완성도

공손품의 품질검사시점이 기말재공품의 완성도보다 작은 경우, 즉 기말재공품이 품질검사를 통과한 경우에는 품질검사를 통과한 물량은 완성품뿐만 아니라 기말재공품도 양품이다. 따라서 정상공손원가는 완성품원가와 기말재공품원가에 재배부해야 한다. 이처럼 정상공손원가를 완성품원가와 기말재공품원가에 재배부하는 경우 배부기준을 당기완성품수량과 기말재공품수량의 상대적 물량으로 한다. 여기서 한 가지 고려되어야 할 사항은 원가흐름의 가정 중 평균법의 경우에는 관계가 없지만 선입선출법의 경우에는 당기완성품에 포함되어 있는 기초재공품의 품질검사 통과여부를 판단하여야 한다. 왜냐하면 당기완성품에는 기초재공품과 당기착수완성량으로 구성되어 있기 때문이다. 따라서 기초재공품이 당기에 품질검사를 받게 된다면 당기완성품수량과 기말재공품수량의 상대적 비율에 따라 정상공손원가를 재배부하고, 기초재공품이 당기에 품질검사를 받지 않는다면 당기완성품에서 기초재공품을 뺀 당기착수완성량과 기말재공품수량의 상대적 비율에 따라 정상공손원가를 재배부한다.

정상공손원가의 재배부

- 평균법
  : 완성품수량과 기말재공품수량의 상대적 비율
- 선입선출법
  : 당기착수완성량과 기말재공품수량의 상대적 비율

기초재공품이 당기에 품질검사를 받은 경우

예제 9-5 공손인식법: 품질검사시점 < 기말재공품 완성도

A회사는 종합원가계산시스템을 적용하고 있다. 직접재료는 공정의 착수시점에 모두 투입되며, 가공원가는 공정의 진행정도에 따라 균등하게 발생한다. 재품의 품질유지를 위하여 품질검사를 실시하며, 제품의 품질을 위하여 품질검사를 실시하며, 공손이 발생하는 경우 정상공손의 허용한도는 검사시점을 통과한 양품의 2%로 한다. 공손에 대한 처분가치는 없다.

20××년 5월 중의 생산활동과 관련한 자료는 다음과 같다.

		직접재료원가	가공원가
기초재공품	1,500개(완성도 20%)	₩ 40,400	₩ 44,520
당기착수량	10,000개	150,000	259,000
당기완성량	9,500개		
기말재공품	1,600개(완성도 60%)		

[물음사항] 품질검사는 공정의 50%시점에 실시한다.

1. 선입선출법에 의한 5월 중 제조원가보고서를 작성하시오.
2. 평균법에 의한 5월 중 제조원가보고서를 작성하시오.

■ 풀이

1. 공손인식법 – 선입선출법 (기초재공품완성도 < 품질검사시점)

1) 물량흐름

재공품

기초재공품	1,500개	당기완성량		9,500개
당기착수량	10,000개	기초재공품완성량	1,500개	
		당기착수완성량	8,000개	
		기말재공품		1,600개
		공손량		400개
	11,500개			11,500개

2) 공정도

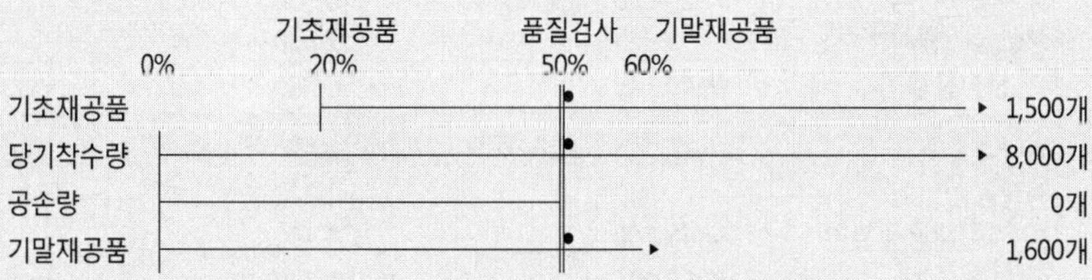

3) 검사시점을 통과한 양품

양품 = 기초재공품(또는 zero) + (당기착수완성량) + 기말재공품(또는 zero)

양품 = 1,500개 + (8,000개) + 1,600개 = 11,100개

4) 정상공손량과 비정상공손량

정상공손량 = 양품(11,100개) × 2% = 222개

비정상공손량 = 공손량(400개) – 정상공손량(222개) = 178개

5) 완성품원가와 기말재공품원가

	1단계 (물량흐름)	2단계(완성품환산량) 직접재료원가	가공원가
기초재공품(20%)	1,500개		
당기착수량	10,000개		
합 계	11,500개		
당기완성량			
기초재공품완성량	1,500개	0개 (0%)	1,200개 (80%)
당기착수완성량	8,000개	8,000개 (100%)	8,000개 (100%)
정상공손량	222개	222개 (100%)	111개 (50%)*
비정성공손량	178개	178개 (100%)	89개 (50%)*
기말재공품(60%)	1,600개	1,600개 (100%)	960개 (60%)
합 계	11,500개	10,000개	10,360개

* 정상공손량과 비정상공손량의 가공원가 완성도는 품질검사 시점인 50%이다.

3단계 (총원가 집계)			
기초재공품원가	₩84,920	-	-
당기발생원가	409,000	₩150,000	₩259,000
합 계	₩493,920	₩150,000	₩259,000
4단계 (완성품환산량단위당원가)		₩150,000÷10,000개 = @₩15	₩259,000÷10,360개 = @₩25
5단계 (원가배분)			
기초재공품원가	₩84,920	₩40,400	₩44,520
기초재공품완성량원가	30,000	0	(1,200개×@25)= 30,000
당기착수완성량원가	320,000	(8,000개×@15)= 120,000	(8,000개×@25)= 200,000
정상공손원가**	5,225	2,850	2,375
완성품원가	**₩440,145**	₩163,250	₩276,895
기말재공품원가	₩48,000	(1,600개×@15)= ₩24,000	(960개×@25)= ₩24,000
정상공손원가**	880	480	400
기말재공품원가	**₩48,880**	₩24,480	₩24,400
합 계	**₩489,025**	**₩187,730**	**₩301,295**

** 기말재공품이 품질검사시점을 통과하였기 때문에 정상공손원가를 완성품원가와 기말재공품원가에 배부한다. 정상공손원가의 배분기준은 물량으로 하게 되는데, 선입선출법에서는 당기완성량 중 기초재공품 물량의 포함여부를 결정해야 한다. 기초재공품이 당기에 품질검사를 통과하였으므로 완성품수량(9,500개)와 기말재공품수량(1,600개)의 상대적 물량비율에 따라 정상공손원가를 배분한다.

(1) 정상공손원가

직접재료원가	₩3,330	(222개 × @₩15)
가공원가	2,775	(111개 × @₩25)
	₩6,105	

(2) 정상공손원가의 배분

완성품에의 배분	₩5,225	$(₩6,105 \times \frac{9,500개}{9,500개 + 1,600개})$
기말재공품에의 배분	880	$(₩6,105 \times \frac{1,600개}{9,500개 + 1,600개})$
	₩6,105	

(3) 비정상공손원가

직접재료원가	₩2,670	(178개 × @₩15)
가공원가	2,225	(89개 × @₩25)
	₩4,895	

2. 공손인식법 - 평균법 (기초재공품완성도 < 품질검사시점)

	1단계 (물량흐름)	**2단계**(완성품환산량) 직접재료원가	가공원가
기초재공품(20%)	1,500개		
당기착수량	10,000개		
합 계	11,500개		
당기완성량	9,500개	9,500개 (100%)	9,500개 (80%)
정상공손량	222개	222개 (100%)	111개 (50%)
비정상공손량	178개	178개 (100%)	89개 (50%)
기말재공품(60%)	1,600개	1,600개 (100%)	960개 (60%)
합 계	11,500개	11,500개	10,660개

* 정상공손량과 비정상공손량의 완성도는 품질검사시점인 50%이다.

3단계 (총원가 집계)			
기초재공품원가	₩84,920	₩40,400	₩44,520
당기발생원가	409,000	150,000	259,000
합 계	₩493,920	₩190,400	₩303,520
4단계 (완성품환산량단위당원가)		₩190,400÷11,500개 = @₩16.56	₩303,520÷10,660개 = @₩28.47
5단계 (원가배분)			
당기완성품원가	₩427,785	(9,500개×@16.56)= ₩157,320	(9,500개×@28.47)= ₩270,465
정상공손원가**	5,849	3,145	2,704
완성품원가	**₩433,634**	₩160,465	₩273,169
기말재공품원가	₩53,823	(1,600개×@16.56)= ₩26,490	(960개×@28.47)= ₩27,333
정상공손원가**	985	530	455
기말재공품원가	**₩54,808**	₩27,020	₩27,788
합 계	**₩488,442**	**₩187,485**	**₩300,957**

(1) 정상공손원가

직접재료원가	₩3,675	(222개 × @₩16.56)
가공원가	3,159	(111개 × @₩28.47)
	₩6,834	

(2) 정상공손원가의 배분

완성품에의 배분액	₩5,849	$(₩6,834 \times \frac{9,500개}{9,500개 + 1,600개})$
기말재공품에의 배분액	985	$(₩6,834 \times \frac{1,600개}{9,500개 + 1,600개})$
	₩6,834	

(3) 비정상공손원가

직접재료원가	₩2,946	(178개 × @₩16.^{56})
가공원가	2,532	(89개 × @₩28.^{47})
	₩5,478	

기초재공품이 전기에 품질검사를 받은 경우

예제 9-6 공손인식법: 품질검사시점 < 기말재공품 완성도

A회사는 종합원가계산시스템을 적용하고 있다. 직접재료는 공정의 착수시점에 모두 투입되며, 가공원가는 공정의 진행정도에 따라 균등하게 발생한다. 재품의 품질유지를 위하여 품질검사를 실시하며, 제품의 품질을 위하여 품질검사를 실시하며, 공손이 발생하는 경우 정상공손의 허용한도는 검사시점을 통과한 양품의 4%로 한다. 공손에 대한 처분가치는 없다.

20××년 5월 중의 생산활동과 관련한 자료는 다음과 같다.

	직접재료원가	가공원가
기초재공품 1,500개(완성도 80%)	₩ 40,400	₩ 44,520
당기착수량 10,000개	150,000	259,000
당기완성량 9,500개		
기말재공품 1,600개(완성도 60%)		

[물음사항] 품질검사는 공정의 50%시점에 실시한다.

1. 선입선출법에 의한 5월 중 완성품원가와 기말재공품원가를 계산하시오.
2. 평균법에 의한 5월 중 완성품원가와 기말재공품원가를 계산하시오.

■ 풀이

1. 공손인식법 – 선입선출법 (기초재공품완성도 > 품질검사시점)

* 물량흐름

재공품

기초재공품	1,500개	당기완성량		9,500개
당기착수량	10,000개	기초재공품완성량	1,500개	
		당기착수완성량	8,000개	
		기말재공품		1,600개
		공손량		400개
	11,500개			11,500개

1) 공정도

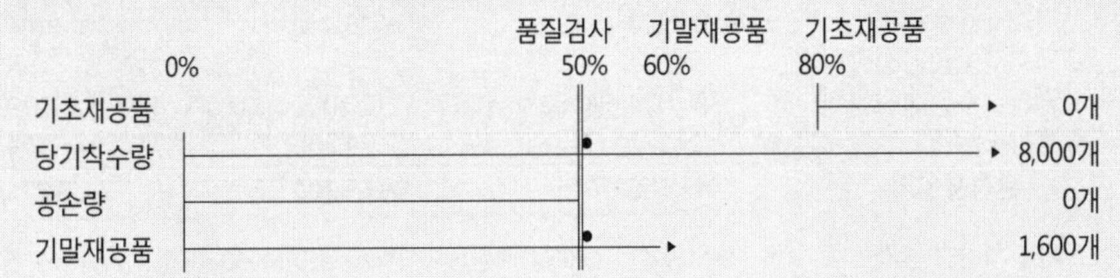

2) 검사시점을 통과한 양품

양품 = 기초재공품(또는 zero) + (당기착수완성량) + 기말재공품(또는 zero)

양품 = 0개 + (8,000개) + 1,600개 = 9,600개

3) 정상공손량과 비정상공손량

정상공손량 = 양품(9,600개) × 4% = 384개

비정상공손량 = 공손량(400개) − 정상공손량(384개) = 16개

4) 완성품원가와 기말재공품원가

	1단계 (물량흐름)	2단계(완성품환산량) 직접재료원가	가공원가
기초재공품(80%)	1,500개		
당기착수량	10,000개		
합 계	11,500개		
당기완성량			
기초재공품완성량	1,500개	0개 (0%)	300개 (20%)
당기착수완성량	8,000개	8,000개 (100%)	8,000개 (100%)
정상공손량	384개	384개 (100%)	192개 (50%)*
비정성공손량	16개	16개 (100%)	8개 (50%)*
기말재공품(60%)	1,600개	1,600개 (100%)	960개 (60%)
합 계	11,500개	10,000개	9,460개

* 정상공손량과 비정상공손량의 가공원가 완성도는 품질검사 시점인 50%이다.

		직접재료원가	가공원가
3단계 (총원가 집계)			
기초재공품원가	₩84,920	-	-
당기발생원가	409,000	₩150,000	₩259,000
합 계	₩493,920	₩150,000	₩259,000
4단계 (완성품환산량단위당원가)		₩150,000÷10,000개 = @₩15	₩259,000÷10,360개 = @₩27.^{378}
5단계 (원가배분)			
기초재공품원가	₩84,920	₩40,400	₩44,520
기초재공품완성량원가	30,000	0	(300개×@25)= 30,000
당기착수완성량원가	320,000	(8,000개×@15)= 120,000	(8,000개×@25)= 200,000
정상공손원가**	5,225	2,850	2,375
완성품원가	**₩440,145**	₩163,250	₩276,895
기말재공품원가	₩48,000	(1,600개×@15)= ₩24,000	(960개×@25)= ₩24,000
정상공손원가**	880	480	400
기말재공품원가	**₩48,880**	₩24,480	₩24,400
합 계	**₩489,025**	**₩187,730**	**₩301,295**

5단계 (원가배분)

기초재공품원가	₩ 84,920		₩40,400		₩44,520
기초재공품완성량원가	8,214		-	(300개×@27.378)=	8,214
당기착수완성량원가	339,024	(8,000개×@15)=	120,000	(8,000개×@27.378)=	219,024
정상공손원가**	9,182		4,800		4,382
완성품원가	**441,340**		**₩165,200**		**₩276,140**
기말재공품원가	₩50,284	(1,600개×@15)=	₩24,000	(960개×@27.378)=	₩26,284
정상공손원가**	1,836		960		876
기말재공품원가	**₩52,120**		**₩24,960**		**₩27,160**
합 계	**₩489,025**		**₩187,730**		**₩301,295**

** 기말재공품이 품질검사시점을 통과하였기 때문에 정상공손원가를 완성품원가와 기말재공품원가에 배분한다. 기초재공품이 당기에 품질검사를 받지 않았기 때문에 당기완성량에서 기초재공품물량을 제외한 당기착수완성량(8,000개)과 기말재공품(1,600개)의 상대적 물량비율에 따라 정상공손원가를 배분한다.

(1) 정상공손원가

직접재료원가	₩5,760	(384개 × @₩15)
가공원가	5,258	(192개 × @₩27.378)
	₩11,018	

(2) 정상공손원가의 배분

완성품에의 배분액	₩9,182	$(₩11,018 \times \frac{8,000개}{8,000개 + 1,600개})$
기말재공품에의 배분액	1,836	$(₩11,018 \times \frac{1,600개}{8,000개 + 1,600개})$
	₩11,018	

(3) 비정상공손원가

직접재료원가	₩240	(16개 × @₩15)
가공원가	220	(8개 × @₩27.378)
	₩460	

2. 공손인식법 – 평균법 (기초재공품완성도 > 품질검사시점)

	1단계 (물량흐름)	**2단계**(완성품환산량) 직접재료원가	가공원가
기초재공품(80%)	1,500개		
당기착수량	10,000개		
합 계	11,500개		
당기완성량	9,500개	9,500개 (100%)	9,500개 (100%)
정상공손량	384개	384개 (100%)	192개 (50%)*
비정성공손량	16개	16개 (100%)	8개 (50%)*
기말재공품(60%)	1,600개	1,600개 (100%)	960개 (60%)
합 계	11,500개	11,500개	10,660개

	합계	직접재료원가	가공원가
3단계 (총원가 집계)			
기초재공품원가	₩84,920	₩40,400	₩44,520
당기발생원가	409,000	150,000	259,000
합 계	₩493,920	₩190,400	₩303,520
4단계 (완성품환산량단위당원가)		₩190,400÷11,500개 = @₩16.^{56}	₩303,520÷10,660개 = @₩28.^{47}
5단계 (원가배분)			
당기완성품원가	₩427,785	(9,500개×@16.^{56})= ₩157,320	(9,500개×@28.^{47})= ₩270,465
정상공손원가**	9,854	8,212	1,642
완성품원가	**₩437,639**	₩165,532	₩272,107
기말재공품원가	₩53,823	(1,600개×@16.^{56})= ₩26,490	(960개×@28.^{47})= ₩27,333
정상공손원가**	1,971	530	455
기말재공품원가	**₩54,808**	₩27,020	₩27,788
합 계	**₩488,442**	**₩187,485**	**₩300,957**

(1) 정상공손원가

직접재료원가	₩6,360	(384개 × @₩16.^{56})
가공원가	5,467	(192개 × @₩28.^{47})
	₩11,827	

(2) 정상공손원가의 배분

완성품에의 배분액 ₩9,855 $\left(₩11,825 \times \frac{8,000개}{8,000개 + 1,600개}\right)$

기말재공품에의 배분액 1,972 $\left(₩11,825 \times \frac{1,600개}{8,000개 + 1,600개}\right)$

₩11,827

(3) 비정상공손원가

직접재료원가	₩265	(16개 × @₩16.^{56})
가공원가	228	(8개 × @₩28.^{47})
	₩493	

4. 공손품의 처분가치

공손품에 처분가치가 있는 경우에는 공손원가에서 직접 차감한다. 공손품의 처분가치는 판매가격에서 판매에 따른 추가 비용을 차감한 순실현가치로 하며, 정상공손원가와 비정상공손원가에서 각각 차감한다. 공손원가에서 공손품의 순실현가치를 차감하는 방법은 다음의 예와 같이 회계처리한다.

예제 9-7 공손의 처분가치

A회사는 품질검사를 공정의 50%시점에 실시하여 400개의 공손품이 발생하였다. 이중 384개는 정상공손이며 나머지 16개는 비정상공손량이다. 정상공손원가와 비정상공손원가는 각각 ₩9,600과 ₩400으로 계산되었다. 공손품은 단위당 @₩10의 판매가치가 있으며, 공손품을 판매하기 위해서는 단위당 @₩2의 판매비가 소요된다.
5월 중의 생산활동 자료는 다음과 같다.

기초재공품	500개(완성도 30%)	당기착수량	5,500개
단기완성량	5,000개	기말재공품	600개(완성도 80%)
정상공손량	384개	비정상공손량	16개

[물음사항]

1. 선입선출법에 의한 5월 중 정상공손과 비정상공손의 순원가를 계산하시오.
2. 정상공손원가의 완성품원가와 기말재공품원가에 배부되는 금액을 계산하시오.

■ 풀이

1. 정상공손원가와 비정상공손원가

(1) 공손품의 순실현가치
1) 정상공손의 순실현가치= 384개 × (@₩10 - @₩2) = ₩3,072
2) 비정상공손의 순실현가치 = 16개 × (@₩10 - @₩2) = ₩128

(2) 정상공손 순원가
정상공손원가 ₩9,600 – 정상공손의 순실현가치 ₩3,072 = ₩6,528

(3) 비정상공손 순원가
비정상공손원가 ₩400 – 비정상공손의 순실현가치 ₩128 = ₩272

2. 정상공손원가의 재배부

(1) 완성품원가에의 재배부
₩6,528 × {5,000개 ÷ (5,000개 + 600개)} = ₩5,829

(2) 기말재공품원가에의 재배부
₩6,528 × {600개 ÷ (5,000개 + 600개)} = ₩699

제3절 감손원가의 회계처리

1. 감손과 감손율

감손(減損, waste)이란 제조과정에서 가공이 진행됨에 따라 자연적으로 원재료가 증발、분산、가스화、연화、폐액화 되어 없어지거나 또는 경제적 가치가 없는 찌꺼기가 되는 것을 말한다. 이처럼 자연적으로 감소된 원재료원가나 경제적 가치가 없어 처리비용 등이 소요되는 경우 감손원가로 처리하게 된다.

공손원가의 회계처리에서와 마찬가지로 감손에 대한 회계처리에 있어서 감손을 별도로 인식、측정하느냐의 여부에 따라 감손무인식법과 감손인식법으로 구별된다. 감손무인식법은 감손을 별도로 인식、측정하지 않고 완성품환산량을 계산할 때 고려하지 않는 방법으로써 공손원가를 별도로 계산하지 않는다. 따라서 완성품환산량을 계산할 때에는 투입량을 기준으로 계산하게 된다. 즉, 감손이 이루어지기 전의 물량(감손전 물량)을 기준으로 완성품환산량을 계산함으로써 마치 감손이 이루어지지 않은 것처럼 완성품원가와 기말재공품원가를 계산한다. 이에 반해 감손인식법은 감손을 별도로 인식、측정하여 완성품환산량을 계산하는 방법으로써 완성품환산량을 계산할 때에는 산출량을 기준으로 계산하게 된다. 즉, 감손이 이루어진 이후의 물량(감손후 물량)을 기준으로 완성품환산량을 계산하게 된다. 그러나 감손은 원재료의 특성에 따라 다르게 발생하기 때문에 일반적으로 두 가지 발생형태로 구분하고 있다. 따라서 감손이 어떻게 발생되느냐에 따라 감손량을 측정하는 방법이 다르다.

첫째, 감손이 공정의 특정시점에 일시적으로 발생하거나 공정의 진행정도에 따라 균등하게(평균적) 발생하는 경우의 감손량은 산출량(감손후 물량)을 기준으로 파악한다. 즉, 현재의 감손후 물량에 의한 기초재공품과 당기착수량의 합은 당기완성량과 기말재공품 그리고 감손량의 합과 일치되도록 하여 감손량을 파악한다.

둘째, 감손이 공정의 진행정도에 따라 비례적(누증적)으로 발생하는 경우의 감손량은 산출량(감손후 물량)을 기준으로 하되 투입량(감손전 물량)으로의 환산과정을 거쳐 기초재공품과 당기완성품 그리고 기말재공품 각각의 감손전 물량과 감손후 물량과의 차이로 감손량을 파악한다.

감손량을 파악하는데 있어서 산출량(감손후 물량)을 투입량(감손전 물량)으로 환산하는 과정이 필요한데, 이를 위해서는 수율 또는 감손율을 사용한다. 원재료를 대상으로 하였을 때 수율(收率, yield ratio)이란 원재료투입량에 대한 산출량의 비율을 말하며, 감손율(減損率, waste ratio)이란 원재료투입량에 대한 감손량의 비율을 말한다. 수율과 감손율은 역의 관계를 가지게 되는데, 1 – 수율 = 감손율로서 수율이 80%이면 감손율은 20%를 가지게 된다. 따라서 감손이 비례적(누증적)으로 발생하는 경우, 공정이 진행될수록 감손율도 비례적으로 증가하게 되므로 현재수율과 현재감손율을 다음과 같이 측정하게 된다. 이 때는 총예상감손율 또는 수율을 반드시 알고 있어야 한다.

[그림 9-1] 수율과 감손율

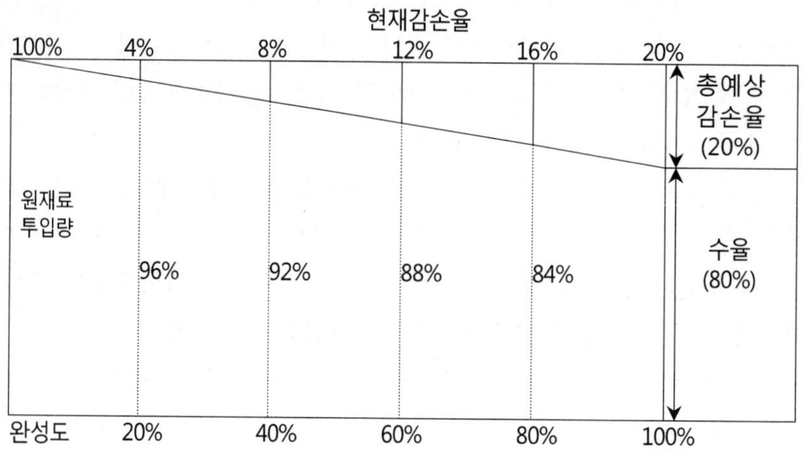

현재감손율 = 현재완성도 × 총예상감손율

현재수율 = 1- 현재감손율

예제 9-8 감손전 물량과 감손후 물량

A회사는 원료를 가공하여 제품을 생산하고 있다. 원료는 공정의 착수시점에 모두 투입되며, 가공원가는 공정의 진행정도에 따라 균등하게 발생한다. 제품을 생산하는 과정에서 감손이 비례적(누증적)으로 발생하며, 예상감손율은 20%이다. 20××년 5월 중의 생산활동과 관련한 자료는 다음과 같다.

기초재공품	1,260kg(완성도 80%)	당기착수량	4,500kg
당기완성량	4,000kg	기말재공품	960kg(완성도 20%)

[물음사항]

1. 감손후 물량을 감손전 물량으로 수정하시오.

■ 풀이

1. 감손전 물량

감손후물량 (A)		현재완성도 (B)	예상감손율 (C)	현재감손율 D=(B×C)	현재수율 E=(1-D)	감손전물량 (A÷E)
기초재공품	1,260kg	80%	20%	16%	84%	1,500kg
당기착수량	4,500kg	0%		0%	100%	4,500kg
당기완성량	4,000kg	100%		20%	80%	5,000kg
기말재공품	960kg	20%		4%	96%	1,000kg

이하에서는 감손무인식법과 감손인식법 그리고 감손인식법에 있어서 감손이 공정 전체에 균등하게(**평균적으로**) 발생하는 경우와 감손이 공정이 진행되는 정도에 따라 비례적(**누증적**)으로 발생하는 경우에 대해 설명하겠다.

2. 감손무인식법

감손무인식법(減損無認識法, method of neglect)은 감손회계처리에서 감손을 고려하지 않는 방법으로써, 완성품환산량을 계산할 때 정상감손이든 비정상감손이든 모든 감손을 완성품환산량 계산에 포함시키지 않는 방법이다. 즉, 감손은 발생하였지만 마치 감손이 발생하지 않은 것처럼 완성품환산량을 계산하여 감손원가를 제품원가에 전가시키는 방법이다. 원칙적으로 원재료가 감손이 이루어지면 감손된 원재료를 가공하게 되므로 가공원가 역시 감소되어야 한다. 그러나 감손무인식법은 원재료가 감손되더라도 가공원가는 전혀 영향을 받지 않는다는 관점이다. 따라서 완성품환산량을 측정할 때에는 산출량(**감손후 물량**)이 아닌 투입량(**감손전 물량**)을 기준으로 측정하게 된다.

예제 9-9 감손무인식법

A회사는 원료를 가공하여 제품을 생산하고 있다. 원료는 공정의 착수시점에 모두 투입되며, 가공원가는 공정의 진행정도에 따라 균등하게 발생한다. 제품을 생산하는 과정에서 감손이 비례적(누증적)으로 발생하며, 예상감손율은 20%이다.
20××년 5월 중의 생산활동과 관련한 자료는 다음과 같다.

		직접재료원가	가공원가
기초재공품	1,260kg(완성도 80%)	₩30,000	₩46,000
당기착수량	4,500kg	180,000	240,000
당기완성량	4,000kg		
기말재공품	960kg(완성도 20%)		

[물음사항] 감손무인식법을 사용하는 경우

1. 선입선출법에 의한 5월 중 제조원가보고서를 작성하시오.
2. 평균법에 의한 5월 중 제조원가보고서를 작성하시오.

▪ 풀이

	감손후물량 (A)	현재완성도 (B)	예상감손율 (C)	현재감손율 D=(B×C)	현재수율 E=(1-D)	감손전물량 (A÷E)
기초재공품	1,260kg	80%	20%	16%	84%	1,500kg
당기착수량	4,500kg	0%		0%	100%	4,500kg
당기완성량	4,000kg	100%		20%	80%	5,000kg
기말재공품	960kg	20%		4%	96%	1,000kg

1. 선입선출법

	1단계 (물량흐름)	**2단계**(완성품환산량) 직접재료원가	가공원가
기초재공품(80%)	1,500kg		
당기착수량	4,500kg		
합 계	6,000kg		
당기완성량			
기초재공품완성량	1,500kg	0kg (0%)	300kg (20%)
당기착수완성량	3,500kg	3,500kg (100%)	3,500kg (100%)
기말재공품(20%)	1,000kg	1,000kg (100%)	200kg (20%)
합 계	6,000kg	4,500kg	4,000kg
3단계 (총원가 집계)			
기초재공품원가	₩76,000	-	-
당기발생원가	420,000	₩180,000	₩240,000
합 계	₩496,000	₩180,000	₩240,000
4단계 (완성품환산량단위당원가)		₩180,000÷4,500kg = @₩40	₩240,000÷4,000kg = @₩60

5단계 (원가배분)

기초재공품원가	₩76,000		₩30,000		₩46,000
기초재공품완성량원가	18,000		0	(300kg×@60)=	18,000
당기착수완성량원가	350,000	(3,500kg×@40)=	140,000	(3,500kg×@60)=	210,000
당기완성품원가	**₩444,000**		₩170,000		₩274,000
기말재공품원가	**52,000**	(1,000kg×@40)=	40,000	(200kg×@60)=	12,000
합 계	**₩291,170**		**₩106,700**		**₩184,470**

2. 평균법

	1단계 (물량흐름)	**2단계**(완성품환산량) 직접재료원가	가공원가
기초재공품(80%)	1,500kg		
당기착수량	4,500kg		
합 계	6,000kg		
당기완성량	5,000kg	5,000kg (100%)	5,000kg (100%)
기말재공품(20%)	1,000kg	1,000kg (100%)	200kg (20%)
합 계	6,000kg	6,000kg	5,200kg

3단계 (총원가 집계)

기초재공품원가	₩76,000	₩30,000	₩46,000
당기발생원가	420,000	180,000	240,000
합 계	₩496,000	₩210,000	₩286,000

4단계 (완성품환산량단위당원가)

	₩210,000÷6,000kg = @₩35	₩286,000÷5,200kg = @₩55

5단계 (원가배분)

완성품원가	**₩450,000**	(5,000kg×@35)=	₩175,000	(5,000kg×@55)=	₩274,000
기말재공품원가	**46,000**	(1,000kg×@35)=	35,000	(200kg×@55)=	11,000
합 계	**₩496,000**		**₩210,000**		**₩286,000**

3. 감손인식법

감손인식법(減損認識法, method of recognition)은 감손회계처리에서 감손을 별도로 인식ㆍ측정하는 방법으로써, 완성품환산량을 계산할 때 산출량(감손후 물량)을 기준으로 하되 감손량을 포함시켜 완성품환산량을 계산하고 감손원가를 별도로 인식ㆍ측정한다. 감손인식법은 공정이 진행됨에 따라 감손이 발생하므로 제조과정 중에 원재료가 감소하게 되면 가공원가 역시 그에 상응하게 감소한다는 관점이다. 여기서 주의할 점은 가공원가의 완성품환산량을 계산할 때에 감손이 어떻게 발생되느냐에 따라 계산방법이 다르다. 예를 들어, 감손이 특정시점에서 발생하는 경우에는 공손인식법의 계산방법과 동일하다. 그러나 감손이 공정의 진행정도에 딸 균등(평균적)으로 발생하는 경우와 감손이 공정의 진행정도에 따라 비례적(누증적)으로 발생하는 경우에는 계산방법이 다르다.

■ 감손이 공정의 진행정도에 따라 균등하게 발생하는 경우

감손이 공정의 진행정도에 따라 균등하게(평균적으로) 발생하는 경우에는 감손에 대한 가공원가의 완성품환산량을 계산할 때 전체감손량의 50%만을 가공원가의 완성품환산량으로 간주한다. 감손이 균등하게 발생하는 경우에는 품질검사와 관계가 없으므로 감손원가는 완성품환산량을 배부기준으로 당기완성품과 기말재공품에 재배부하게 되는데, 기말재공품의 완성도가 50%이하이면 정상감손원가를 완성품에만 배부하고 기말재공품의 완성도가 50%이상이면 정상감손원가를 완성품과 기말재공품에 재배부한다. 감손원가를 완성품과 기말재공품에 재배부하는 경우 완성품환산량을 배부기준으로 하게 되는데, 여기에는 두 가지 방법이 있다. 첫째, 감손원가를 원가요소별로 구분하여 감손원가 중 직접재료원가는 직접재료원가의 완성품환산량과 기말재공품 환산량을 기준으로, 감손원가 중 가공원가는 가공원가의 완성품환산량과 기말재공품의 환산량을 기준으로 재배부하는 방법이 있으며, 둘째, 감손원가를 원가요소별로 구분하지 않고 당기완성품과 기말재공품의 가공원가 완성품환산량을 기준으로 재배부하는 방법이다.

정상감손원가의 재배부

　　기말재공푼완성도 〈 50% : 완성품에만 재배부

　　기말재공푼완성도 〉 50% : 완성품과 기말재공품에 재배부

* 정상감손원가 배부기준

첫째, 감손원가를 원가요소별로 구분하여 배부하는 방법

　　감손원가 중 직접재료원가: 완성품과 기말재공품의 직접재료원가 완성품 환산량을 기준으로 한다.

　　감손원가 중 가공원가: 완성품과 기말재공품의 가공원가 완성품환산량을 기준으로 한다.

둘째, 감손원가 전체를 배부하는 방법

　　완성품과 기말재공품의 가공원가 완성품환산량을 기준으로 한다.

예제 9-10 감손인식법(감손이 균등(평균적)하게 발생하는 경우)

A회사는 원료를 가공하여 제품을 생산하고 있다. 원료는 공정의 착수시점에 모두 투입되며, 가공원가는 공정의 진행정도에 따라 균등하게 발생한다. 제품을 생산하는 과정에서 감손이 균등(평균적)하게 발생한다. 감손원가는 당기완성품과 기말재공품에 재배부한다. 20××년 5월 중의 생산활동과 관련한 자료는 다음과 같다.

		직접재료원가	가공원가
기초재공품	1,500kg(완성도 40%)	₩30,000	₩46,000
당기착수량	6,500kg	180,000	240,000
당기완성량	7,000kg		
감손량	200kg		
기말재공품	800kg(완성도 80%)		

[물음사항] 감손인식법을 사용하는 경우

1. 선입선출법에 의한 완성품원가와 기말재공품원가를 계산하시오.
2. 평균법에 의한 완성품원가와 기말재공품원가를 계산하시오.

■ 풀이

* 물량흐름

재공품

기초재공품	1,500kg	당기완성량		7,000kg
당기착수량	6,500kg	기초재공품완성량	1,500kg	
		당기착수완성량	5,500kg	
		감손량		200kg
		기말재공품		800kg
	8,000kg			8,000kg

1. 선입선출법

	1단계 (물량흐름)	2단계(완성품환산량) 직접재료원가	가공원가
기초재공품(40%)	1,500kg		
당기착수량	6,500kg		
합 계	8,000kg		
당기완성량			
기초재공품완성량	1,500kg	0kg (0%)	900kg (60%)
당기착수완성량	5,500kg	5,500kg (100%)	5,500kg (100%)
정상감손량	200kg	200kg (100%)	100kg (50%)*
기말재공품(80%)	800kg	800kg (100%)	640kg (80%)
합 계	8,000kg	6,500kg	7,140kg

*감손이 균등(평균적)으로 발생하는 경우 가공원가의 완성도는 50%로 한다.

3단계 (총원가 집계)			
기초재공품원가	₩170,700	-	-
당기발생원가	808,500	₩273,000	₩535,500
합 계	₩979,200	₩273,000	₩535,500
4단계 (완성품환산량단위당원가)		₩273,000÷6,500kg = @₩42	₩535,500÷7,140kg = @₩75

5단계 (원가배분)

기초재공품원가	₩170,700		₩87,000		₩83,700
기초재공품완성량원가	67,500		0	(900kg×@75)=	67,500
당기착수완성량원가	643,500	(5,500kg×@42)=	231,000	(5,500kg×@75)=	412,500
정상감손원가배부액*	14,151		7,333		6,818
완성품원가	**₩895,851**		₩325,333		₩570,518
기말재공품원가	₩81,600	(800kg×@42)=	₩33,600	(640kg×@75)=	₩48,000
정상감손원가배부액*	1,749		1,067		682
기말재공품원가	**83,349**		₩34,667		₩48,682
합 계	**₩979,200**		**₩360,000**		**₩619,200**

* 기말재공품의 완성도가 80%이므로 당기완성품과 기말재공품에 재배부한다.

1) 정상감손원가

직접재료원가	₩8,400	(200kg × @₩42)
가공원가	7,500	(100kg × @₩75)
	₩15,900	

2) 정상감손원가의 배부

정상감손원가를 원가요소별로 배부하는 방법

i) 직접재료원가

완성품에의 배분액 ₩7,333 $\left(₩8,400 \times \frac{5,500kg}{5,500kg + 800kg}\right)$

기말재공품에의 배분액 1,067 $\left(₩8,400 \times \frac{800kg}{5,500kg + 800kg}\right)$

₩8,400

ii) 가공원가

완성품에의 배분액 ₩6,818 $\left(₩7,500 \times \frac{6,400kg}{6,400kg + 640kg}\right)$

기말재공품에의 배분액 682 $\left(₩7,500 \times \frac{640kg}{6,400kg + 640kg}\right)$

₩7,500

2. 평균법

	1단계 (물량흐름)	**2단계**(완성품환산량) 직접재료원가	가공원가
기초재공품(40%)	1,500kg		
당기착수량	6,500kg		
합 계	8,000kg		
당기완성량	7,000kg	7,000kg (100%)	7,000kg (100%)
정상감손량	200kg	200kg (100%)	100kg (50%)*
기말재공품(80%)	800kg	800kg (100%)	640kg (80%)
합 계	8,000kg	8,000kg	7,740kg

*감손이 균등(평균적)으로 발생하는 경우 가공원가의 완성도는 50%로 한다.

3단계 (총원가 집계)

기초재공품원가	₩170,700	₩87,000	₩83,700
당기발생원가	808,500	273,000	₩535,500
합 계	₩979,200	₩360,000	₩619,200

4단계 (완성품환산량단위당원가)		₩360,000÷8,000kg = @₩45	₩619,200÷7,740kg = @₩80
5단계 (원가배분)			
당기완성량원가	₩875,000	(7,000kg×@45)= ₩315,000	(7,000kg×@80)= ₩560,000
정상감손원가배부액*	15,576	14,271	1,305
완성품원가	**₩890,576**	₩329,271	₩561,305
기말재공품원가	₩81,600	(800kg×@45)= ₩36,000	(640kg×@80)= ₩51,200
정상감손원가배부액*	1,424	1,305	119
기말재공품원가	**88,624**	₩37,305	₩51,319
합 계	**₩979,200**	**₩366,576**	**₩612,624**

* 기말재공품의 완성도가 80%이므로 당기완성품과 기말재공품에 재배부한다.

1) 정상감손원가

직접재료원가	₩9,000	(200kg × @₩45)
가공원가	8,000	(100kg × @₩80)
	₩17,000	

2) 정상감손원가의 배부

정상감손원를 원가요소별로 구분하지 않고 배부하는 방법

완성품에의 배분액 ₩15,576 $(₩17,000 \times \frac{7,000kg}{7,000kg + 640kg})$

기말재공품에의 배분액 ₩1,424 $(₩17,000 \times \frac{640kg}{7,000kg + 640kg})$

₩17,000

▪ 감손이 공정의 진행정도에 따라 비례적으로 발생하는 경우

감손이 공정의 진행정도에 따라 비례적(누증적)으로 발생하는 경우에는 당기완성품과 관련된 감손과 기말재공품과 관련한 감손이 구별되므로 감손에 대한 가공원가의 완성품환산량은 당기완성품과 기말재공품 각각의 완성도에 50%를 곱하여(완성도 × 50%) 각각 계산한다. 따라서 감손원가는 당기완성품과 기말재공품별로 분리되어 계산되므로 감손원가에 대한 완성품원가와 기말재공품원가에 재배부하는 절차가 필요없다.

예제 9-11 감손인식법(감손이 비례적(누증적)으로 발생하는 경우)

[예저 9-9]의 자료를 이용하시오.

[물음사항] 감손인식법을 사용하는 경우

1. 선입선출법과 평균법에 의한 5월 중 완성품원가와 기말재공품원가를 계산하시오.

■ 풀이

	감손후물량 (A)	현재완성도 (B)	예상감손율 (C)	현재감손율 D=(B×C)	현재수율 E=(1-D)	감손전물량 (A÷E)
기초재공품	1,260kg	80%		16%	84%	1,500kg
당기착수량	4,500kg	0%	20%	0%	100%	4,500kg
당기완성량	4,000kg	100%		20%	80%	5,000kg
기말재공품	960kg	20%		4%	96%	1,000kg

1. 선입선출법

	1단계 (물량흐름)	**2단계**(완성품환산량) 직접재료원가	가공원가
기초재공품(80%)	1,260kg		
당기착수량	4,500kg		
합 계	5,760kg		
당기완성량			
기초재공품완성량	1,200kg*	0kg (0%)	240kg (20%)
기초재공품감손량	60kg*	0kg (0%)	6kg (10%)**
당기착수완성량	2,800kg*	2,800kg (100%)	2,800kg (100%)
당기착수감손량	700kg*	700kg (100%)	350kg (50%)**
기말재공품(20%)	960kg*	960kg (100%)	192kg (20%)
기말재공품감손량	40kg*	40kg (100%)	4kg (10%)**
합 계	5,760kg	4,500kg	3,592kg

* 기초재공품 · 당기착수완성량 · 기말재공품의 감손량 분류

	투입량	완성량	감손량
기초재공품	1,500kg	(1,500kg×80%) = 1,200kg	1,260kg - 1,200kg = 60kg
당기착수완성량	3,500kg	(3,500kg×80%) = 2,800kg	3,500kg - 2,800kg = 700kg
기말재공품	1,000kg	960kg	1,000kg - 960kg = 40kg

** 기초재공품 · 당기착수완성량 · 기말재공품 감손량의 가공원가 환산량

	감손량	(완성도 × 50%) = 가공원가 환산량
기초재공품	60kg	(100 - 80%) × 50% = 6kg
당기착수완성량	700kg	100% × 50% = 350kg
기말재공품	40kg	20% × 50% = 4kg

(가공원가 환산량을 계산하는 경우 완성도×50%를 적용한다.)

3단계 (총원가 집계)

		직접재료원가	가공원가
기초재공품원가	₩76,000	-	-
당기발생원가	420,000	₩180,000	₩240,000
합 계	₩496,000	₩180,000	₩240,000

4단계 (완성품환산량단위당원가)

	직접재료원가	가공원가
	₩180,000÷4,500kg = @₩40	₩240,000÷3,592kg = @₩66.[815]

5단계 (원가배분)

기초재공품원가	₩76,000		₩30,000		₩46,000
기초재공품완성량원가	16,036		0	(240kg×@66.^{815})=	16,036
기초재공품감손량원가	401		0	(6kg×@66.^{815})=	401
당기착수완성량원가	299,082	(2,800kg×@40)=	112,000	(2,800kg×@66.^{815})=	187,082
당기착수감손량원가	51,386	(700kg×@40)=	28,000	(350kg×@66.^{815})=	23,386
완성품원가	**₩442,905**		₩170,000		₩272,905
기말재공품원가	₩51,228	(960kg×@40)=	₩38,400	(192kg×@66.^{815})=	₩12,828
기말재공품감손량원가	1,867		1,600	(4kg×@66.^{815})=	267
기말재공품원가	**53,095**		₩40,000	(200kg×@60)=	13,095
합 계	**₩496,000**		**₩210,000**		**₩286,000**

2. 평균법

	1단계 (물량흐름)	**2단계**(완성품환산량) 직접재료원가	가공원가
기초재공품(80%)	1,500kg		
당기착수량	4,500kg		
합 계	6,000kg		
당기완성량	4,000kg*	4,000kg (100%)	4,000kg (100%)
당기완성량감손량	1,000kg*	1,000kg (100%)	500kg (50%)**
기말재공품(20%)	960kg*	960kg (100%)	192kg (20%)
기말재공품감손량	40kg*	40kg (100%)	4kg (10%)**
합 계	6,000kg	6,000kg	4,696kg

(가공원가 환산량을 계산하는 경우 완성도×50%를 적용한다.)

3단계 (총원가 집계)

기초재공품원가	₩76,000	₩30,000	₩46,000
당기발생원가	420,000	180,000	240,000
합 계	₩496,000	₩210,000	₩286,000

4단계 (완성품환산량단위당원가)

	직접재료원가	가공원가
	₩210,000÷6,000kg = @₩35	₩286,000÷4,696kg = @₩60.^{9}

5단계 (원가배분)

당기완성품원가	₩383,600	(4,000kg×@35)=	₩140,000	(4,000kg×@60.^{9})=	₩243,600
당기완성품감손량원가	65,450	(1,000kg×@35)=	35,000	(500kg×@60.^{9})=	30,450
완성품원가	**₩449,050**		₩175,000		₩274,050
기말재공품원가		(960kg×@35)=	₩33,600	(192kg×@60.^{9})=	₩11,693
기말재공품감손량원가		(40kg×@35)=	1,400	(4kg×@60.^{9})=	257
기말재공품원가	**46,950**		₩35,000		*11,950
합 계	**₩496,000**		**₩210,000**		**₩286,000**

* 끝수조절이 이루어졌음.

[보 론] 복수의 품질검사

1. 품질검사가 두 번 이루어지는 경우의 공손품회계

품질검사를 두 번 실시하는 경우, 1차와 2차 각각의 품질검사에서 탈락한 공손품 중 정상공손품과 비정상공손품의 결정은 다음과 같다.

- 1차 품질검사에서 통과한 양품의 결정
  양품 = 기초재공품 + (착수량 − 1차 공손량) - 기말재공품

- 2차 품질검사에서 통과한 양품의 결정
  양품 = 기초재공품 + (착수량 − 총공손량*) - 기말재공품
  ** 총공손량이란, 1차와 2차 품질검사에서 탈락한 공손량 전체를 말한다.

보론 예제 복수의 품질검사

A회사는 종합원가계산을 사용하고 있으며, 제품의 품질유지를 위하여 품질검사를 공정 중에 두 번 실시하고 있다. 20××년 5월의 생산관련 자료는 다음과 같다.

1. 물량흐름

기초재공품	800개	당기착수량	5,200개
당기완성품	5,000개	기말재공품	500개
1차 공손수량	300개	2차 공손수량	200개

2. 1차 품질검사는 공정의 50%에서 실시하며, 2차 품질검사는 공정의 완료시점에서 이루어진다.
3. 정상공손수량은 1차 검사에서는 검사시점을 통과한 양품의 5%를 정상공손으로 간주하고, 2차 검사에서는 검사시점을 통과한 양품의 2%를 정상공손으로 간주한다.

[물음사항] 1차와 2차 품질검사시점의 정상공손량과 비정상공손량을 측정하시오

1. 기초재공품의 완성도는 20%이며, 기말재공품의 완성도는 80%이다.
2. 기초재공품의 완성도는 60%이며, 기말재공품의 완성도는 80%이다.
3. 기초재공품의 완성도는 20%이며, 기말재공품의 완성도는 40%이다.
4. 기초재공품의 완성도는 60%이며, 기말재공품의 완성도는 20%이다.

■ 풀이

1. 기초재공품 완성도 20%, 기말재공품 완성도 80%

■ 1차 품질검사

- 물량의 흐름

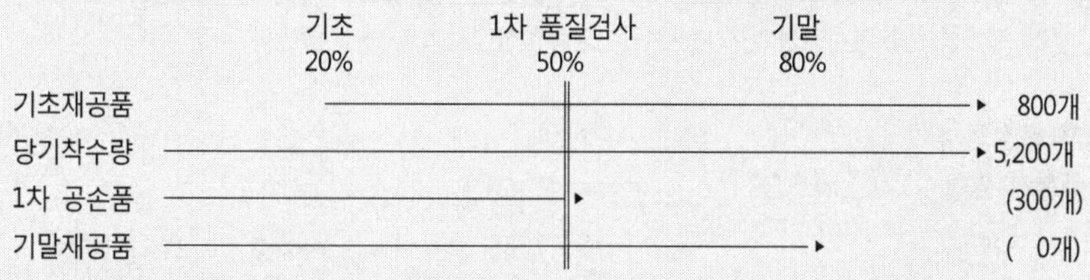

- 1차 품질검사에서의 정상공손량과 비정상공손량

1차 품질검사를 통과한 양품 = 800개* + (5,200개 − 300개) - 0개** = 5,700개

따라서, 정상공손량 = 5,700개 × 5% = 285개

비정상공손량 = 300개 − 285개 = 15개

* 기초재공품은 당기에 품질검사를 거치게 되므로 양품계산에 가산한다.

** 기말재공품은 품질검사를 받았기 때문에 양품계산에서 고려하지 않는다.

■ 2차 품질검사

- 물량의 흐름

- 2차 품질검사에서의 정상공손량과 비정상공손량

2차 품질검사를 통과한 양품 = 800개* + (5,200개 − 500개**) - 500개*** = 5,000개

따라서, 정상공손량 = 5,000개 × 2% = 100개

비정상공손량 = 200개 − 100개 = 100개

* 기초재공품은 당기에 품질검사를 거치게 되므로 양품계산에 가산한다.

** 1차와 2차 품질건사에서 탈락한 총 공손품이다.

*** 2차 품질검사는 공정이 끝난 후 이루어지기 때문에 기말재공품은 품질검사를 거치지 않았으므로 양품계산에서 차감한다.

2. 기초재공품 완성도 60% 기말재공품 완성도 80%

■ 1차 품질검사

- 물량의 흐름

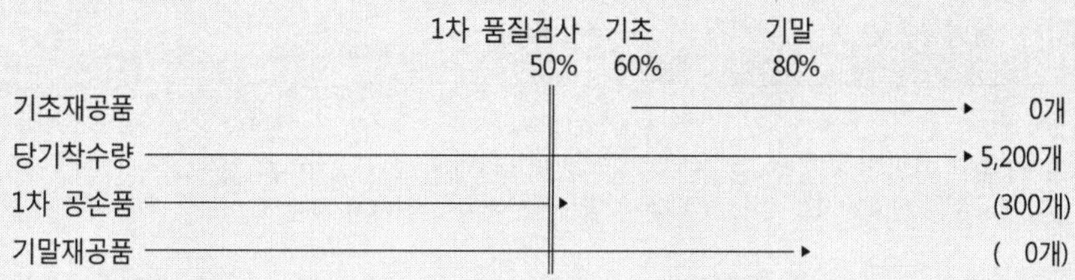

- **1차 품질검사에서의 정상공손량과 비정상공손량**

1차 품질검사를 통과한 양품 = 0개* + (5,200개 – 300개) - 0개** = 4,900개

따라서, 정상공손량 = 4,900개 × 5% = 245개

비정상공손량 = 300개 – 245개 = 55개

* 기초재공품은 당기에 품질검사를 거치게 않으므로 양품계산에서 고려하지 않는다.

** 기말재공품은 품질검사를 받았기 때문에 양품계산에서 고려하지 않는다.

■ **2차 품질검사**

- **물량의 흐름**

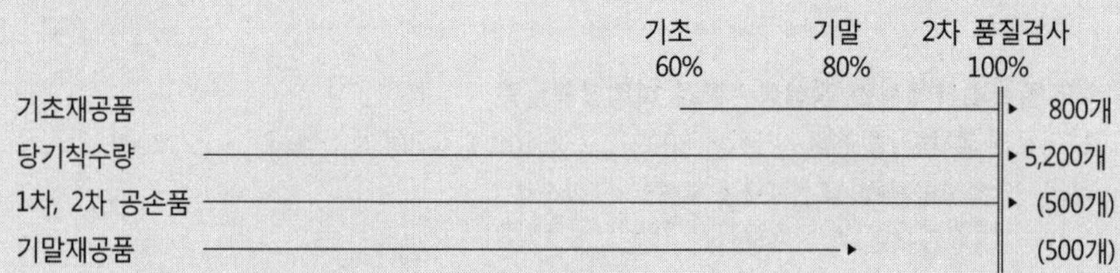

- **2차 품질검사에서의 정상공손량과 비정상공손량**

2차 품질검사를 통과한 양품 = 800개 + (5,200개 – 500개) - 500개 = 5,000개

따라서, 정상공손량 = 5,000개 × 2% = 100개

비정상공손량 = 200개 – 100개 = 100개

* 2차 품질검사는 공정이 끝난 후 이루어지기 때문에 기초재공품은 당기에 품질검사를 거치게 되므로 양품계산에 가산한다.

** 2차 품질검사는 공정이 끝난 후 이루어지기 때문에 기말재공품은 품질검사를 거치지 않았으므로 양품계산에서 차감한다.

3. 기초재공품 완성도 20%, 기말재공품 완성도 40%

■ **1차 품질검사**

- 물량의 흐름

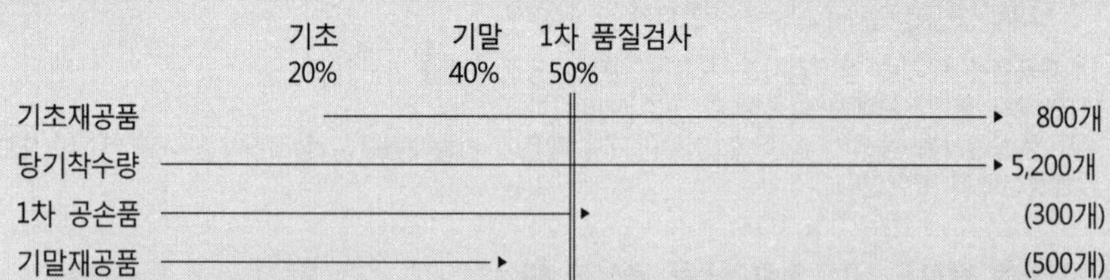

- **1차 품질검사에서의 정상공손량과 비정상공손량**

1차 품질검사를 통과한 양품 = 800개* + (5,200개 – 300개) - 500개** = 5,200개

따라서, 정상공손량 = 5,200개 × 5% = 260개

비정상공손량 = 300개 – 260개 = 40개

* 기초재공품은 당기에 품질검사를 거치게 않으므로 양품계산에서 고려하지 않는다.

** 기말재공품은 품질검사를 받았기 때문에 양품계산에서 고려하지 않는다.

■ **2차 품질검사**

- 물량의 흐름

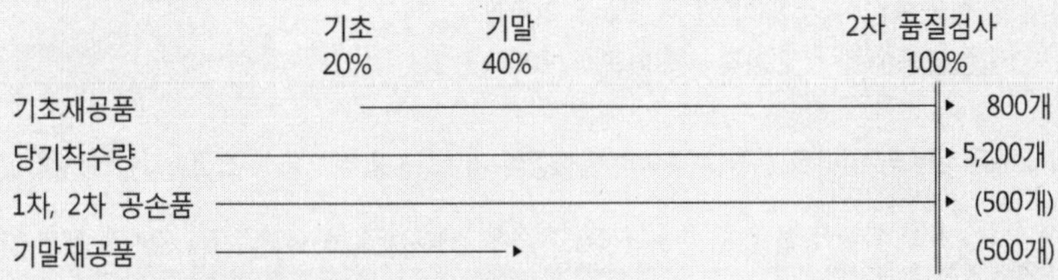

- 2차 품질검사에서의 정상공손량과 비정상공손량

2차 품질검사를 통과한 양품 = 800개 + (5,200개 − 500개) - 500개 = 5,000개

따라서, 정상공손량 = 5,000개 × 2% = 100개

비정상공손량 = 200개 − 100개 = 100개

* 2차 품질검사는 공정이 끝난 후 이루어지기 때문에 기초재공품은 당기에 품질검사를 거치게 되므로 양품계산에 가산한다.

** 2차 품질검사는 공정이 끝난 후 이루어지기 때문에 기말재공품은 품질검사를 거치지 않았으므로 양품계산에서 차감한다.

4. 기초재공품 완성도 60%, 기말재공품 완성도 20%

■ **1차 품질검사**

- 물량의 흐름

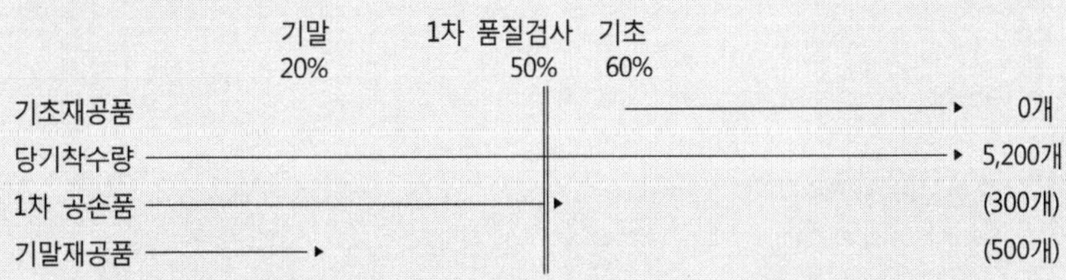

- 1차 품질검사에서의 정상공손량과 비정상공손량

1차 품질검사를 통과한 양품 = 0개* + (5,200개 − 300개) - 500개** = 4,400개

따라서, 정상공손량 = 4,400개 × 5% = 220개

비정상공손량 = 300개 − 220개 = 80개

* 기초재공품은 당기에 품질검사를 거치게 않으므로 양품계산에서 고려하지 않는다.

** 기말재공품은 품질검사를 거치지 않았기 때문에 양품계산에서 차감한다.

■ **2차 품질검사**

- 물량의 흐름

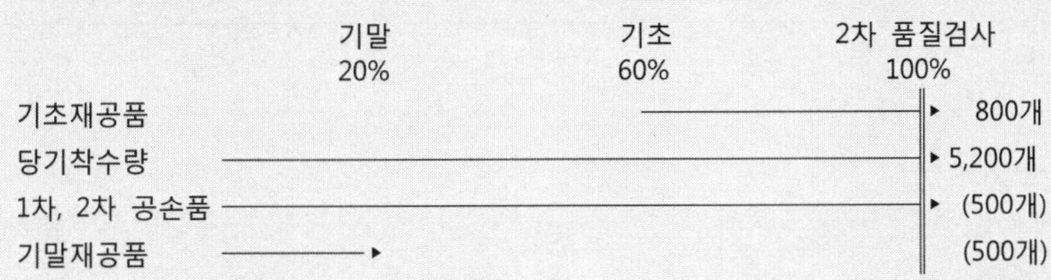

- 2차 품질검사에서의 정상공손량과 비정상공손량

2차 품질검사를 통과한 양품 = 800개 + (5,200개 − 500개) - 500개 = 5,000개

따라서, 정상공손량 = 5,000개 × 2% = 100개

비정상공손량 = 200개 − 100개 = 100개

* 2차 품질검사는 공정이 끝난 후 이루어지기 때문에 기초재공품은 당기에 품질검사를 거치게 되므로 양품계산에 가산한다.

** 2차 품질검사는 공정이 끝난 후 이루어지기 때문에 기말재공품은 품질검사를 거치지 않았으므로 양품계산에서 차감한다.

연 | 습 | 문 | 제

01. 공손(spoilage)과 관련된 다음의 설명 중에서 옳지 않은 것은? *(2007. KICPA)*

① 공손은 정상공손이나 비정상공손으로 분류된다.
② 공정별원가계산에서 정상공손원가는 관련된 양품(정상제품)의 원가에 가산한다.
③ 개별원가계산에서 비정상공손원가는 재고가능원가로 간주되지 않으며, 그 공손이 발견된 기간의 비용으로 처리된다.
④ 제조공정과정에서 불량률 0을 달성하려는 기업들은 모든 공손을 비정상공손으로 간주하려 한다.
⑤ 공정별원가계산에서 공손단위를 산출단위에 포함시킬 경우 단위당 원가가 더 커진다.

02. 종합원가계산시 정상적 공손이 공정의 제일 마지막 시점(완성도 100%)에서 발생하고 있다면, 정상공손원가는 어떻게 부담시키는 것이 합리적인가? *(15. 전산회계운용사 1급)*

① 완성품원가에 가산한다.
② 기말재공품원가에 가산한다.
③ 기말재공품과 완성품에 수량을 기준으로 나누어준다.
④ 기말재공품의 완성도에 따라 다르다.

03. 다음 (   )안에 들어갈 말로 옳은 것은? *(15. 전산회계운용사 1급)*

> '불량, 작업기술의 미숙 등의 원인으로 표준규격이나 품질에 미치지 못하는 불합격품이 발생한 경우를
> (   )이라 하며, 증발 등으로 산출물이 되지 못한 투입물로서, 공정이 진행되면서 평균적으로 줄어드는 것을
> (   )이라 한다.'

① 감손 – 공손 ② 공손 – 감손 ③ 파손 – 작업폐물 ④ 감손 - 작업폐물

04. 공손이 전혀 없는 경우 종합원가계산에 대한 설명으로 틀린 것은? *(45회. 전산세무회계 1급)*

① 평균법이든 선입선출법이든 상관없이 당기총제조원가는 항상 동일하다.
② 기초재공품이 없다면 평균법이든 선입선출법이든 항상 동일한 결과가 도출된다.
③ 평균법이든 선입선출법이든 기말재공품원가는 항상 동일하다.
④ 기말재공품이 없다면 평균법이든 선입선출법이든 당기완성품제조원가는 항상 동일한 결과가 도출된다.

05. 다음 공손에 대한 설명 중 틀린 것은? *(44회. 전산세무회계 1급)*

① 공손이 정상적으로 발생하고 특정작업과 관련된 경우 공손원가는 특정작업의 원가에 가산한다.
② 비정상공손원가는 작업폐물로 처리되므로 제조원가에 가산되면 안된다.
③ 종합원가계산에서 정상공손원가를 제조원가에 재배분시 배부기준은 검사시점을 통과한 합격품의 물량이다.
④ 공손품은 품질이나 규격이 일정한 기준에 미달하는 불량품이다.

06. ㈜세무는 평균법 하의 종합원가계산을 적용하고 있으며, 당기 생산관련 자료는 다음과 같다.

	물 량
기초재공품	500 (완성도 80%)
당기착수량	2,100
당기완성량	2,100
기말재공품	400 (완성도 60%)

품질검사는 완성도 40%시점에서 이루어지며, 당기 검사를 통과한 정상품의 2%를 정상공손으로 간주한다. 당기의 정상공손 수량은? *(2013. 세무사)*

① 32단위 ② 34단위 ③ 40단위 ④ 50단위 ⑤ 52단위

07. ㈜나무는 컴퓨터칩을 생산하고 있다. 직접재료는 생산공정의 초기에 투입되며, 가공원가는 공정의 전반에 걸쳐 균등하게 발생한다. 생산공정에서 공손품이 발생하는데 이러한 공손품은 제품을 검사하는 시점에서 파악된다. 정상적인 공손품은 품질검사시점을 통과한 합격품의 10%의 비율로 발생한다. 5월의 생산자료를 보면, 월초재공품(완성도 30%) 10,000개, 당월 생산착수량 75,000개, 당월 생산착수완성품 52,000개, 월말재공품(완성도 80%) 15,000개, 공손품 8,000개이다. 품질검사가 생산공정의 20% 시점에서 실시되는 경우 정상공손품 수량은 얼마인가? 만약, 생산공정의 50% 시점에서 품질검사가 실시된다면, 정상공손품 수량은 얼마인가? *(2006. KICPA)*

	20% 검사시점	50% 검사시점
①	7,500개	8,500개
②	7,500개	7,700개
③	5,200개	7,700개
④	6,200개	7,700개
⑤	6,700개	7,700개

08. ㈜국세의 당기 중 생산 및 원가자료는 다음과 같다.

기초재공품	직접재료원가		₩1,000
	전환원가(가공원가)		₩2,475
당기투입원가	직접재료원가		₩5,600
	전환원가(가공원가)		₩8,300
기말재공품	수량		500단위
	완성도	직접재료원가	20%
		전환원가(가공원가)	15%
공손품	수량		200단위
	완성도	직접재료원가	50%
		전환원가(가공원가)	40%

완성품 수량은 2,000단위이고, 공손품원가를 전액 별도로 인식하고 있다. 재고자산의 단위원가 결정방법이 가중평균법인 경우, 공손품원가는? *(2015, 세무사)*

① ₩300 ② ₩420 ③ ₩540 ④ ₩670 ⑤ ₩700

09. 대한회사는 당기에 검사를 통과한 정상품(양품)의 10%를 정상공손으로 간주하며, 모든 공손은 완성시점에 발견된다. 재료는 공정초에 모두 투입되고 가공원가는 전 공정에 걸쳐 균등하게 발생하며, 기말재공품의 평가는 평균법에 의한다. 2007년 3월 대한회사의 생산활동에 대한 자료는 다음과 같다.

> 기초재공품: 1,000단위(가공원가 완성도 60%), 재료원가 ₩540,000, 가공원가 ₩880,000
> 당기투입: 9,000단위, 재료원가 ₩5,000,000, 가공원가 ₩9,460,000
> 당기완성품(정상품): 7,000단위
> 기말재공품: 1,500단위(가공원가 완성도 60%)

대한회사의 2007년 3월의 완성품원가는 얼마인가? *(2007, 세무사)*

① ₩11,200,000 ② ₩12,273,000 ③ ₩12,735,800
④ ₩12,825,000 ⑤ ₩13,134,400

※ 다음 자료를 이용하여 문제 10번과 문제 11번에 답하시오.

㈜한국은 세 개의 공정을 통하여 제품을 생산하고 있으며, 가중평균법에 의한 종합원가계산을 적용하여 제품을 생산하고 있다. 직접재료는 각 공정의 초기에 전량 투입되고 가공원가는 전 공정에 걸쳐 균등하게 발생한다. 20×1년 2월 최종공정인 제3공정의 생산 및 원가자료는 다음과 같다.

구분	물량단위	가공원가 완성도	전공정원가	직접재료원가	가공원가
기초재공품	3,000단위	40%	₩14,750	₩2,000	₩10,250
당기투입	12,000단위		56,500	58,000	92,950
완성품	10,000단위				
기말재공품	4,000단위	60%			

제3공정에서는 공손품 검사를 공정의 50%시점에서 실시하며, 당월에 검사를 통과한 합격품의 5%를 정상공손으로 간주한다. 정상공손원가는 당월완성품과 월말재공품에 배부하는 회계처리를 한다. 20×1년 2월중 제3공정에서 발견된 공손품은 추가가공없이 즉시 모두 폐기하며, 공손품의 처분가치는 ₩0이다.

10. 20×1년 2월 제3공정의 원가요소별 완성품환산량을 계산하면 얼마인가? *(2014, KICPA)*

	전공정원가	직접재료원가	가공원가
①	15,000단위	14,500단위	12,900단위
②	15,000단위	15,000단위	13,400단위
③	15,000단위	15,000단위	12,900단위
④	14,500단위	14,500단위	13,400단위
⑤	14,500단위	14,500단위	12,900단위

11. 20×1년 2월 제3공정의 비정상공손원가와 완성품원가와 관련된 월말 분개로서 옳은 것은? *(2014, KICPA)*

①	(차) 제품	177,425	(대) 재공품 – 제3공정		171,050
			비정상공손		6,375
②	(차) 제품	173,875	(대) 재공품 – 제3공정		170,050
			비정상공손		3,825
③	(차) 제품	173,875	(대) 재공품 – 제3공정		180,250
			비정상공손	6,375	
④	(차) 제품	174,375	(대) 재공품 – 제3공정		180,750
			비정상공손	6,375	
⑤	(차) 제품	173,875	(대) 재공품 – 제3공정		177,700
			비정상공손	3,825	

12. 조립공정은 ㈜남산제작소의 두 가지 공정 중 첫 번째 공정이다. 공손품은 조립공정의 완료시점에서 확인되며 정상적인 공손품의 원가는 공손품이 확인된 기간에 완성되어 다음 공정으로 대체되는 완성품원가에 가산되고 비정상적 공손은 발생한 기간에 비용화한다. 정상적 공손품 비율은 조립공정을 성공적으로 완성한 합격품의 5%로 추정된다, 다음은 20×5년 1월의 조립공정에서 발생한 가공원가와 관련한 정보이다.

	물 량	가공원가
기초재공품(50% 완성)	2,000개	₩10,000
당월 중 착수량	8,000개	75,500
공송품	500개	
당월 완성 및 차공정 대체	7,000개	

기말재공품의 기말 현재 가공원가에 대한 완성도는 80%이다. ㈜남산제작소가 가중평균법을 적용한다고 가정한다면 두 번째 공정으로 대체되는 완성품의 가공원가는 얼마인가? *(2002, 세무사)*

① ₩63,000 ② ₩64,125 ③ ₩66,150
④ ₩67,500 ⑤ ₩71,250

13. 한일공업의 생산활동과 관련된 다음의 원가자료를 활용하여 비정상공손비를 계산하면 얼마인가? 단, 기초재공품은 없으며, 원재료는 공정초에 전부 투입되며, 가공원가는 공정 전반에 걸쳐 균등하게 발생된다고 가정한다. 40% 가공단계에서 검사가 이루어지며, 검사를 통과한 양품(정상품) 중 2%만이 정상공손이고, 정상공손 외의 공손은 비정상공손이다. 공손품은 보수작업에 의해 정상으로 회복되지 않기 때문에 개당 ₩100에 매각한다. 계산과정에서 원단위 미만은 반올림하시오. *(2006, 세무사)*

(1) 당기생산개시수량	2,000개
(2) 당기발생원가	
직접재료원가	₩500,000
가공원가	1,500,000
(3) 당기완성품수량	1,500개
(4) 기말재공품수량	400개(가공원가 진척도는 50%이다)
(5) 공손품수량	100개

① ₩29,536 ② ₩27,468 ③ ₩34,569
④ ₩30,679 ⑤ ₩21,379

제 10 장

joint costing

결합원가계산

제1절 결합원가계산의 개요

1. 결합제품의 성격

결합원가계산은 종합원가계산의 한 유형으로써 종합원가계산은 동일한 공정을 거쳐 생산된 각 제품을 동질적이라는 가정 하에 공정 또는 부문별로 집계된 제조원가를 그 공정이나 부문에서 제조된 총생산량에 균등하게 배분하여 산출물의 단위당원가를 계산하였다. 그러나 기업에 따라서는 동일한 재료가 투입되어 동일한 제조공정을 거쳐 가공되는 데도 불구하고 종류가 다른 여러 제품이 동시에 생산되는 경우가 있다. 이와 같이 동일한 공정에서 동일한 재료를 투입하여 동시에 생산되는 두 종류 이상의 서로 다른 제품을 결합제품(結合製品, joint products) 또는 연산품(連産品)이라 한다. 예를 들면, 정유공장에서 생산되는 휘발유·등유·경우·중유·가스 등의 제품, 제분공장에서 생산되는 강력분·중력분·박력분 등의 제품처럼 동일한 원재료를 투입하여 가공정도에 따라 다양하게 생산되는 제품이 결합제품이다.

결합제품은 생산되는 개별제품의 상대적 판매가치 및 수량의 중요성 등에 따라 일반적으로 주산품과 부산물로 구분된다. 주산물(主産品物 main products)이란, 상대적 판매가치 및 수량의 중요성이 비교적 큰 제품을 말하며, 기업의 생산.판매의 주된 대상이며 수익에의 공헌도가 크고 중요하다. 부산물(副産品, by-products)이란, 주산품의 제조과정에서 부수적으로 생산되는 제품으로 주산물에 비해 상대적 판매가치 및 수량의 중요성이 낮은 제품을 말한다. 그런데 주산물과 부산물을 명확히 구분하기 곤란한 경우 결합제품은 동일한 원재료가 투입되고 동일한 공정을 거치게 되므로, 그 때 발생한 재료원가와 가공원가를 어떻게 각 제품의 제조원가에 배부시키느냐가 중요한데, 결합원가계산(結合原價計算, joint costing) 또는 연산품원가계산(連産品原價計算)은 동일한 공정에서 같은 원재료를 사용하여 주산물과 부산물을 명백히 구별할 수 없는 2종 이상의 제품을 생산하는 경우에 적용하는 원가계산방법으로써, 결합제품을 생산하기 위해 발생한 결합원가를 합리적인 기준을 이용하여 각 제품별로 배부시켜 개별제품의 제조원가를 계산하는 원가계산시스템이다. 우리나라 원가계산준칙에서는 "연산품원가계산은 동일재료로 동일공정에서 생산되는 다른 종류의 제품으로서 주산물과 부산물을 명확히 구분하기 곤란한 경우에 적용한다"라고 규정하고 있다(준칙 제23조 ①). 결합원가계산의 적용이 가능한 업종으로는 정유업, 제련업, 제당업, 제분업, 낙농업, 정육업, 화학공업, 반도체산업 등이다.

2. 결합원가와 분리점

결합제품은 동일한 공정에서 동일한 재료를 투입하여 동시에 생산되는 두 종류 이상의 서로 다른 제품으로서 일정한 제조과정을 거치고 난 특정단계에 이르러서야 개별제품으로 확인된다. 여기서 일정한 제조단계에 도달하여 개별제품으로 확인되는 시점을 분리점(分離點, split-off point)이라 한다. 분리점에서 확인된 각 개별제품은 이 시점에서 중간제품으로 판매되기도 하고, 추가가공을 거친 후 완제품으로 생산·판매되기도 한다. 분리점은 결합제품의 가공정도에 따라 하나 또는 여러 개가 존재할 수 있다.

[그림 11-1] 분리점과 결합원가 그리고 분리원가

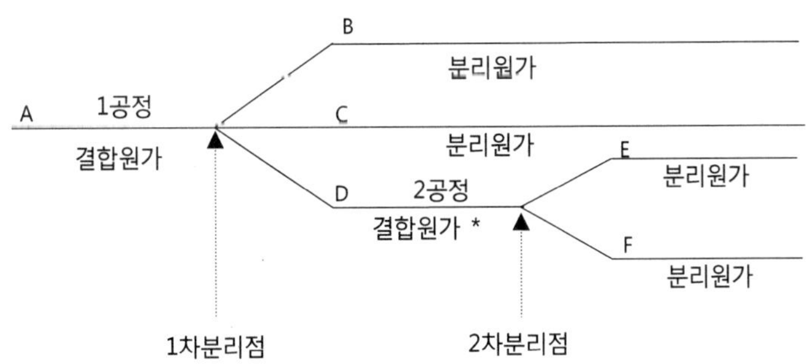

* 2공정에서의 결합원가는 1차분리점에서 배분된 결합원가와 2공정에서 발생한 분리원가의 합계액이다.

분리점에 도달하기까지 결합제품을 제조하는 과정에서 발생한 제조원가를 결합원가(結合原價, joint costs, joint-product costs)라 한다. 결합원가는 분리점 이전에 발생한 원가이므로 분리점에서 생산된 각 개별제품에 이 결합원가를 배분하여야 한다. 이러한 결합원가는 합리적인 배부기준에 의해 결합제품에 배분하게 된다.

그리고 분리점 이후에 개별제품에 대해 추가적으로 발생하는 제조원가를 추가가공원가(追加加工原價, further processing costs) 또는 분리원가(分離原價, separable costs)라고 한다. 분리원가는 결합원가와는 달리 개별제품과 관련하여 발생된 원가이므로 개별제품별로 집계가 이루어지기 때문에 원가계산상 별다른 문제는 없다. 그러나 결합원가를 개별제품에 배분할 때는 반드시 주산물에 대해서만 배분한다.

제2절 결합원가의 배분방법

결합제품의 원가계산을 위해서는 결합원가를 개별제품별로 명확하게 추적、귀속시켜야 하는데, 사실상 모든 상황에 적합한 배분기준은 아직 발견되지 않고 있다. 따라서 인위적이지만 가급적 합리적인 배분기준으로 물량을 기준으로 하는 방법과 시장가격을 기준으로 하는 방법이 있다. 시장가격을 기준으로 하는 방법에는 판매가치법과 순실현가치법 그리고 균등매출총이익률법이 있다. 이하에서는 각각의 방법에 대해 설명하겠다.

1. 물량기준법

결합원가를 개별제품에 배부하는 방법 중의 하나로 물량기준법(物量基準法, physical quantities method)이 있다. 물량기준법은 결합제품에 공통적인 수량、부피、무게、면적 등의 물량을 기준으로 결합원가를 배분하는 방법이다. 물량기준법은 제품의 가격이 아직 결정되지 않았거나 매우 유동적일 때 또는 분리점과 최초의 판매가능시점 사이에 많은 공정이 있을 때 주로 이용된다. 그러나 물량에 근거한 결합원가의 배분액이 그 제품의 경제적 가치와 밀접한 관련성을 가지고 있어야 합리적인 기준이 된다. 예를 들어, 결합원가가 ₩3,000이고 결합제품 A와 B의 생산량과 판매가격이 각각 100개(판매가격 @₩20)와 200개(판매가격 @₩10)인 경우, 물량을 기준으로 결합원가를 배분했을 때, 결합제품 A에는 ₩1,000(₩3,000 × 100개/300개). 그리고 결합제품 B에는 ₩2,000(₩3,000 × 200개/300개)이 배분될 것이다.

이 경우 결합제품 A의 수익은 ₩1,000(100개×@20-₩1,000)인 반면, 결합제품 B의 수익은 0(200개×@10-₩2,000)이 되므로 결합제품 B의 경제적 가치를 반영하지 못한 결과를 초래하게 된다. 즉, 수익이 낮으나 물량이 많은 제품에는 결합원가를 많이 배분받게 되고, 수익은 높으니 물량이 적은 제품에는 결합원가를 적게 배분받게 된다. 따라서 물량기준법은 개별제품의 수익창출능력과는 관계가 없지만 물량기준법이 합리적인 기준이 되기 위해서는 결합제품의 경제적 가치와의 양(+)의 상관관계가 있다고 판단될 때 이용가능하다 하겠다.

예제 10-1 물량기준법

A회사는 동일한 원재료를 가공하여 결합제품 X, Y, Z를 생산하고 있다. 20××년 6월 중 결합원가는 ₩200,000이 발생하였다. 모든 제품은 분리점에서 판매가능하며, 생산 및 판매가격 자료는 다음과 같다.

결합제품	생산량	판매량	단위당판매가격	추가가공원가
X	200개	180개	@₩500	₩10,000
Y	300개	280개	@₩600	30,000
Z	500개	450개	@₩240	40,000
	1,000개	910개		₩80,000

[물음사항]

1. 물량기준법을 사용하여 결합제품에 결합원가를 배분하시오.
2. 결합제품의 단위당 제조원가와 매출총이익율을 계산하시오.

■ 풀이

1. 결합원가의 배부

결합제품	생산량	배분율	결합원가배분액	추가가공원가	제품제조원가
X	200개	20%	₩40,000	₩10,000	₩50,000
Y	300개	30%	60,000	30,000	90,000
Z	500개	50%	100,000	40,000	140,000
	1,000개	100%	₩200,000	₩80,000	₩280,000

2. 제품제조원가와 매출총이익율

결합제품	단위당 판매가격	단위당 제조원가	단위당 매출총이익
X	@₩500	@₩250	@₩250
Y	@₩600	@₩300	@₩300
Z	@₩240	@₩280	(@₩40)

		X제품		Y제품		Z제품
매출액*		₩100,000		₩180,000		₩120,000
매출원가		(45,000)		(84,000)		(126,000)
당기제품제조원가	50,000		90,000		140,000	
기말제품재고액**	(5,000)		(6,000)		(14,000)	
매출총이익		₩55,000		₩96,000		(₩6,000)
매출총이익율		55%		53.3%		-5%

* 매출액
X제품: 200개×@500=₩100,000 Y제품: 300개×@600=₩180,000
Z제품: 500개×@240=₩120,000

**기말제품재고액
X제품: (200개-180개)×@250=₩5,000 Y제품: (300개-280개)×@300=₩6,000
Z제품: (500개-450개)×@280=₩14,000

2. 상대적 판매가치법

상대적 판매가치법(相對的 販賣價値法, relative sales value method)은 분리점에서 개별제품이 갖는 상대적인 판매가치를 기준으로 결합원가를 배분하는 방법이다. 즉, 판매가치가 높은 제품에는 결합원가를 많이 배분하고 판매가치가 낮은 제품에는 결합원가를 상대적으로 적게 배분함으로써 수익과 비용이 대응될 수 있도록 하는 기준이다. 상대적 판매가치법은 결합제품이 분리시점에서 판매가격이 형성되어 있으며, 각 개별제품의 판매가격을 신뢰성 있게 측정할 수 있을 때 이용가능한 방법이다. 이 방법의 장점은 수익창출능력의 크기에 따라 결합원가를 배분하여 제품별 매출총이익율이 동일하게 나타나게 함으로써 각 개별제품의 수익과 적절하게 대응시키고자 하는 것이다. 그러나, 원가에 따라 판매가격을 결정하는 것이 아니라 판매가격에 따라 원가를 결정함으로써 논리상 역배분되는 문제점을 갖고 있기 때문에 가격결정을 위한 원가계산에는 부적합하다.

예제 10-2 상대적 판매가치법

[예제 10-1]의 자료를 이용하시오

[물음사항]

1. 상대적 판매가치법을 사용하여 결합제품에 결합원가를 배분하시오.
2. 결합제품의 단위당 제조원가와 매출총이익율을 계산하시오.

■ 풀이

1. 결합원가의 배부

결합 세품	상대적 판매가치	배분율	결합원가 배분액	추가 가공원가	제품 제조원가
X	200개×@500=₩100,000	25%	₩50,000	₩10,000	₩60,000
Y	300개×@600=₩180,000	45%	90,000	30,000	120,000
Z	500개×@240=₩120,000	30%	60,000	40,000	100,000
	₩400,000	100%	₩200,000	₩80,000	₩280,000

2. 제품제조원가와 매출총이익율

결합제품	단위당 판매가격	단위당 제조원가	단위당 매출총이익
X	@₩500	@₩300	@₩200
Y	@₩600	@₩400	@₩200
Z	@₩240	@₩200	@₩40

	X제품		Y제품		Z제품	
매출액		₩100,000		₩180,000		₩120,000
매출원가		(54,000)		(112,000)		(90,000)
당기제품제조원가	60,000		120,000		100,000	
기말제품재고액*	(6,000)		(8,000)		(10,000)	
매출총이익		₩45,000		₩68,000		₩30,000
매출총이익율	45%		37.8%		25%	

* 기말제품재고액
X제품: (200개-180개)×@300=₩6,000 Y제품: (300개-280개)×@400=₩8,000
Z제품: (500개-450개)×@200=₩10,000

3. 순실현가치법

순실현가치법(純實現價值法, net realizable value method)은 분리점에서 순실현가치를 기준으로 하여 결합원가를 배분하는 방법이다. 이 방법은 상대적 판매가치법과 마찬가지로 순실현가치가 높은 제품에는 결합원가를 많이 배분하고 순실현가치가 낮은 제품에는 적은 원가를 배분함으로써 수익과 비용이 대응될 수 있도록 하는 것이다. 여기서 순실현가치란, 개별제품의 최종판매가격에서 분리원가(추가가공원가)와 판매비 등을 차감한 금액을 말하는데, 결합제품이 분리점에서 바로 판매되지 않고 추가가공을 거쳐 판매되는 경우에 분리점에서의 판매가치를 추정하고자 하는 것이다. 그러므로 순실현가치법은 분리점에서의 판매가격을 알 수 없을 경우 이용되는 방법이라 하겠다. 그리고 개별제품의 최종판매가격이란,

실제 판매량이 아니라 생산량에 판매가격을 곱한 금액을 말한다. 순실현가치법은 결합원가만이 이익창출에 공헌하고, 분리점 이후의 추가가공원가는 이익창출에 아무런 공헌을 하지 않는다고 가정하기 때문에 이론상으로 모순점을 지니고 있다.

예제 10-3 순실현가치법

[예제 10-1]의 자료를 이용하시오

[물음사항]

1. 순실현가치법을 사용하여 결합제품에 결합원가를 배분하시오.
2. 결합제품의 단위당 제조원가와 매출총이익율을 계산하시오.

■ 풀이

1. 결합원가의 배부

결합제품	매출액	추가 가공원가	순실현가치	배분율	결합원가 배부액
X	₩100,000	₩10,000	₩90,000	$28.^{125}$%	₩56,250
Y	180,000	30,000	150,000	$46.^{875}$%	93,750
Z	120,000	40,000	80,000	25%	50,000
	₩400,000	₩80,000	₩320,000	100%	₩200,000

* 매출액
X제품: 200개×@500=₩100,000　Y제품: 300개×@600=₩180,000
Z제품: 500개×@240=₩120,000

2. 제품제조원가와 매출총이익율

결합제품	제품제조원가	단위당 판매가격	단위당 제조원가	단위당 매출총이익
X	₩66,250	@₩500	@₩$331.^{25}$	@₩$168.^{75}$
Y	123,750	@₩600	@₩$412.^{5}$	@₩$187.^{5}$
Z	90,000	@₩240	@₩180	@₩60

	X제품		Y제품		Z제품	
매출액		₩100,000		₩180,000		₩120,000
매출원가		(59,625)		(115,500)		(81,000)
당기제품제조원가	66,250		123,750		90,000	
기말제품재고액*	(6,625)		(8,250)		(9,000)	
매출총이익		₩40,375		₩64,500		₩39,000
매출총이익율		$40.^{375}$%		$35.^{83}$%		$32.^{5}$%

* 기말제품재고액
X제품: (200개-180개)×@$331.^{25}$=₩6,625　Y제품: (300개-280개)×@$412.^{5}$=₩8,250
Z제품: (500개-450개)×@180=₩9,000

4. 균등매출총이익율법

균등매출총이익율법(均等賣出總利益率法, constant gross-margin method)은 개별제품이 각각의 최종판매가치에 대하여 모두 동일한 매출총이익율을 갖도록 결합원가를 배분하는 방법으로, 기본적 사고는 결합원가와 분리원가 모두가 수익창출에 공헌하고 있다고 보고, 개별제품의 매출총이익율이 최종판매가치에 대하여 동일하게 나타나도록 결합원가를 배분하고자 하는 것이다.

균등이익율법은 분리원가도 수익창출에 공헌한다고 가정하므로 순실현가치법의 단점을 극복한 방법이지만 경우에 따라서는 부의 결합원가가 배부되는 이론적인 모순점을 지니고 있다. 균등이익율법에 따라 결합원가를 배분하는 절차는 다음과 같다.

1단계: 결합제품들이 최종적으로 모두 판매되었다고 가정하고 전체매출총이익 합계액을 구한다.

전체매출총이익 합계액
　　= 개별제품의 최종판매가치 합계액 - 결합원가총액 - 분리원가총액

2단계: 전체매출총이익 합계액을 개별제품의 최종판매가치 합계액으로 나누어 전체매출총이익율을 구한다.

전체매출총이익율
　　= 전체 매출총이익 합계액 ÷ 개별제품의 최종판매가치 합계액

3단계: 개별제품의 최종판매가치에 전체매출총이익율을 곱하여 개별제품의 매출총이익을 구한다.

개별제품의 매출총이익
　　= 개별제품의 최종판매가치 × 전체매출총이익율

4단계: 개별제품의 최종판매가치에서 개별제품의 매출총이익을 차감하여 개별제품의 매출원가를 구한다.

개별제품의 매출원가
　　= 개별제품의 최종판매가치 − 개별제품의 매출총이익

5단계: 개별제품의 매출원가에서 분리원가(추가가공원가)를 차감하여 개별제품의 결합원가 배분액을 구한다.

개별제품의 결합원가 배분액
= 개별제품의 매출원가 − 개별제품의 분리원가(추가가공원가)

예제 10-4 균등매출총이익율법

[예제 10-1]의 자료를 이용하시오

[물음사항]

1. 균등매출총이익율법을 이용하여 결합제품에 결합원가를 배분하시오.
2. 결합제품의 단위당 제조원가와 매출총이익율을 계산하시오.

■ 풀이

1. 결합원가의 배부

1) 전체 매출총이익(1단계)

전체 매출액(200개×@500)+(300개×@600)+(500개×@240)	₩400,000
결합원가와 추가가공원가(₩200,000+₩80,000)	(280,000)
전체 매출총이익	₩120,000

2) 전체 매출총이익율(2단계)

전체 매출총이익	₩120,000
전체 매출액	÷ 400,000
전체 매출총이익율	30%

3) 제품별 매출총이익과 결합원가배분액

결합제품	매출액 (A)	매출총이익률 (B)	(3단계) 매출총이익 (C)=(A)×(B)	(4단계) 매출원가 (D)=(A)-(C)	추가가공원가 (E)	(5단계) 결합원가 (D)-(E)
X	₩100,000		₩30,000	₩70,000	₩10,000	₩60,000
Y	180,000	30%	54,000	126,000	30,000	96,000
Z	120,000		36,000	84,000	40,000	44,000
	₩400,000		₩120,000	₩280,000	₩80,000	₩200,000

2. 제품제조원가와 매출총이익율

결합제품	제품제조원가	단위당 판매가격	단위당 제조원가	단위당 매출총이익
X	₩70,000	@₩500	@₩350	@₩150
Y	126,000	@₩600	@₩420	@₩180
Z	84,000	@₩240	@₩168	@₩72

	X제품		Y제품		Z제품	
매출액		₩100,000		₩180,000		₩120,000
매출원가		(59,625)		(115,500)		(81,000)
당기제품제조원가	66,250		123,750		90,000	
기말제품재고액*	(6,625)		(8,250)		(9,000)	
매출총이익		₩40,375		₩64,500		₩39,000
매출총이익율	$40.^{375}$%		$35.^{83}$%		$32.^{5}$%	

* 기말제품재고액
X제품: (200개-180개)×@$331.^{25}$=₩6,625 Y제품: (300개-280개)×@$412.^{5}$=₩8,250
Z제품: (500개-450개)×@180=₩9,000

제3절 복수분리점과 결합원가 배분

결합제품을 생산하는 과정에서 두 개 이상의 결합공정과 분리점이 존재하는 경우 결합원가의 배분절차는 다소 복잡하다. 그러나 복수의 결합공정이나 분리점이 존재한다 하더라도 마치 하나의 분리점인 경우와 같이 복수분리점을 첫 번째 분리점부터 분리하여 결합원가를 순차적으로 배분하면 된다. 그러나 결합원가의 배분방법 중 순실현가치법의 경우는 다른 방법에 비해 배분절차가 다르다. 복수분리점이 있는 경우에 순실현가치법을 사용하는 경우의 절차를 설명하면 다음과 같다.

1단계: 제품의 물량흐름과 모든 결합원가 및 분리원가의 발생시점을 명확하게 나타내는 물량흐름관계(공정도)를 도표로 작성한다.

2단계: 판매가능한 개별 제품들의 최종판매가치를 결정하고, 마지막 분리점부터 각 분리점에서의 개별제품에 대한 순실현가치를 계산하고 각각의 배분비율을 역으로 결정한다.

3단계: 첫 번째 분리점부터 개별제품의 순실현가치 기준에 의해 결정된 배분비율에 따라 결합원가를 순차적으로 개별제품에 배분한다.

예제 10-5 복수분리점에서의 순실현가치법

A회사는 갑, 을, 병의 세 가지 제품을 생산하고 있으며, 20××년 5월의 제조공정은 다음과 같다.

① 1공정에서는 원재료 10,000kg (100/kg)과 ₩100,000의 가공비가 지출되었다. 1공정에서 가공한 10,000kg은 2공정에 70%, 3공정에 30% 이동된다.

② 2공정에서는 추가가공비 ₩250,000을 지출하며, 가공한 수량은 4공정에 60%, 5공정에 40% 이동된다.

③ 3공정에서는 추가로 ₩200,000의 가공비를 지출하여 C제품을 생산한다. 판매가격은 350/kg이다.

④ 4공정에서는 추가로 ₩210,000의 가공비를 지출하여 A제품을 생산한다. 판매가격은 450/kg이다.

⑤ 5공정에서는 B제품이 생산되며 추가가공 없이 판매가격은 400/kg이다.

[물음사항]

1. 물량흐름관계를 도표로 작성하시오.
2. 순실현가치법에 의해 개별제품에 결합원가를 배분하고 제품별 단위당원가를 구하시오,

■ 풀이

1. 공정흐름도

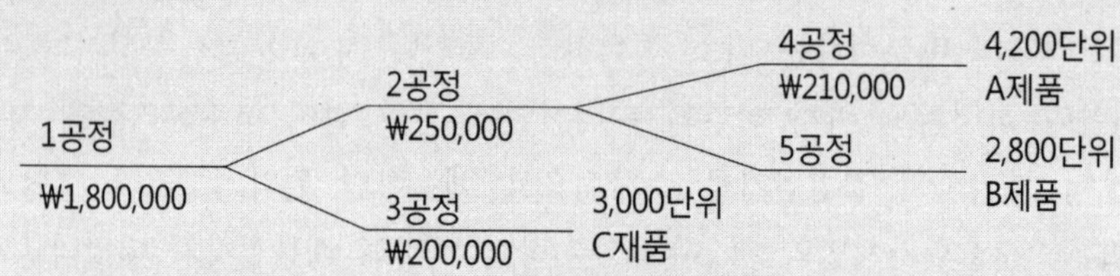

2.

(1) 2분리점에서의 배부기준

제품	판매가치*	분리원가	순실현가치	배부비율	결합원가배분액
갑	₩ 1,890,000	₩210,000	₩1,680,000	60%	₩960,000
을	1,120,000	-	1,120,000	40%	640,000
합계	₩3,010,000	₩210,000	₩2,800,000	100%	₩1,600,000**

* 최종 판매가치

갑제품: 4,200단위×@450= ₩1,890,000　　을제품: 2,800단위×@400= ₩1,120,000

병제품: 3,000단위×@350= ₩1,050,000

** 1차분리점에서 중간제품에 배분 받은 ₩1,350,000과 2차분리점에서 발생한 결합원가 ₩25,000을 합계한 금액

(2) 1분리점에서의 배부기준

제품	판매가치***	분리원가	순실현가치	배부비율	결합원가배분액
중간제품	₩2,800,000	₩250,000	₩2,550,000	75%	₩1,350,000
병	1,050,000	₩200,000	850,000	25%	450,000
합계	₩3,850,000	₩450,000	₩3,400,000	100%	₩1,800,000

*** 중간제품의 판매가치는 2분리점에서의 갑·을제품의 순실현가치 합계액으로 한다.

(3) 개별제품의 단위당원가

제품	결합원가	분리원가	제품제조원가	제품단위당원가
갑	₩960,000	₩210,000	₩1,170,000	@₩287.57
을	640,000	-	640,000	@₩228.57
병	450,000	₩200,000	650,000	@₩216.67
합계	₩2,050,000	₩410,000	₩3,400,000	

제4절 결합원가와 재공품

결합제품이란 동일한 재료를 동일한 공정에 투입하여 두 개 이상의 다른 제품이 생산되는 제품을 말하며, 결합원가계산은 동일한 공정에서 같은 원재료를 사용하여 주산물과 부산물을 명백히 구별할 수 없는 2종 이상의 제품(이를 연산품이라 함)을 생산하는 경우에 적용되는 원가회계시스템이다. 결합원가계산은 결합원가를 결합제품에 배부하는 것으로서 결합공정에서 완성된 물량을 결합제품으로 본다. 그러나, 결합공정 또는 추가가공 공정에서 재공품이 존재하는 경우 결합원가계산 방법에 차이가 있다.

1. 결합공정에서 재공품이 존재하는 경우

결합공정에 재공품이 존재하는 경우에는 결합공정에서 완성된 물량만이 결합제품이 된 것이므로 종합원가계산에 의한 완성품원가를 계산하여 완성품원가를 결합원가로 하여 개별제품에 배분해야 하므로 다음과 같은 두 단계에 따라 결합원가를 배분한다.

1단계: 결합공정에서의 종합원가계산 실시

결합공정에서 발생한 원가 중에서 완성품원가만 결합제품에 배분되어야 하며 기말재공품원가는 결합공정에 재공품잔액으로 남아 있다가 분리점을 지나 완성품이 되었을 때 결합제품에 배분해야 한다. 따라서 결합공정의 완성품원가를 파악하기 위해서 결합공정에서 종합원가계산을 실시한다.

2단계: 완성품원가의 결합원가 배분

결합공정의 완성품원가만을 결합원가로 결합제품에 배분한다.

예제 10-6 결합공정에서의 재공품이 존재하는 경우

A회사는 결합공정에 의해 X제품과 Y제품을 4:1의 비율로 생산하고 있다. X제품의 최종 판매가격은 kg당 ₩120이고, Y제품의 최종 판매가격은 kg당 ₩200이다. 20××년 5월의 생산 및 원가자료는 다음과 같다.

		직접재료원가	가공원가
기초재공품	0kg	-	-
당기착수량	10,000kg	₩100,000	₩180,000
당기완성품	8,000kg		
기말재공품	2,000kg(50%)		

[물음사항]

1. 물량흐름관계를 도표로 작성하시오.
2. 상대적판매기치법에 의해 개별제품에 결합원가를 배분하고 제품별 단위당원가를 구하시오,

■ 풀이

1. 공정도

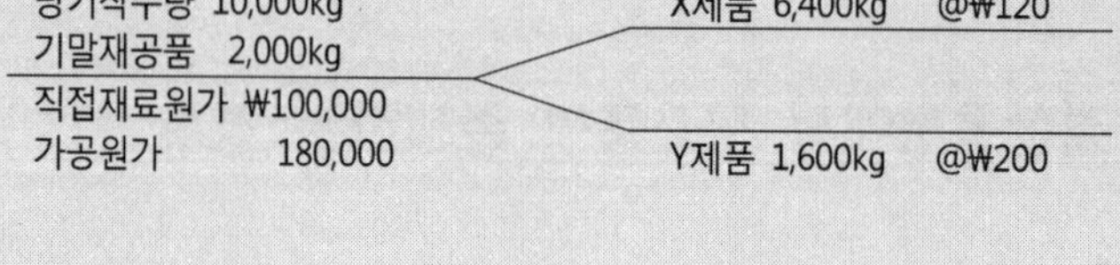

2.

	1단계 (물량흐름)	2단계(완성품환산량) 직접재료원가	가공원가
기초재공품	0개		
당기착수량	10,000개		
합 계	10,000개		
당기완성량	8,000개	8,000개 (100%)	8,000개 (100%)
기말재공품(50%)	2,000개	2,000개 (100%)	1,000개 (50%)
합 계	10,000개	10,000개	9,000개
3단계 (총원가 집계)			
기초재공품원가			
당기발생원가	₩280,000	₩100,000	₩180,000
합 계	₩280,000	₩100,000	₩180,000
4단계 (완성품환산량단위당원가)		₩100,000÷10,000개 = @₩10	₩180,000÷9,000개 = @₩20
5단계 (총원가 배분)			
완성품원가	**₩240,000**	(8,000개×@10)= ₩80,000	(8,000개×@20)= ₩160,000
기말재공품원가	**40,000**	(2,000개×@10)= 20,000	(1,000개×@20)= 20,000
합 계	**₩280,000**	**₩100,000**	**₩180,000**

결합원가의 배분

제품	상대적 판매가치	판매가치비율	결합원가배분액	제품단위당원가
X	6,400kg × @150 = ₩960,000	75%	₩180,000	@28.125
Y	1,600kg × @200 = ₩320,000	25%	₩ 60,000	@37.5
합계		100%	₩240,000	

완성품 8,000kg이 4:1의 비율로 X제품과 Y제품이 생산되므로, X제품 6,400kg과 Y제품 1,600kg이 생산되었다. 따라서 X제품과 Y제품에 배분해야 하는 결합원가는 결합공정에서의 완성품원가인 ₩240,000을 X제품과 Y제품의 상대적 판매가치 비율에 따라 배분된다.

2. 추가가공공정에서 재공품이 존재하는 경우

추가가공공정에 재공품이 존재하는 경우에는 결합공정의 생산량과 추가가공공정의 완성량이 다르게 된다. 따라서 결합원가의 배분은 순실현가치법에 의해서만 이루어지게 되는데, 다음과 같은 점에 주의하여야 한다.

첫째, 추가가공공정의 완성량이 아니라 결합공정의 생산량을 기준으로 순실현가치를 계산하여야 한다. 결합원가가 투입되어 만들어지는 것은 결합공정의 생산량이므로 추가가공이 이루어지지 않더라도 결합공정의 생산량 전체에 결합원가를 배분하여야 한다.

둘째, 추가가공원가가 모두 발생한 것이 아니므로 결합공정의 생산량을 모두 판매가능한 상태로 만들기 위해 발생한 총원가를 추정하여야 하며, 이를 위해서 다음의 금액을 추가공원가로 차감하여야 한다.

순실현가치 =

$$\text{최종제품의 판매가치} - \left(\text{발생한 추가가공원가} \times \frac{\text{결합공정의 생산량}}{\text{가공원가의 완성품환산량}}\right)$$

예제 10-7 추가가공공정에서의 재공품이 존재하는 경우

A회사는 두 개의 제조공정을 통해 X제품과 Y제품을 생산한다. 1차 공정은 X제품과
반제품 M을 생산하며, 2차 공정은 반제품 M을 추가가공하여 B제품을 생산한다. 당기 생산 및 원가자료는 다음과 같다.

	1차 공정	2차 공정
직접재료원가	₩60,000	₩ 0
가공원가	40,000	51,000
합계	₩100,000	₩51,000

	생산량	판매가격
X제품	2,000개	@60
Y제품	3,000개	@35
반제품 M	4,000개	

(1) 당기의 기초재공품과 1차공정의 기말재공품은 없다.
(2) 2차공정의 기말재공품은 40%완성되었다. 2차공정의 전공정원가는 공정의 착수시점에 투입되며 가공원가는 공정전반에 걸쳐 균등하게 발생한다.
(3) 결합원가는 순실현가치법에 의해 배분한다.
(4) 반제품 M 1단위로는 B제품 1단위를 생산할 수 있으며, 2차공정에서 공손은 발생하지 않는다.

[물음사항]
1. 물량흐름관계를 도표로 작성하시오.
2. 상대적판매가치법에 의해 개별제품에 결합원가를 배분하고 단위당원가를 구하시오,

■ 풀이

1. 공정도

2. 순실현가치 계산을 위한 생산량 결정

Y제품의 순실현가치를 계산하기 위한 생산량은 완성품인 3,000개 아니라 결합공정에서 생산한 중간제품 M **4,000개**를 기준으로 순실현가치를 계산한다. 왜냐하면 추가가공이 이루어지지 않더라도 중간제품 M을 생산하기 위해 결합원가가 투입되기 때문이다.

3. 추가가공원가 결정

Y제품을 생산하기 위해 추가가공원가가 ₩51,000이 발생하였으나 결합제품 M을 모두 판매가능한 상태(완성품)로 만들어진 것이 아니라 일부 재공품(1,000개)이 발생하였기 때문에 중간제품 M 4,000개를 판매가능한 상태로 만들기 위해 발생할 총 추가가공원가를 추정해야 한다.

즉, 중간제품 M 4,000개에 대한 추가가공공정에서의 완성품환산량을 측정한다.

추가가공공정의 완성품환산량: 3,000개 + (1,000개×40%) = **3,400개**

그리고, 추가가공공정에서의 완성품환산량 단위당원가를 측정한다.

추가가공공정의 완성품환산량 단위당원가: ₩51,000 ÷ 3,400개 = **@154.**

결합원가의 배분

제품	순실현가치	배분비율	결합원가배분액
X	(2,000개×@60) - 0 = ₩120,000	60%	₩ 60,000
M	(4,000개×@35) - (4,000개×@15) = ₩ 80,000	40%	40,000
합계		100%	₩100,000

제5절 부산물의 회계처리

1. 부산물의 의의

하나의 결합공정에서 생산되는 연산품은 상대적 판매가치에 따라 크게 주산품과 부산물로 나뉘어진다. 주산물(主産物, main products)은 연산품 중 상대적으로 판매가치가 큰 제품을 말한다. 한편, 부산물(副産物, by-products)은 주산품의 제조과정에서 부수적으로 생산되는 제품으로서 주산품과 비교해 볼 때 상대적으로 판매가치가 낮은 제품을 말한다. 부산물도 분리점에서 개별제품으로 구분되며, 추가적인 가공과정을 거쳐서 판매될 수도 있다. 부산물은 작업폐물(作業廢物, scrap)과는 차이가 있으며 작업폐물은 판매가치가 거의 없는 원재료의 찌꺼기이다. 부산물

의 특성을 요약하면 다음과 같다.[1]

① 생산공정에서는 그 가치가 불확실하다.
② 분리점에서 주산물과 함께 개별제품으로 구분된다.
③ 주산물에 비하여 상대적 판매가치가 낮다.
④ 부산물만을 생산하기 위한 공정이 수행되지는 않는다.
⑤ 제조공정의 변화, 소비자의 기호변화 등에 따라 부산물은 주산물로 전환되기도 한다.
⑥ 작업폐물은 원재료의 찌꺼기이나, 부산물은 원재료의 물리적 특성이 변화될 때 나오는 부수적인 산물이다.
⑦ 부산물은 때로는 기타 재료로 자가소비하기도 한다.

2. 부산물의 회계처리

부산물은 원칙적으로 결합원가를 배분받지 못한다. 따라서 부산물을 회계처리하는데 있어서 제기되는 주요한 문제는 부산물의 가치를 생산시점에 인식할 것인가 아니면 판매시점에 인식할 것인가이다. 이러한 문제는 부산물에 대한 회계처리가 중요성과 원가효익의 측면에서 고려되어야 한다는 것을 강조한 것이다. 부산물의 가치를 생산시점에 인식하는 것을 생산기준법 또는 순실현가치법이라 하고, 부산물의 가치를 판매시점에 인식하는 것을 판매기준법 또는 잡수익법이라고 한다. 이하에서는 각각의 방법에 대해 설명하겠다.

■ 생산기준법(순실현가치법)

생산기준법 또는 순실현가치법은 부산물의 가치를 생산시점에 인식하는 방법으로써, 부산물의 가치가 중요하다고 판단되어 재고자산이나 이익에 상당한 영향을 미치는 경우 사용한다. 생산기준법은 분리점에서 부산물의 순실현가치만큼 결합원가에서 차감하고, 차감된 금액만큼 부산물의 재고자산으로 인식하게 된다. 이 방법은 생산시점에서 부산물의 존재를 인정하여 그 순실현가치만큼을 부산물재고에 기록하여 두었다가 판매비 비용으로 처리한다. 이와 같이 생산기준법을 적용하는 경우에는 부산물 처분에 따른 손익은 발생하지 않는다. 다만 순처분가액이 생

1) 안일준(2010), IFRS 원가회계, 형설출판사, p.433.

산시점에서 평가된 순실현가치와 다른 경우에는 처분손익으로 인식한다. 우리나라 원가계산준칙에서는 "부산물은 발생부문의 주산물 총원가에서 안분하여 차감한다"라고 규정하고 있다(준칙 제24조 ①).

생신기준법에시는 다음과 같은 분개가 이루어진다.

■ 부산물 생산시점

(차) 부 산 물	×××	(대) 재 공 품	×××

■ 부산물 판매시점

(차) 현 금	×××	(대) 부 산 물	×××

■ 판매기준법(잡수익법)

판매기준법 또는 잡수익법은 판매시점에서 부산물의 가치를 인식하는 방법으로써, 부산물의 가치가 불확실하거나 가치가 아주 작아서 재고자산이나 이익에 미치는 영향이 미미한 경우에 사용한다. 판매기준법은 부산물의 가치를 판매시점에 인식하므로 생산시점에는 부산물의 존재를 인식하지 않고, 부산물이 외부에 판매될 때 그에 따른 이익으로 인식한다. 부산물의 판매가 이루어지는 경우 매출원가에서 차가마거나 잡수익으로 처리한다.

판매기준법에서는 다음과 같은 분개가 이루어진다.

■ 부산물 생산시점

분개없음

■ 부산물 판매시점

(차) 현 금	×××	(대) 잡 수 익	×××

예제 10-8 부산물의 회계처리

A회사는 결합제품을 생산하면서 부산물이 발생하였다. 부산물의 판매가치는 단위당 @₩500이며, 수량은 100단위이다. 결합원가는 ₩400,000 발생하였다.

[물음사항]

1. 생산기준법에 의해 회계처리하고, 주산물에 배분되는 결합원가를 구하시오.
2. 판매기준법에 의해 회계처리하고, 주산물에 배분되는 결합원가를 구하시오.

■ 풀이

1. 생산기준법

- 생산시점

(차) 부 산 물 ₩50,000 (대) 재 공 품 ₩50,000

- 판매시점

(차) 현 금 ₩50,000 (대) 부 산 물 ₩50,000

* 부산물 : @₩500 × 100단위 = ₩50,000

- 결합원가의 주산물 배부액

결합원가(₩400,000) - 부산물(₩50,000) = 결합원가의 주산물 배부액(₩350,000)

2. 순실현가치 계산을 위한 생산량 결정

- 생산시점

분개없음

- 판매시점

(차) 현 금 ₩50,000 (대) 잡 수 익 ₩50,000

- 결합원가의 주산물 배부액

부산물에는 결합원가를 배부하지 않으므로, 주산물에 배부되는 결합원가는 ₩400,000이다.

제6절 결합제품의 추가가공 의사결정

분리점 이후의 여러 결합제품 등은 분리점에서 판매가격이 존재한다면 그 시점에서 판매할 수도 있고, 추가가공하여 판매될 수도 있다. 또한, 여러 결합제품 중 어떤 제품을 팔고, 어떤 제품은 추가가공해서 더 높은 가격으로 판매할 것인가에 대해 의사결정을 하게 된다. 이처럼 분리점에서 판매할 것인가 추가가공할 것인가에 대한 의사결정은 미래에 발생될 사건에 대한 의사결정이므로 분리점 이전에 개별제품과 관련된 원가정보는 관련성이 없다. 즉 분리점 이전에 발생된 결합원가는 현재 의사결정시점에서는 매몰원가(埋沒原價, sunk cost)에 해당되기 때문에 고려할 필요가 없다. 따라서 분리점에서 판매할 것인가 추가가공할 것인가에 대한 의사결정은 분리점에서의 판매에 따른 수익과 추가가공 후 판매하여 얻는 이익과 비교하여 결정하면 된다. 이 방법은 증분수익과 증분원가를 고려하여 이루어지게 되는데, 증분수익이란 추가가공 후 판매에 따른 수익과 분리점에서의 판매수익 간의 증가된 수익을 말하며, 증분원가란 추가가공에 따른 예상 추가가공원가의 증가분을 말한다. 결론적으로 증분수익이 증분원가보다 크다면 추가가공 의사결정을 하는 것이 유리하고, 증분수익보다 증분원가가 크다면 분리점에서 판매하는 의사결정이 유리하다.

예제 10-9 결합제품의 판매-추가가공 의사결정

A회사는 단일공정에서 갑, 을, 병, 정제품을 생산·판매하고 있다. 이들 제품을 생산하기 위하여 결합원가는 ₩500,000이 발생하였으며, 20××년 5월 중 생산 및 판매자료는 다음과 같다.

제품	생산량	분리점에서의 판매가치	최종판매가치	추가가공원가
갑	1,000단위	₩150,000	@₩200	₩60,000
을	1,500단위	₩300,000	@₩250	₩60,000
병	500단위	₩250,000	@₩600	₩50,000
정	800단위	₩320,000	@₩500	₩40,000

[물음사항]

1. 각 제품의 추가가공 여부를 결정하시오.

▪ 풀이

제품	최종 판매가치	분리점에서의 판매가치	증분수익		증분원가 (추가가공원가)	의사결정
갑	₩200,000	₩150,000	₩50,000	<	₩60,000	분리점에서 판매
을	₩375,000	₩300,000	₩75,000	>	₩60,000	추가가공
병	₩300,000	₩250,000	₩50,000	=	₩50,000	?
정	₩400,000	₩320,000	₩80,000	>	₩40,000	추가가공

최종 판매가치

갑: 1,000단위 × @₩200 = ₩200,000　　을: 1,500단위 × @₩250 = ₩375,000

병: 500단위 × @₩600 = ₩300,000　　정: 800단위 × @₩500 = ₩400,000

연 | 습 | 문 | 제

01. 다음 중 결합원가계산에 대한 설명으로 가장 적절한 것은? *(2015. 전산회계운용사 1급)*

① 정부기관 등과의 원가보상계획을 위해서는 사용하지 않는다.
② 단일공정에서 생산된 낮은 판매가치를 갖는 제품이 연산품이다.
③ 단일공정에서 동시에 두 가지 이상의 제품을 생산하는 산업에 적용된다
④ 순실현가치법은 분리점에서 개별 제품이 갖는 상대적 판매가치를 기준으로 배부하는 방법이다.

02. 다음 연산품 종합원가계산에 대한 설명 중 옳지 않은 것은? *(2015. 전산회계운용사 1급)*

① 연산품 종합원가계산은 동일한 투입 원재료로부터 동시에 생산되는 2가지 이상의 서로 다른 이종제품의 원가를 계산하는 데 사용한다.
② 연산품의 원가계산방법은 결합원가의 배부기준과 관련이 있다.
③ 물량기준법은 중량, 용적 등의 비율을 기준으로 결합원가를 배분하는 방법으로 공통된 물량 기준이 없어도 적용할 수 있다.
④ 순실현가치법은 최종판매가치에서 추가적인 가공비 또는 판매비를 차감한 분리점에서의 순실현가치를 기준으로 결합원가를 배분하는 방법이다.

03. 다음 (　　)안에 알맞은 것은? *(2015. 전산회계운용사 2급)*

연산품이 개별적으로 식별가능한 시점을 분리점이라고 하며, 분리점 이전에 발생된 원가를 (　　)(이)라고 한다.'

① 부산물　　② 연산품　　③ 결합원가　　④ 분리원가

04. 다음 중 연산품의 특징이 아닌 것은? *(2015. 전산회계운용사 2급)*

① 분리점에 이르기 전까지 개별 제품으로 식별할 수 있다.
② 생산계획에 따라 제품배합의 인위적 조정이 가능하나 한계가 있다.
③ 분리점 후 추가가공을 하기도 한다.
④ 두 종류 이상 다른 제품의 생산을 같이 하여야 한다.

05. 다음 중 연산품원가계산의 대상이 아닌 것은? *(2014. 전산회계운용사 2급)*

① 원유를 정유해서 가솔린과 디젤을 생산한다.　　② 소를 도축해서 소갈비와 이롱사태로 분류한다.
③ 합판을 가공하여 칠판과 책상을 생산한다.　　④ 생우유를 가공하여 버터와 크림을 셍산한다.

06. 연산품 원가계산이 가장 적합한 업종은? *(2015. 전산회계운용사 2급)*

① 조선업　　② 정유업　　③ 가구제조업　　④ 건설공사업

(2014. 전산회계운용사 2급)

07. 결합원가계산에서 특정 제품이 분리점 이후에 추가가공 되기 위해 충족시켜야 하는 조건을 모두 고르면?

가. 추가가공한 제품이 시장에서 판매 가능해야 한다.
나. 추가가공원가보다 추가 가공으로 인해 발생하는 수익이 더 클 것으로 기대되어야 한다.
다. 추가가공 제품에 배부된 결합원가보다 추가가공 제품의 예상판매가격이 더 커야 한다.

① 가 ② 가, 다 ③ 가, 나 ④ 나, 다

08. 결합원가계산과 관련된 다음 설명 중 잘못된 것은? *(2014. 전산회계운용사 2급)*

① 결합원가 : 분리점에 도달하기까지 연산품을 생산하는 과정에서 발생한 모든 제조원가
② 분리점 : 연산품이 개별 제품으로 식별되는 단계 또는 시점
③ 추가가공원가(분리원가) : 분리점 이후에 추가가공과 관련하여 발생하는 원가
④ 주산품 : 연산품 중 생산량이나 가치면에서 다른 제품에 비해 중요성이 크게 떨어지는 제품

09. 다음 중 연산품과 부산물의 원가계산에 관한 설명 중 가장 적절하지 않은 것은 어느 것인가? *(61회. 전산세무회계 1급)*

① 물량기준법은 제품의 판매가격을 알 수 없는 경우에는 사용할 수 없다.
② 주산품이란 동일공정에서 생산되는 결합제품 중 상대적으로 판매가치가 큰 제품을 말한다.
③ 순실현가치법에서는 분리점에서 중간제품의 판매가치를 알수없는 경우에도 적용할 수 있다.
④ 균등이익률법은 매출총이익률이 같아지도록 결합원가를 배분하기 때문에 개별제품의 매출총이익률과 기업전체의 매출총이익률이 같아진다.

10. 연산품 A와 B는 결합생산된 후 각각 추가가공을 거쳐 판매된다. 다른 모든 조건은 변동사항이 없고, 연산품 A의 분리점에서의 판매가치만 증가한다면 A와 B의 매출총이익은 어떻게 변하는가?(결합원가는 분리점에서의 판매가치에 의해 배분된다고 가정) *(55회. 전산세무회계 1급)*

① A는 증가하고 B는 감소한다. ② A는 감소하고 B는 증가한다.
③ A와 B모두 감소한다. ④ A는 증가하고 B는 변동없다.

11. 연산품원가계산(결합원가배분)에 대한 설명으로 잘못된 것은? *(51회. 전산세무회계 1급)*

① 물량기준법의 장점은 적용이 간편하고 연산품 각각의 판매가격을 알 수 없는 경우에도 사용이 가능하다는 것이다.
② 상대적 판매가치법은 분리점에서 판매가치가 없는 결합제품이 존재할 경우에 사용가능하다.
③ 순실현가치법은 각 연산품의 순실현가치를 기준으로 결합원가를 배부하는 방법이다.
④ 균등매출총이익율법은 모든 개별제품(연산품)의 매출총이익율이 같아지도록 결합원가를 배부하는 방법을 말한다.

12. 결합원가와 관련된 설명으로 옳지 않은 것은 무엇인가? *(2008. 세무사)*

① 분리점이란 연산품과 부산품 등 결합원가를 개별적인 제품으로 식별할 수 있게 되는 제조과정 중의 한 점을 말한다.
② 균등이익률법에서는 조건이 같다면 추가가공비가 높은 제품에 더많은 결합원가가 배부된다.
③ 분리점판매가치법에서 분리점의 판매가치를 계산할 때는 판매량이 아닌 생산량을 이용한다.
④ 물량기준법은 제품의 판매가격을 알 수 없을 때 유용하게 사용될 수 있다.
⑤ 기업이익을 극대화하기 위한 추가가공 의사결정을 할 때에는 기 배분된 결합원가를 고려하지 않는다.

13. 다음 중 결합원가의 배분에 대한 설명으로 틀린 것은? *(49회. 전산세무회계 1급)*

① 각 제품별 수량(kg)을 기준으로 결합원가를 배분하는 물량기준법을 적용하는 경우 추가가공 후 최종판매제품에 대한 단위 수량(kg)당 제조원가는 일정하다.

② 배분의 대상이 되는 원가는 분리점에 도달하기까지 발생한 결합원가에 한하며, 분리점 이후의 추가가공원가는 배분대상이 되지 아니한다.

③ 순실현가치법을 적용하는 경우 분리점에서의 판매가치에 대한 매출총이익의 비율인 분리점에서의 매출총이익률은 모든 제품이 동일하다.

④ 분리점에서의 판매가치를 기준으로 결합원가를 배분하는 판매가치법은 개별제품의 최종판매가격에서 추가가공원가를 차감한 잔액을 판매가치로 사용한다.

14. ㈜경기화학은 100kg의 원료에 ₩10,000을 투입하여 1차 가공한 후 각기 다른 세 공정에서 2차 가공하여 각각 A, B, C 세 제품을 생산하고 있다.

제품	2차 가공비	kg당 판매가	생산량(kg)
A	₩10,000	₩500	40
B	5,000	1,000	25
C	18,000	800	35

1차 가공비를 제품의 순실현가치를 기준으로 배분한다면, B제품의 kg단위당 생산원가는 얼마인가? *(2015. 전산회계운용사 2급)*

① ₩200 ② ₩250 ③ ₩300 ④ ₩400

15. ㈜대한은 원재료 ₩800,000을 구입하여 일정한 가공과정을 거쳐 연산품 A와 B를 생산한다. 분리점에서의 A와 B의 판매가치는 각각 ₩400,000과 ₩600,000이다. 상대적 판매가치법(매가기준법)에 의할 경우 연산품 B의 매출총이익을 계산한 금액으로 옳은 것은? *(2015. 전산회계운용사 2급)*

① ₩80,000 ② ₩120,000 ③ ₩200,000 ④ ₩240,000

16. 경기상사는 결합공정에 의해 제품 A, B를 제조한다. 총결합원가는 ₩60,000이다. 분리점에서의 판매가치는 재품 A는 300단위에 총 ₩75,000, 제품 B는 200단위에 총 ₩25,000이다. 결합원가는 분리점에서의 상대적 판매가치를 사용하여 배분한다면 제품 B에 배분될 결합원가를 계산한 금액으로 옳은 것은? *(2015. 전산회계운용사 2급)*

① ₩10,000 ② ₩15,000 ③ ₩25,000 ④ ₩45,000

17. 금화공업사는 결합공정을 통하여 A재품과 B제품을 제조하고 있다. 분리점에서의 판매가치는 A제품 1,000개 총액 ₩140,000이고 B제품 1,500개 총액 ₩60,000이다. 분리점에서의 총판매가치에 의해서 결합원가를 배분한다면 A제품에 대한 배부액은 ₩28,000이 될 것이다. 총결합원가는 얼마인가? *(2015. 전산회계운용사 2급)*

① ₩40,000 ② ₩46,667 ③ ₩60,000 ④ ₩70,000

18. ㈜대한은 연산품 A, B를 생산하며, 결합원가는 순실현가치를 기준으로 배분한다. 3월 중 생산과련 자료는 다음과 같다. 만일 제품 A에 배분된 결합원가가 ₩375,000₩이라면, 3월의 결합원가 발생액은 얼마인가? *(2014. 전산회계운용사 2급)*

제품	생산량	추가가공원가	최종판매가치
A	800개	₩20,000	₩270,000
B	400개	30,000	₩580,000

① ₩1,000,000 ② ₩1,050,000 ③ ₩1,110,000 ④ ₩1,200,000

19. (주)인베트로는 동일한 원재료를 투입하여 동일한 공정에서 제품 A, B, C 세 가지의 등급품을 생산하고 있다. 세 가지 제품에 공통적으로 투입된 결합원가가 1,000,000원이라고 할 때, 순실현가치법에 의하여 제품 A에 배부될 결합원가 금액은 얼마인가? *(64회. 전산세무회계 1급)*

구 분	A	B	C
생산수량	70개	80개	20개
분리점에서 단위당 판매가격	@500원	@300원	@800원
추가가공원가	3,000원	1,000원	
최종판매가격(단위당)	@800원	@400원	

① 840,000원 ② 530,000원 ③ 310,000원 ④ 160,000원

(45회. 전산세무회계 1급)

20. 연산품 A,B,C에 대한 결합원가 800,000원을 순실현가치기준법에 의하여 배부하는 경우 C제품의 제품원가는 얼마인가?

제품	생산량(KG)	판매단가(원/KG)	추가가공원가(원)
A	200	2,000	30,000
B	280	1,500	10,000
C	260	1,800	48,000

① 280,000원 ② 328,000원 ③ 370,000원 ④ 420,000원

21. ㈜백두산화학은 동일한 원재료를 가공하여 두 개의 결합제품 A와 B를 생산한다. 7월 중 A와 B의 생산과정에서 발생한 직접재료원가는 ₩140,000, 가공원가는 ₩180,000이었다. 분리점에서의 A의 판매가치는 ₩280,000인 반면, B는 추가가공을 거쳐 C라는 제품으로 전환되어 ₩500,000에 판매된다. 추가공정에서는 ₩80,000의 가공원가가 발생한다. 최종판매시점에서 A제품과 B제품의 매출총이익률은 각각 얼마인가? *(2005. KICPA)*

① 25.71%와 38.40% ② 25.71%와 61.60% ③ 45.71%와 61.60%
④ 45.71%와 38.40% ⑤ 54.29%와 45.60%

22. ㈜한국은 결합생산공정으로부터 두 종류의 주산품 A, B와 부산품 C를 생산하며, 부산품 C의 회계처리에는 생산기준법하에서의 원가차감법을 사용한다. 당기의 결합원가 발생액은 ₩54,000이며, 각 제품에 간한 자료는 다음과 같다. 단, 기초재고와 기말재공품은 없다.

제 품	분리점 이후 추가가공원가	생산량	최종판매가치
A	₩10,000	1,000단위	₩70,000
B	₩15,000	1,500단위	₩55,000
C	₩2,000	500단위	₩6,000

㈜한국은 순실현가능가치를 기준으로 결합원가를 배부한다면, 주산품 A에 배부되는 결합원가는 얼마인가? *(2015. KICPA)*

① ₩20,000 ② ₩25,000 ③ ₩30,000 ④ ₩35,000 ⑤ ₩40,000

23. ㈜세무는 20×1년 4월에 원재료 X를 가공하여 두 개의 결합제품인 제품 A 1,200단위와 제품 B 800단위를 생산하는데 ₩100,000의 결합원가가 발생하였다. 제품 B는 분리점에서 판매할 수도 있지만, 이 회사는 제품 B 800단위 모두를 추가가공하여 제품 C 800단위 생산한 후 500단위를 판매하였다. 제품 B를 추가가공하는데 ₩20,000의 원가가 발생하였다. 4월초에 각 제품의 예상판매가격은 제품 A는 단위당 ₩50, 제품 B는 단위당 ₩75, 제품 C는 단위당 ₩200이었는데, 20×1년 4월에 판매된 제품들의 가격은 예상판매가격과 동일하였다. ㈜세무는 결합원가 배부에 순실현가치법을 적용하고, 경영목적상 각 베품별 매출총이익을 계산한다. 20×1년 4월 제품 C에 대한 매출총이익은 얼마인가? (단, 원초재고와 원말재공품은 없으며, 공손 및 감손도 없다.) *(2014. 세무사)*

① ₩30,250 ② ₩35,750 ③ ₩43,750 ④ ₩48,250 ⑤ ₩56,250

24. ㈜국세는 동일 공정에서 세 가지 결합제품 A, B, C를 생산하고 있으며, 균등이익률법을 사용하여 결합원가를 배부한다. A와 B는 추가가공을 거치지 않고 판매되며, C는 추가가공원가 ₩200,000을 투입하여 가공한 후 판매된다. 결합제품의 생산량 및 단위당 최종 판매가격에 대한 자료는 다음과 같다.

제 품	생산량	최종판매가치
A	2,000kg	₩200
B	2,000kg	₩100
C	2,500kg	₩160

C 제품에 배부된 결합원가가 ₩120,000인 경우, 총결합원가는 얼마인가? (단, 공손 및 감손은 발생하지 않았고, 기초 및 기말 재공품은 없는 것으로 가정한다.) *(2011. 세무사)*

① ₩600,000 ② ₩620,000 ③ ₩640,000 ④ ₩660,000 ⑤ ₩680,000

제 11 장

class costing

조별 · 등급별 원가계산

|제1절| 조별원가계산

|제2절| 등급별원가계산

제1절 혼합원가계산

기업이 채택하고 있는 제품원가계산시스템은 그 기업의 생산시스템에 적합하도록 설계·운용되고 있다. 개별원가계산시스템은 고객의 주문에 따라 여러 가지 제품을 소량생산하거나 제품의 종류 또는 규격이 다양하고 개별적인 생산형태에 적합한 원가계산시스템이다. 이에 반해 종합원가계산시스템은 동종의 제품을 반복적으로 대량생산하는 업종에서 주로 쓰이는 원가계산시스템이다. 그러나 기업의 생산시스템이 개별원가계산시스템과 종합원가계산시스템만으로는 적용할 수 없는 특성으로 인해 개별원가계산시스템과 종합원가계산시스템을 결합시킨 혼합원가계산시스템이 개발·이용되고 있다.

혼합원가계산시스템(混合原價計算시스템, hybrid costing system)은 개별원가계산과 종합원가계산의 특성을 혼합한 원가계산시스템을 말하며, 주문생산의 특성과 대량생산의 특성을 갖는 제품의 생산형태에서 투입되는 직접재료원가에는 차이가 있지만, 가공공정은 유사하거나 동일한 경우 적용되는 원가계산시스템이다.

혼합원가계산으로 대표되는 원가계산시스템은 조별원가계산과 등급별원가계산이 있다. 조별원가계산은 다른 종류의 제품을 조별로 연속하여 생산하는 생산형태에 적용되며, 등급별원가계산은 동일 종류의 제품이 동일공정에서 연속적으로 생산되나 그 제품의 품질 등이 다른 경우에 적용되는 원가계산시스템이다.

우리나라 원가계산준칙에서도 혼합원가계산의 방법으로 조별원가계산과 등급별원가계산을 규정하고 있다. 본 장에서는 조별원가계산과 등급별원가계산에 대해 설명하겠다.

[그림 11-1] 혼합원가계산시스템

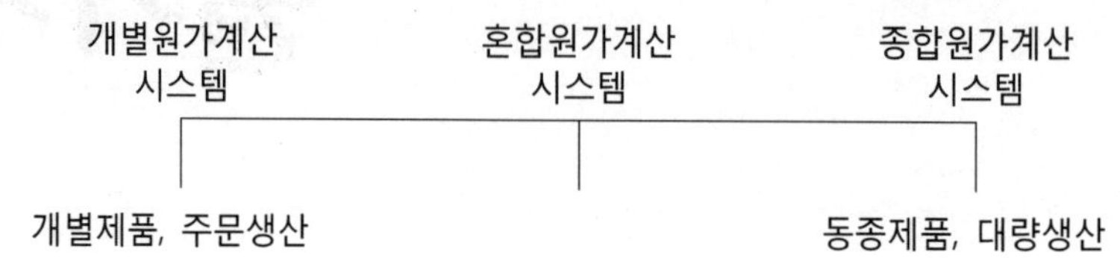

제2절 조별원가계산

1. 조별원가계산의 의의

조별원가계산(組別原價計算, class costing)이란 여러 종류의 제품을 동일한 또는 유사한 공정에서 조별로 나누어 연속적으로 대량생산하는 형태에서 이용되는 원가계산방법이며, 조별종합원가계산이라고도 한다. 여기에서 조(組, class)란 제품종류를 말한다. 조의 설정은 단일 종류의 제품별로 설정되는 것이 원칙이지만, 조의 수가 많을 경우에는 유사한 종류의 제품을 한 조의 묶음으로 설정할 수 있다. 조별원가계산은 개별원가계산의 경우처럼 조직집적원가와 조간접원가를 구분하여 조직접원가는 각 조에 직접 부과하고 조간접원가는 일정한 배부기준에 의하여 각 조에 배부한다. 그리고 각 조별 제조원가는 제조지시서별로 집계하는 것이 아니라 원가계산기간 동안의 생산량과 원가발생액을 기초로 각 조별로 집계된 제조원가에 기초재공품원가를 가산하고 기말재공품원가를 차감함으로서 조별원가를 구분한 후 다시 여기서 제품의 단위당 원가를 계산하는 절차를 거치게 된다. 따라서 조별로 원가를 집계하는 과정까지는 개별원가계산방법이 적용되고, 조별로 집계된 원가에 의하여 조별로 완성품원가를 계산하는 과정은 종합원가계산방법이 적용되기 때문에 조별원가계산은 개별원가계산과 종합원가계산의 혼합형태라 할 수 있다. 조별원가계산은 제과업, 기계제조업, 화학공업, 제약업, 완구업, 제지업, 전기기구제조업, 식료품업 등에서 이용될 수 있다.

조별원가계산은 공정별 원가계산의 여부에 따라 단순조별원가계산과 공정별조별원가계산으로 구분되고, 공정별조별원가계산은 다시 전원가요소공벙별조별원가계산과 가공원가공정별조별원가계산으로 구분된다.

[그림 11-2] 조별원가계산의 분류

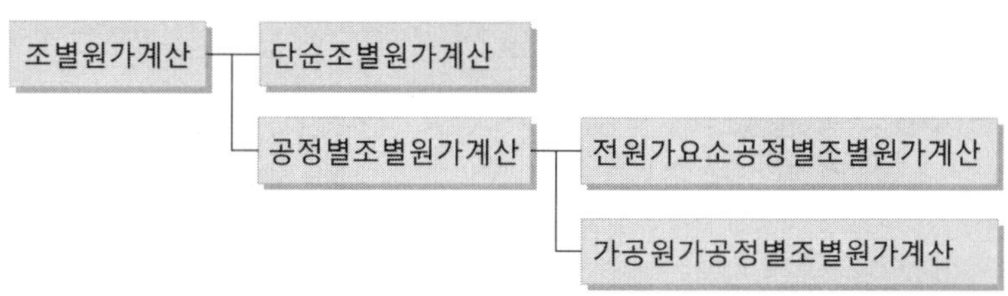

2. 조직접원가와 조간접원가

제21조(조별원가계산) ①조별원가계산은 다른 종류의 제품을 조별로 연속하여 생산하는 생산형태에 적용한다.
②조별원가계산에서는 당해기간의 제조원가를 조직접비와 조간접비로 구분하여 조직접비는 각 조에 직접부과하고, 조간접비는 일정한 배부기준에 의하여 각 조별로 배부하여 조별총제조원가를 산출한다.

조별원가계산에서의 조별원가는 조직접원가와 조간접원가로 구분하게 되는데, 조직접원가는 조에 직접 부과시킬 수 있는 원가요소로써 직접재료원가와 직접노무원가를 조직접원가로, 제조간접원가를 조간접원가로 구분하는 방법과 직접재료원가만을 조직접원가로 하고 직접노무원가와 제조간접원가를 조간접원가로 구분하는 방법이 있다. 조간접원가는 조별공통원가이므로 일정한 배부기준을 이용하여 각 조에 배부한다. 계산방식은 개별원가계산에서의 부문공통원가 배부방법과 같다. 조별원가계산의 기본적인 원가흐름은 [그림 11-3]과 같다.

[그림 11-3] 조별원가계산의 원가흐름

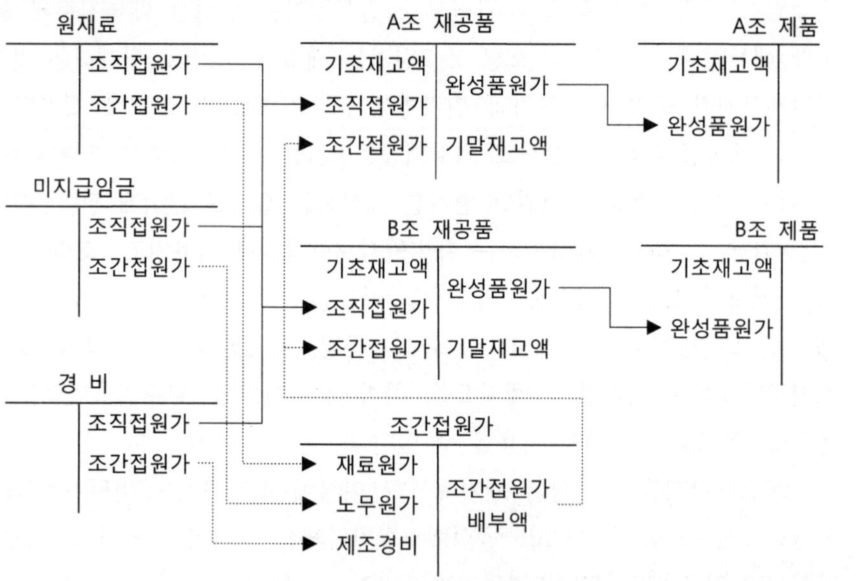

□ 조직접원가의 소비

(차) 재 공 품(A조)	×××	(차) 원재료(직접)	×××
재 공 품(B조)	×××	미지급임금(직접)	×××
		제조경비(직접)	×××

□ 조간접원가의 소비

(차) 조간접원가	×××	(차) 원재료(간접)	×××
		미지급임금(간접)	×××
		제조경비(간접)	×××

□ 조간접원가의 재공품계정에 배부

(차) 재 공 품(A조)	×××	(차) 조간접원가	×××
재 공 품(B조)	×××		

□ 재공품계정의 제품계정으로 대체

(차) 제 품(A조)	×××	(대) 재 공 품(A조)	×××
제 품(B조)	×××	재 공 품(B조)	×××

3. 단순조별원가계산

단순조별원가계산은 단일공정에서의 조별로 원가계산을 하는 방법으로서 단일공정조별원가계산이라고도 한다. 단순조별원가계산은 원가요소를 조직접원가와 조간접원가로 구분하고 조직접원가는 각 조별 제조지시서에 직접 부과하고, 조 간접원가는 개별원가계산의 경우처럼 일정한 배부기준에 의해 각 조에 배부한다. 이렇게 조별로 집계된 제조원가는 종합원가계산방법에 의해 완성품원가와 기말재공품원가를 계산하게 된다. 단순조별원가계산의 원가흐름은 [그림 11-3]의 조별원가계산 원가흐름도와 같다.

예제 11-1 단순조별원가계산

A회사는 단일공정을 통하여 A, B제품을 생산하고 있으며, 원가계산방법으로는 조별원가계산을 이용하고 있다. 직접재료는 공정초에 투입되고, 가공원가는 공정의 진행정도에 다라 균등하게 발생한다. 20××년 5월의 생산 및 원가자료는 다음과 같다.

1. 생산자료

A제품		직접재료원가	가공원가
기초재공품	500개(40%)	₩2,000	₩800
당기착수량	1,500개		
당기완성량	1,800개		
기말재공품	200개(60%)		

B제품		직접재료원가	가공원가
기초재공품	400개(50%)	₩2,200	₩1,500
당기착수량	2,600개		
당기완성량	2,500개		
기말재공품	500개(80%)		

2. 직접작업시간

	A제품	B제품	합 계
직접작업시간	2,800시간	2,200시간	5,000시간

3. 당기발생원가

	조직접원가		조간접원가	합 계
	A제품	B제품		
직접재료원가	₩18,000	₩46,800	₩8,000	₩72,800
가공원가	22,400	49,600	2,000	74,000
합 계	₩40,400	₩96,400	₩10,000	₩146,800

4. 조간접원가는 직접작업시간을 기준으로 A, B제품에 배분한다.

[물음사항]

1. A제품은 평균법을 이용하고, B제품은 선입선출법을 이용하여 A, B제품의 완성품원가와 기말재공품원가를 계산하시오.

■ 풀이

1. 조간접원가의 배분

A제품: ₩10,000 × {2,800개 ÷ (2,800개 + 2,200개)} = ₩5,600

B제품: ₩10,000 × {2,200개 ÷ (2,800개 + 2,200개)} = ₩4,400

2. A제품(평균법)

	1단계 (물량흐름)	**2단계**(완성품환산량) 직접재료원가	가공원가
기초재공품(40%)	500개		
당기착수량	1,500개		
합 계	2,000개		
당기완성량	1,800개	1,800개 (100%)	1,800개 (100%)
기말재공품(60%)	200개	200개 (100%)	120개 (60%)
합 계	2,000개	2,000개	1,920개
3단계 (총원가 집계)			
기초재공품원가	₩2,800	₩2,000	₩800
당기발생원가	46,000	18,000	28,000 *
합 계	₩48,800	₩ 20,000	₩28,800
4단계 (완성품환산량단위당원가)		₩20,000÷2,000개 = @₩10	₩28,800÷1,920개 = @₩15
5단계 (총원가 배분)			
완성품원가	**₩45,000**	(1,800개×@10)=₩18,000	(1,920개×@15)=₩27,000
기말재공품원가	**3,800**	(200개×@10)= 2,000	(120개×@15)= 1,800
합 계	**₩48,800**	**₩20,000**	**₩28,800**

* 당기 가공원가 발생액: ₩22,400 + ₩5,600 = ₩28,000

3. B제품(선입선출법)

	1단계 (물량흐름)	2단계(완성품환산량) 직접재료원가	가공원가
기초재공품(50%)	400개		
당기착수량	2,600개		
합 계	3,000개		
당기완성량			
기초재공품완선량	400개	0개	200개 (50%)
당기착수완성량	2,100개	2,100개 (100%)	2,100개 (100%)
기말재공품(80%)	500개	500개 (100%)	400개 (80%)
합 계	16,000개	2,600개	2,700개
3단계 (총원가 집계)			
기초재공품원가	₩3,700	-	-
당기발생원가	100,800	₩46,800	₩54,000 *
합 계	₩324,000	₩46,800	₩54,000
4단계 (완성품환산량단위당원가)		₩46,800÷2,600개 = @₩18	₩54,000÷2,700개 = @₩20
5단계 (원가배분)			
기초재공품원가	₩3,700	₩2,200	₩1,500
기초재공품완성량원가	4,000	0	(200개×@20)= 4,000
당기착수완성량원가	79,800	(2,100개×@18)= 37,800	(2,100개×@20)= 42,000
당기완성품원가	**₩87,500**	₩40,000	₩47,500
기말재공품원가	**17,000**	(500개×@18)= 9,000	(400개×@20)= 8,000
합 계	**₩104,500**	**₩49,000**	**₩55,500**

* 당기 가공원가 발생액: ₩49,600 + ₩4,400 = ₩54,000

4. 전원가요소공정별 조별원가계산

전원가요소공정별 조별원가계산은 주요 재료원가를 포함하여 모든 제조원가를 공정별로 계산하는 동시에 조별로 제품원가를 계산하는 방법이다. 이 방법에서는 조직접원가를 공정별조별로 직접 부과하고 조간접원가는 부문별 개별원가계산의 방법에 의하여 공정별조별로 계산한다. 따라서 공정별조별로 파악된 전원가요소에 대하여 각 조마다 전원가요소공정별 종합원가계산의 방법을 적용하여 제품의 단위당원가를 계산하게 된다. 전원가요소공정별 조별원가계산은 제조공정이 분리되어 주요 재료각 각 공정에서 투입되거나 각 공정에서 공손이 많이 발생하는 경우에 적용된다. 전원가요소공정별 조별원가계산의 원가흐름을 나타내면 [그림 11-4]와 같다.

[그림 11-4] 전원가요소공정별 조별원가계산의 원가흐름

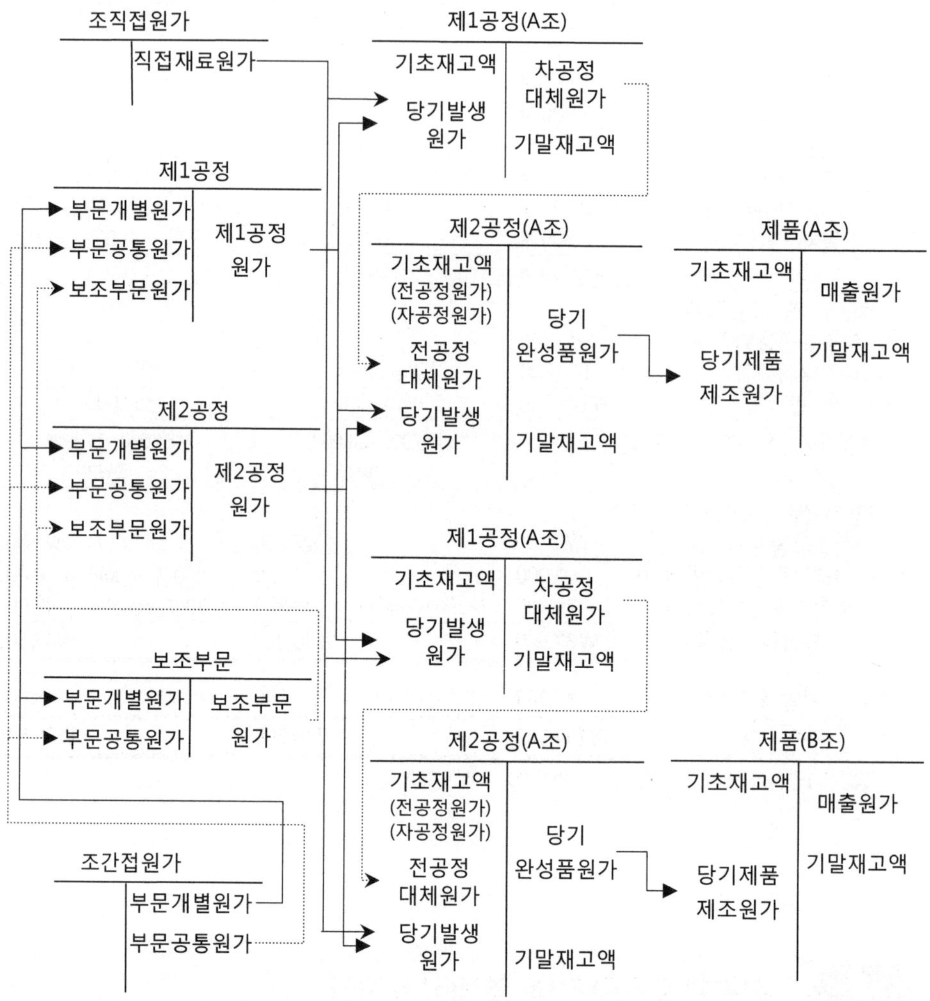

예제 11-2 전원가요소공정별 조별원가계산

A회사는 전원가요소공정별 조별원가계산을 실시하고 있다. 제품 생산을 위해 2개의 제조공정과 하나의 보조부문을 통하여 A, B 두 제품이 생산된다. 직접재료는 공정초에 모두 투입되며, 가공원가는 두 공정의 진행정도에 따라 균등하게 발생한다. 20××년 5월의 생산 및 원가자료는 다음과 같다.

1. 생산자료

A제품	1공정	2공정	B제품	1공정	2공정
기초재공품	200개(20%)	100개(60%)	기초재공품	300개(80%)	400개(30%)
당기착수량	1,000개	900개	당기착수량	1,500개	1,200개
당기완성량	900개	800개	당기완성량	1,200개	1,500개
기말재공품	300개(80%)	200개(40%)	기말재공품	300개(30%)	100개(40%)
직접작업시간	400시간	500시간	직접작업시간	600시간	500시간

2. 원가자료

A제품	1공정	2공정	B제품	1공정	2공정
기초재공품원가			기초재공품원가		
전공정원가	-	₩2,500	전공정원가	-	₩7,200
직접재료원가	₩2,000	5,000	직접재료원가	₩1,800	4,400
가공원가	8,500	7,240	가공원가	8,640	5,040
당기발생원가			당기발생원가		
직접재료원가	34,000	40,000	직접재료원가	45,000	50,000

당기발생가공원가	1공정	2공정	수선부
부문원가	₩41,000	₩59,000	₩20,000
수선시간	45시간	55시간	-

3. 배부기준
   1) 수선부원가의 1공정과 2공정으로의 배부기준은 수선시간으로 한다.
   2) 1공정과 2공정에 집계된 가공원가의 조별배부기준은 직접작업시간으로 한다.

[물음사항] 평균법에 의한 전원가요소공정별 조별원가계산을 하시오.

1. 조간접원가를 A제품과 B제품에 배분하시오.
2. A제품의 완성품원가와 기말재공품원가를 계산하시오.
3. B제품의 완성품원가와 기말재공품원가를 계산하시오.

■ 풀이

1. 조간접원가의 배분표

당기발생가공원가	1공정	2공정	수선부
부문원가	₩41,000	₩59,000	₩20,000
수선부	9,000[1]	11,000[2]	-
합 계	₩50,000	₩70,000	
A제품	₩20,000[3]	₩35,000[5]	
B제품	30,000[4]	₩35,000[6]	
	₩50,000	₩70,000	

1) ₩20,000 × {45시간 ÷ (45시간 + 55시간)} = ₩9,000
2) ₩20,000 × {55시간 ÷ (45시간 + 55시간)} = ₩11,000
3) ₩50,000 × {400시간 ÷ (400시간 + 600시간)} = ₩20,000
4) ₩50,000 × {600시간 ÷ (400시간 + 600시간)} = ₩30,000
5) ₩70,000 × {500시간 ÷ (500시간 + 500시간)} = ₩35,000
6) ₩70,000 × {500시간 ÷ (500시간 + 500시간)} = ₩35,000

2. A제품 전원가요소공정별 조별원가계산

1) A제품 1공정	**1단계** (물량흐름)	**2단계**(완성품환산량) 직접재료원가	가공원가
기초재공품(20%)	200개		
당기착수량	1,000개		
합 계	1,200개		
당기완성량	900개	900개 (100%)	900개 (100%)
기말재공품(80%)	300개	300개 (100%)	240개 (80%)
합 계	1,200개	1,200개	1,140개

3단계 (총원가 집계)			
기초재공품원가	₩10,500	₩2,000	₩8,500
당기발생원가	54,000	34,000	20,000 *
합 계	₩64,500	₩36,000	₩28,500
4단계 (완성품환산량단위당원가)		₩36,000÷1,200개 = @₩30	₩28,500÷1,140개 = @₩25
5단계 (총원가 배분)			
완성품원가	**₩49,500**	(900개×@30)= ₩27,000	(900개×@25)= ₩22,500
기말재공품원가	**15,000**	(300개×@30)= 9,000	(240개×@25)= 6,000
합 계	**₩64,500**	**₩36,000**	**₩28,500**

* 조간접원가배분표 주 3) ₩20,000

2) A제품 2공정	**1단계** (물량흐름)	**2단계**(완성품환산량) 전공정원가	직접재료원가	가공원가
기초재공품(60%)	100개			
당기착수량	900개			
합 계	1,000개			
당기완성량	800개	800개(100%)	800개(100%)	800개(100%)
기말재공품(40%)	200개	200개(100%)	200개(100%)	80개(40%)
합 계	1,000개	1,000개	1,000개	880개
3단계 (총원가)				
기초재공품원가	₩14,740	₩2,500	₩5,000	₩7,240
당기발생원가	124,500	49,500	40,000	35,000*
합 계	₩139,240	₩52,000	₩45,000	₩42,240
4단계 (완성품환산량단위당원가)		@₩52	@₩45	@₩48
5단계(원가배분)				
당기착수완성분	**₩116,000**	(800개×@₩52) = ₩41,600	(800개×@₩45) = ₩36,000	(800개×@₩48) = ₩38,400
기말재공품원가	**23,240**	(200개×@₩52) = 10,400	(200개×@₩45) = 9,000	(80개×@₩48) = 3,840
합 계	**₩139,240**	₩52,000	₩45,000	₩42,240

* 조간접원가배분표 주 5) ₩35,000

3) 조별원가계산표(A제품)

기초재공품원가	₩10,500	₩14,740
당기발생원가		
자공정원가	54,000	75,000
전공정원가	-	49,500
합 계	₩64,500	₩139,240
완성품원가	49,500	**₩116,000**
기말재공품원가	**(15,000)**	**(23,240)**
	₩64,500	₩139,240

당기완성품원가 : ₩116,000 제품단위당원가 : ₩116,000 ÷ 800개 = @₩145

기말재공품원가 : ₩15,000(1공정) + ₩23,240(2공정) = ₩38,240

3. B제품 전원가요소공정별 조별원가계산

1) B제품 1공정

	1단계 (물량흐름)	2단계(완성품환산량) 직접재료원가	가공원가
기초재공품(80%)	300개		
딩기착수량	1,500개		
합 계	1,800개		
당기완성량	1,200개	1,200개 (100%)	1,200개 (100%)
기말재공품(30%)	600개	600개 (100%)	180개 (30%)
합 계	1,800개	1,800개	1,380개
3단계 (총원가 집계)			
기초재공품원가	₩10,440	₩1,800	₩8,640
당기발생원가	75,000	45,000	30,000 *
합 계	₩85,440	₩46,800	₩38,640
4단계 (완성품환산량단위당원가)		₩46,800÷1,800개 = @₩26	₩38,640÷1,380개 = @₩28
5단계 (총원가 배분)			
완성품원가	**₩64,800**	(1,200개×@26)=₩31,200	(1,200개×@28)= ₩33,600
기말재공품원가	**20,640**	(600개×@26)= 15,600	(180개×@28)= 5,040
합 계	**₩85,440**	**₩46,800**	**₩38,640**

* 조간접원가배분표 주 4) ₩30,000

2) B제품 2공정

	1단계 (물량흐름)	2단계(완성품환산량) 전공정원가	직접재료원가	가공원가
기초재공품(30%)	400개			
당기착수량	1,200개			
합 계	1,600개			
당기완성량	1,500개	1,500개(100%)	1,500개(100%)	1,500개(100%)
기말재공품(40%)	100개	100개(100%)	100개(100%)	40개(40%)
합 계	1,600개	1,600개	1,600개	1,540개
3단계 (총원가)				
기초재공품원가	₩16,640	₩7,200	₩4,400	₩5,040
당기발생원가	149,800	64,800	50,000	35,000*
합 계	₩166,440	₩72,000	₩54,400	₩40,040
4단계 (완성품환산량단위당원가)		@₩45	@₩34	@₩26
5단계(원가배분)		(1,500개×@₩45)	(1,500개×@₩34)	(1,500개×@₩26)
완성품원가	**₩157,500**	= ₩67,500	= ₩51,000	= ₩39,000
		(100개×@₩45)	(100개×@₩34)	(40개×@₩26)
기말재공품원가	**8,940**	= 4,500	= 3,400	= 1,040
합 계	**₩166,440**	₩72,000	₩54,400	₩40,040

* 조간접원가배분표 주 6) ₩35,000

3) 조별원가계산표(A제품)

당기완성품원가 : ₩157,500　　제품단위당원가 : ₩157,500 ÷ 1,500개 = @₩105

기말재공품원가 : ₩20,640(1공정) + ₩8,940(2공정) = ₩29,580

기초재공품원가	₩10,440	₩16,640
당기발생원가		
자공정원가	75,000	85,000
전공정원가	-	64,800
합 계	₩85,440	₩166,440
완성품원가	64,800	**₩157,500**
기말재공품원가	**(20,800)**	**(8,940)**
	₩85,440	₩166,440

[그림 11-5] 가공원가공정별 조별원가계산의 원가흐름

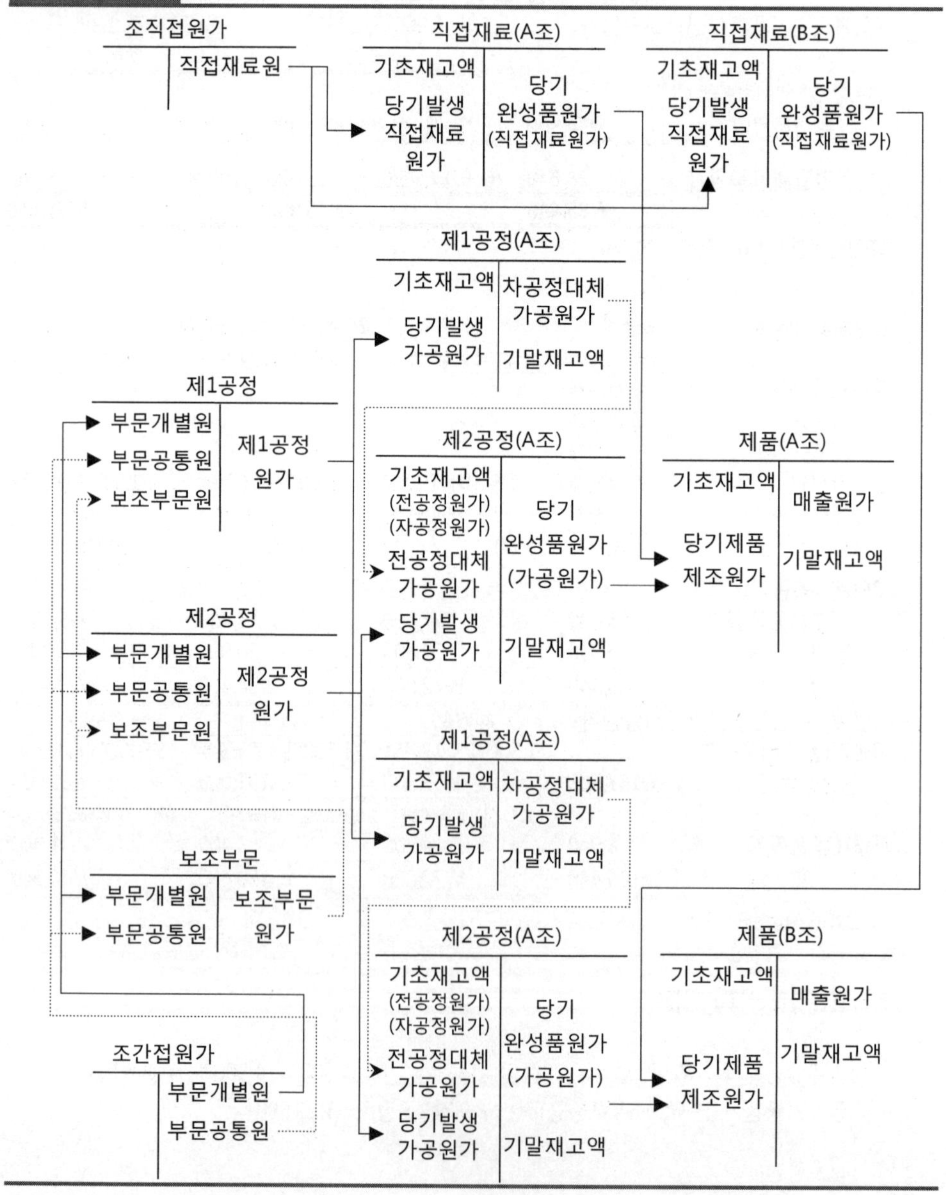

5. 가공원가공정별 조별원가계산

가공원가공정별 조별원가계산은 직접재료원가를 제외한 가공원가만을 공정별 조별로 계산하는 동시에 조별로 제품의 단위당원가를 계산하는 방법이다. 즉, 직접재료원가는 공정별로 구분하지 않고 마치 하나의 공정인 것처럼 공장전체를 통하여 조별로 완성품원가와 기말재공품원가를 안분하고, 가공원가에 대해서만 조직집원가와 조간접원가로 구분하여 조직접가공원가는 공벙별조별로 파악하고, 조간접가공원가는 부문별원가계산의 방법을 적용하여 공정별조별로 배부한다.
따라서 공정별조별로 집계된 가공원가에 대해서는 각 조별로 가공원가공정별 종합원가계산의 방법을 적용하여 제품의 단위당원가를 계산하게 된다. 가공원가공정별 조별원가계산의 원가흐름은 [그림 11-5]와 같다.

예제 11-3 가공원가공정별 조별원가계산

A회사는 가공원가공정별 조별원가계산을 실시하고 있다. 제품 생산을 위해 2개의 제조공정과 하나의 보조부문을 통하여 A, B 두 제품이 생산된다. 직접재료는 1공정의 착수시점에 모두 투입되며, 가공원가는 두 공정의 진행정도에 따라 균등하게 발생한다. 20××년 5월의 생산 및 원가자료는 다음과 같다.

1. 생산자료

A제품	1공정	2공정	B제품	1공정	2공정
기초재공품	400개(20%)	500개(80%)	기초재공품	200개(60%)	300개(30%)
당기착수량	1,600개	1,800개	당기착수량	2,500개	2,300개
당기완성량	1,800개	2,000개	당기완성량	2,300개	2,500개
기말재공품	200개(60%)	300개(30%)	기말재공품	400개(20%)	100개(80%)
직접작업시간	450시간	600시간	직접작업시간	550시간	400시간

2. 원가자료

1) 직접재료원가

	A제품	B제품
기초재공품원가	₩8,000	
당기발생원가	32,000	

2) 가공원가

	1공정	2공정	수선부
기초재공품원가	₩6,600		
당기발생가공원가			
부문원가	₩80,000	₩60,000	₩40,000
수선시간	300시간	700시간	-

3. 배부기준
   1) 수선부원가의 1공정과 2공정으로의 배부기준은 수선시간으로 한다.
   2) 1공정과 2공정에 집계된 가공원가의 조별배부기준은 직접작업시간으로 한다.

[물음사항] 선입선출법에 의한 가공원가공정별 조별원가계산을 하시오.

1. 조간접원가를 A제품과 B제품에 배분하시오.
2. A제품의 완성품원가와 기말재공품원가를 계산하시오.
3. B제품의 완성품원가와 기말재공품원가를 계산하시오.

■ 풀이

1. 조간접원가의 배분표

당기발생가공원가	1공정	2공정	수선부
부문원가	₩80,000	₩60,000	₩40,000
수선부	12,000[1]	28,000[2]	-
합 계	₩92,000	₩88,000	
A제품	₩41,400[3]	₩52,800[5]	
B제품	50,600[4]	₩35,200[6]	
	₩92,000	₩88,000	

1) ₩40,000 × {300시간 ÷ (300시간 + 700시간)} = ₩12,000
2) ₩40,000 × {700시간 ÷ (300시간 + 700시간)} = ₩28,000
3) ₩92,000 × {450시간 ÷ (450시간 + 550시간)} = ₩41,400
4) ₩92,000 × {550시간 ÷ (450시간 + 550시간)} = ₩50,600
5) ₩88,000 × {600시간 ÷ (600시간 + 400시간)} = ₩52,800
6) ₩88,000 × {400시간 ÷ (600시간 + 400시간)} = ₩35,200

2. A제품 제조원가보고서

1) A제품 직접재료원가

	1단계 (물량흐름)	**2단계**(완성품환산량) 직접재료원가
기초재공품	900개	
당기착수량	1,600개	
합 계	2,500개	
당기완성량		
기초재공품완성량	900개	0개 (0%)
당기착수완성량	1,100개	1,100개 (100%)
기말재공품	500개	500개 (100%)
합 계	2,500개	1,600개
3단계 (총원가)		
기초재공품원가	₩ 8,000	-
당기발생원가	32,000	₩32,000
합 계	**₩40,000**	₩32,000
4단계 (완성품환산량단위당원가)		(₩32,000÷1,600개) @₩20

5단계 (원가배분)

기초재공품원가	₩8,000		₩8,000
기초재공품완성량원가	0		0
당기착수완성량원가	22,000	(1,100개×@20)=	22,000
당기완성품원가	**₩30,000**		₩30,000
기말재공품원가	**10,000**	(500개×@20)=	10,000
합 계	**₩40,000**		**₩40,000**

2) A제품 가공원가 제1공정

	1단계 (물량흐름)	2단계(완성품환산량) 직접재료원가
기초재공품(20%)	400개	
당기착수량	1,600개	
합 계	2,000개	
당기완성량		
기초재공품완성량	400개	320개 (80%)
당기착수완성량	1,400개	1,400개 (100%)
기말재공품(60%)	200개	120개 (60%)
합 계	2,000개	1,840개
3단계 (총원가)		
기초재공품원가	₩ 6,600	-
당기발생투입원가	41,400	₩41,400
합 계	**₩48,000**	₩41,400
4단계 (완성품환산량단위당원가)		(₩41,400÷1,840개) @₩22.^{5}

5단계 (원가배분)

기초재공품원가	₩6,600		₩6,600
기초재공품완성량원가	7,200	(320개×@22.^{5})=	7,200
당기착수완성량원가	31,500	(1,400개×@22.^{5})=	31,500
당기완성품원가	**₩45,300**		₩45,300
기말재공품원가	**2,700**	(120개×@22.^{5})=	2,700
합 계	**₩48,000**		**₩48,000**

3) A제품 가공원가 제2공정

	1단계 (물량흐름)	2단계(완성품환산량) 전공정원가	가공원가(자공정)
기초재공품(80%)	500개		
당기착수량	1,800개		
합 계	2,300개		
당기완성량			
기초재공품완성량	500개	0개 (0%)	100개 (20%)
당기착수완성량	1,500개	1,500개 (100%)	1,500개 (100%)
기말재공품(30%)	300개	300개 (100%)	90개 (30%)
합 계	2,300개	1,800개	1,690개
3단계 (총원가 집계)			
기초재공품원가	₩5,262	-	-
당기발생원가	98,100	₩45,300	₩52,800
합 계	₩103,362	₩45,300	₩52,800

4단계 (완성품환산량단위당원가)		800개 = @₩$25.^{17}$	₩58,062÷1,690개 = @₩$31.^{24}$
5단계 (원가배분)			
기초재공품원가	₩5,262	-	₩5,262
기초재공품완성량원가	3,124	-	(100개×@$31.^{24}$)= 3,124
당기착수완성량원가	84,614	(1,500개×@$25.^{17}$)= ₩37,750	(1,500개×@$31.^{24}$)= 46,864
당기완성품원가	**₩93,000**	₩37,750	₩55,250
기말재공품원가	**10,362**	(300개×@$25.^{17}$)= 7,550	(90개×@$31.^{24}$)= 2,812
합 계	**₩103,362**	**₩45,300**	**₩58,062**

4) 가공원가공정별 조별원가계산표

	가공원가		직접	합 계
	제1공정	제2공정	재료원가	
기초재공품원가	₩6,600	₩5,262	₩8,000	₩19,862
당기투입원가				
자공정원가	41,400	52,800	32,000	126,200
전공정원가	-	45,300	-	
합 계	₩48,000	₩103,362	₩40,000	**₩146,062**
기말재공품원가	**(2,700)**	**(10,362)**	**(10,000)**	**(23,062)**
당기완성품원가	₩45,300	**₩93,000**	**₩30,000**	**₩123,000**

* 제품단위당 원가 : ₩123,000 ÷ 2,000개 = **@₩$61.^{5}$**

3. B제품 제조원가보고서

1) B제품 직접재료원가

	1단계 (물량흐름)	**2단계**(완성품환산량) 직접재료원가
기초재공품	500개	
당기착수량	2,500개	
합 계	3,000개	
당기완성량		
기초재공품완성량	500개	0개 (0%)
당기착수완성량	2,000개	2,000개 (100%)
기말재공품	500개	500개 (100%)
합 계	3,000개	2,500개
3단계 (총원가)		
기초재공품원가	₩ 6,000	-
당기발생원가	75,000	₩75,000
합 계	**₩81,000**	₩75,000
4단계 (완성품환산량단위당원가)		(₩75,000÷2,500개) @₩30
5단계 (원가배분)		
기초재공품원가	₩6,000	₩6,000
기초재공품완성량원가	0	0
당기착수완성량원가	60,000	(2,000개×@30)= 60,000
당기완성품원가	**₩66,000**	₩66,000
기말재공품원가	**15,000**	(500개×@30)= 15,000
합 계	**₩81,000**	**₩81,000**

2) B제품 가공원가 제1공정

	1단계 (물량흐름)	2단계(완성품환산량) 직접재료원가
기초재공품(60%)	200개	
당기착수량	2,500개	
합 계	2,700개	
당기완성량		
기초재공품완성량	200개	80개 (40%)
당기착수완성량	2,100개	2,100개 (100%)
기말재공품(20%)	400개	80개 (20%)
합 계	2,700개	2,260개
3단계 (총원가)		
기초재공품원가	₩ 6,391	-
당기발생투입원가	50,600	₩50,600
합 계	**₩56,991**	₩50,600
4단계 (완성품환산량단위당원가)		(₩50,600÷2,260개) @₩$22.^{39}$
5단계 (원가배분)		
기초재공품원가	₩6,391	₩6,391
기초재공품완성량원가	1,791	(80개×@$22.^{39}$)= 1,791
당기착수완성량원가	47,018	(2,100개×@$22.^{39}$)= 47,018
당기완성품원가	**₩55,200**	**₩55,200**
기말재공품원가	**1,791**	(120개×@$22.^{5}$)= 1,791
합 계	**₩56,991**	**₩56,991**

3) B제품 가공원가 제2공정

	1단계 (물량흐름)	2단계(완성품환산량) 전공정원가	가공원가(자공정)
기초재공품(30%)	300개		
당기착수량	2,300개		
합 계	2,600개		
당기완성량			
기초재공품완성량	300개	0개 (0%)	210개 (70%)
당기착수완성량	2,200개	2,200개 (100%)	2,200개 (100%)
기말재공품(80%)	100개	100개 (100%)	80개 (80%)
합 계	2,600개	2,300개	2,490개
3단계 (총원가 집계)			
기초재공품원가	₩8,130	-	-
당기발생원가	90,400	₩55,200	₩35,200
합 계	₩98,530	₩55,200	₩35,200
4단계 (완성품환산량단위당원가)		₩55,200÷2,300개 = @₩24	₩35,200÷2,490개 = @₩$14.^{14}$
5단계 (원가배분)			
기초재공품원가	₩8,130	-	₩8,130
기초재공품완성량원가	3,124	-	(210개×@$14.^{14}$)= 2,970
당기착수완성량원가	84,614	(2,200개×@24)=₩52,800	(2,200개×@$14.^{14}$)=31,100
당기완성품원가	**₩93,000**	₩52,800	₩42,200
기말재공품원가	**3,530**	(100개×@24)= 2,400	(80개×@$14.^{14}$)= 1,130
합 계	**₩98,530**	**₩55,200**	**₩43,330**

4) 가공원가공정별 조별원가계산표

	가공원가		직접	합 계
	제1공정	제2공정	재료원가	
기초재공품원가	₩6,391	₩8,130	₩6,000	₩20,521
당기투입원가				
자공정원가	50,600	35,200	75,000	160,800
전공정원가	-	55,200	-	
합 계	₩56,991	₩98,530	₩81,000	**₩181,321**
기말재공품원가	**(1,791)**	**(3,530)**	**(15,000)**	**(20,321)**
당기완성품원가	₩55,200	**₩95,000**	**₩66,000**	**₩161,000**

** 제품단위당 원가 : ₩161,000 ÷ 2,500개 = **@₩64.**[4]

제3절 등급별원가계산

1. 등급별원가계산의 의의

등급별원가계산(等級別原價計算, class cost system)은 동일 원재료를 투입하여 연속적인 제조공정에서 형태 · 무게 · 부피 · 순도 등 규격이나 품종이 다른 유사제품을 연속 생산하는 경우 제품을 등급으로 구분하고, 등급별로 등가계수를 구한 후, 원가계산기간의 제조비용을 등가계수를 적용하여 각 등급제품별로 단위당원가를 계산하는 방법이다. 따라서 유사제품의 원가를 개별적으로 로 파악하여 계산하지 않더라도 합리적으로 제품원가를 산정할 수 있게 된다. 등급별원가계산은 전선제조업, 유리제조업, 주물제조업, 제지업, 제분업 등에 적합하다.

2. 등가계수

등급별원가계산을 위해서는 먼저 등가계수를 등급품별로 설정하여 등가비율(적수비율)을 산정하여야 한다. 여기서 등가계수(等價係數, equivalent coefficient)란,

각 등급품을 단일제품으로 환산하기 위한 기준치로 각 등급품의 원가부담에 대한 상대적인 비중을 뜻한다. 등가계수의 올바른 설정은 등급별원가계산의 정확성과 직결되기 때문에 등급품과 원가발생과의 합리적인 인과관계를 고려하여야 한다. 등가계수를 정하는 기준으로는 물량기준, 원가기준, 시가기준이 있다.

물량기준

각 등급품의 중량、길이、두께、면적、용적、순도、열량、경도、직접재료의 표준소비량、표준작업시간 등과 같이 수량단위로 등가계수를 정하는 방법이다.

원가기준

각 등급품에 대하여 시험적으로 일정한 기간동안 원가계산을 하여 각 등급품별로 단위당원가를 산정하는 방법이다. 즉, 직접원가、직접재료원가、직접노무원가를 기준으로 등가기준을 정하는 방법이다.

시가기준

각 등급품의 정상시가(1개월간의 평균시가 + 미래 예상시가)를 기준으로 등가계수를 정하는 방법이다. 그러나 미래 예상시가의 객관적인 측정이 곤란하다는 문제점을 지니고 있다.

3. 등급별원가계산의 절차

등급별원가계산의 방법과 절차는 먼저, 각 등급품에 대한 등가계수를 정한후, 각 등급품별 적수를 산출하여 각 등급품의 제조원가 및 단위당원가를 산출한다. 각 등급품에 대한 등가계수를 정할 때 기초재공품과 기말재공품이 존재하지 않을 경우에는 당기발생원가가 곧 당기완성품원가이기 때문에 계산절차가 간편하다. 그러나 기초재공품과 기말재공품이 존재할 경우에는 당기완성품원가를 대상으로 등가계수를 적용할 것인지, 당기투입원가를 대상으로 등가계수를 적용할 것이지를 결정하여야 한다. 각각의 방법은 다음과 같다.

제22조(등급별원가계산) ①등급별원가계산은 동일 종류의 제품이 동일공정에서 연속적으로 생산되나 그 제품의 품질등이 다른 경우에 적용한다.

②등급품별단위당원가는 각 등급품에 대하여 합리적인 배부기준을 정하고, 당해 기간의 완성품총원가를 동 배부기준에 따라 안분하여 계산한다.

③등급품별로 직접원가를 구분하는 것이 가능할 경우 직접원가는 당해 제품에 직접부과하고 간접원가는 제2항의 배부기준에 따라 배부할 수 있다.

■ 당기완성품원가를 대상으로 등가계수를 적용하는 방법

등급별원가계산에서 등가계수를 적용할 때 당기완성품원가를 대상으로 하는 방법은 단순종합원가계산의 방법과 유사한 방법으로 각 등급품의 제조원가와 단위당원가를 산출한다. 계산절차는 다음과 같다.

1단계: 등급품 전체의 당기완성품원가를 계산한다.

2단계: 각 등급품의 실제생산량에 등가계수를 곱하여 적수를 산출한다.
(실제생산량 × 등가계수 = 적수)

3단계: 각 등급품별로 산출된 적수의 비율(등가비율)에 따라 당기완성품원가를 각 등급품에 배분한다. 이때 직접재료원가와 가공원가의 등가계수가 별도로 설정된 경우에는 당기완성품원가를 직접재료원가와 가공원가별로 구분하여 배분한다.

4단계: 각 등급품별로 계산된 당기완성품원가를 완성품수량으로 나누어 각 급품의 단위당 원가를 계산한다.

이 방법은 각 등급품 상호간의 차이를 명확히 파악하기 보다는 계산의 간편성을 중시하는 방법으로써, 분리점까지 각 등금품을 개별적으로 식별할 수 없고 기초재공품과 기말재공품의 수량과 원가를 각 등급품별로 파악할 수 없는 경우에 적용되는 방법이다. 우리나라 원가계산준칙에서는 "등급별원가계산은 동일 종류의 제품이 동일공정에서 연속적으로 생산되나 그 제품의 품질등이 다른 경우에 적용한다. 등급품별단위당원가는 각 등급품에 대하여 합리적인 배부기준을 정하고, 당해 기간의 완성품총원가를 동 배부기준에 따라 안분하여 계산한다. 등급품별로 직접원가를 구분하는 것이 가능할 경우 직접원가는 당해 제품에 직접부과하고 간접원가는 합리적인 배부기준에 따라 배부할 수 있다.라고 규정하고 있다(준칙 제22조 ①~③). 따라서 우리나라의 등급별원가계산은 당기완성품원가를 대상으로 하는 방법을 이용하도록 하고 있다.

예제 11-4 등급별원가계산(당기완성품원가를 대상으로 하는 방법)

A회사는 등급별원가계산을 이용하고 있다. 회사는 동일공정을 통하여 품질이 서로 다른 갑·을·병제품을 생산하고 있으며, 직접재료는 공정의 착수시점에 모두 투입되고, 가공원가는 공정의 진행정도에 따라 균등하게 발생한다. 20××년 5월의 생산 및 원가자료는 다음과 같다.

1. 생산 및 원가자료
  1) 물량흐름 및 발생원가

	물량흐름	직접재료원가	가공원가
기초재공품(30%)	1,000개	₩24,000	₩36,000
당기착수량	15,000개	120,000	153,000
당기완성량	14,000개		
기말재공품(80%)	2,000개		

  2) 각 등급품의 생산량

	갑제품	을제품	병제품
생산량	2,800개	7,000개	4,200개

2. 원가요소별 등가계수

	갑제품	을제품	병제품
직접재료원가	1.0	1.5	1.5
가공원가	1.0	1.8	0.5

[물음사항]

1. 선입선출법에 의하여 당기완성품원가를 각 등급품에 배부하고, 각 등급품의 단위당 원가를 계산하시오,

■ 풀이

1. 완성품원가와 기말재공품원가

	1단계 (물량흐름)	**2단계**(완성품환산량) 직접재료원가	가공원가
기초재공품(30%)	1,000개		
당기착수량	15,000개		
합 계	16,000개		
당기완성량			
기초재공품완선량	1,000개	0개	700개 (70%)
당기착수완성량	13,000개	13,000개 (100%)	13,000개 (100%)
기말재공품(80%)	2,000개	2,000개 (100%)	1,600개 (80%)
합 계	16,000개	15,000개	15,300개
3단계 (총원가 집계)			
기초재공품원가	₩60,000	-	-
당기발생원가	273,000	₩120,000	₩153,000
합 계	₩333,000	₩120,000	₩153,000
4단계 (완성품환산량단위당원가)		₩120,000÷15,000개 = @₩8	₩153,000÷15,300개 = @₩10
5단계 (원가배분)			
기초재공품원가	₩60,000	₩24,000	₩36,000
기초재공품완성량원가	7,000	0	(700개×@10)= 7,000
당기착수완성량원가	234,000	(13,000개×@8)= 104,000	(13,000개×@10)= 130,000
당기완성품원가	**₩301,000**	**₩128,000**	**₩173,000**
기말재공품원가	**32,000**	(2,000개×@8)= 16,000	(1,600개×@10)= 16,000
합 계	**₩333,000**	**₩144,000**	**₩189,000**

2. 당기완성품원가의 각 등급품별 배분

1) 당기완성품에 포함된 직접재료원가의 각 등급품에 배분

등급품	생산량	등가계수	적수	등가비율	배분액
갑	2,000개	1.0	2,000개	10%	₩12,800
을	8,000개	1.5	12,000개	60%	76,800
병	4,000개	1.5	6,000개	30%	38,400
	14,000개		20,000개		**₩128,000**

2) 당기완성품에 포함된 직접재료원가의 각 등급품에 배분

등급품	생산량	등가계수	적수	등가비율	배분액
갑	2,000개	1.0	2,000개	$12.^{5}$%	₩21,625
을	8,000개	1.8	12,000개	$75.^{0}$%	129,750
병	4,000개	0.5	2,000개	$12.^{5}$%	21,625
	14,000개		16,000개		**₩173,000**

3. 당기제품제조원가와 각 등급품별 단위당 원가

등급품	생산량	직접재료원가	가공원가	제품제조원가	단위당 원가
갑	2,000개	₩12,800	₩21,625	₩34,425	@₩$17.^{21}$
을	8,000개	76,800	129,750	206,550	@₩$25.^{82}$
병	4,000개	38,400	21,625	60,025	@₩$15.^{01}$
	14,000개	₩128,000	₩173,000	₩301,000	

■ 당기발생원가를 대상으로 등가계수를 적용하는 방법

등급별원가계산에서 등가계수를 적용할 때 당기발생원가를 대상으로 하는 방법은 조별원가계산과 유사한 방법으로 각 당기발생원가를 대상으로 등가계수를 적용한 후 등급품별로 당기발생원가를 안분하여 등급품의 제조원가와 단위당원가를 산출한다. 계산절차는 다음과 같다.

1단계: 기말재공품의 평가방법을 정한다(평균법, 선입선출법)

2단계: 당기작업량의 완성품환산량을 계산한다. 이때 반드시 선입선출법을 적용한다.

3단계: 완성품환산량에 등가계수를 곱하여 등급품별 적수의 비율(등가비율)을 산출한다.

(완성품환산량 × 등가계수 = 적수)

4단계: 각 등급품별로 산출된 적수의 비율에 따라 당기발생원가를 각 등급품에 배분한다. 이때 직접재료원가와 가공원가의 등가계수가 별도로 설정된 경우에는 당기발생원가를 직접재료원가와 가공원가별로 구분

하여 배분한다.

5단계: 4단계에서 계산된 각 등급품별의 당기발생원가와 기초재공품원가를 기초로 1단계에서 정한 평가방법(평균법, 선입선출법)에 따라 각 등급품의 당기완성품원가와 기말재공품원가를 계산하고, 각 등급품의 완성품원가를 완성품수량으로 나누어 각 등급품의 단위당 원가를 계산한다.

예제 11-5 등급별원가계산(당기투입원가를 대상으로 하는 방법)

A회사는 등급별원가계산을 이용하고 있다. 회사는 동일공정을 통하여 품질이 서로 다른 갑·을제품을 생산하고 있으며, 직접재료는 공정의 착수시점에 모두 투입되고, 가공원가는 공정의 진행정도에 따라 균등하게 발생한다. 20××년 5월의 생산 및 원가자료는 다음과 같다.

1. 생산활동 자료

갑제품	물량흐름	직접재료원가	가공원가
기초재공품(60%)	1,000개	₩24,000	₩24,200
당기착수량	15,000개	?	?
당기완성량	14,000개		
기말재공품(80%)	2,000개		

을제품	물량흐름	직접재료원가	가공원가
기초재공품(80%)	1,000개	₩36,000	₩45,800
당기착수량	20,000개	?	?
당기완성량	17,000개		
기말재공품(45%)	4,000개		

2. 원가요소별 등가계수

	갑제품	을제품
직접재료원가	1.0	1.5
가공원가	1.0	0.5

3. 5월 중 발생원가

직접재료원가 ₩1,080,000　　가공원가 ₩730,000

[물음사항]

1. 평균법에 의하여 당기투입원가를 각 등급품에 배부하고, 각 등급품의 단위당 원가를 계산하시오.

■ 풀이

1. 등급품별 완성품 환산량

갑제품	**1단계** (물량흐름)	**2단계**(완성품환산량) 직접재료원가	가공원가
기초재공품(60%)	1,000개		
당기착수량	15,000개		
합 계	16,000개		
당기완성량			
기초재공품완성량	1,000개	0개	400개 (40%)
당기착수완성량	13,000개	13,000개 (100%)	13,000개 (100%)
기말재공품(80%)	2,000개	2,000개 (100%)	1,600개 (80%)
합 계	16,000개	15,000개	15,000개

을제품	**1단계** (물량흐름)	**2단계**(완성품환산량) 직접재료원가	가공원가
기초재공품(80%)	1,000개		
당기착수량	20,000개		
합 계	21,000개		
당기완성량			
기초재공품완성량	1,000개	0개	200개 (20%)
당기착수완성량	16,000개	16,000개 (100%)	16,000개 (100%)
기말재공품(45%)	4,000개	4,000개 (100%)	1,800개 (45%)
합 계	21,000개	20,000개	18,000개

2. 각 등급품별 원가요소의 배분

1) 직접재료원가 배분

등급품	완성품환산량	등가계수	적수	등가비율	배분액
갑	15,000개	1.0	15,000개	1/3	₩360,000
을	20,000개	1.5	30,000개	2/3	720,000
	35,000개		45,000개	3/3	**₩1,080,000**

2) 가공원가의 배분

등급품	완성품환산량	등가계수	적수	등가비율	배분액
갑	15,000개	1.0	15,000개	62.5%	₩475,000
을	18,000개	0.5	9,000개	37.5%	255,000
	33,000개		24,000개	100.0%	**₩730,000**

3. 등급품별 완성품원가 및 제품단위당 원가

갑제품	**1단계** (물량흐름)	**2단계**(완성품환산량) 직접재료원가	가공원가
기초재공품(60%)	1,000개		
당기착수량	15,000개		
합 계	16,000개		
당기완성량	14,000개	14,000개 (100%)	14,000개 (100%)
기말재공품(80%)	2,000개	2,000개 (100%)	1,600개 (80%)
합 계	16,000개	16,000개	15,600개
3단계 (총원가 집계)			
기초재공품원가	₩48,200	₩24,000	₩24,200
당기발생원가	835,000	360,000	₩475,000
합 계	₩883,200	₩384,000	₩499,200

4단계 (완성품환산량단위당원가)		₩384,000÷16,000개 = @₩24	₩499,200÷15,600개 = @₩32
5단계 (원가배분)		(14,000개×@24)=	(14,000개×@32)=
당기완성품원가	**₩784,000**	**₩336,000**	**₩448,000**
		(2,000개×@24)=	(1,600개×@32)=
기말재공품원가	**99,200**	**₩48,000**	**₩51,200**
합 계	**₩883,200**	**₩384,000**	**₩499,200**

을제품	**1단계** (물량흐름)	**2단계**(완성품환산량) 직접재료원가	 가공원가
기초재공품(80%)	1,000개		
당기착수량	20,000개		
합 계	21,000개		
당기완성량	17,000개	17,000개 (100%)	17,000개 (100%)
기말재공품(45%)	4,000개	4,000개 (100%)	1,800개 (45%)
합 계	21,000개	21,000개	18,800개
3단계 (총원가 집계)			
기초재공품원가	₩81,800	₩36,000	₩45,800
당기발생원가	975,000	720,000	₩255,000
합 계	₩1,056,800	₩756,000	₩300,800
4단계 (완성품환산량단위당원가)		₩756,000÷21,000개 = @₩36	₩300,800÷18,800개 = @₩16
5단계 (원가배분)		(17,000개×@36)=	(17,000개×@16)=
당기완성품원가	**₩884,000**	**₩612,000**	**₩272,000**
		(4,000개×@36)=	(1,800개×@16)=
기말재공품원가	**172,800**	**₩144,000**	**₩28,800**
합 계	**₩1,056,800**	**₩756,000**	**₩300,800**

연 | 습 | 문 | 제

01. 다음은 개별원가계산과 종합원가계산에 대한 설명이다. 옳지 않은 것은? *(15. 전산회계운용사 2급)*

① 종합원가계산에서 사용되는 원가계산표는 개별원가계산과는 달리 제품의 종류마다 작성할 필요가 없으며, 각 원가계산기간마다 1부를 작성하고 여기에다 그 기간에 발생한 모든 원가를 집계하면 된다.

② 종합원가계산은 표준규격 제품을 대량으로 연속생산하는 업종에 적합하다.

③ 종합원가계산의 경우(예: 조별)에 따라서 제조공정(부문)에 대한 직접비와 간접비의 구분이 필요하다.

④ 종합원가계산에서는 미완성된 특정 제품의 제조지시서별 원가계산표에 집계되어 있는 금액이 재공품이 된다. 그러나 개별원가계산에서는 재공품원가의 개별 확인이 불가능하기 때문에 원가계산 기간 말에 현재 가공 중에 있는 재공품의 원가를 별도로 추정해 내어야 한다.

02. 조별 종합원가계산제도를 채택하고 있는 ㈜상공의 다음 자료에 의하여 A조 및 B조의 완성품에 대한 단위당 원가를 계산한 것으로 옳은 것은? *(14. 전산회계운용사 2급)*

가. 조 직접비

원가	A조	B조	합 계
직접재료비	₩400,000	₩300,000	₩700,000
가 공 비	₩500,000	₩400,000	₩900,000

나. 조 간접비 : ₩560,000(직접재료비법으로 배부)
다. 월초재공품 : A조 ₩200,000, B조 ₩120,000
라. 월말재공품 : A조 ₩300,000, B조 ₩420,000
마. 완성품수량 : A조 500개, B조 400개

	(A조)	(B조)		(A조)	(B조)
①	@₩2,100	@₩1,450	②	@₩2,140	@₩1,500
③	@₩2,220	@₩1,550	④	@₩2,240	@₩1,600

제 12 장

standard costing

표준원가계산

제1절 표준원가계산의 개요

1. 표준원가계산의 의의

18세기에 시작된 산업혁명 이후 19세기 초 섬유산업, 철도산업, 철강산업 등 소품종 대량생산 체제하에서 기업은 생산효율성 평가를 위한 원가관리에 노력해 왔으며, 이 후 다품종 소량생산체제인 금속산업과 기계산업의 경우 생산효율성을 평가하기 위한 새로운 기준을 모색하면서 투입원가의 과학적인 측정방법을 제시하게 되었는데, 이것이 바로 표준원가계산이다. 표준원가계산은 이후 오랫동안 원가관리 측면에서 가장 많이 사용되어오고 있는 대표적인 기법으로 자리하고 있다.

Frederick Taylor로 대표되는 과학적 경영이 이상적인 노무와 재료의 표준사용량을 제시함으로써 표준원가의 정립에 기여하였다.

이러한 표준원가계산의 필요성이 대두된 이유로는 실제원가계산이 지니고 있는 결점을 극복하기 위한 것으로써 구체적으로 살펴보면 다음과 같다.

첫째, 실제원가의 변동성이다. 실제원가는 원가요소의 소비량, 소비가격, 조업도, 제품구성 등의 요인에 따라 현저하게 변동한다. 직접재료의 경우 작업자의 능률에 따라 실제소비량이 변동되며, 직접노무원가의 경우는 작업자의 능률이나 임률에 따라 변동된다. 제조간접원가 역시 실제조업도에 의한 제품에의 배부는 제품단위당 원가의 증감을 초래하게 된다. 그러나 표준원가계산은 단위당 표준원가에 의해 제품의 원가를 용이하게 계산할 수 있고, 실제원가와 표준원가 간의 차이는 간단한 회계처리를 통해 원가계산의 노력을 줄일 수 있다.

둘째, 원가계산의 지연이다. 실제원가계산에서는 원가계산시점에서 모든 실제발생원가를 파악해야 하므로 원가계산이 지연된다. 원가계산의 지연은 제품의 가격결정 및 원가통제를 위한 의사결정을 지연시키게 되며, 이는 곧 경영성과와 직결되게 된다. 그러나 표준원가계산에서는 원가요소에 대한 표준이 사전에 설정되어 있어 이러한 비효율을 제게할 수 있게 된다.

셋째, 부적합한 능률의 척도이다. 실제원가는 이미 발생된 원가를 의미하며, 미래에 발생가능한 원가를 의미하지 않는다. 따라서 실제원가계산 하에서는 제품생산에서 발생한 비효율이 제품이 판매된 후에 상당기간 경과된 후 손익계산서에 나타날 때 알 수 있게 된다. 즉, 시의적절한 정보를 제공해 주지 못하고 있다. 또한 실제원가에는 비능률적 요소가 포함되어 있어 원가 비교 및 통제에 유효한 정보를 제공해 주지 못한다. 그러나 표준원가계산은 표준원가와 실제원가를 비교·

분석함으로써 비효율의 발생을 신속하게 파악할 수 있다.

이와 같이 표준원가계산은 실제원가계산이 갖는 결점을 보완하고, 경영관리의 목적, 즉 능률측정의 기준으로서의 의미를 강조하고 있다. 따라서 표준원가계산(標準原價計算, standard costing)은 표준원가계산제도라고도 하며, 원가관리의 주된 목적으로서 각 원가요소별로 미리 표준적인 소비액을 설정하여 이를 기초로 산정된 표준원가를 실제의 제조활동에 소요된 실제원가와 비교하여 양자의 차이를 분석함으로써 제조활동을 합리화하는데 있다.

2. 표준원가계산의 목적

원가계산은 원가를 산출해내는 것 자체에 효용이 있는 것이 아니라 기업이 원하는 어떤 목적에 합리적으로 이용될 때 원가계산의 가치가 있는 것이다. 제품생산에 소비된 경제가치를 실제원가에 의해 계산하는 것은 더 이상 경영관리를 위해서는 제한적일 수밖에 없다. 그러나 표준원가계산은 경영관리를 위해 제품원가요소의 소비가치를 과학적 사실조사에 입각하여 기준을 설정하고, 실제로 발생한 원가와 기준으로 설정한 표준원가와 비교 분석하여 경영의 비능률이 어느 곳에 있는 가를 파악할 수 있다. 여기서 표준원가(標準原價, standard cost)는 기업의 생산활동이 가장 능률적인 조건하에서 이루어질 경우의 원가요소를 과학적으로 분석하여 얻은 이상적인 원가를 말하며, 달성해야 할 목표원가인 동시에 예산편성 및 평가시스템의 기초가 된다.

표준원가계산의 목적은 실제원가와의 비교를 통해 그 차이를 분석하고 생산능률을 측정하고 비능률의 원인과 어느 곳에서 비능률이 발생되었는지를 발견하고 제거하는데 있다. 또한, 표준원가계산은 합리적인 원가절감, 공장예산의 효율적 이용 및 상부경영자이 예외관리에 의한 목표관리의 한 수단으로써 큰 의미를 갖는다. 표준원가계산의 목적을 구체적으로 살펴보면 다음과 같다.

원가관리 및 통제를 위한 표준원가

효과적인 원가관리 및 통제를 위해서는 신뢰성 있는 원가정보에 의해 가능한 원가차이를 신속하게 파악하여 비능률을 원인을 찾아내고 제거해야 한다. 표준원가계산 하에서는 완제품이 표준원가에 의해 평가되며, 표준원가와 실제발생원가와의 차이를 계산하고, 차이에 대한 원인분석의 결과를 원가관리담당자에게 보고함으로써 원가능률을 향상시키게 된다. 표준원가계산은 실제원가와 표준원가 간의 원가차이 항목 가운데 중요한 차이를 보이는 항목에 대해 관심을 집중하는 예외에 의한 관리(例外管理, management by exception) 방식을 통해 원가관리 및 통제가 이루어지며, 설정된 표준원가에 따라 기업목표를 원활하게 달성할 수 있도록 실제원가를 통제하는 목적을 가지고 있다.

예외에 의한 관리(management by exception): 경영관리 과정에서 모든 관리대상에 대해 관리 한계를 설정하고, 관리 한계에서 벗어나는 것. 즉, 예외적인 것만을 자동으로 보고하는 관리 방법을 말한다. 일반적으로 직위의 고하, 권한의 정도에 따라 경영관리를 위한 정보의 중요도가 다르므로 각각 요구되는 정보의 종류 및 내용도 달라진다. 따라서 정보의 과부화를 방지하기 위한 방법으로 이용한다.

예산편성을 위한 표준원가

예산(豫算, budget)은 조직의 목표를 제시하고 목표달성을 위하여 예상되는 자원의 흐름을 양적으로 표시한 공식적인 계획이다. 이는 목표일치성(目標一致性, goal congruence)과 목표의 사후관리를 통한 조직목표의 효율적 달성을 위한 통제제도이다. 예산과 표준원가의 역할은 조직목표를 설정하고 설정된 목표를 효율적으로 달성할 수 있도록 사후적으로 관리한다는 점에서 같다. 종합예산편성을 위해서는 먼저 판매예산이 이루어지고 이를 기초로 한 제조원가예산 및 자금조달계획 등의 예산을 수립되게 된다. 과학적이고 신뢰할 수 있는 표준원가는 이러한 종합예산편성을 용이하게 해준다. 또한 사전에 설정된 표준원가를 적용함으로써 예산편성을 위한 원가자료를 수립하는데 소요되는 비용과 시간을 절약할 수 있다.

예산(budget): 일정기간 동안 재무적 자원 및 기타 자원의 취득과 사용에 대한 계획을 공식적으로 계량화한 것.

예산편성(budgeting): 예산을 작성하는 행위 .

재무제표 작성을 위한 표준원가

표준원가계산은 설정된 표준으로 생산된 제품의 원가계산을 하여 재무제표작성에 필요한 재공품과 제품의 재고자산을 평가하고, 원가발생 후 사후로 집계된 실제원가와 재공품과 제품에 대체된 표준원가와의 차이만을 분석하여 조정하는 회계처리를 한다. 또한 표준원가로 재공품과 제품의 재고자산을 평가하므로 매출원가계산을 수월하게 한다. 따라서 실제원가는 비능률과 낭비의 요인이 포함되어 있는 원가이지만 표준원가는 비능률、조업도의 변화、우연성 등이 배제된 원가이므로 재고자산 평가 및 매출원가 산정의 신뢰성있는 원가정보와 손익계산을 가능하게 한다.

회계업무의 간소화와 보고의 신속성을 위한 표준원가

표준원가계산은 실제원가에 의한 회계처리의 수고와 어려움을 피할 수 있다. 즉, 실제원가를 파악하기 전이라도 제품원가계산을 수행할 수 있는데, 평균법、선입선출법、후입선출법 등의 원가흐름에 대한 가정이 필요없기 때문에 재고자산의 수량만 파악되면 원가계산을 할 수 있으므로 적시에 유용한 정보를 얻을 수 있고 기장업무가 간소화 된다.

의사결정을 위한 표준원가

표준원가계산은 신속하게 시기적절한 원가정보를 제공할 수 있으므로 실제원가계산보다 의사결정에 유용한 정보를 제공해 준다. 가격결정 · 특별주문 수락여부 · 자가생산 및 외부구매 · 생산라인의 중단여부 등 다양한 의사결정은 제품원가에 대한 정보를 필요로 하는데, 합리적으로 설정된 표준원가는 제품의 원가추정치로서 사용가능하며 경영계획과 통제 및 다양한 의사결정에 유용한 정보를 제공해 줄 수 있다.

3. 표준원가계산의 한계

표준원가계산은 실제원가계산의 결점을 극복하고, 경영계획과 통제 및 다양한 의사결정에 유용한 정보를 제공한다는 장점이 있음에도 불구하고 다른 원가계산 방법과 마찬가지로 다음과 같은 한계점을 지니고 있다.

표준원가 설정의 어려움

표준원가는 사전에 과학적이고 객관적인 방법으로 적정원가를 산정하는 것이 필수적이다. 그러나 표준원가 설정을 위한 과학적 조사기법의 이용과 미래 환경변화에 대한 합리적인 예측과 객관성을 요구하기 때문에 그리 쉬운 작업만은 아니다.

표준원가의 적정성

표준원가 그 자체는 영속적이며 미래의 지표가 아니라 매년(기간별) 개정되어야 한다. 이를 위해서는 다음과 같은 기본전제가 필요하다. 첫째, 제조원가 표준은 도달가능하며 합리적인 재료취득 가격과 제조공정이 항시 반영되어야 한다. 둘째, 적절한 경영수준에서 표준원가가 설정되어야 하며 적절한 기능별 예산하에서 조정되어야 한다. 셋째, 제조간접원가배부율은 공장이 정상적인 능력으로 조업할 때 얻을 수 있는 목표액으로 표시해야 한다. 넷째, 경영의사결정에 최대한 이용되도록 공식적인 보고제도가 유지되고 항상 실제원가와 비교 분석될 수 있어야 한다. 다섯째, 기능별 책임을 위해 모든 보고는 원가차이를 구분하여 제시하여야 한다.

예외에 의한 관리의 적정성

표준원가계산에서 원가차이의 예외에 의한 관리는 원가관리 및 통제에 유효한 방법이기는 하지만 예외사항에 대한 객관적인 기준이 없는 경우 양적인 정보만이 중시되고 질적인 예외관리가 무시될 우려가 있다. 또한, 예외사항에 대해서만 집중적으로 관리될 경우 허용범위 내에서 발생되는 실제원가의 증감상항에 대한 중요한 정보를 간과할 수 있다. 예외에 의한 관리는 종업원의 동기부여 측면에서도 문제가 발생할 수 있다. 즉, 성과평가가 주요한 예외사항에 대해서만 이루어지는 경우 자신에게 불리한 예외사항에 대해서만 관심이 편중될 수 있으며 오히려 감추려는 현상이 발생할 수도 있다. 더구나 예외사항에서 제외된 항목에 대해 원가절감의 성과가 있는 경우 이에 대한 보상이 이루어지지 않는다면 종업원들로 하여금 동기부여에 역영향을 미칠 수 있다.

원가차이 원인의 복합성

표준원가계산에 의한 원가차이를 계산한 경우 그에 대한 구체적인 원인파악이 쉽지 않다. 원가차이의 원인이 단일의 사유로 발생할 수도 있지만 대부분의 원가차이 발생이 복합적으로 이루어지기 때문에 원가차이 분석은 제조환경의 다양한 요인을 복합적으로 고려하여 신중하게 이루어져야 한다.

제2절 표준원가

1. 표준원가의 의의

표준(標準, standard)이란, 규격・기준・척도・규범・목적을 의미하며 회계학에서 말하는 표준은 특정작업의 능률을 측정하는 척도로서 성과평가의 근거가 되는 기준을 말한다. 표준원가(標準原價, standard cost)는 기업의 생산활동이 가장 능률적인 조건하에서 이루어질 경우의 원가요소를 과학적으로 분석하여 얻은 이상적인 원가를 말하며, 달성해야 할 목표원가인 동시에 예산편성 및 평가시스템의 기초가 된다. 표준원가는 과학적・통계적 방법 등을 이용하여 합리적으로 설정된 사전원가(事前原價, pre-estimated cost)이며 목표원가(目標原價, target cost)이다. 또한 일정한 능률을 바탕으로 제조과정에 상세한 검토과정을 거쳐 설정되는 예정원가(豫定原價, predetermined cost)이다. 일반적으로 예정원가는 표준원가와 예산원가로 구분되며, 예산원가는 세품 한 난위에 대하여 총액의 개념으로 표현되며, 표준원가는 단위당 원가개념으로 표시된다. 우리나라 원가계산준칙에서는 "사전에 객관적이고 합리적인 방법에 의하여 산정한 원가"를 표준원가로 규정하고 있다(준칙 26조 ①).

예정원가(predetermined cost): 제조작업 개시전에 과거의 경험을 기초로 하고, 어기에 장래의 예상을 가감하여 산출한 원가를 말하며, 사전계산에 의하여 산출된 견적원가 또는 추정원가라고도 한다. 입찰 또는 도급의 경우에 주문자에게 제출하는 가격은 예정원가에 의한 것이다. 대개 예정원가는 원가계산의 신속을 기하기 위하여 이루어지는 것으로, 나중에 실제원가와 비교되어 원가관리에 도움이 되기도 한다.

2. 표준원가의 분류

표준원가는 수정빈도 즉, 어느 정도의 기간 동안 사용하는지에 따라 기준표준원가(基準標準原價, basic standard cost)와 당좌표준원가(當座標準原價, current standard cost)로 구분할 수 있으며, 당좌표준원가는 표준의 달성난이도에 따라 이상표준원가와 정상표준원가, 달성가능표준원가로 분류된다. 기준표준원가는 실제원가의 변동상황을 측정할 목적으로 장기간의 조업도·가격·능률 등을 전제로 하여 장기간에 걸쳐 고정된 표준원가를 말한다. 이에 반해 당좌표준원가는 경영의 구조변화와 더불어 가격·작업능률·조업도 조건 등의 변화를 고려하여 비교적 단기적으로 사용되는 표준원가를 말하며, 일반적으로 1년에 한번 이상 수정되는 표준원가이다. 우리나라 원가계산준칙에서는 "표준원가는 생산의 조건등에 변화가 있는 경우 이를 적절히 수정한다."(준칙 제31조)라고 규정하고 있어 우리나라에서의 표준원가는 암묵적으로 당좌표준원가를 의미한다고 볼 수 있다. 이하에서는 당좌표준원가의 달성 난이도에 따라 분류되는 이상표준원가·정상표준원가·기대실제표준원가에 대해 설명하겠다.

목표원가(target cost): 제품에 대해 기업이 최대로 허용가능한 원가이며, 동시에 기업이 필요로 하는 필수수익을 얻게 해주는 원가를 말한다.

사전원가계산은 견적원가계산과 표준원가계산으로 구별된다.

견적원가계산은 제품의 제조활동이나 판매활동을 위하여 소비될 것이라 예상되는 견적원가를 설정하고 이것을 실제원가와 비교하여 원가차이를 분석하는 계산방법이다.

이상표준원가

이상표준원가(理想標準原價, ideal standard cost)는 이론적 표준원가(theoretical standard cost) 또는 완전표준원가(perfect standard cost)라고도 하며, 기술적으로 최고의 조업도와 최고의 능률 수준에서 나타나는 최저원가를 말한다. 이상표준원가는 기술적으로 최고의 조업도와 최고의 능률 수준을 요구하기 때문에 기존 설비와 제조공정에서 발생할 수 있는 기계고장·정상공손·작업자의 유휴시간 등을 허용하지 않는다. 따라서 현실적으로 달성하기 어려운 표준원가이며 종업원의 동기부여에도 역효과를 초래하여 원가관리 및 재무제표작성 목적에 적합하지 않다.

정상표준원가

정상표준원가(正常標準原價, normal standard cost)는 정상적인 수준에서의 표준원가를 말한다. 여기서 정상이란 경영활동에서 이상 또는 우발적인 상황을 제거한 것으로 일반적으로 계절이나 주기적인 경기변동 등의 요인에 의해 발생되는 변동을 평균화한 것으로 정의된다. 따라서 정상적인 작업조건 하에서 평균작업자가 합리적 수준의 노력에 의해 달성가능한 표준원가가 정상표준원가이다. 그러나 정상표준원가는 경제환경이 비교적 안정적인 경우에 원가관리나 재무제표작성 목적에 적합하며, 물가변동이나 기술 및 경제환경 변화가 심한 경우에는 적합하지 않다.

기대실제표준원가

기대실제표준원가(期待實際標準原價, expected actual standard cost)는 현재의 여건 하에서 불가피한 비능률을 고려하여 설정된 표준원가를 말한다. 기대실제표준원가는 기계가동 중단, 공손과 유휴시간 등을 허용하며 작업자가 다소 노력을 하면 달성할 수 있는 정도의 표준원가이므로 달성가능표준원가 또는 실제표준원가라고도 하며, 기업 예산편성에 주로 이용되기 때문에 예산조업도표준원가(budget capacity standard cost)이다. 또한 기간손익계산 및 원가관리 목적을 위하여 사용되며, 표준원가계산시스템에서의 표준원가는 기대실제표준원가를 지칭한다. 우리나라 원가계산준칙에서는 "표준원가는 회사의 제반사정을 고려하여 현실적으로 달성가능하도록 설정한다."라고 규정하고 있다(준칙 제26조 ②).

제3절 표준원가의 설정

표준원가계산은 표준원가를 설정하는 것으로부터 시작되며 정확하고 신뢰성 있는 표준원가 설정은 원가차이분석을 통한 원가관리에 중요한 전제조건이기도 하다. 표준원가는 기본적으로 물량단위로 표시되는 물량표준(物量標準, physical standard)과 화폐금액으로 표시되는 가격표준(價格標準, price standard)으로 구성되며 다음과 같은 산식으로 표현된다.

표준원가 = 물량표준 × 가격표준

표준원가는 앞에서 설명하였듯이 기대실제표준원가를 사용한다. 이를 위해 가장 많이 사용되는 방법은 다양한 조업도 수준에서 반복적이고 계절적인 과거원가의 평균적인 추세를 고려하게 되는데, 과거의 원가자료는 검증된 자료이며 미래를 예측할 수 있는 근거이기도 하다. 그러나 비능률이 포함된 과거자료인지에 대해서는 철저한 주의가 필요하다. 또한, 과거자료뿐만 아니라 변화하는 경제환경, 제품수요, 생산요소, 기술수준 등도 반영되어야 하며 미래 경영의사결정을 위한 표준원가이어야 한다. 표준원가의 설정은 원가요소별로 이루어지며 직접재료원가 、직접노무원가 、변동제조간접원가 、고정제조간접원가로 구분하여 설정된다.

1. 표준직접재료원가의 설정

표준직접재료원가는 재료종류별로 표준재료수량에 표준가격을 곱하여 설정한다. 표준직접재료수량은 제품 한 단위 생산에 투입될 직접재료의 표준수량을 의미하며, 기술적 검토를 통한 산업공학적 방법이나 과거의 평균치 등을 이용하여 설정하게 되는데, 표준수량은 제품별로 필요한 재료 및 부품의 종류 、품질 、가공방법 및 순서 등을 고려하여 결정되며, 정상적인 범위에서의 작업폐물 、공손 、감손 또는 정상적인 범위에서의 비능률을 고려하여 설정한다.

표준가격은 재료 한 단위의 표준구입가격을 의미하며, 시장에서 형성된 가격을 기준으로 미래의 가격변동 、경제적 주문량 및 결제방법 、거래관습 등을 고려하여 설정한다. 또한, 표준가격에는 구입에 따른 부대비용과 매입에누리 등이 고려되어 설정된다.

$$\text{표준직접재료원가}(SQ \times SP) = \text{표준직접재료수량}(SQ) \times \text{표준가격}(SP)$$

재료종류	표준수량 (재료)	표준가격	표준원가
AA-1	5kg	@₩100	₩500
AB-1	6kg	150	900
			@₩1,400/단위

2. 표준직접노무원가의 설정

표준직접노무원가는 표준직접작업시간에 작업시간당 표준임률을 곱하여 설정한다. 표준작업시간은 제품 한 단위를 생산하기 위하여 필요한 작업시간의 표준을 의미한다. 표준작업시간에는 시간연구·동작연구를 통하여 제품제조에 필요한 기계공구·작업방법 및 순서·작업자의 작업수준 등을 정하고, 작업자의 기본적인 휴식이나 대기시간 등과 같은 유휴시간 등을 고려하여 결정된다. 표준작업시간은 작업자의 동기부여를 위해 너무 이상적이거나 너무 느슨한 정도이어서는 곤란할 것이다. 원가관리 및 통제와 인간의 노동이라는 측면을 종합적으로 고려해야 하는 만큼 쉽지만은 않다.

표준임률은 표준설정 기간 중에 지급할 것으로 예상되는 임금의 단위당 가격을 의미하며, 기본급뿐만 아니라 상여금·수당·복리후생비 등 인건비 성격을 지닌 모든 요소를 고려하여 설정한다. 임률은 작업자의 작업숙련도·근속년수·부서 등에 따다 다르지만 일반적으로 노사협약에 의한다. 성과급제의 경우는 생산량과는 관계없이 지급임률이 일정하므로 제품 한 단위당 지급임률이 바로 표준임률이 되며, 시간급제의 경우는 예정금여총액을 예정총작업시간으로 나누어 시간 당 표준임률을 계산한다.

표준직접노무원가($SQ \times SP$) = 표준직접작업시간(SQ) × 표준임률(SP)

부문	표준수량 (작업시간)	표준임률	표준원가
A부문	4시간	@₩100/시간	₩400
B부문	2시간	200/시간	400
			@₩800/단위

3. 표준제조간접원가의 설정

제조간접원가는 조업도와의 관계에 따라 원가행태별로 변동원가와 고정원가로 구성되어 있으며, 투입과 산출 간의 최적관계를 파악하기 어렵기 때문에 표준제조간접원가는 조업도(생산량)의 변동에 대한 원가행태에 따라 변동제조간접원가와 고정제조간접원가로 구분하여 표준을 설정한다.

표준변동제조간접원가는 조업도에 비례하여 원가총액이 변동하는 원가이며, 제품 단위당 표준조업도에 조업도 단위당 변동제조간접원가 표준배부율을 곱하여 설정한다. 여기서 조업도는 일반적으로 직접작업시간, 기계시간, 생산량 등이 주로 이용된다. 제품 단위당 표준조업도는 제품 한 단위를 생산하기 위해 허용된 표준조업도를 말한다. 표준배부율은 특정예산기간의 변동제조간접원가 예산액을 기준조업도로 나누어 설정된다.

표준변동제조간접원가($SQ \times SP$) = 표준조업도(SQ) × 변동제조간접원가 표준배부율(SP)

* 표준배부율 = 특정예산기간의 변동제조간접원가예산액 ÷ 기준조업도

표준고정제조간접원가는 조업도와 관계없이 총액이 일정한 제조간접원가이며, 제품 단위당 표준조업도에 조업도 단위당 고정제조간접원가 표준배부율을 곱하여 설정한다. 고정제조간접원가 표준배부율은 특정예산기간의 고정제조간접원가 예산액을 기준조업도로 나누어 구한다. 여기서 중요한 것은 기준조업도를 무엇으로 하느냐이다. 변동제조간접원가 표준배부율을 구할 때와 마찬가지로 기준조업도는 이론적 최대조업도、실제적 최대조업도、정상조업도、기대실제조업도가 있다. 일반적으로 실무에서는 기준조업도로서 기대실제조업도를 이용하고 있다.

표준고정제조간접원가($SQ \times SP$) = 표준조업도(SQ) × 고정제조간접원가 표준배부율(SP)

* 표준배부율 = 특정예산기간의 변동제조간접원가예산액 ÷ 기준조업도

	표준수량 (조업도)	표준가격 (배부율)	표준원가
변동제조간접원가	6시간	@₩80/시간	₩480
고정제조간접원가	6시간	70/시간	420
			@₩900/단위

제4절 표준원가의 차이분석

표준원가계산은 실제원가와 표준원가 간의 차이를 분석하여 원가관리 및 예산관리 목적에 유용한 정보를 제공해 준다. 실제원가와 표준원가 간의 차이를 원가차이(원가차이, cost variance) 또는 표준원가차이(표준원가차이. standard cost vatiance)라고도 한다. 표준원가의 차이분석은 원가요소별로 실시되며, 부문별 및 제품별로도 실시된다. 원가요소별 원가차이는 직접재료원가、직접노무원가、변동제조간접원가、고정제조간접원가로 나누어 총차이를 구한 후 각각의 원가요소에 대해 가격차이(價格差異, price variance)와 능률차이(能率差異, efficiency variance)를 구한다.

원가차이는 실제원가와 표준원가 간의 차이로서 양(+)의 값으로 표시될 수 있고, 음(-)의 값으로 표시될 수 있다. 실제원가와 표준원가 간의 차이가 양(+)의 값을 표시되는 경우를 불리한 차이(unfavorable variance: U), 음(-)의 값을 표시되는 경우를 유리한 차이(favorable variance: F)라 한다. 유리한 차이는 영업이익을 증가시키는 차이이며, 불리한 차이는 영업이익을 감소시키는 차이이지만, 유리한 차이 또는 불리한 차이는 이러한 의미를 표현할 뿐 원가관리나 예산관리에 긍정적이거나 부정적인 결과를 의미하는 것은 아니다. 예를 들어 직접재료원가의 가격차이가 불리한 차이로 나타났다 하더라도 원재료의 시장 구입가격이 상승하여 불가피하게 발생한 경우일 수도 있으며, 불리한 차이의 원인이 재고파악을 잘 못하여 긴급주문에 의한 경우도 있기 때문에 유리한 차이 또는 불리한 차이의 의미보다는 원가차이의 원인분석이 무엇보다 중요하다.

원가요소별 원가차이는 그 명칭을 달리하고 있는데, 이는 각 원가요소의 특성을 반영하기 위한 것이다. 원가요소별 원가차이의 명칭은 [표 12-1]과 같다.

[표 12-1] 원가요소별 원가차이

원가요소	가격차이	능률차이
직접재료원가	가격차이・구입가격차이	수량차이
직접노무원가	임률차이	시간차이
변동제조간접원가	소비차이	능률차이
고정제조간접원가	예산차이(소비차이)	조업도차이

[그림 12-1] 원가차이분석 모형

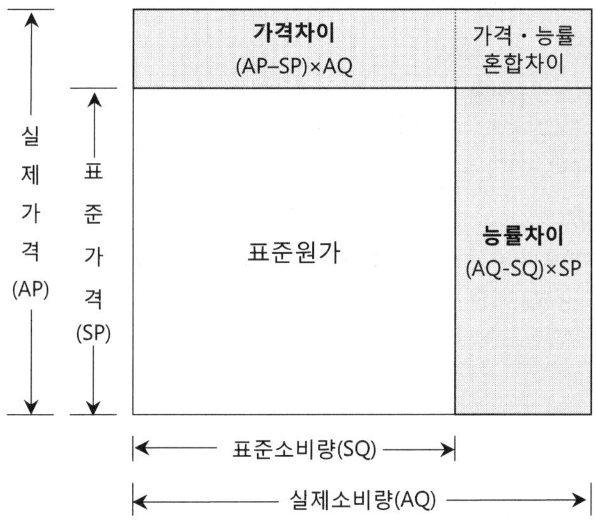

[그림 12-1]의 모형에서 보는 바와 같이 원가차이는 가격차이와 능률차이 이외에 가격·능률혼합차이가 있음을 알 수 있다. 가격·능률혼합차이는 별다른 의미를 가지고 있지 않으며, 일반적으로 가격차이에 포함시키게 된다. 가격차이는 실제구입가격과 표준구입가격간의 차이이며 실제소비량을 기준으로 측정하게 되는데, 가격차이는 일반적으로 통제불가능한 외부요인에 의해 발생되는 경우가 대부분이며, 수량차이는 통제가능한 내부요인에 의해 발생된다. 원가관리 차원에서는 통제불가능한 가격차이보다는 통제가능한 수량차이가 중요시되므로 외부적 시장가격의 요인을 제거하기 위하여 수량차이는 표준가격을 기준으로 실제소비량과 표준소비량의 차이를 계산한다. 따라서 가격·능률혼합차이를 가격차이에 포함시킨다. 원가차이를 계산하기 위해서는 산식에 의한 방법이 있으며, 다음과 같은 분석틀을 이용하는 방법이 있다.

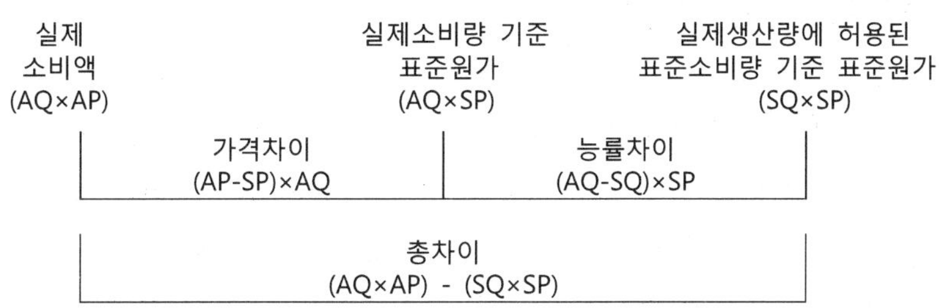

□ 총차이
　= 실제발생액 – 실제생산량에 허용된 표준소비량기준 표준원가

□ 가격차이
　= (실제소비량 × 실제가격) - (실제소비량 × 표준가격)
　= (실제가격 – 표준가격) × 실제소비량
　= (AP – SP) × AQ

□ 수량차이
　= (실제소비량 × 표준가격) - (표준소비량 × 표준가격)
　= (실제소비량 – 표준소비량) × 표준가격
　= (AQ – SQ) × SP

1. 직접재료원가 차이분석

직접재료원가차이(直接材料原價差異, direct material cost variance)는 직접재료원가 실제발생액과 실제생산량에 허용된 표준직접재료원가와의 차이를 말하며, 재료의 종류별로 직접재료원가 가격차이(價格차이, material price variance)와 직접재료원가 수량차이(收量差異, material usage variance)로 나누어진다.

직접재료원가차이 중 수량차이는 소비시점에 계산되지만, 가격차이는 재료의 소비시점에서 계산할 수 있고, 구입시점에서 계산할 수 있다. 직접재료원가 가격차이를 재료의 구입시점에 계산하는 경우에는 구입가격차이로 가격차이와 명칭을 달리한다.

■ 직접재료 원가차이

직접재료의 소비시점에 원가차이를 구분하는 경우

직접재료의 소비시점에 직접재료원가의 원가차이를 구하는 경우에는 가격차이와 수량차이를 함께 계산하게 된다. 직접재료원가 가격차이는 실제소비량(AQ)에 실제구입가격(AP)을 곱한 직접재료원가 실제소비액(AQ×AP)과 실제소비량(AQ)에 표준구입가격(SP)을 곱한 실제소비량 기준 표준직접재료원가(AQ×SP) 간의 차이로 계산하며, 직접재료원가 수량차이는 실제소비량(AQ)에 표준구입가격(SP)을 곱한 실제소비량 기준 표준직접재료원가(AQ×SP)와 실제생산량에 허용된 표준소비량

(SQ)에 표준구입가격(SP)을 곱한 실제생산량에 허용된 표준직접재료원가(SQ×SP) 간의 차이로 계산한다.

□ 직접재료원가 총차이
  = 실제직접재료소비액 – 실제생산량에 허용된 표준직접재료원가

□ 직접재료원가 가격차이(소비시점)
  = (실제소비량 × 실제구입가격) - (실제소비량 × 표준구입가격)
  = (실제구입가격 – 표준구입가격) × 실제소비량
  = (AP – SP) × AQ

□ 직접재료원가 수량차이(소비시점)
  = (실제소비량 × 표준구입가격) - (표준소비량 × 표준구입가격)
  = (실제소비량 – 표준소비량) × 표준구입가격
  = (AQ – SQ) × SP

실제 소비액 (AQ×AP)	실제소비량 기준 표준원가 (AQ×SP)	실제생산량에 허용된 표준소비량 기준 표준원가 (SQ×SP)

직접재료 가격차이 (AP-SP)×AQ	직접재료 수량차이 (AQ-SQ)×SP

직접재료원가 총차이 (AQ×AP) - (SQ×SP)

직접재료의 구입시점에 가격차이를 구분하는 경우

직접재료의 구입시점에 직접재료원가 가격차이를 구하는 경우에는 실제구입량(AQ_p)에 실제구입가격(AP)을 곱한 금액과 실제구입량(AQ_p)에 표준구입가격(SP)을 곱한 금액간의 차이로 계산한다. 직접재료원가의 가격차이를 구입시점에 계산하는 이유는 가격차이의 원인에 대한 분석과 문제점 해결을 가급적 빠르게 인식 、측정하기 위해서이다. 재료의 구매담당은 생산부문보다는 구매부문에서 이루어지게 되므로 발생원인에 대한 신속한 조치를 취할 수 있기 때문이다. 직접재료의 구입시점에 가격차이를 계산하는 산식은 다음과 같다.

□ 직접재료원가 총차이
  = 실제직접재료구입액 – 실제생산량에 허용된 표준직접재료원가

□ 직접재료원가 구입가격차이(구입시점)
  = (실제구입량 × 실제구입가격) - (실제구입량 × 표준구입가격)
  = (실제구입가격 – 표준구입가격) × 실제구입량
  = (AP – SP) × AQ_p

□ 직접재료원가 수량차이(소비시점)

= (실제소비량 × 표준구입가격) - (표준소비량 × 표준구입가격)

= (실제소비량 − 표준소비량) × 표준구입가격

= (AQ − SQ) × SP

실제 구입액 (AQ_p×AP)

실제구입량 기준 표준원가 (AQ_p×SP)

직접재료 구입가격차이 (AP-SP)×AQ

실제소비량 기준 표준원가 (AQ×SP)

실제생산량에 허용된 표준소비량 기준 표준원가 (SQ×SP)

직접재료 수량차이 (AQ-SQ)×SP

직접재료원가 총차이 (AQ_p×AP) - (SQ×SP)

예제 12-1 직접재료원가 차이

A회사는 표준원가계산제도를 적용하고 있다. 당기의 직접재료와 관련한 생산자료와 실제 및 표준원가 자료는 다음과 같다.

1. 당기의 예정생산량은 2,000개이며, 실제생산량은 1,800개이다.
2. 당기에 제품생산을 위하여 4,000kg의 원재료를 ₩100,000에 외상구입하였으며, 이중 3,500kg을 생산에 투입하였다.
3. 직접재료원가에 대한 표준원가는 다음과 같다.

표준수량	표준가격	표준원가
2kg	@₩20	₩40

[물음사항]

1. 직접재료원가의 가격차이를 소비시점에 분리하는 경우, 직접재료원가의 가격차이와 수량차이를 계산하시오.
2. 직접재료원가의 가격차이를 구입시점에 분리하는 경우, 직접재료원가의 구입가격차이와 수량차이를 계산하시오.

■ 풀이

1. 소비시점

실제 소비액 (AQ×AP) (3,500kg×@₩25) = ₩87,500

실제소비량 기준 표준원가 (AQ×SP) (3,500kg×@₩20) = ₩70,000

실제생산량에 허용된 표준소비량 기준 표준원가 (SQ×SP) [(1,800개×2kg)×@₩20] = ₩72,000

직접재료 가격차이 (AP-SP)×AQ ₩17,500(불, U)

직접재료 수량차이 (AQ-SQ)×SP ₩2,000(유, F)

직접재료원가 총차이 (AQ×AP) - (SQ×SP) ₩15,500(불, U)

* 실제 구입가격 = ₩100,000 ÷ 4,000kg = @₩25/kg

2. 구입시점

실제 구입액
(AQ_p×AP)
(4,000kg×@₩25)
= ₩100,000

실제구입량 기준 표준원가
(AQ_p×SP)
(4,000kg×@₩20)
= ₩80,000

직접재료 구입가격차이
(AP-SP)×AQ
₩20,000(불, U)

실제소비량 기준 표준원가
(AQ×SP)
(3,500kg×@₩20)
= ₩70,000

실제생산량에 허용된 표준소비량 기준 표준원가
(SQ×SP)
[(1,800개×2kg)×@₩20]
= ₩72,000

직접재료 수량차이
(AQ-SQ)×SP
= ₩2,000(유, F)

직접재료원가 총차이
(AQ_p×AP) - (SQ×SP)
= ₩18,000(불, U)

■ 직접재료원가 차이의 원인분석

직접재료원가 가격차이

직접재료원가의 가격차이는 주로 외부적 요인에 의하여 유리한 차이와 불리한 차이가 발생된다. 가격차이의 대표적인 몇 가지를 예로 들면 다음과 같다.

첫째, 재료시장의 수급상황에 따른 시장가격의 변동.

재료시장의 가격이 상승하여 불리한 가격차이가 발생되었다면 통제불능의 요인에 의한 것이므로 구매부서의 책임은 없다. 그러나 시장가격 동향 등의 파악 및 예측과 관련하여서는 원가관리 및 경영관리차원에서라도 주요 관리대상이다.

둘째, 긴급주문 및 재고관리의 실패.

긴급주문이나 예상하지 못한 생산일정 등의 변화로 인하여 표준가격보다 높은 가격으로 재료를 구매하여 불리한 가격차이가 발생되었다면 구매부서보다는 생산부서에 책임이 있다. 그러나 재고관리를 잘못하여 불리한 가격차이가 발생되었다면 구매부서의 책임이라 하겠다.

셋째, 통제가능한 재료구입 요소의 관리 실패.

재료의 경제적 주문량、구입처 선정의 실패、매입할인기회의 상실、구입방법의 미숙 등 재료의 구입과 관련한 다양한 요소들을 통제할 수 있는 부서는 구매부서이므로 이로 인한 가격차이의 책임은 구매부서일 것이다.

직접재료원가 수량차이

직접재료원가의 수량차이는 주로 내부적 요인에 의한 부분이 크며, 수량차이의 대표적인 몇 가지를 예로 들면 다음과 같다.

첫째, 재료의 비효율적 소비.

생산과정에서 작업자의 부주의로 인하여 재료가 낭비되거나 재작업 등의 원인으로 인하여 표준재료소비량을 초과하여 발생하게 된다. 생산부서의 책임이며 하위작업자보다는 상위관리자 및 상위경영자의 책임이다.

둘째, 규격미달 및 불량재료의 사용.

품질수준이 낮은 재료를 사용함으로써 공손이나 불필요한 재작업이 이루어지게 되어 표준재료소비량을 초과하여 발생하게 된다. 이러한 원인에 대한 책임은 생산부서보다는 구매부서의 책임이다.

셋째, 기계설비와 공구의 정비불량.

기계설비와 공구의 정비불량으로 인한 비정상공손발생、재작업 등은 재료소비의 낭비를 초래하게 된다. 생산부서의 책임이다.

2. 직접노무원가 차이분석

직접노무원가차이(直接勞務原價差異, direct labor cost variance)는 직접노무원가 실제발생액과 실제생산량에 허용된 표준직접노무원가와의 차이를 말하며, 작업자의 유형별로 직접노무원가 임률차이(任率差異, labor rate variance)와 직접노무원가 시간차이(時間差異, labor hour variance)로 나누어진다.

■ 직접노무원가 차이

직접노무원가 차이는 소비시점에서 임률차이와 시간차이가 계산된다. 직접노무원가 임률차이는 실제작업시간(AQ)에 실제임률(AP)을 곱한 실제직접노무원가 소비액(AQ×AP)과 실제작업시간(AQ)에 표준임률(SP)을 곱한 실제작업시간 기준 표준직접노무원가(AQ×SP) 간의 차이로 계산한다.

직접노무원가 시간차이는 실제작업시간(AQ)에 표준임률(SP)을 곱한 실제작업시간 기준 표준직접노무원가(AQ×SP)와 실제생산량에 허용된 표준작업시간(SQ)에 표준임률(SP)을 곱한 실제생산량에 허용된 표준직접노무원가(SQ×SP) 간의 차이로 계산한다.

□ 직접노무원가 총차이
= 실제직접노무원가소비액 – 실제생산량에 허용된 표준직접노무원가

□ 직접노무원가 임률차이
= (실제작업시간 × 실제임률) - (실제작업시간 × 표준임률)
= (실제임률 – 표준임률) × 실제작업시간
= (AP – SP) × AQ

□ 직접노무원가 시간차이
= (실제작업시간 × 표준임률) - (표준작업시간 × 표준임률)
= (실제작업시간 – 표준작업시간) × 표준임률
= (AQ – SQ) × SP

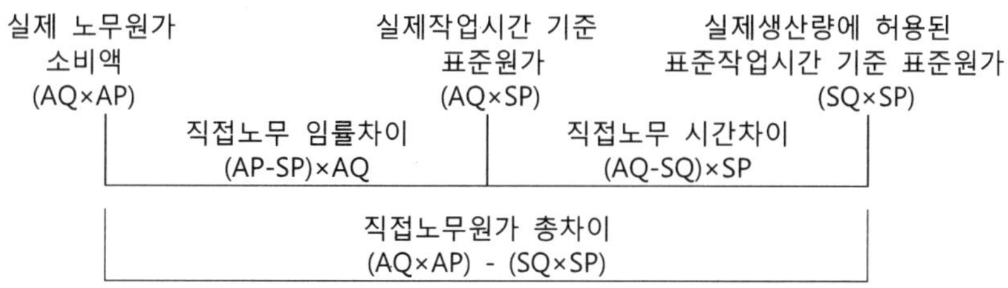

예제 12-2 직접노무원가 차이

A회사는 표준원가계산제도를 적용하고 있다. 당기의 직접노무원가와 관련한 생산자료와 실제 및 표준원가 자료는 다음과 같다.

1. 당기의 예정생산량은 2,000개이며, 실제생산량은 1,800개이다.
2. 당기에 제품생산을 위한 실제직접작업시간은 7,000시간이며, 실제임률은 @₩52이다.
3. 직접노무원가에 대한 표준원가는 다음과 같다.

표준수량	표준가격	표준원가
4시간	@₩50	₩200

[물음사항]

1. 직접노무원가의 임률차이와 시간차이를 계산하시오.

■ 풀이

실제 노무원가 소비액 (AQ×AP)	실제작업시간 기준 표준원가 (AQ×SP)	실제생산량에 허용된 표준작업시간 기준 표준원가 (SQ×SP)
(7,000시간×@₩52) = ₩364,000	(7,000시간×@₩50) = ₩350,000	[(1,800개×4시간)×@₩50] = ₩360,000

직접노무 임률차이
(AP-SP)×AQ
₩14,000(불, U)

직접노무 시간차이
(AQ-SQ)×SP
₩10,000(유, F)

직접노무원가 총차이
(AQ×AP) - (SQ×SP)
₩4,000(불, U)

■ 직접노무원가 차이의 원인분석

직접노무원가 임률차이

직접노무원가의 임률차이는 직접작업시간이 동일하다고 가정할 경우 임률의 변동이 노무원가에 미치는 영향을 나타낸다. 임률차이의 대표적인 몇 가지를 예로 들면 다음과 같다.

첫째, 임률의 변동.

임률의 변동은 사실상 노사간 단체협약에 의할 수 있으며, 물가상승 등의 원인에 의해서도 임률이 변동될 수 있어 책임측면을 가름하기가 어렵다.

둘째, 직접작업자의 구성.

작업 공정에서 단순작업자의 작업공정에 고급기술자를 배치하는 경우 작업시간은 단축할 수 있지만, 오히려 높은 임률을 지불하게 되므로써 임률차이를 초래할 수 있다. 생산부서의 작업관리자 책임이다.

셋째, 초과작업시간의 발생.

생산부서에서 작업량이 증가하여 초과근무시간이 발생하는 경우 초과근무수당이 지급되는 경우 임률차이가 발생한다. 작업량 증가가 생산계획의 차질에 의한 것인지 아니면 긴급주문에 의한 것인지의 여부에 따라 책임관계를 판단해야 할 것이다.

직접노무원가 시간차이

직접노무원가의 시간차이는 동일한 표준임률하에서 실제작업시간과 실제생산량에 허용된 표준작업시간간의 차이가 직접노무원가에 미치는 영향을 나타낸다.

시간차이는 직접재료원가차이와 직·간접적으로 관련되어 있어 원가차이 분석에 주의하여야 한다.

첫째, 작업방법이나 작업조건의 변경

작업방법이나 작업조긴 등의 변경으로 인하여 직접작업시긴의 증감을 초래할 수 있다. 이러한 원인에 대한 책임은 상위관리자 및 상위경영자의 책임이다.

둘째, 작업능률의 저하

작업자의 태만·작업환경의 변경·종업원 교육훈련 부족·작업자 배치의 부적합 등에 의한 작업능률의 저하는 직접작업시간을 증가시킬 수 있다. 기본적으로 생산부서의 관리자 책임이다.

셋째, 규격미달의 재료사용.

품질규격에 미달된 재료의 사용으로 재작업이 이루어지게 된다면 추가작업시간이 발생하게 되며, 생산부서보다는 재료의 구매부서의 책임이다.

3. 변동제조간접원가 차이분석

변동제조간접원가차이(變動製造間接原價差異, variable overhead variance)는 실제 변동제조간접원가와 실제생산량에 허용된 표준변동제조간접원가와의 차이를 말하며, 변동제조간접원가 예산차이(豫算差異, budget variance)라고도 한다. 변동제조간접원가차이는 변동제조간접원가 소비차이(消費差異, variable overhead spending variance)와 변동제조간접원가 능률차이(能率差異, variable overhead efficiency variance)로 나누어진다. 변동제조간접원가는 소비시점에서 소비차이와 능률차이가 계산된다.

■ 변동제조간접원가 차이

변동제조간접원가 소비차이는 실제조업도(AQ)에 변동제조간접원가 실제배부율(AP)을 곱한 변동제조간접원가 실제발생총액(AQ×AP)에서 실제조업도(AQ)에 변동제조간접원가 표준배부율(SP)을 곱한 표준변동제조간접원가(AQ×SP) 간의 차이로 계산한다.

변동제조간접원가 능률차이는 실제조업도(AQ)에 변동제조간접원가 표준배부율

(SP)을 곱한 표준변동제조간접원가(AQ×SP)와 실제생산량에 허용된 표준조업도(SQ)에 변동제조간접원가 표준배부율(SP)을 곱한 실제생산량 기준 표준변동제조간접원가(SQ×SP) 간의 차이로 계산한다.

□ 변동제조간접원가 총차이
　　= 변동제조간접원가 실제소비총액 − 실제생산량에 허용된 표준변동제조간접원가

□ 변동제조간접원가 소비차이
　　= (실제조업도 × 변동제조간접원가 실제배부율)
　　　- (실제조업도 × 변동제조간접원가 표준배부율)
　　= (변동제조간접원가 실제배부율 − 변동제조간접원가 표준배부율) × 실제조업도
　　= (AP − SP) × AQ

□ 변동제조간접원가 능률차이
　　= (실제조업도 × 변동제조간접원가 표준배부율)
　　　- (표준조업도 × 변동제조간접원가 표준배부율)
　　= (실제조업도 − 표준조업도) × 변동제조간접원가 표준배부율
　　= (AQ − SQ) × SP

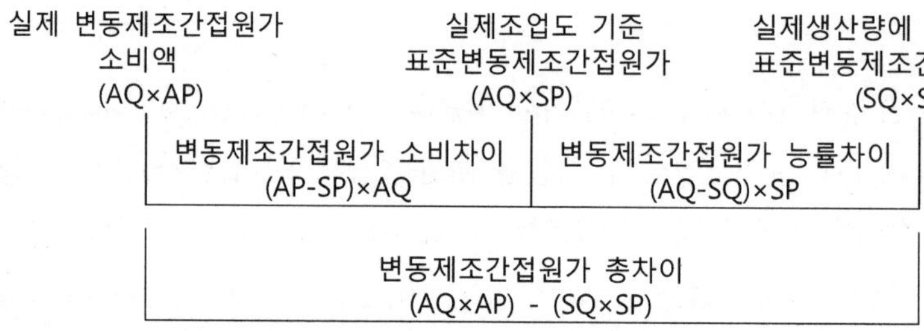

예제 12-3 변동제조간접원가 차이

A회사는 표준원가계산제도를 적용하고 있다. 변동제조간접원가는 직접작업시간을 기준으로 제품에 배부한다. 생산 자료와 실제 및 표준원가 자료는 다음과 같다.

1. 당기의 예정생산량은 2,000개이며, 실제생산량은 1,800개이다.
2. 당기에 제품생산을 위한 실제직접작업시간은 7,000시간이다.
3. 당기에 실제변동제조간접원가는 ₩98,000 발생하였다.
4. 변동제조간접원가에 대한 표준원가는 다음과 같다.

표준수량	표준가격	표준원가
4시간	@₩15	₩60

[물음사항]

1. 변동제조간접원가에 대한 소비차이와 능률차이를 계산하시오.

■ 풀이

실제 변동제조간접원가 소비액 (AQ×AP)	실제조업도 기준 표준변동제조간접원가 (AQ×SP)	실제생산량에 허용된 표준변동제조간접원가 (SQ×SP)
(7,000시간×@₩14) = ₩98,000	(7,000시간×@₩15) = ₩105,000	[(1,800개×4시간)×@₩15] = ₩108,000

변동제조간접원가 소비차이	변동제조간접원가 능률차이
(AP-SP)×AQ	(AQ-SQ)×SP
₩7,000(유, F)	₩3,000(유, F)

변동제조간접원가 총차이
(AQ×AP) - (SQ×SP)
₩10,000(유, F)

* 변동제조간접원가 실제배부율 = ₩98,000 ÷ 7,000시간 = @₩14

■ 변동제조간접원가 차이의 원인분석

변동제조간접원가 소비차이

변동제조간접원가는 간접재료원가 · 간접노무원가 · 전력비 및 수선비 등 조업도와 비례적인 제조간접원가 항목들로 구성되어 있어 차이의 원인이 다소 복합적이다. 소비차이의 대표적인 몇 가지를 예로 들면 다음과 같다.

섯째, 물가의 변동.

간접재료의 시장가격이 변동되거나 임률 및 서비스요금의 변동은 변동제조간접원가의 소비차이를 발생시킨다. 물가변동에 의한 원가차이는 통제불능의 원인이기 때문에 관련 부문의 책임은 아니다. 그러나 경영계획 및 원가관리 측면에서 영향을 미치는 요인임에는 틀림이 없다.

둘째, 계절적 영향.

계절적인 소비량이 증가함으로 인해 변동제조간접원가 소비차이를 발생시킬 수 있다. 무더운 여름이나 추운 겨울의 전력비 사용을 예로 들 수 있다.

셋째, 낭비에 의한 예산초과

변동제조간접원가 항목의 비능률적 사용으로 인하여 예산초과를 초래할 수 있다. 낭비의 원인을 초래한 부서의 책임이다.

변동제조간접원가 능률차이

변동제조간접원가의 능률차이는 직접노무원가 능률차이와 동일한 원인에 의해서 발생된다. 변동제조간접원가 배부율 계산에서 이용되는 조업도는 능률과 관련이 있으며, 직접작업시간을 조업도로 이용되는 경우 직접노무원가 시간차이(능률차이)는 변동제조간접원가 능률차이에 영향을 미치게 된다. 따라서 변동제조간접원가 능률차이의 원인분석은 직접노무원가 시간차이의 내용을 참고하면 된다.

4. 고정제조간접원가 차이분석

고정제조간접원가차이(固定製造間接原價差異, fixed overhead variance)는 실제고정제조간접원가와 실제생산량에 허용된 표준고정제조간접원가와의 차이를 말하며, 고정제조간접원가 예산차이(豫算差異, fixed overhead budget variance)와 고정제조간접원가 조업도차이(操業度差異, fixed overhead volume variance)로 나누어진다. 고정제조간접원가는 소비시점에서 예산차이와 조업도차이가 계산된다.

■ 고정제조간접원가 차이

고정제조간접원가 예산차이는 실제고정제조간접원가와 고정제조간접원가예산액과의 차이로 계산한다. 여기서 실제고정제조간접원가(AQ×AP)는 실제조업도(AQ)에 고정제조간접원가 실제배부율(AP)을 곱한 금액이며, 고정제조간접원가예산액(MH×SP)은 기준조업도(MH)에 고정제조간접원가 표준배부율을 곱한 금액이다.

고정제조간접원가 조업도차이는 기준조업도(MH)에 고정제조간접원가 표준배부율을 곱한 고정제조간접원가예산액((MH×SP)과 실제생산량에 허용된 표준조업도(SQ)에 고정제조간접원가 표준배부율(SP)를 곱한 실제생산량에 허용된 표준고정제조간접원가(SQ×SP)와의 차이를 계산한다.

□ 고정제조간접원가 총차이
　= 고정제조간접원가 실제소비총액 – 실제생산량에 허용된 표준고정제조간접원가

□ 고정제조간접원가 예산차이
　= (실제조업도 × 고정제조간접원가 실제배부율)
　　- (기준조업도 × 고정제조간접원가 표준배부율)
　= (변동제조간접원가 실제배부율 – 변동제조간접원가 표준배부율) × 실제조업도
　= (AQ×AP) - (MH×SP)

□ 고정제조간접원가 조업도차이

= (기준조업도 × 고정제조간접원가 표준배부율)

- (표준조업도 × 고정제조간접원가 표준배부율)

= (기준조업도 - 표준조업도) × 변동제조간접원가 표준배부율

= (MH - SQ) × SP

실제 고정제조간접원가 소비액 (AQ×AP)	기준조업도 기준 표준고정제조간접원가(예산액) (MH×SP)	실제생산량에 허용된 표준고정제조간접원가 (SQ×SP)

고정제조간접원가 예산차이
(AQ-AP)-(MH×SP)

고정제조간접원가 조업도차이
(MH-SQ)×SP

고정제조간접원가 총차이
(AQ×AP)-(SQ×SP)

예제 12-4 고정제조간접원가 차이

A회사는 표준원가계산제도를 적용하고 있다. 고정제조간접원가 표준배부율은 10,000시간의 직접작업시간을 기준조업도로 하여 계산하며, 고정제조간접원가 예산액은 ₩120,000이다.

1. 당기의 예정생산량은 2,000개이며, 실제생산량은 1,800개이다.
2. 당기에 제품생산을 위한 실제직접작업시간은 7,000시간이다.
3. 당기에 실제고정제조간접원가는 ₩126,000 발생하였다.
4. 변동제조간접원가에 대한 표준원가는 다음과 같다.

표준수량	표준가격	표준원가
4시간	@₩12	₩48

[물음사항]

1. 고정제조간접원가에 대한 예산차이와 조업도차이를 계산하시오.

■ 풀이

실제 고정제조간접원가 소비액 (AQ×AP)	기준조업도 기준 표준고정제조간접원가(예산액) (MH×SP)	실제생산량에 허용된 표준고정제조간접원가 (SQ×SP)
(7,000시간×@₩18) = ₩126,000	(10,000시간×@₩12) = ₩120,000	[(1,800개×4시간)×@₩12] = ₩86,400

고정제조간접원가 예산차이
(AQ×AP)-(MH×SP)
₩6,000(불, U)

고정제조간접원가 조업도차이
(AQ-SQ)×SP
₩33,600(불, U)

고정제조간접원가 총차이
(AQ×AP) - (SQ×SP)
₩39,600(유, F)

* 고정제조간접원가 실제배부율 = ₩126,000 ÷ 7,000시간 = @₩18

** 고정제조간접원가 표준배부율 = ₩120,000 ÷ 10,000시간 = @₩12

■ 고정제조간접원가 차이의 원인분석

고정제조간접원가 예산차이

고정제조간접원가 예산차이는 고정제조간접원가 실제소비액에서 고정제조간접원가 예산액과의 차이로서 변동제조간접원가의 총차이에 해당한다. 왜냐하면 고정제조간접원가 항목들은 관련범위 내에서 조업도와 관계없이 항상 일정하게 발생하므로 능률차이를 구분할 수 없기 때문이다. 고정제조간접원가는 조업도와 관계없이 일전하게 발생되기 때문에 가격요소의 변동에 의해서만 차이가 발생한다. 따라서 고정제조간접원가 예산차이는 원가통제의 가능성이 없다는 것을 의미하며, 생산부서의 책임을 관련지우기가 어렵다.

고정제조간접원가 조업도차이

고정제조간접원가 조업도차이는 고정제조간접원가 예산액과 실제생산량에 허용된 표준고정제조간접원가 간의 차이이므로 기준조업도와 표준조업도간의 차이를 의미한다. 표준조업도는 실제생산량에 허용된 조업도로서, 만약 불리한 조업도차이가 발생되었다면, 실제생산량에 허용된 표준조업도가 기준조업도에 미치지 못한 결과이므로 생산설비를 충분하게 활용하지 못한 결과라 하겠다. 이러한 결과는 단기적으로는 통제불가능한 원인에 의한 것으로써 생산부서에 책임을 지을 수는 없겠지만 생산일정계획상의 문제나 노동력 부족 등의 원인에 의한다면 생산부서의 책임이다.

예제 12-5 표준원가 차이분석

A회사는 표준원가계산제도를 적용하고 있으며, 생산 및 제품 단위당 표준원가는 다음과 같다.

1. 생산자료
   1) 당기의 예정생산량은 5,000개이며, 실제생산량은 4,800개이다.
   2) 당기의 직접재료구입량은 22,000kg이며, 실제구입가격은 kg당 @₩18이다.
   3) 당기에 직접재료는 20,000kg을 생산에 투입하였다.
   4) 당기의 실제직접작업시간은 9,000시간이며, 시간당 실제임률은 @₩45이다.
   5) 실제변동제조간접원가와 고정제조간접원가는 각각 ₩250,000과 ₩120,000이 발생하였다.

2. 표준원가 자료

1)

	표준수량	표준가격	표준원가
직접재료원가	4kg	₩20	₩80
직집노무원가	2시간	50	100
변동제조간접원가	2시간	25	50
고정제조간접원가	-	-	20
			₩250

2) 고정제조간접원가 표준배부율은 예정생산량을 기준조업도로 하며, 고정제조간접원가 예산액은 ₩100,000이다.

[물음사항]

1. 직접재료원가의 구입가격차이, 가격차이, 수량차이를 계산하시오.
2. 직접노무원가의 임률차이, 시간차이를 계산하시오.
3. 변동제조간접원가 소비차이, 능률차이를 계산하시오.
4. 고정제조간접원가 예산차이, 조업도차이를 계산하시오.

■ 풀이

1. 직접재료원가 차이

실제 구입액	실제구입량 기준 표준원가
(22,000kg×@₩18) = ₩396,000	(22,000kg×@₩20) = ₩440,000

직접재료 구입가격차이 ₩44,000(유, F)

실제 소비액	실제소비량 기준 표준원가	실제생산량에 허용된 표준소비량 기준 표준원가
(20,000kg×@₩18) = ₩360,000	(20,000kg×@₩20) = ₩400,000	[(4,800개×4kg)×@₩20] = ₩384,000

직접재료 가격차이 ₩40,000(유, F) / 직접재료 수량차이 ₩16,000(불, U)

직접재료원가 총차이 ₩24,000(유, F)

2. 직접노무원가 차이

실제 노무원가 소비액	실제작업시간 기준 표준원가	실제생산량에 허용된 표준작업시간 기준 표준원가
(9,000시간×@₩45) = ₩405,000	(9,000시간×@₩50) = ₩450,000	[(4,800개×2시간)×@₩50] = ₩480,000

직접노무 임률차이 ₩45,000(유, F) / 직접노무 시간차이 ₩30,000(유, F)

직접노무원가 총차이 ₩75,000(유, F)

3. 변동제조간접원가 차이

실제 변동제조간접원가 소비액	실제조업도 기준 표준변동제조간접원가	실제생산량에 허용된 표준변동제조간접원가
	(9,000시간×@₩25)	[(4,800개×2시간)×@₩25]
₩250,000	= ₩225,000	= ₩240,000

변동제조간접원가 소비차이 ₩25,000(불, U)

변동제조간접원가 능률차이 ₩15,000(유, F)

변동제조간접원가 총차이 ₩10,000(불, U)

4. 고정제조간접원가 차이

실제 고정제조간접원가 소비액	기준조업도 기준 표준고정제조간접원가(예산액)	실제생산량에 허용된 표준고정제조간접원가
	(5,000개×@₩20)	[(4,800개×1개)×@₩20]
= ₩120,000	= ₩100,000	= ₩96,000

고정제조간접원가 예산차이 ₩20,000(불, U)

고정제조간접원가 조업도차이 ₩4,000(불, U)

고정제조간접원가 총차이 ₩24,000(불, U)

5. 대체적인 제조간접원가 차이분석

▪ 4분법

지금까지 제조간접원가에 대한 차이분석은 변동제조간접원가와 고정제조간접원가를 구분하여 설명하였다. 이와 같이 제조간접원가를 변동제조간접원가와 고정제조간접원를 구분하여 분석하는 방법을 4분법(四分法, four-variance analysis)이라 한다. 변동제조간접원가의 소비차이 · 능률차이, 고정제조간접원가의 예산차이 · 조업도차이이다. 지금까지 설명에서 알 수 있듯이 변동제조간접원가와 고정제조간접원가의 실제소비액을 명확히 구분하여 인식 · 측정할 수 있다는 전제하에 4분법이 가능하다. 그러나 제조간접원가의 원가행태별 분류 즉, 변동원가와 고정원가로 명확히 구분한다는 것은 쉽지 않다. 간접재료원가나 감가상각비 등 변동원가와 고정원가로 구분 가능한 제조간접원가 항목이 있지만 수도광열비와 같은 준변동원가의 성격을 지닌 제조간접원가 항목도 있기 때문이다. 그러나 경영계획 및 원가관리의 세분화된 정보산출을 위한 측면에서는 유용한 분석방법이라 하겠다.

▪ 3분법

제조간접원가에 대한 3분법의 차이분석은 변동제조간접원가와 고정제조간접원가를 구분하여 파악하기 어려운 경우에 적용된다. 3분법(三分法, three-variance analysis)은 제조간접원가의 차이를 예산(소비)차이ㆍ능률차이ㆍ조업도차이로 구분하여 계산한다. 즉, 제조간접원가 예산(소비)차이는 변동제조간접원가 소비차이와 고저에조간접원가 예산차이를 결합한 차이이며, 능률차이는 변동제조간접원가 능률차이를 말하며, 조업도차이는 고정제조간접원가 조업도차이이다.

3분법은 제조간접원가의 실제소비액을 변동원가와 고정원가로 구분하지 않는다는 점을 제외하고는 4분법과 동일하다. 즉, 변동제조간접원가 표준배부율과 고정제조간접원가 표준배부율이 설정되어 있어야 한다. 3분법의 산식은 다음과 같다.

□ 제조간접원가 예산(소비)차이
　= 제조간접원가 실제발생총액 - (실제조업도 × 변동제조간접원가 표준배부율)
　　- 고정제조간접원가예산액

□ 제조간접원가 능률차이
　= (실제조업도 × 변동제조간접원가 표준배부율)
　　- (실제생산량에 허용된 표준조업도 × 변동제조간접원가 표준배부율)

□ 제조간접원가 조업도차이
　= (기준조업도 × 고정제조간접원가 표준배부율)
　　- (표준조업도 × 고정제조간접원가 표준배부율)
　= (기준조업도 – 표준조업도) × 변동제조간접원가 표준배부율

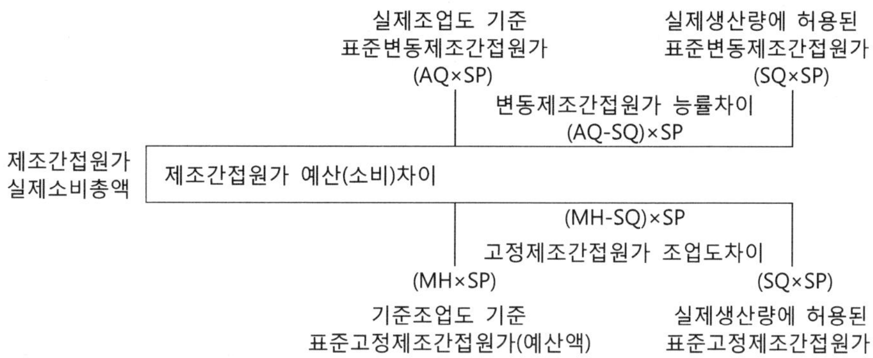

■ 2분법

제조간접원가에 대한 2분법의 차이분석은 3분법의 경우와 마차가지로 변동제조간접원가와 고정제조간접원가를 구분하여 파악하기 어려운 경우에 적용되며, 변동제조간접원가 표준배부율과 고정제조간접원가 표준배부율이 설정되어 있어야 한다. 2분법(二分法, two-variance analysis)은 제조간접원가의 차이를 예산차이 · 조업도차이로 구분한다. 제조간접원가 예산차이는 변동제조간접원가 소비차이와 능률차이 그리고 고정제조간접원가 예산차이를 결합한 차이이며, 변동예산차이(變動豫算差異, flexible-budget variance)라고도 한다. 그리고 조업도차이는 고정제조간접원가 조업도차이이며, 통제가능차이(統制可能差異, controllable variance)라고도 한다. 2분법의 계산식은 다음과 같다.

□ 제조간접원가 예산차이
　= 제조간접원가 실제발생총액
　　- (실제생산량에 허용된 표준조업도 × 변동제조간접원가 표준배부율)
　　- 고정제조간접원가예산액

□ 제조간접원가 조업도차이
　= (기준조업도 × 고정제조간접원가 표준배부율)
　　- (표준조업도 × 고정제조간접원가 표준배부율)
　= (기준조업도 − 표준조업도) × 변동제조간접원가 표준배부율

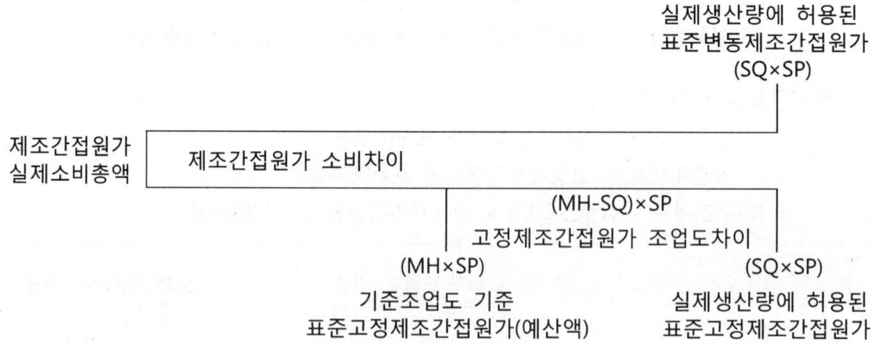

예제 12-6 제조간접원가 3분법, 2분법

[예제 12-3]·[예제 12-4] 자료를 이용하시오.

[물음사항]

1. 제조간접원가를 3분법에 의해 원가차이를 계산하시오.
2. 제조간접원가를 2분법에 의해 원가차이를 계산하시오.

■ 풀이

1. 3분법

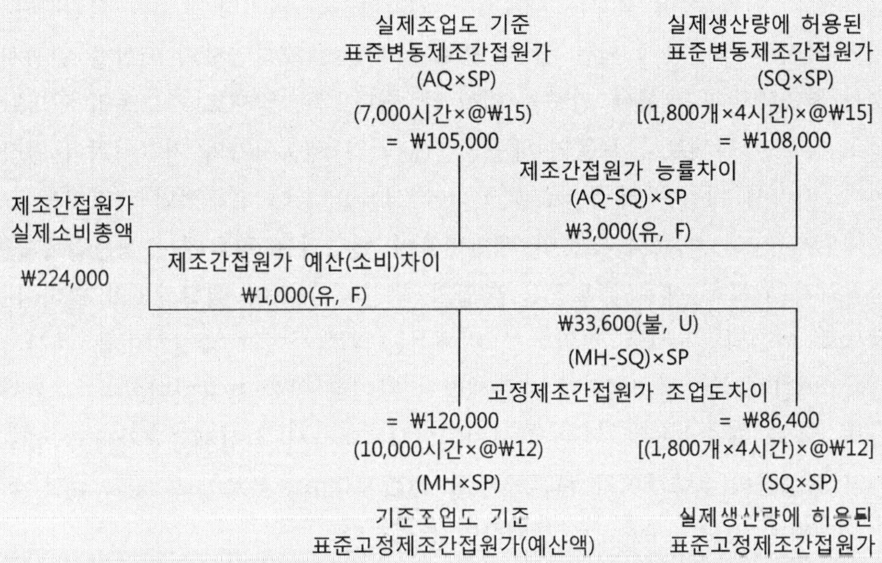

2. 2분법

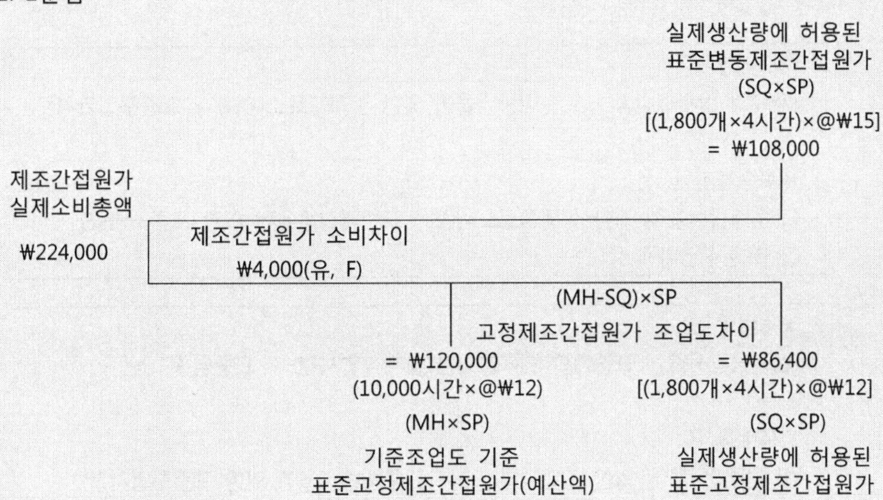

6. 배합차이와 수율차이

지금까지 직접재료원가와 직접노무원가의 차이분석은 한 종류의 원가요소를 투입하여 한 종류의 제품을 생산하는 경우에 한하여 설명하였다. 그러나 일반적으로 제조과정에서 한 종류의 원재료를 투입하여 제품을 생산하기보다는 복수의 재료를 복합적으로 투입하여 생산하는 경우가 대부분이며, 노동력의 경우도 마찬가지로 한 사람의 작업자보다는 여러 작업자가 복합적인 작업을 통해 제품이 생산된다. 이와 같이 복수의 재료를 배합하여 생산되거나 복수의 작업자가 배합되어 제품이 생산하게 되는 경우, 재료의 배합이나 작업자의 배합을 변경시킴으로서 제조과정의 수율에 영향을 미칠 수 있다. 즉, 원재료나 노동의 구입단가가 서로 다르면 원재료나 노동의 배합방식에 따라 제품원가와 기간이익이 달라지게 된다. 따라서 기업은 제품별로 과학적인 시험을 통해 표준적인 배합비율을 미리 정해두게 된다. 재료나 노동의 배합비율이 변경되는 경우에는 생산감독자는 최저원가가 되도록 재료와 노동을 배합할 책임이 있으며 배합작업이 얼마나 능률적으로 이행되었는지를 파악하기 위해서는 배합차이와 수율차이를 계산하여야 한다. 배합차이는 실제배합과 표준배합의 차이로 인한 능률차이이며, 수율차이는 실제수율과 표준수율로 인한 능률차이이다. 따라서 직접재료원가나 직접노무원가의 능률차이(수량차이와 시간차이)를 배합차이(配合差異, mix variance)와 수율차이(收率差異, yield variance)로 분해하여 분석한다.

배합(mix)이란, 직접재료 또는 완성제품을 구성하는 여러 구성요소의 상대적 비율 또는 조합을 의미한다.
수율(yield)이란, 제품이나 서비스를 생산하기 위하여 원재료를 투입할 때 그 일부가 생산과정에서 소멸되는 경우 투입량 중 산출물 속에 잔존하는 있는 비율을 의미한다.

재료원가와 관련하여서는 재료배합차이와 재료수율차이로, 직접노무원가와 관련하여서는 노동배합차이와 노동수율차이로 구분한다.

□ 재료배합차이
(재료의 실제소비량 − 표준배합비율에 의한 실제재료소비량) × 표준구입가격

□ 재료수율차이
(표준배합비율에 의한 실제재료소비량 − 표준배합비율에 의한 표준소비량) × 표준구입가격

□ 노동배합차이
(실제작업시간 − 표준배합비율에 의한 실제작업시간) × 표준임률

□ 노동수율차이
(표준배합비율에 의한 실제작업시간 − 표준배합비율에 의한 표준작업시간) × 표준임률

□ 직접재료원가

실제 소비액 (실제소비량 ×실제가격)	실제소비량 기준 표준원가(실제배합) (실제소비량×실제배합 ×표준가격)	실제소비량 기준 표준원가(표준배합) (실제소비량×표준배합 ×표준가격)	실제생산량에 허용된 표준소비량 기준 표준원가 (표준소비량×표준배합 ×표준가격)
직접재료 가격차이	직접재료 능률차이		
	직접재료 배합차이	직접재료 수율차이	
직접재료 총차이			

□ 직접노무원가

실제 소비액 (실제작업시간 ×실제임률)	실제소비량 기준 표준원가(실제배합) (실제작업시간×실제배합 ×표준임률)	실제소비량 기준 표준원가(표준배합) (실제작업시간×표준배합 ×표준임률)	실제생산량에 허용된 표준소비량 기준 표준원가 (표준작업시간×표준배합 ×표준임률)
직접노무 임률차이	직접노무 시간차이		
	노동 배합차이	노동 수율차이	
직접노무 총차이			

예제 12-7 배합차이와 수율차이

A회사의 제품생산을 위하여 세 종류의 원재료를 투입하고 있다. 제품 1단위당 원재료의 표준배합과 표준원가는 다음과 같다.

원재료	표준투입량	kg당 표준가격	합 계
A-1	2kg	@₩10	₩20
A-2	3kg	15	45
A-3	5kg	20	100
	10kg		₩165

한편, 100개의 제품을 생산하기 위해 다음과 같은 실제원재료가 투입되었다.

원재료	실제소비량	kg당 표준가격	합 계
A-1	200kg	@₩12	₩2,400
A-2	320kg	18	5,760
A-3	450kg	24	10,800
	10kg		₩18,960

[물음사항]

1. 각 재료의 가격차이와 수량차이를 계산하시오.
2. 각 재료의 수량차이를 배합차이와 수율차이로 분해하여 계산하시오.

■ 풀이

1. 재료의 표준투입비율과 표준소비량

재료명	표준 배합비율	실제 소비량	표준투입비율에 의한 실제소비량	표준투입비율에 의한 표준소비량
A-1	2kg(20%)	200kg	(970kg×20%)=194kg	(100개×2kg)=200kg
A-2	3kg(30%)	320kg	(970kg×30%)=291kg	(100개×3kg)=300kg
A-3	5kg(50%)	450kg	(970kg×50%)=485kg	(100개×5kg)=500kg
		970kg	970kg	1,000kg

2. 가격차이, 능률차이, 배합차이, 수율차이

실제 소비액 (실제소비량 ×실제가격)	실제소비량 기준 표준원가(실제배합) (실제소비량×실제배합 ×표준가격)	실제소비량 기준 표준원가(표준배합) (실제소비량×표준배합 ×표준가격)	실제생산량에 허용된 표준소비량 기준 표준원가 (표준소비량×표준배합 ×표준가격)

직접재료 가격차이 | 직접재료 능률차이

직접재료 배합차이 | 직접재료 수율차이

A-1

(200kg×@₩12) =₩2,400	(200kg×@₩10) =₩2,000	(194kg×@₩10) =₩1,940	(200kg×@₩10) =₩2,000

₩60(불, U) | ₩60(유, F)

₩400(불,U) | ₩0(차이없음)

A-2

(320kg×@₩18) =₩5,760	(320kg×@₩15) =₩4,800	(291kg×@₩15) =₩4,365	(300kg×@₩15) =₩4,500

₩435(불, U) | ₩135(유, F)

₩960(불, U) | ₩300(불, U)

A-3

(450kg×@₩24) =₩10,800	(450kg×@₩20) =₩9,000	(485kg×@₩20) =₩9,700	(500kg×@₩20) =₩10,000

₩700(유, F) | ₩300(유, F)

₩1,800(불, U) | ₩1,000(유, F)

총차이

₩205(유, F) | ₩495(유, F)

₩3,160(불, U) | ₩700(유, F)

₩2,460(불, U)

제5절 표준원가차이의 회계처리

1. 표준원가의 원가흐름

표준원가계산시스템을 이용하여 회계처리를 하게 되면 사전에 설정된 표준원가를 기초로 제조과정을 통하여 표준원가로 대체되므로 실제원가흐름에 대한 추적이 필요없다. 즉, 재공품계정의 차변과 대변에는 표준원가가 기록되며, 제품계정 역시 표준원가로 기록되므로 원가흐름의 가정이 필요없다. 그러나 직접재료원가와 직접노무원가 그리고 제조간접원가계정의 차변에는 실제원가가 기록되고 각 원가요소가 제조과정에 투입되는 시점에 각 계정의 대변에는 표준원가가 기록되므로 원가차이가 발생된다. 따라서 실제원가가 표준원가보다 크면 불리한 차이이며 원가차이계정 차변에 기입된다. 반대로 표준원가가 실제원가보다 크면 유리한 차이이며 원가차이계정 대변에 기입되게 된다.

실제원가와 표준원가 간의 원가차이의 회계처리방법에 대해 [예제 12-7]의 자료를 이용하여 설명하도록 하겠다.

■ 직접재료원가

구입시점에 가격차이를 분리하는 경우

표준원가계산에서의 재료원가계정에 기록되는 원가는 원가차이분석을 재료구입시점에 하느냐 아니면 재료 소비시점에 하느냐에 따라 다르다.

재료의 구입시점에 구입가격차이를 분리하는 경우에는 직접재료를 구입하는 때 직접재료계정 차변에 실제구입량에 실제구입단가를 곱한 표준구입원가(실제구입량×표준구입단가)가 기록되게 된다. 그러므로 구입시점에 직접재료원가 구입가격차이가 발생되며, 다음과 같은 분개가 이루어진다.

□ 재료의 구입시점

(차)		(대)	
직접재료 (실제구입량×표준구입단가)	×××	매입채무 (실제구입량×실제구입단가)	×××
직접재료 구입가격차이	×××		

* 불리한 구입가격차이가 발생한 것으로 가정함.

□ 재료의 소비시점

(차) 재 공 품 (표준소비량×표준구입가격)	×××	(대) 직접재료원가 (실제소비량×표준구입가격)	×××
		직접재료원가수량차이	×××

* 유리한 수량차이가 발생한 것으로 가정함.

[그림 12-2] 직접재료원가 원가흐름

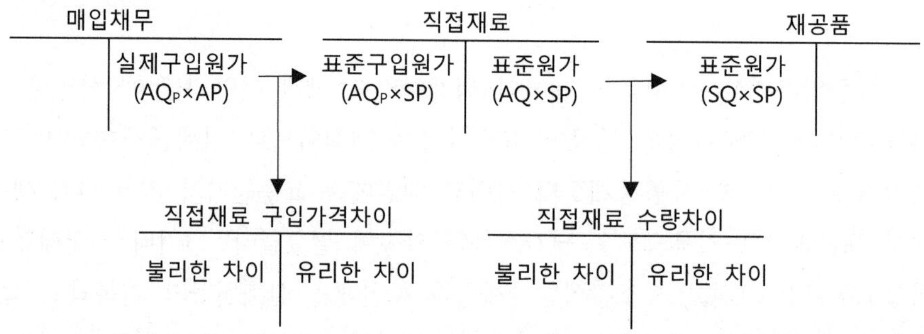

소비시점에 가격차이를 분리하는 경우

직접재료가 제조과정에 투입되는 경우 소비된 직접재료원가는 재공품계정 차변에 표준원가(실제소비량 × 표준구입단가)가 기록되게 되며, 직접재료계정 대변에는 실제원가가 기록되게 된다. 이러한 경우 차변과 대변의 금액 간 차액이 발생된다면 이 차이를 재료원가 차이라 하며, 가격차이와 수량차이로 구별된다. 만약 표준구입단가보다 실제구입단가 크다면 차변에 가격차이가 발생하게 되고(불리한 가격차이), 표준구입단가가 크다면 대변에 발생하게 된다(유리한 가격차이). 또한 실제소비량이 표준소비량보다 크다면 수량차이가 차변에 발생하게 되고(불리한 수량차이), 표준소비량이 실제소비량보다 크다면 수량차이가 대변에 발생하게 된다(유리한 수량차이). 만약 불리한 가격차이와 유리한 수량차이가 발생한 경우의 분개는 다음과 같다.

□ 재료의 구입시점

(차) 직접재료 (실제구입량×실제구입단가)	×××	(대) 매입채무 (실제구입량×실제구입단가)	×××

* 원가차이가 발생하지 않는다.

□ 재료의 소비시점

(차) 재공품 (표준소비량×표준구입가격)	×××	(대) 직접재료원가 (실제소비량×실제구입가격)	×××
직접재료원가가격차이	×××	직접재료원가수량차이	×××

* 불리한 가격차이와 유리한 수량차이가 발생한 것으로 가정함.

[그림 12-3] 직접재료원가 원가흐름

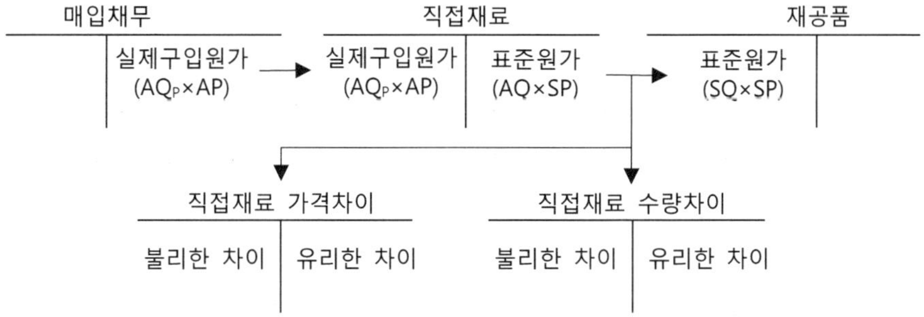

■ 직접노무원가의 소비

표준개별원가계산에서 직접노무원가의 경우 재공품계정에는 표준원가(표준작업시간×표준임률)가 기록되게 되며, 직접노무원가 임금계정 대변에는 실제원가가 기록되게 된다. 이러한 경우 차변과 대변의 금액 간 차액이 발생된다면 이 차이를 직접노무원가의 차이라하며, 임률차이와 시간차이로 구별된다. 따라서 표준임률보다 실제임률이 크다면 차변에 임률차이가 발생하게 되고(불리한 임률차이), 표준임률이 실제임률보다 크다면 대변에 임률차이가 발생하게 된다(유리한 임률차이). 또한 실제작업시간이 표준작업시간보다 크다면 시간차이가 차변에 발생하게 되고(불리한 시간차이), 표준작업시간이 실제작업시간보다 크다면 시간차이가 대변에 발생하게 된다(유리한 시간차이). 만약 불리한 임률차이와 유리한 시간차이가 발생한 경우의 분개는 다음과 같다.

(차) 재 공 품	×××	(대) 직접노무원가	×××
직접노무원가 임률차이	×××	(실제작업시간×실제임률)	
		직접노무원가수량차이	×××

* 불리한 임률차이와 유리한 시간차이가 발생한 것으로 가정함.

[그림 12-3] 직접노무원가 원가흐름

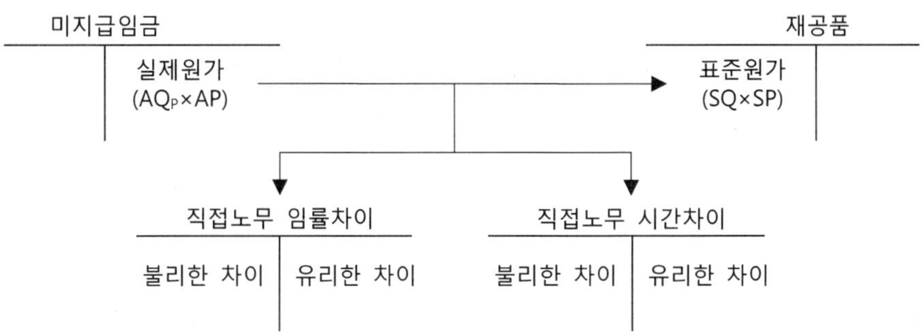

■ 제조간접원가의 소비

변동제조간접원가

표준변동제조간접원가는 제품 단위당 허용되는 표준조업도를 기준으로 재공품계정에 배분되며, 표준변동제조간접원가를 당기 생산량에 배분할 때의 분개는 다음과 같다.

(차) 재 공 품	×××	(대) 변동제조간접원가 (표준배부액)	×××

원가계산기간말에 실제변동제조간접원가가 발생하는 경우 분개는 다음과 같다.

(차) 변동제조간접원가 (실제발생액)	×××	(대) 제 좌	×××

이후, 변동제조간접원가의 차변의 실제발생액(소비액)과 대변의 표준배부액 간에 원가차이가 발생하는 경우 분개는 다음과 같다.

(차) 변동제조간접원가(표준배부액)	×××	(대) 변동제조간접원가(실제발생액)	×××
변동제조간접원가 소비차이	×××	변동제조간접원가 능률차이	×××

* 불리한 소비차이와 유리한 능률차이가 발생한 것으로 가정함.

[그림 12-4] 변동제조간접원가 원가흐름

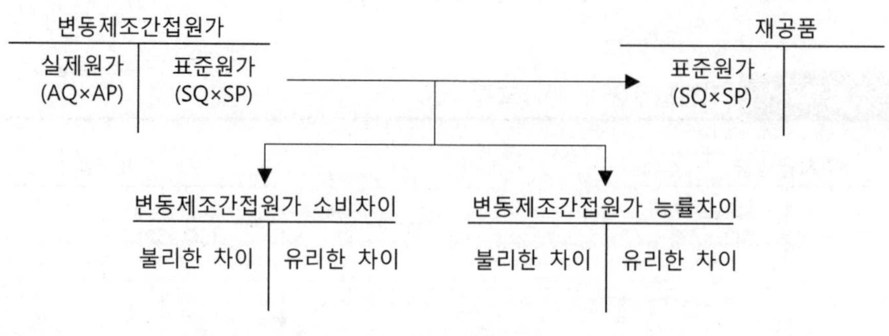

고정제조간접원가

표준고정제조간접원가는 제품 단위당 허용되는 표준조업도를 기준으로 재공품계정에 배분되며, 표준고정제조간접원가를 당기 생산량에 배분할 때의 분개는 다음과 같다.

(차) 재 공 품	×××	(대) 고정제조간접원가 (표준배부액)	×××

원가계산기간말에 실제고정제조간접원가가 발생하는 경우 분개는 다음과 같다.

(차) 고정제조간접원가 (실제발생액)	×××	(대) 제 좌	×××

이후, 고정제조간접원가의 차변의 실제발생액(소비액)과 대변의 표준배부액 간에 원가차이가 발생하는 경우 분개는 다음과 같다.

(차) 고정제조간접원가(표준배부액)	×××	(대) 고정제조간접원가(실제발생액)	×××
고정제조간접원가 예산차이	×××	고정제조간접원가 조업도차이	×××

* 불리한 예산차이와 유리한 조업도차이가 발생한 것으로 가정함.

[그림 12-5] 고정제조간접원가 원가흐름

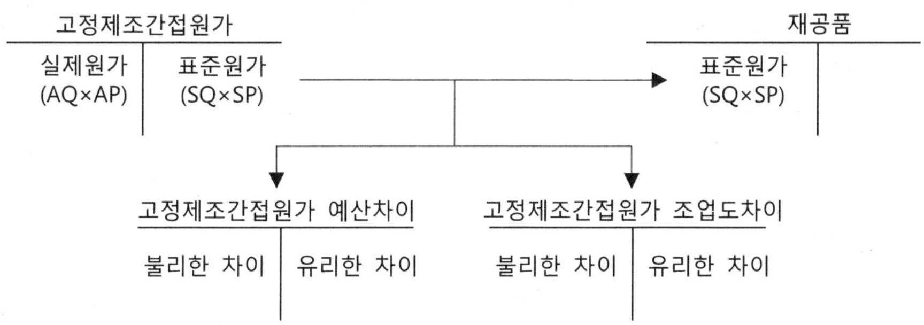

▪ 제품 및 매출원가계정으로의 대체

재공품계정에는 표준원가가 기록되기 때문에 제품계정 및 매출원가계정 역시 표준원가로 기록된다.

제품의 완성시

(차) 제 품	×××	(대) 재 공 품	×××

제품의 판매시

(차) 매출원가(표준원가)	×××	(대) 제 품(표준원가)	×××

예제 12-7 표준원가 회계처리방법

[예제 12-5]의 자료를 이용하시오.

[물음사항]

1. 원가요소별 원가차이에 대한 분개를 하시오.

■ 풀이

1. 직접재료 구입시점에 가격차이를 분리하는 경우의 구입가격차이와 수량차이

1) 구입시점

(차) 직접재료 (실제구입량×표준가격)	₩440,000	(대) 매입채무 (실제구입량×실제가격)	₩396,000
		직접재료 구입가격차이	44,000

* 유리한 구입가격차이 발생

2) 소비시점

(차) 재공품 (표준소비량×표준가격)	₩384,000	(대) 직접재료 (실제소비량×표준가격)	₩400,000
직접재료 수량차이	16,000		

* 불리한 수량차이 발생

2. 직접재료 소비시점에 가격차이를 분리하는 경우의 가격차이와 수량차이

1) 구입시점

(차) 직접재료 (실제구입량×실제가격)	₩440,000	(대) 매입채무 (실제구입량×실제가격)	₩396,000

2) 소비시점

(차) 재공품 (표준소비량×표준가격)	₩384,000	(대) 직접재료 (실제소비량×실제가격)	₩360,000
직접재료 수량차이	16,000	직접재료 가격차이	40,000

* 유리한 가격차이와 불리한 수량차이 발생

3. 직접노무원가의 임률차이와 시간차이

1) 노무원가 발생

(차) 임금 (실제작업시간×실제임률)	₩405,000	(대) 미지급임금 (실제작업시간×실제임률)	₩405,000

2) 소비시점

(차) 재공품 (표준작업시간×표준임률)	₩480,000	(대) 임금 (실제작업시간×실제임률)	₩405,000
		직접노무 임률차이	45,000
		직접노무 시간차이	30,000

* 유리한 임률차이와 시간차이 발생.

4. 변동제조간접원가의 소비차이와 능률차이

1) 변동제조간접원가 표준배부

(차) 재공품 (표준조업도×표준배부율)	₩240,000	(대) 변동제조간접원가(표준) (표준조업도×표준배부율)	₩396,000

2) 변동제조간접원가 실제발생

(차) 변동제조간접원가(실제)	₩250,000	(대) 제좌	₩250,000

3) 변동제조간접원가 원가차이

(차) 변동제조간접원가 소비차이	₩25,000	(대) 변동제조간접원가 능률차이	₩15,000
		변동제조간접원가	10,000

* 유리한 능률차이와 불리한 소비차이 발생

5 고정제조간접원가의 예산차이와 조업도차이

1) 고정제조간접원가 표준배부

(차) 재공품 (표준조업도×표준배부율)	₩96,000	(대) 고정제조간접원가(표준) (표준조업도×표준배부율)	₩96,000

2) 변동제조간접원가 실제발생

(차) 고정제조간접원가(실제)	₩120,000	(대) 제좌	₩120,000

3) 변동제조간접원가 원가차이

(차) 고정제조간접원가 예산차이	₩20,000	(대) 고정제조간접원가	₩24,000
고정제조간접원가 조업도차이	4,000		

* 불리한 예산차이와 조업도차이 발생

2. 표준원가차이의 회계처리

표준원가계산시스템을 이용하는 경우 제품원가는 표준원가로 기록되므로 재공품·제품·매출원가 등이 모두 표준원가로 기록된다. 그러나 외부보고목적의 재무제표를 작성하는 경우 실제원가로 제품원가를 기록해야 하므로 실제원가와 표준원가 간의 원가차이에 대한 조정이 필요하다. 원가차이를 회계처리하는 방법으로는 매출원가계정에서 조정하는 방법과 매출원가와 재고자산계정에 비례배분하는 방법, 그리고 영업외 손익으로 처리하는 방법 등 크게 세 가지 방법이 있다.

우리나라 원가계산준칙에서는 "원가차이는 일정한 기준에 따라 회계연도의 매출원가와 기말재고자산에 배부하며, 원가차이의 배부를 보다 정확히하기 위하여 원가요소별로 다른 배부기준을 적용할 수 있다. 비정상적으로 발생한 원가차이는 영업외수익 또는 영업외비용으로 한다. 실제원가계산제도에 있어서 원가의 일부를 예정가격등으로 계산할 경우 발생한 원가차이는 제1항 및 제2항의 규정을 준용하여 처리한다."라고 규정하고 있어 매출원가와 재고자산계정에 비례배분하는 방법과 영업외 손익으로 처리하는 방법을 이용하도록 하고 있다(준칙 제33조 ①, ②).

■ 매출원가조정법

매출원가조정법은 모든 원가요소의 유리한 차이와 불리한 차이를 상계한 순원가차이를 매출원가에서 조정하는 방법이다. 순원가차이가 유리한 차이인 경우에는 매출원가에서 차감하고, 불리한 경우에는 매출원가에 가산한다. 따라서 매출원가조정법은 원가차이가 발생한 기간의 영업성과에 반영되게 된다.

매출원가조정법이 주장되는 근거는 첫째, 원가차이는 당기제조활동의 능률 또는 비능률을 나타내는 척도이다. 따라서, 기말재고자산에 배분하여 차기 이월시키면, 당기 능률 또는 비능률이 이월되기 때문에 매출원가에만 반영하는 것이 타당하다. 둘째, 매출원가의 금액은 기말재공품이나 기말제품의 금액에 비해 일반적으로 크다. 따라서 중요성의 원칙에 의하여 매출원가에만 반영하더라도 회계정보에 미치는 영향은 적다.[1)]

매출원가조정법은 총제조원가에 비해 순원가차이가 소액이거나 기말재고자산

1) 장호영(2015), 원가관리회계, p.614.

이 매출원가에 비해 매우 적은 경우에는 타당한 방법이지만 매출총이익을 왜곡시킨다는 단점이 있다.

■ 비례배분법

비례배분법은 각각의 원가요소의 유리한 차이와 불리한 차이를 매출원가와 재고자산계정(직접재료、재공품、제품)의 기말잔액에 비례하여 조정하는 방법이다. 비례배분법의 주장 근거는 외부보고목적상 각 제고자산의 금액은 실제원가로 기록되어야 하므로 원가차이도 당기의 영업활동과 관련된 각 재고자산의 금액에 당연히 포함시켜야 한다는 것이다.

비례배분법은 배분기준에 따라 총원가 비례배분법과 원가요소별 비례배분법으로 나뉜다. 총원가 비례배분법은 재고자산계정(직접재료、재공품、제품)의 기말잔액과 매출원가에 비례하여 배분하는 방법이며, 원가요소별 비례배분법은 재고자산계정(직접재료、재공품、제품)의 기말잔액과 매출원가에 포함된 각 원가요소별로 비례하여 조정하는 방법이다.

총원가 비례배분법

총원가 비례배분법은 표준원가로 기록되어 있는 직접재료、재공품、제품계정의 기말잔액과 매출원가계정의 잔액을 기준으로 원가요소별 원가차이를 각각 배분하는 방법이다. 여기서 주의할 사항은 직접재료원가 가격차이에 대한 배분문제이다. 즉, 직접재료원가 가격차이를 구입시점에서 분리하였는지, 소비시점에서 분리하였는지에 따라 배분방법이 다르기 때문이다. 직접재료원가 가격차이가 구입시점에서 분리한 경우 구입가격차이는 직접재료、재공품、제품계정의 기말잔액과 매출원가계정의 잔액을 기준으로 비례하여 배분한다. 왜냐하면 구입시점에는 수량차이를 인식하지 않기 때문이며, 직접재료계정에는 표준원가가 기록되어 있기 때문이다. 그러나 직접재료원가 가격차이를 소비시점에서 분리하는 경우에는 재공품、제품계정의 기말잔액과 매출원가계정의 잔액을 기준으로 배분한다. 왜냐하면 직접재료원가의 가격차이를 소비시점에 분리하는 경우 직접재료계정에는 실제원가로 기록되기 때문에 원가차이를 배분하지 않는다.

그리고 직접재료원가 능률차이와 직접노무원가, 변동제조간접원가, 고정제조간접원가의 원가차이는 재공품、제품계정의 기말잔액과 매출원가계정의 잔액을 기준으로 배분한다.

원가요소별 비례배분법

원가요소별 비례배분법은 표준원가로 기록되어 있는 직접재료、재공품、제품계정의 기말잔액과 매출원가계정의 잔액에 포함되어 있는 원가요소금액을 기준으로 해당 원가요소별 원가차이를 각각 배분하는 방법이다. 여기서도 주의할 사항은 직접재료원가 가격차이에 대한 배분문제이다. 직접재료원가 가격차이가 구입시점에서 분리한 경우 구입가격차이는 직접재료원가 능률차이와 직접재료의 기말잔액 그리고 재공품、제품계정의 기말잔액과 매출원가계정의 잔액에 포함되어 있는 표준직접재료원가의 금액에 비례하여 배분한다. 왜냐하면 가격차이의 분리시점과 능률차이의 분리시점이 다르며, 직접재료계정은 표준원가로 기록되기 때문이다. 그러나 직접재료원가 가격차이를 소비시점에서 분리하는 경우에는 직접재료계정의 기말잔액과 직접재료원가 능률차이에는 배분하지 않고, 재공품、제품계정의 기말잔액과 매출원가계정의 잔액에 포함되어 있는 표준직접재료원가의 금액을 기준으로 비례하여 배분한다. 왜냐하면 직접재료원가의 가격차이를 소비시점에 분리하는 경우 직접재료계정에는 실제원가로 기록되고, 가격차이와 능률차이의 분리시점이 동일하기 때문이다.

그리고 직접노무원가, 변동제조간접원가, 고정제조간접원가의 원가차이는 재공품、제품계정의 기말잔액과 매출원가계정의 잔액에 포함되어 있는 각각의 해당 언가요소의 금액을 기준으로 비례하여 배분한다.

■ 영업외손익법

영업외손익법은 모든 원가차이를 영업외손익으로 처리하는 방법으로 각 원가요소별 유리한 차이와 불리한 차이를 상계한 순원가차이가 유리한 차이이면 영업외수익 항목으로 처리하고, 순원가차이가 불리한 차이이면 영업외비용 항목으로 처리한다. 이 방법의 논리적 근거는 표준원가계산에서 표준은 정상적인 공손이나 비능률을 감안하여 설정한 것이기 때문에 원가차이가 발생한 것에 대해서는 원가성이 없다고 보고 재고자산이나 매출원가에 포함시켜서는 안된다는 것이다. 이방법은 비정상적인 상태에서 원가차이가 발생한 경우 타당한 방법이라 하겠다.

예제 12-8 표준원가차이의 회계처리방법

A회사는 표준원가계산시스템을 이용하고 있다. 20××년 12월 31일 재고자산계정의 잔액과 매출원가 자료는 다음과 같다. 제조간접원가는 직접작업시간을 기준으로 배분한다.

1. 재고자산 및 매출원가계정 잔액

	직접재료원가 기말재고액	재공품 기말재고액	제품 기말재고액	매출원가
직접재료원가	₩30,000	₩24,000	₩36,000	₩60,000
가공원가	-	56,000	84,000	240,000
	₩30,000	₩80,000	₩120,000	₩300,000

2. 표준원가 차이

	원가차이
직접재료원가 구입가격차이	₩4,400(유)
직접재료원가 수량차이	1,600(불)
직접노무원가 임률차이	4,500(유)
직접노무원가 시간차이	3,000(유)
변동제조간접원가 소비차이	2,500(불)
변동제조간접원가 능률차이	1,500(유)
고정제조간접원가 예산차이	2,000(불)
고정제조간접원가 조업도차이	400(불)
순원가차이	₩6,900(유)

3. 영업외수익은 ₩180,000이며, 영업외비용은 ₩100,000이다.

[물음사항]

1. 매출원가조정법에 의해 원가차이를 회계처리하시오.
2. 총원가 비례배분법에 의해 원가차이를 회계처리하시오.
3. 원가요소별 비례배분법으로 원가차이를 회계처리하시오.
4. 영업외손익법으로 원가차이를 회계처리하시오.
5. 만약, 직접재료 가격차이가 ₩4,000 유리한 차이가 발생한 경우에 총원가 비례배분법과 원가요소별 비례배분법으로 회계처리하시오

■ 풀이

1. 매출원가조정법

원가차이 조정 후 매출원가

= 원가차이 조정전 매출원가 + 불리한 차이 − 유리한차이

= ₩300,000 - ₩6,900 = ₩293,100

(차)		(대)	
직접재료 구입가격차이	₩4,400	매출원가	₩6,900
직접노무 임률차이	4,500	직접재료원가 수량차이	1,600
직접노무 시간차이	3,000	변동제조간접원가 소비차이	2,500
변동제조간접원가 능률차이	1,500	고정제조간접원가 예산차이	2,000
		고정제조간접원가 조업도차이	400

2. 총원가 비례배분법

* 직접재료 구입가격차이는 직접재료 · 재공품 · 제품 · 매출원가에 비례배분한다.
** 나머지 원가차이에 대해서는 재공품 · 제품 · 매출원가에 비례배분한다

1) 직접재료 구입가격차이

계 정	기말잔액	배분비율	배분액
직접재료	₩30,000	5.7%	- ₩251
재공품	80,000	15.1%	- 664
제품	120,000	22.6%	- 994
매출원가	300,000	56.6%	- 2,491
	₩530,000	100.0%	₩4,400(유)

* 유리한 구입가격차이이므로 각 계정에서 차감한다.

2) 직접재료 수량차이

계 정	기말잔액	배분비율	배분액
재공품	80,000	16.0%	+ ₩256
제품	120,000	24.0%	+ 384
매출원가	300,000	60.0%	+ 960
	₩500,000	100.0%	₩1,600(불)

* 불리한 수량차이이므로 각 계정에서 가산한다.

3) 직접노무 임률차이

계 정	기말잔액	배분비율	배분액
재공품	80,000	16.0%	- ₩720
제품	120,000	24.0%	- 1,080
매출원가	300,000	60.0%	- 2,700
	₩500,000	100.0%	₩4,500(유)

* 유리한 임률차이이므로 각 계정에서 차감한다.

4) 직접노무 시간차이

계 정	기말잔액	배분비율	배분액
재공품	80,000	16.0%	- ₩480
제품	120,000	24.0%	- 720
매출원가	300,000	60.0%	- 1,800
	₩500,000	100.0%	₩3,000(유)

* 유리한 시간차이이므로 각 계정에서 차감한다.

5) 변동제조간접원가 소비차이

계 정	기말잔액	배분비율	배분액
재공품	80,000	16.0%	+ ₩400
제품	120,000	24.0%	+ 600
매출원가	300,000	60.0%	+ 1,500
	₩500,000	100.0%	₩2,500(불)

* 불리한 소비차이이므로 각 계정에서 가산한다.

6) 변동제조간접원가 능률차이

계 정	기말잔액	배분비율	배분액
재공품	80,000	16.0%	- ₩240
제품	120,000	24.0%	- 360
매출원가	300,000	60.0%	- 900
	₩500,000	100.0%	₩1,500(유)

* 유리한 능률차이이므로 각 계정에서 차감한다.

7) 고정제조간접원가 예산차이

계 정	기말잔액	배분비율	배분액
재공품	80,000	16.0%	+ ₩320
제품	120,000	24.0%	+ 480
매출원가	300,000	60.0%	+ 1,200
	₩500,000	100.0%	₩2,000(불)

* 불리한 예산차이이므로 각 계정에서 가산한다.

8) 고정제조간접원가 조업도차이

계 정	기말잔액	배분비율	배분액
재공품	80,000	16.0%	+ ₩64
제품	120,000	24.0%	+ 96
매출원가	300,000	60.0%	+ 240
	₩500,000	100.0%	₩400(불)

* 불리한 조업도차이이므로 각 계정에서 가산한다.

9) 원가차이 조정 회계처리

(차)		(대)	
직접재료 구입가격차이	₩4,400	직접재료	₩251
직접노무 임률차이	4,500	재공품	1,064
직접노무 시간차이	3,000	제품	1,594
변동제조간접원가 능률차이	1,500	매출원가	3,991
		직접재료원가 수량차이	1,600
		변동제조간접원가 소비차이	2,500
		고정제조간접원가 예산차이	2,000
		고정제조간접원가 조업도차이	400

*) 직접재료 수량차이와 노무원가 및 제조간접원가 차이를 가감한 순원가차이를 재공품·제품·매출원가 각 계정에 비례배분하여도 결과는 동일하다.

계 정	기말잔액	배분비율	배분액
재공품	80,000	16.0%	- ₩400
제품	120,000	24.0%	- 600
매출원가	300,000	60.0%	- 1,500
	₩500,000	100.0%	₩2,500(유)

* 직접재료 구입가격차이를 제외한 순원가차이는 ₩2,500 유리한 차이이다.

10) 원가차이 조정 후 각 계정금액

계 정	조정전 기말잔액	조정액	조정후 기말잔액
직접재료	₩30,000	- ₩251	₩29,749
재공품	80,000	- 1,064	78,936
제품	120,000	- 1,594	118,406
매출원가	300,000	- 3,991	296,009
	₩530,000	₩6,900	₩523,100

3. 원가요소별 비례배분법

* 직접재료 구입가격차이는 직접재료 기말잔액과 직접재료 능률차이 그리고 재공품·제품·매출원가 잔액에 포함된 각 원가요소별 금액을 기준으로 비례배분한다.

** 나머지 원가차이에 대해서는 재공품·제품·매출원가에 포함된 각 원가요소별 금액을 기준으로 비례배분한다

1) 직접재료 구입가격차이

계 정	기말잔액	배분비율	배분액
직접재료	₩30,000	18.1%	- ₩796
직접재료 능률차이	16,000	9.6%	- 422
재공품	24,000	14.5%	- 638
제품	36,000	21.7%	- 955
매출원가	60,000	36.1%	- 1,589
	₩166,000	100.0%	₩4,400(유)

* 유리한 구입가격차이이므로 각 계정에서 차감한다.

2) 직접재료 수량차이

계 정	기말잔액	배분비율	배분액
재공품	24,000	20.0%	+ ₩234
제품	36,000	30.0%	+ 353
매출원가	60,000	50.0%	+ 591
	₩120,000	100.0%	₩1,178(불)

* 직접재료 수량차이는 구입가격차이에서 차감된 금액을 배분함(₩1,600-₩422=₩1,178)

** 불리한 수량차이이므로 각 계정에서 가산한다.

3) 직접재료원가 차이 이외의 원가차이

계 정	기말잔액	배분비율	배분액
재공품	56,000	14.7%	- ₩662
제품	84,000	22.1%	- 994
매출원가	240,000	63.2%	- 2,844
	₩380,000	100.0%	₩4,500(유)

* 직접노무원가와 제조간접원가 각각에 대한 비율은 각 계정의 가공원가 비율과 동일함.

** 임률차이이므로 각 계정에서 차감한다.

4) 직접노무 시간차이

계 정	기말잔액	배분비율	배분액
재공품	56,000	14.7%	- ₩441
제품	84,000	22.1%	- 663
매출원가	240,000	63.2%	- 1,896
	₩380,000	100.0%	₩3,000(유)

* 유리한 시간차이이므로 각 계정에서 차감한다.

5) 변동제조간접원가 소비차이

계 정	기말잔액	배분비율	배분액
재공품	56,000	14.7%	+ ₩368
제품	84,000	22.1%	+ 552
매출원가	240,000	63.2%	+ 1,580
	₩380,000	100.0%	₩2,500(불)

* 불리한 소비차이이므로 각 계정에서 가산한다.

6) 변동제조간접원가 능률차이

계 정	기말잔액	배분비율	배분액
재공품	56,000	14.7%	- ₩221
제품	84,000	22.1%	- 331
매출원가	240,000	63.2%	- 948
	₩380,000	100.0%	₩1,500(유)

* 유리한 능률차이이므로 각 계정에서 차감한다.

7) 고정제조간접원가 예산차이

계 정	기말잔액	배분비율	배분액
재공품	56,000	14.7%	+ ₩294
제품	84,000	22.1%	+ 442
매출원가	240,000	63.2%	+ 1,264
	₩380,000	100.0%	₩2,000(불)

* 불리한 수량차이이므로 각 계정에서 가산한다.

8) 고정제조간접원가 조업도차이

계 정	기말잔액	배분비율	배분액
재공품	56,000	14.7%	+ ₩59
제품	84,000	22.1%	+ 88
매출원가	240,000	63.2%	+ 253
	₩380,000	100.0%	₩400(불)

* 유리한 임률차이이므로 각 계정에서 차감한다.

9) 원가차이 조정 회계처리

(차)		(대)	
직접재료 구입가격차이	₩4,400	직접재료	₩796
직접노무 임률차이	4,500	재공품	1,007
직접노무 시간차이	3,000	제품	1,508
변동제조간접원가 능률차이	1,500	매출원가	3,589
		직접재료원가 수량차이	1,600
		변동제조간접원가 소비차이	2,500
		고정제조간접원가 예산차이	2,000
		고정제조간접원가 조업도차이	400

10) 원가차이 조정 후 각 계정금액

계 정	조정전 기말잔액	조정액	조정후 기말잔액
직접재료	₩30,000	- ₩796	₩29,204
재공품	80,000	- 1,007	78,993
제품	120,000	- 1,508	118,492
매출원가	300,000	- 3,589	296,411
	₩530,000	₩6,900	₩523,100

4. 영업외손익법

원가차이 조정 후 영업외수익
= 원가차이 조정전 영업외수익 + 유리한 차이총액
= ₩180,000 + ₩13,400 = ₩193,400

원가차이 조정 후 영업외비용
= 원가차이 조정전 영업외비용 + 불리한 차이총액
= ₩100,000 + ₩6,500 = ₩106,500

(차)		(대)	
직접재료 구입가격차이	₩4,400	매출원가	₩6,900
직접노무 임률차이	4,500	직접재료원가 수량차이	1,600
직접노무 시간차이	3,000	변동제조간접원가 소비차이	2,500
변동제조간접원가 능률차이	1,500	고정제조간접원가 예산차이	2,000
		고정제조간접원가 조업도차이	400

5. 직접재료 가격차이를 소비시점에 분리하는 경우

1) 총원가 비례배분법

* 직접재료 가격차이는 재공품·제품·매출원가 잔액을 기준으로 비례배분한다.

계 정	기말잔액	배분비율	배분액
재공품	80,000	16.0%	- ₩704
제품	120,000	24.0%	- 1,056
매출원가	300,000	60.0%	- 2,640
	₩500,000	100.0%	₩4,400(유)

2) 원가요소별 비례배분법

* 직접재료 가격차이는 재공품·제품·매출원가 잔액에 포함되어 있는 직접재료금액을 기준으로 비례배분한다.

계 정	기말잔액	배분비율	배분액
재공품	24,000	20.0%	- ₩880
제품	36,000	30.0%	- 1,320
매출원가	60,000	50.0%	- 2,200
	₩120,000	100.0%	₩4,400(유)

보론 1. 표준개별원가계산

1. 표준개별원가계산의 의의

표준개별원가계산(표준개별원가계산, standard job-order costing)은 실제개별원가계산과 정상개별원가계산과는 달리 직접재료원가와 직접노무원가 그리고 제조간접원가를 표준원가로 제조지시서별 재공품계정 또는 제조지시서계정에 배부하는 원가계산방법이다.

표준원가계산은 직접재료원가와 직접노무원가 그리고 제조간접원가를 표준원가로 제조지시서별 재공품계정 또는 제조지시서계정에 배부하는 원가계산방법이다. 표준개별원가계산에서의 제조간접원가 배부는 실제배부율이나 예정정배부율이 아닌 표준배부율을 이용하여 재공품계정 또는 제조지시서계정에 배부한다.

표준개별원가계산은 직접재료원가와 직접노무원가 그리고 제조간접원가를 표준원가로 하여 제품원가계산을 실시하기 때문에 재공품계정과 제조지시서계정에는 표준원가가 기록되게 되며, 원가요소계정인 직접재료원가계정과 직접노무원가계정 그리고 제조간접원가계정이 차변에는 실제원가가 기록되게 되고 대변에는 표준원기기 기록되게 된다. 이리힌 경우 차변과 대변 긴에 원가차액이 발생하게 되는데, 이를 원가차이라 한다. 원가차이는 회계기말에 조정절차가 이루어지게 된다.

2. 표준개별원가계산의 절차

표준개별원가계산의 절차는 제5절의 표준원가계산의 절차에서 설명한 내용과 같다. 이하에서는 예제를 통해 표준개별원가계산의 절차를 소개하도록 하겠다.

예제 7-1 표준개별원가계산

A회사는 표준개별원가계산을 이용하고 있다. 20××년 4월 중 생산 및 표준원가 자료는 다음과 같다.

1. 표준원가 자료
 1) 표준원가(제조지시서별 표준원가는 동일한 것으로 가정함.)

	표준수량	표준가격	표준원가
직접재료원가	2kg	₩40	₩80
직접노무원가	2시간	80	160
변동제조간접원가	2시간	20	40
고정제조간접원가	2시간	30	60
			₩340

 2) 제조간접원가예산액은 ₩50,000이며, 40%는 변동제조간접원가이다.
 3) 제조간접원가표준배부율은 예정직접작업시간 1,000시간을 기준조업도로 개별작업에 배부한다.

2. 실제생산 및 실제소비액
 1) 4월 중 실제생산량 및 실제소비수량

	#100	#201	#202	단위당원가	합계
실제 생산량	100개	200개	150개	-	450개
실제직접재료소비량	-	440kg	320kg	@₩45	760kg
실제직접작업시간	180시간	420시간	260시간	90	860시간

*직접재료는 800kg을 구입하였다.

 2) 4월 중 실제 발생된 제조간접원가는 ₩60,000이며, 40%는 변동제조간접원가이다.
 3) #100과 #201은 완성되어 판매되었다.

[물음사항]

1. 표준개별원가집계표를 작성하시오.
2. 4월 중의 거래를 분개하시오.

■ 풀이

1. 표준개별원가집계표

	#100	#201	#202	합 계
기초재공품	₩24,000	-	-	₩24,000
직접재료원가	-	₩16,000	₩12,000	28,000
직접노무원가	16,000	32,000	24,000	72,000
변동제조간접원가	4,000	8,000	6,000	18,000
고정제조간접원가	6,000	12,000	9,000	27,000
	₩50,000	₩68,000	₩51,000	₩169,000

* 직접재료원가
 #201: (200개×2kg)×@₩40=₩16,000　　#202: (150개×2kg)×@₩40=₩12,000

**직접노무원가
 #100: (100개×2시간)×@₩80=₩16,000　　#201: (200개×2시간)×@₩80=₩32,000
 #202: (150개×2시간)×@₩80=₩24,000

*** 변동제조간접원가
#100: (100개×2시간)×@₩20=₩4,000 #201: (200개×2시간)×@₩20=₩8,000
#202: (150개×2시간)×@₩20=₩6,000

**** 고정제조간접원가
#100: (100개×2시간)×@₩30=₩6,000 #201: (200개×2시간)×@₩30=₩12,000
#202: (150개×2시간)×@₩30=₩9,000

2. 4월 중 분개
1) 직접재료원가 차이
ㅁ구입시점에 구입가격차이를 분리하는 경우
(1) 직접재료의 구입시점

(차) 직접재료	₩32,000	(대) 현금	₩36,000
직접재료 구입가격차이	4,000		

* 직접재료: 800kg×@₩40=₩32,000 ** 현금: 800kg×@₩45=₩36,000
*** 구입가격차이: (@₩45-@₩40)×800kg=₩4,000(불)

(2) 원재료 소비시점

(차) 재공품(#201)	₩16,000	(대) 직접재료	₩30,400
재공품(#202)	12,000		
직접재료 수량차이	2,400		

* 직접재료: 760kg×@₩40=₩30,400
** 재공품(#201) : 400kg×@₩40=₩16,000 재공품(#202) : 300kg×@₩40=₩12,000
*** 직접재료 수량차이: (760kg-700kg)×@₩40=₩2,400(불)

ㅁ소비시점에 직접재료원가의 차이를 분리하는 경우
(1) 직접재료의 구입시점

(차) 직접재료	₩36,000	(대) 현금	₩36,000

* 직접재료: 800kg×@₩45=₩36,000

(2) 원재료 소비시점

(차) 재공품(#201)	₩16,000	(대) 직접재료	₩34,200
재공품(#202)	12,000		
직접재료 가격차이	3,800		
직접재료 수량차이	2,400		

* 직접재료: 760kg×@₩45=₩34,200
** 재공품(#201): 400kg×@₩40=₩16,000 재공품(#202): 300kg×@₩40=₩12,000
*** 직접재료 가격차이: (@₩45-@₩40)×760kg=₩3,800(불)
직접재료 수량차이: (760kg-700kg)×@₩40=₩2,400(불)

2) 직접노무원가 차이
(1) 노무원가 발생

(차) 임 금	₩77,400	(대) 미지급임금	₩77,400

* 860시간×@₩90=₩77,400

(2) 노무원가 소비

(차) 재공품 #100	₩16,000	(대) 임 금	₩77,400
재공품 #201	32,000	직접재료 시간차이	3,200
재공품 #202	24,000		
직접노무 임률차이	8,600		

* 재공품(#100): 200시간×@₩80=₩16,000 재공품(#201): 400시간@₩80=₩32,000
재공품(#202): 300시간×@₩80=₩24,000
** 직접노무 임률차이: (@₩90-@₩80)×860시간=₩8,600(불)
직접노무 시간차이: (860시간-900kg)×@₩80=₩3,200(유)

3) 변동제조간접원가

(1) 변동제조간접원가 표준배부

(차)			(대)	
	재공품 #100	₩4,000	변동제조간접원가 (표준배부액)	₩18,000
	재공품 #201	8,000		
	재공품 #202	6,000		

* 재공품(#100): 200시간×@₩20=₩4,000 재공품(#201): 400시간@₩20=₩8,000
재공품(#202): 300시간×@₩20=₩6,000

(2) 변동제조간접원가 실제발생

(차)			(대)	
	변동제조간접원가 (실제발생액)	₩24,000	제 좌	₩24,000

(차)			(대)	
	변동제조간접원가 소비차이	₩6,800	변동제조간접원가 능률차이	₩800
			변동제조간접원가	6,000

* 변동제조간접원가(실제발생액): ₩60,000×40%=₩24,000
** 변동제조간접원가 소비차이: ₩24,000-(860시간×@₩20)=₩6,800
변동제조간접원가 능률차이: (860시간-900시간)×@₩20=₩800

4) 고정제조간접원가

(1) 고정제조간접원가 표준배부

(차)			(대)	
	재공품 #100	₩6,000	고정제조간접원가 (표준배부액)	₩27,000
	재공품 #201	12,000		
	재공품 #202	9,000		

* 재공품(#100): 200시간×@₩30=₩6,000 재공품(#201): 400시간@₩30=₩12,000
재공품(#202): 300시간×@₩30=₩9,000

(2) 고정제조간접원가 실제발생

(차)			(대)	
	고정제조간접원가 (실제발생액)	₩36,000	제 좌	₩36,000

(차)			(대)	
	고정제조간접원가 예산차이	₩6,000	고정제조간접원가	₩9,000
	고정제조간접원가 조업도차이	3,000		

* 변동제조간접원가(실제발생액): ₩60,000×40%=₩24,000
** 변동제조간접원가 소비차이: ₩24,000-(860시간×@₩20)=₩6,800
변동제조간접원가 능률차이: (860시간-900시간)×@₩20=₩800

5) #100, #201의 제품계정으로의 대체

(차)			(대)	
	제 품 #100	₩50,000	재공품 #100	₩50,000
	제 품 #201	68,000	재공품 #201	68,000

6) #100, #201 제품의 판매

(차)			(대)	
	매출원가	₩118,000	제 품 #100	₩50,000
			제 품 #201	68,000

보론 2. 표준종합원가계산

1. 표준 종합원가계산의 의의

표준원가계산(標準原價計算, standard cost accounting)은 원가절감을 주된 목적으로 하여 사전에 실시되는 원가계산으로서 각 원가요소별로 미리 표준적인 소비액을 설정하여 이를 기초로 산정된 표준원가를 실제의 제조활동에 소요된 실제원가와 비교하여 양자의 차이를 분석하고 문제점을 개선하려는 원가계산제도이다. 즉, 실제원가와 표준원가 간의 원가차이를 원인별·책임자별·제품종류별로 분석하여 이후의 제조활동을 합리화하는 데 있다. 이러한 표준원가를 개별원가계산에서와 같이 종합원가계산에서도 사용될 수 있다. 그러나 개별원가계산보다는 종합원가계산에서 더 유용하게 활용될 수 있다. 개별원가계산을 적용하는 기업은 고객의 주문에 따라 제품의 형태나 크기 및 품질 등이 서로 다른 다양한 제품들을 주문생산해야 하므로 기초에 표준수량과 표준가격을 설정하는 것이 어렵다. 그러나 종합원가계산을 적용하는 기업은 동일한 제품을 연속적으로 대량생산하므로 표준수량과 표준가격을 사전에 상대적으로 쉽게 설정할 수 있기 때문에 원가관리 측면에서 더 효율적이라 하겠다.

표준종합원가계산의 유용성을 구체적으로 설명하면 다음과 같다.[2)]

첫째, 사전에 설정된 제품단위당 표준원가 자체가 완성품환산량 단위당원가가 되므로 별도로 완성품환산량 단위당원가를 계산할 필요가 없다.

둘째, 표준원가를 이용하면 선입선출법이나 평균법 등 원가흐름의 가정이 필요하지 않다. 즉, 표준원가계산시스템에서는 재공품계정이 표준원가로 기록되기 때문에 기말재공품평가에 따른 복잡한 계산절차를 제거할 수 있다.

셋째, 표준원가를 이용하여 원가차이를 계산하면 원가관리를 용이하게 할 수 있다. 이때 만일 당기에 수행한 작업량의 능률을 평가하기 위해서는 당기의 제조활동에 대한 완성품환산량을 사용해야 하므로 선입선출법의 개념을 적용하여 완성품환산량을 계산해야 한다. 여기서 원가흐름

2) 강병항(2013), 「원가회계」, 피엔씨미디어, pp.364~365.

의 가정이 도입된 것처럼 오해하기 쉽지만, 이것은 단지 당기에 발생한 실제원가와 당기의 실제산출량에 허용된 표준원가를 쉽게 비교하기 위한 것이다.

2. 표준 종합원가계산의 절차

표준종합원가계산은 종합원가계산에 표준원가계산을 적용한 원가계산방법이므로 종합원가계산과 표준원가계산의 원가계산절차 및 원가차이분석방법을 그대로 사용한다. 다만, 표준 종합원가계산의 유용성에서도 언급되었듯이 원가차이분석에서는 당기의 실제원가와 당기의 실제산출량에 허용된 표준원가를 비교하여 원가차이를 계산하게 되는데, 원가차이분석을 위해서는 반드시 선입선출법에 의하여 완성품환산량을 계산하여야 한다. 표준종합원가계산의 절차는 다음과 같다.

1단계 : 물량흐름을 파악한다.
2단계 : 선입선출법을 적용하여 당기의 완성품환산량을 계산한다.
3단계 : 원가요소별 표준원가(직접재료원가 · 가공원가)를 요약한다.
4단계 : 원가요소별 완성품환산량 단위당 원가를 계산한다.
(별도의 계산과정이 필요 없으며, 사전에 설정된 단위당 표준직접재료원가와 표준가공원가가 각각의 완성품환산량 단위당원가이다)
5단계 : 당기완성품원가와 기말재공품원가를 계산한다.

예제 8-8 표준종합원가계산

A회사의 단일공정에서 단일제품을 생산하고 있다. A회사는 표준종합원가계산시스템을 적용하고 있다. 재료는 공정착수시점에 모두 투입되고, 가공원가는 공정의 진행정도에 따라 균등하게 발생한다. 20××년 5월 중 생산활동에 관한 자료는 다음과 같다.

	물량흐름	직접재료원가	가공원가
기초재공품	1,000개(완성도 60%)	₩ 68,000	₩ 80,000
당기착수량	12,000개	125,000	150,000
당기완성량	10,000개		
기말재공품	3,000개(완성도 40%)		

전기와 당기의 완성품환산량을 기준으로 한 단위당 표준원가는 다음과 같다.

단위당 표준직접재료원가	@₩10
단위당 표준 가공원가	@₩15
표 준 원 가	@₩25

[물음사항]

1. 5월 중 표준원가로 기록된 완성품원가와 기말재공품원가를 계산하시오.
2. 5월 중 직접재료원가와 가공원가의 원가차이를 계산하시오.

■ **풀이**

1.

	1단계 (물량흐름)	**2단계**(완성품환산량) 직접재료원가	가공원가
기초재공품(60%)	1,000개		
당기착수량	12,000개		
합 계	13,000개		
당기완성량			
기초재공품완성량	1,000개	0개 (0%)	400개 (40%)
당기착수완성량	9,000개	9,000개 (100%)	9,000개 (100%)
기말재공품(40%)	3,000개	3,000개 (100%)	1,200개 (40%)
합 계	13,000개	12,000개	10,600개
3단계 (총원가 집계)			
기초재공품원가		-	-
당기발생원가*	₩279,000	₩120,000	₩159,000
합 계	₩279,000	₩120,000	₩159,000
4단계 (완성품환산량단위당원가)		₩120,000÷12,000개 = @₩10	₩159,000÷10,600개 = @₩15
5단계 (원가배분)			
기초재공품원가**	₩19,000	(1,000개×@10)= ₩10,000	(400개×@15)= 9,000
당기착수완성량원가***	231,000	(9,000개×@10)= 90,000	(9,000개×@15)= 141,000
당기완성품원가	**₩250,000**	₩100,000	₩150,000
기말재공품원가*****	**48,000**	(3,000개×@10)= 30,000	(1,200개×@15)= 18,000
합 계	**₩298,000**	**₩130,000**	**₩168,000**

* 당기투입원가
- 직접재료원가 : 12,000개 × @₩10 = ₩120,000
- 가공원가 : 10,600개 × @₩15 = 159,000
- 합 계 ₩279,000

** 기초재공품원가
- 직접재료원가 : 10,000개 × @₩10 = ₩10,000
- 가공원가 : (1,000개 × 60%) × @₩15 = 9,000
- 합 계 ₩19,000

*** 당기착수완성품원가
- 직접재료원가 : (10,000개 − 1,000개) × @₩10 = ₩ 90,000
- 가공원가 : {1,000개 - (1,000개 × 60%) × @₩15} = 141,000
- 합 계 ₩231,000

**** 기말재공품원가
- 직접재료원가 : 3,000개 × @₩10 = ₩30,000
- 가공원가 : (3,000개 × 40%) × @₩15 = 18,000
- 합 계 ₩48,000

2. 원가차이보고서

	실제원가	표준원가	원가차이	
직접재료원가	₩125,000	₩120,000	+ ₩5,000	(불리)
기공원가	150,000	159,000	- ₩9,000	(유리)
합 계	₩275,000	₩279,000	- ₩4,000	(유리)

연 | 습 | 문 | 제

01. 다음은 표준원가계산제도에 대한 설명이다. 옳지 않은 것은? *(2015, 전산회계운용사 1급)*

① 종합원가계산뿐만 아니라 개별원가계산에도 적용할 수 있다.
② 전부원가계산에는 적용가능하나, 변동원가계산에는 적용할 수 없다.
③ 원가관리 및 통제에 효과적으로 적용할 수 있다.
④ 장부기입 업무를 간소화할 수 있으며, 원가차이조정을 통하여 외부보고용 재무제표를 작성할 수 있다.

02. 다음 표준원가계산제도와 관련된 설명 중 틀린 것은? *(52회, 전산세무회계 1급)*

① 제품의 완성량만 파악하면 표준원가를 산출할 수 있으므로 신속하게 원가정보를 제공할 수 있다.
② 기말에 원가차이를 매출원가에서 조정할 경우 불리한 차이는 매출원가에 가산하고 유리한 차이는 매출원가에서 차감한다.
③ 원가발생의 예외를 관리하여 원가통제에 적절한 원가계산방법이다.
④ 표준원가계산방법을 선택한 경우에는 실제원가와 상관없이 표준원가로 계산된 재고자산의 금액을 반드시 재무상태표 금액으로 결정하여야 한다.

03. 다음 표준원가계산제도와 관련된 설명 중 틀린 것은? *(44회, 전산세무회계 1급)*

① 종합원가계산제도에서 적용할 수 있다.
② 기말에 원가차이를 매출원가에서 조정할 경우 불리한 차이는 매출원가에서 차감하고 유리한 차이는 매출원가에 가산한다.
③ 원가발생의 예외를 관리하여 원가통제에 적절한 원가계산방법이다.
④ 직접재료원가 가격차이를 원재료 구입시점에서 분리하든 사용시점에서 분리하든 직접재료원가 능률차이에는 영향을 주지 않는다.

04. 다음 중 표준원가계산에 대한 설명으로 틀린 것은? *(48회, 전산세무회계 1급)*

① 표준원가계산방법을 선택한 경우에는 실제원가와 상관없이 표준원가로 계산된 재고자산의 금액을 재무상태표 금액으로 결정하여야 한다.
② 표준원가계산은 사전에 객관적이고 합리적인 방법에 의하여 산정한 원가를 이용하되 그 표준원가는 회사 사정을 고려하여 현실적으로 달성가능하도록 설정하여야 한다.
③ 표준직접재료원가 설정시 표준소비가격은 과거 및 현재의 시장가격과 장래에 예측되는 가격동향 등 제반 경제적 여건을 고려하여 설정하여야 한다.
④ 표준원가계산시 표준원가와 실제발생원가의 차액인 원가차이는 원가계산 기간별로 산정하여야 한다.

05. 표준원가계산의 장・단점의 설명이 틀린 것은? *(64회, 전산세무회계 1급)*

① 원가 목표를 설정하고 실제발생액을 비교해서 원가능률을 높일 수 있다.
② 사전에 설정된 표준원가를 적용함으로서 예산편성시간을 절약할 수 있다.
③ 적정원가의 산정에 객관성이 힘들고 많은 비용이 든다.
④ 표준원가는 수시로 수정할 필요가 없어서 미래원가계산에 대하여 왜곡이 없다.

06. 표준원가계산과 차이분석에 대한 설명으로 잘못된 것은? *(50회, 전산세무회계 1급)*

① 직접재료원가의 능률차이는 재료의 구입시점에서 인식하는 방법과 재료의 사용시점에서 인식하는 방법에 따라 결과가 다르게 나타난다.

② 직접노무원가의 가격차이(임률차이)는 실제직접노동시간×(표준임률 - 실제임률)로 구할 수 있다.

③ 3분법에 따른 제조간접원가 차이분석에서는 고정제조간접원가 실제발생액과 변동제조간접원가 실제발생액을 합산하여 계산하므로, 각각의 금액을 반드시 구해야 하는 것은 아니다.

④ 고정제조간접원가는 능률차이는 항상 발생하지 않으며 예산차이와 조업도차이만 발생한다.

07. 다음은 표준원가계산제도 중 표준직접재료비에 대한 설명이다. 옳지 않은 것은? *(2015, 전산회계운용사 1급)*

① 표준직접재료비는 직접재료의 종류별로 제품단위당 표준소비수량과 표준소비가격을 설정하고, 이 양자를 곱하여 산정한다.

② 표준소비수량은 과학적 · 통계적 조사에 의하여 제품의 생산에 필요한 각종 재료의 종류, 품질, 가공방법 등을 고려하여 정한다. 이 경우 표준소비수량에는 정상적인 공손 및 감손을 포함한다.

③ 동일한 기능을 수행하는 여러 종류의 재료가 대체적으로 사용되는 경우, 표준직접재료비는 여러 종류 재료 중 하나만을 선정하여 표준소비수량과 표준소비가격을 곱하여 산정한다.

④ 표준소비가격은 과거 및 현재의 시장가격과 장래에 예측되는 가격동향이나 거래관습 등 제반 경제적 여건을 고려하여 정한다.

08. 다음 중 표준원가계산에 의한 원재료 구입 및 투입의 회계처리 설명 중 옳지 않은 것은? *(2015, 전산회계운용사 1급)*

① 원재료 투입시점에서 가격차이를 분리하면 모든 가격차이는 당기에 보고된다.

② 원재료 투입시점에서 가격차이를 분리하면 원재료 계정은 실제가격으로 기록된다.

③ 원재료 구입시점에서 가격차이를 분리하면 재료투입시점에서는 수량차이만 기록된다.

④ 원재료 구입시점에서 가격차이를 분리하면 원재료 계정은 표준가격으로 기록된다.

09. 다음 표준원가계산 시 재료비 차이에 대한 설명 중 옳지 않은 것은? *(2015, 전산회계운용사 1급)*

① 원재료의 구입시점에서 가격차이 분리시 원재료 계정은 항상 표준원가로 기록된다.

② 직접재료 구입가격 차이는 구입량을 기초로 계산한다.

③ 직접재료는 사용시점에서 구분하는 것이 적시에 정보를 얻을 수 있어 좋다.

④ 재료비 차이가 불리하다는 것은 실제 재료비가 표준원가보다 더 많이 발생하였다는 것을 의미하며 이러한 불리한 차이는 차변에 기록된다.

10. 다음 중 표준원가계산제도와 관련된 설명 중 틀린 것을 모두 고르시오. *(65회, 전산세무회계 1급)*

㉠ 원가발생의 예외에 의한 관리를 할 수 없다.
㉡ 직접재료원가차이를 원재료 구입시점에서 분리하든 사용시점에서 분리하든 직접재료원가 능률차이에는 영향을 미치지 않는다.
㉢ 기말에 원가차이를 매출원가에서 조정할 경우 불리한 차이는 매출원가에 가산하고 유리한 차이는 매출원가에 차감한다.
㉣ 제품의 완성량만 파악하면 표준원가를 산출할 수 있으므로 신속하게 원가정보를 제공할 수 있다.
㉤ 직접재료원가 능률차이 계산식은 (표준소비량-실제소비량)×실제가격으로 표현할 수 있다.

① ㉠, ㉡　　② ㉡, ㉢　　③ ㉢, ㉣　　④ ㉠, ㉤

11. 표준개별원가계산을 하는 동명공업의 2012년 9월 중 표준원가와 실제 발생액은 다음과 같다. 9월 중 표준원가계산에 의한 당기제품제조원가를 계산한 금액으로 옳은 것은? *(2015, 전산회계운용사 1급)*

구 분	실제발생액		표준원가	
	작업 #1	작업 #3	작업 #1	작업 #3
직접재료비	₩3,000	₩3,000	₩3,500	₩2,500
직접노무비	₩5,000	₩3,000	₩4,000	₩2,000

작업#1, #3은 모두 9월에 착수되었으며, 9월 중 제조간접비 실제 발생액은 ₩9,500, 제조간접비표준원가는 ₩9,000이고 9월 현재 작업 #1은 완성, 작업 #3은 미완성이다. 제조간접비는 직접노무비를 기준으로 배부한다.

① ₩13,500 ② ₩15,000 ③ ₩16,500 ④ ₩18,000

12. 다음 자료에 의하여 표준원가계산에 의한 월말 재공품원가를 계산하면 얼마인가? (단, 재료는 공정초기에 전량 투입되며, 주어진 자료 이외의 상황은 고려하지 않는다) *(49회, 전산세무회계 1급)*

1. 제품단위당 표준원가
   ·직접재료원가 : 5kg × @200원 = 1,000원
   ·직접노무원가 : 3시간 × @600원 = 1,800원
   ·변동제조간접원가 : 3시간 × @400원 = 1,200원
   ·고정제조간접원가 : 3시간 × @100원 = 300원
2. 월초재공품은 없으며, 당월착수수량은 10,000단위이고, 당월완성수량은 8,000단위이며, 월말재공품의 완성도는 40%이다.

① 3,440,000원 ② 4,640,000원 ③ 4,940,000원 ④ 5,240,000원

13. 직접노무비 당기 발생액은 다음과 같다. 당기 중 실제직집노동시간을 계산하면 일마인가? *(65회, 전산세무회계 1급)*

- 표준직접노동시간 : 5,000시간
- 실제직접노무비 : 700,000원
- 표준임률 : 150원/시간
- 임률차이 : 40,000원 (불리)

① 4,400시간 ② 4,600시간 ③ 4,800시간 ④ 5,000시간

14. 표준원가계산을 적용하는 (주)LK전자의 2010년 3월 중 재료비에 대한 원가자료는 다음과 같다. 재료비 가격차이와 수량(능률)차이는 얼마인가? *(42회, 전산세무회계 1급)*

- 예상생산량 : 5,000단위
- 실제생산량 : 5,500단위
- 실제수량 : 160,000kg
- 실제단가 : 550원/kg
- 표준수량 : 30kg/단위
- 표준단가 : 520원/kg

	가격차이	수량차이
①	4,800,000(불리)	2,600,000(불리)
②	4,800,000(유리)	2,600,000(유리)
③	4,800,000(불리)	2,600,000(유리)
④	4,800,000(유리)	2,600,000(불리)

(2015, 전산회계운용사 1급)

15. ㈜대한의 당기 직접노무원가와 관련된 자료는 다음과 같다. 직접노무원가의 임률차이와 효율차이는 얼마인가?

표준생산수량	100단위	실제생산수량	105단위
단위당 표준직접노무원가	₩40	총 실제직접노무원가	₩3,820
시간당 표준직접노무원가	₩80	총 실제직접노무시간	54시간

	임률차이	효율차이		임률차이	효율차이
①	₩120 불리	₩320 유리	②	₩120 유리	₩320 불리
③	₩500 불리	₩960 유리	④	₩500 유리	₩120 불리

16. ㈜승리의 2014년 7월 직접노무비는 다음과 같다. 직접노무비 능률차이는 얼마인가? *(61회, 전산세무회계 1급)*

(1) 직접노무비 임률차이 : 40,000원(불리)
(2) 실제직접노무비 : 142,000원
(3) 실제직접노동시간 : 32,000시간, 표준직접노동시간 : 34,000시간

① 15,300원 불리 ② 15,300원 유리 ③ 6,375원 불리 ④ 6,375원 유리

17. 당기 중에 발생된 직접노무비 자료는 아래와 같다. 당기 중 실제직접노동시간을 계산하면? *(44회, 전산세무회계 1급)*

·표준직접노동시간 : 4,500시간	·실제직접노무비 : 700,000원
·표준임률 : 100원/시간	·임률차이 : 50,000원(불리)

① 6,500시간 ② 6,800시간 ③ 7,000시간 ④ 7,500시간

(40회, 전산세무회계 1급)

18. 다음 자료에 의하여 표준원가계산을 적용하는 (주)정밀기계의 변동제조간접비 능률차이를 계산하면 얼마인가?

(1) 제품단위당 표준원가자료
  : 변동제조간접비 3시간 × @₩500 = 1,500원
(2) 당기 실제생산량 1,300단위에 대한 실제발생원가자료
  : 변동제조간접비 2,080,000원(작업시간 4,200시간)

① 능률차이 150,000원(불리) ② 능률차이 110,000원(유리)
③ 능률차이 130,000원(불리) ④ 능률차이 140,000원(불리)

(47회, 전산세무회계 1급)

19. 다음은 (주)로마의 2011년 제조활동과 관련된 자료이다. (주)로마의 2011년도 변동제조간접원가 능률차이는?

- 단위당 표준 직접노무시간 : 3시간
- 실제 직접노무시간 : 15,000시간
- 생산된 제품단위 : 4,200개
- 변동제조간접원가 표준 : 표준 직접노무시간당 5원
- 실제변동제조간접원가 : 60,000원

① 12,000원(유리) ② 12,000원(불리) ③ 15,000원(유리) ④ 15,000원(불리)

20. ㈜한국은 변동제조간접원가와 관련하여 실제 ₩189,000이 발생하였으며, 작업시간은 2,100시간이었다. 변동제조간접원가는 작업시간을 기준으로 배부되며 제품단위당 표준작업시간은 2시간이며, 작업시간당 표준배부율은 ₩100이다. 당기에 생산된 제품의 수량이 1,000개 일 때 변동제조간접원가의 소비차이와 능률차이는 각각 얼마인가? *(2015, 전산회계운용사 1급)*

① ₩21,000(유리), ₩10,000(불리) ② ₩21,000(불리), ₩10,000(유리)
③ ₩10,000(유리), ₩21,000(불리) ④ ₩10,000(불리), ₩21,000(유리)

21. ㈜한강은 3분법을 사용하여 제조간접비를 예산차이, 능률차이, 조업도차이로 분리하고 있다.

가. 총제조간접비 실제발생액	₩892,500
나. 제조간접비 추정방정식	₩600,000 + 시간당 ₩10
다. 제조간접비 예정배부율	시간당 ₩15
라. 조업도차이	₩100,000 유리

상기 자료를 이용하여 계산된 당기제품생산에 허용된 표준시간은 몇 시간인가? 단, 고정제조간접비의 경우 예산과 실제발생액은 동일하다. *(2015, 전산회계운용사 1급)*

① 100,000시간 ② 120,000시간 ③ 140,000시간 ④ 150,000시간

22. 다음 자료를 이용하여 계산한 고정제조간접비의 조업도차이는 얼마인가? *(15, 전산회계운용사 1급)*

> 가. 고정제조간접비 실제발생액 : ₩70,000
> 나. 기준작업시간 : 8,000시간
> 다. 고정제조간접비 예산액 : ₩80,000
> 라. 제품생산량 : 1,750개
> 마. 제품단위당 표준작업시간 : 4시간

① ₩10,000(불리) ② ₩10,000(유리) ③ ₩20,000(불리) ④ ₩0

(41회, 전산세무회계 1급)

23. 제품 12,200단위가 생산될 때, 변동제조간접원가 38,720원과 고정제조간접원가 124,700원이 발생하였다. 변동제조간접비 표준원가배부율이 1.5원이고 고정제조간접비 표준원가는 120,000원이다. 표준배부율은 25,000기계시간을 기준으로 계산되었다. 제품 단위당 표준기계시간은 2시간이다. 총 24,200기계시간이 실제 발생하였다. 고정제조간접원가 조업도차이는 얼마인가?

① 2,880원 불리 ② 2,880원 유리 ③ 3,840원 불리 ④ 3,840원 유리

제 13 장

variable costing

변동원가계산

|제1절| 변동원가계산의 개요
|제2절| 변동원가계산과 전부원가계산의 비교
|제3절| 변동원가계산의 이익조정
|제4절| 초변동원가계산

제1절 변동원가계산의 개요

1. 변동원가계산의 의의

원가계산이란 제품과 용역이라는 가치생산에 투입된 투입물의 경제가치 소비액을 인식·측정·보고하는 시스템이다. 원가계산이 가장 빠르게 그 형태를 갖춘 것은 재무제표의 작성을 위한 원가계산이었는데, 전통적 회계에서 중시되는 것은 정확한 원가계산정보의 제공이라는 측면에서 희생된 모든 경제가치의 측정을 강조하여 왔다. 당시 이러한 강조에 문제가 된 것은 간접원가였는데 처음에는 원가성이 없는 것으로 생각했던 간접원가가 고정설비의 증대로 인하여 원가성을 인식하게 되었고 간접원가의 제품별 배분문제를 해결하게 되었다. 그러나 신기술개발과 생산설비의 증대 및 공장자동화 그리고 장기투자액의 증가 등 경제환경의 변화로 인하여 제조원가 중 간접원가의 비중이 높아짐에 따라 또다시 제조간접원가의 배분문제가 복잡하게 되었고, 이와 더불어 마케팅활동과 성과측정의 문제가 중시되면서 기업경영을 악화시키는 요인으로 작용하게 되었다.

따라서 전통적 회계에서 중시되었던 전부원가계산방식으로는 효율적인 원가관리 및 경영의사결정에 유용한 정보를 제공하지 못하게 되었다. 즉, 전부원가계산에서 제조간접원가를 실제배부율에 의해 제품에 배부하는 경우 조업도가 변화됨에 따라 제품의 단위당 원가가 변화되는 모순이 있으며, 이러한 모순을 극복하기 위해 예정배부율을 이용하는 경우 기준조업도의 결정에 자의성이 개입될 여지가 있어 제조간접원가의 배부문제를 해결하는데는 여전히 한계점을 지니고 있다. 또한, 전부원가계산에에서의 기간손익은 판매량과 생산량의 함수로 나타나 판매량은 증가하지만 오히려 이익이 감소되는 등 이익의 미래예측에 부적절한 정보를 제공하게 되었다. 이러한 문제점을 극복하기 위해 변동원가계산개념이 고안되게 되었다.

J. N. Harris(1936), "What did we earn last month?", *NACA Bulletin*, 1. 15.

변동원가계산은 1936년 J. N. Harris가 NACA 공보에 "우리는 지난달 얼마나 벌어들였나?"라는 논문에서 처음으로 제시되었다. 논문에서는 종래의 회계제도는 매출액과 이익이 보조를 맞추지 못하는 모순점을 지니고 있으므로 이를 개선하고자 변동원가만을 재고자산에 포함시키고 고정제조간접원가는 제품원가에서 제외시키는 방법이 고안되었는데, 고정제조간접원가는 차기에 동일한 원가의 재발생을 결코 방지할 수 없기 때문에 원가회피능력이 없어 자산으로 인정할 수 없다는 것이다. 또한, 변동원가계산을 적용할 경우 순이익은 항상 매출액과 더불어 변동하며, 제조간접원가의 과소·과대배부라는 전부원가계산의 결점을 제거할 수 있고, 목적적합한 회계정보를 제공할 수 있다고 하였다. 1950년대 이후 변동원가계산은 이익계획이나 손익분기점분석 등 경영관리 및 의사결정 목적에 유용한 제품원가계산시스템의 하나로 이용되고 있다.[1)]

변동원가계산(變動原價計算, variable costing)은 직접재료원가·직접노무원가·변동제조간접원가 등의 변동제조원가만을 제품원가에 포함시켜 자산화하고, 고정제조간접원가는 기간원가로 처리하는 원가계산방법이다. 따라서 변동원가계산방법에 의하여 제품원가를 계산하게 되면 당기에 생산된 제품 중 일부가 판매되지 않고 차기로 이월될 경우 변동제조원가만이 차기로 이월되고 고정제조간접원가는 제품원가에 포함되지 않음으로 전액 당기의 비용으로 처리되게 된다.

변동원가계산은 원가정보의 이용목적에 따라 실제변동원가계산, 정상변동원가계산 표준변동원가계산으로 구분된다. 특히 변동원가계산에서의 고정제조간접원가는 기간원가로 인식되므로 실제원가로 계산된다.

실제변동원가계산(實際變動原價計算, actual variable costing)은 직접재료원가·직접노무원가·변동제조간접원가를 모두 실제발생원가로 계산하는 방법이다. 정상변동원가계산(正常變動原價計算, normal variable costing)은 직접재료원가와 직접노무원가는 실제발생원가로 하고, 변동제조간접원가는 예정원가로 계산하는 방법이다. 표준변동원가계산(標準變動原價計算, standard variable costing)은 직접재료원가·직접노무원가·변동제조간접원가를 모두 표준원가로 계산하는 방법이다.

2. 변동원가계산의 유용성과 한계

외부보고 목적으로 사용되고 있는 전부원가계산에 반해 변동원가계산은 기업 내부의 경영관리 의사결정을 위한 목적으로 사용되고 있다. 즉, 변동원가계산은 이익계획 및 관리, 원가관리, 성과평가, 가격결정 등의 의사결정 기능을 가지고 있어 경영관리에 유용한 정보를 제공하고 있다 그러나 변동원가계산이 지니고 있는 한계점으로 인하여 일반적으로 인정된 회계원칙에서는 전부원가계산에 의한 손익정보를 요구하고 있다.

1) 정재권(1996), 회계학핸드북, 서울대학교출판부, p. 630.

2-1. 변동원가계산의 유용성

변동원가계산은 경영계획 및 통제 그리고 업적평가 및 의사결정을 위한 내부보고 목적을 가지고 있으며, 이익계획설정 및 관리 · 원가관리 · 업적평가 · 가격결정 등의 의사결정에 유용한 정보를 제공해 준다. 변동원가계산에 대한 유용성을 살펴보면 다음과 같다.

이익계획설정 및 관리기능

변동원가계산은 단기적인 이익계획을 설정하는데 유용한 정보를 제공해 준다. 이익계획을 수립하기 위해서는 원가-조업도-이익분석을 통한 목표매출액 설정이 중요한데, 변동원가계산에서는 원가행태별로 구분된 변동원가와 고정원가 정보를 제공하고 공헌손익계산서로부터 원가-조업도-이익분석에 필요한 자료를 얻을 수 있게 해준다. 즉, 변동원가계산 자료는 매출액의 변화가 기업의 이익에 미치는 영향을 쉽게 파악할 수 있도록 해 줌으로써 이익계획 수립 및 관리에 유용한 정보를 제공해 준다.

원가관리 기능

변동원가계산을 위해서는 원가를 원가행태별로 변동원가와 고정원가로 구분하는 것을 전제로 한다. 변동원가는 대부분 통제가능원가이며 표준원가 또는 예정원가에 의해서 관리된다, 그리고 고정원가는 통제불가능원가이기는 하지만 예정조업도에 기초한 고정예산에 의해 관리됨으로써 원가관리에 유용한 정보를 제공해 준다. 따라서, 단위당 변동원가를 낮춤으로써 단위당 공헌이익을 높일 수 있고, 고정원가를 줄임으로써 손익분기점을 낮출 수 있는 자료를 제공하여 원가관리를 위한 유용한 정보를 제공해 준다.

성과평가 기능

변동원가계산은 책임회계제도하에서 경영계층별로 이익계획 및 원가관리를 효유력으로 수행하는데 도움을 준다. 즉, 변동원가계산의 공헌손익계산서에 기초한 부문별 손익계산서를 통해 사업부별, 지역별, 제품라인별 경영성과를 파악할 수 있기 때문에 해당 부문의 관리책임자 및 종업원들의 성과평가를 가능하게 해준다.

의사결정 기능

변동원가계산은 공헌이익이라는 개념을 활용하여 경영의사결정에 필요한 다양한 정보를 제공해 준다. 즉, 변동원가계산은 고정원가와 변동원가의 구분을 통해 특별주문의 수락여부, 자가제조 또는 외부구입결정, 제품라인의 폐지여부, 가격결정, 이익극대화를 위한 제품의 포트폴리오구성 등 특별의사결정과 관련한 관련원가와 비관련원가 그리고 차액원가뿐만 아니라 공헌이익접근법에 필요한 정보를 제공해준다.

2-2. 변동원가계산의 한계

변동원가계산은 이익계획 및 관리, 원가관리, 성과평가, 가격결정 등의 의사결정 기능을 가지고 있어 경영관리에 유용한 정보를 제공하고 있음에도 불구하고 다음과 같은 한계점을 지니고 있다.

외부보고의 제한

변동원가계산은 일반적으로 인정된 회계원칙에서는 회계시스템으로 인정하지 않고 있다. 경영 내부보고 목적으로 변동원가계산에 의한 공헌손익계산서를 이용하더라도 회계기간말에 경영성과를 외부보고하기 위해서는 전부원가계산으로의 조정과정이 필요하다.

재고자산가치의 과소평가

변동원가계산은 고정제조간접원가를 기간원가로 처리함으로써 변동원가계산에 의한 재고자산 금액은 전부원가계산에 의한 재고자산 금액보다 적게 계산됨으로서 재고자산 가치가 과소평가되게 된다. 또한 고정제조간접원가의 기간원가로 인식하는 것은 고정원가의 중요성을 간과하고 지나친 공헌이익 개념에 치중하게 되어 제품의 가격결정에 잘못된 의사결정을 유도할 수 있다.

자의적인 원가행태별 구분

변동원가계산의 기본전제가 되는 원가의 원가행태별 분류 즉, 변동원가와 고정원가의 구분은 자의적이고 임의적일 수 있다. 더구나 장기적으로 볼 때 모든 원가는 변동원가의 성격을 지니고 있다. 고정원가라 하더라도 조업도 관련범위 내에서는 일정하지만 관련범위를 벗어나게 되면 고정원가 역시 일정금액 만큼 증가하기 때문에 장기적으로 볼 때 변동원가라 하겠다.

제2절 변동원가계산과 전부원가계산의 비교

1. 원가흐름의 비교

전부원가계산은 외부보고를 기본목적으로 하고 있기 때문에 제품생산과 관련된 모든 원가를 제품원가로 인식하고 있다. 그러나 변동원가계산의 기본목적은 경영계획 설정 및 원가통제 등의 내부보고목적에 있으며 제조원가를 변동제조원가와 고정제조원가로 구분하여 변동제조원가만을 제품원가로 하고 고정제조원가는 기간원가로 처리한다. 따라서 변동원가계산과 전부원가계산이 차이점은 고정제조간접원가를 제품원가에 포함시키느냐의 여부이다.

변동원가계산에서 고정제조간접원가를 제품원가에서 제외시키는 이유는 고정제조간접원가는 생산원가라기 보다는 생산능력과 관련된 생산설비원가 즉, 감가상각비, 보험료 등 생산에 필수적인 원가이기는 하지만 특정기간 동안 제품생산의 증감과는 무관하게 발생되므로 제품원가에 포함되어서는 않된다는 것이다. 이러한 이유로 양 방법 간의 제품원가에 차기가 있으며, 이로 인해 재고자산평가액의 차이는 결국 영업이익의 차이로 나타나게 된다.

[표 13-1] 변동원가계산과 전부원가계산에서의 제품원가

구분	변동원가계산	전부원가계산
제품원가	직접재료원가 직접노무원가 변동제조간접원가 -	직접재료원가 직접노무원가 변동제조간접원가 고정제조간접원가
기간원가	고정제조간접원가 변동판매관리비 고정판매관리비	- 변동판매관리비 고정판매관리비

[그림 13-1] 변동원가계산의 원가흐름

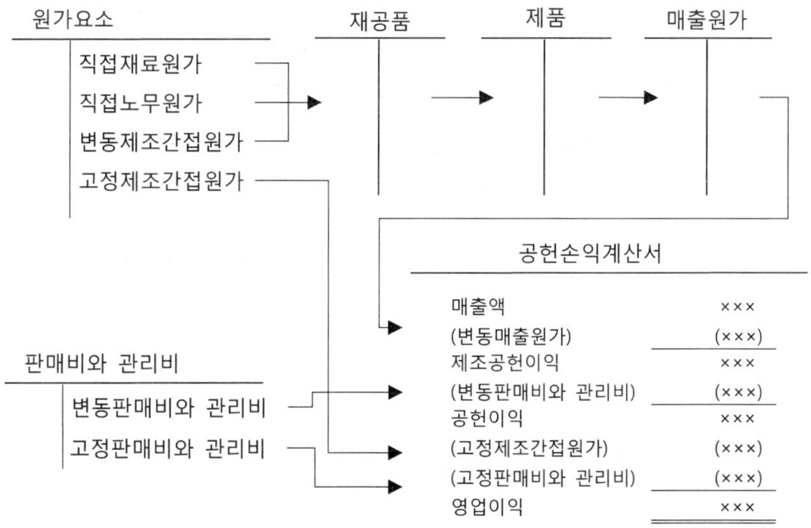

2. 손익구분의 비교

전부원가계산은 외부보고를 기본목적으로 손익을 계산하기 때문에 원가를 제조ㆍ판매 및 관리 등의 기능별로 분류하여 손익계산서를 작성하게 된다. 그러나 변동원가계산은 경영계획 설정 및 원가통제 등의 내부보고 목적으로 원가를 원가행태별 즉, 변동원가와 고정원가로 구분하고, 매출액에서 변동원가를 차감하여 공헌이익(貢獻利益, contribution margin)을 계산하고, 공헌이익에서 고정원가를 차감하여 영업이익을 계산하는 공헌손익계산서를 작성하게 된다. 공헌이익은 한계이익(限界利益, marginal income)이라고도 하며, 매출액에서 변동원가(변동매출원가ㆍ변동판매관리비)를 차감하여 계산된다. 따라서 공헌이익은 고정원가를 회수하고 이익을 창출하는데 공헌하는 금액을 의미한다.

변동원가계산에 위한 손익계산서를 공헌손익계산서라고도 하며, 여기에는 이익계획에 활용되는 공헌이익정보를 담고 있어 판매량의 변화에 따른 제품이나 부문의 장래 이익예측 및 예산과 실적의 비교, 손익분기점 분석 등 경영의사결정에 유용한 정보를 제공한다. 전부원가계산에 의한 손익계산서에서는 이와 같은 정보를 제공할 수 없다는 점과 비교하면 공헌손익계산서의 유용성은 크다.

[표 13-2] 변동원가계산과 전부원가계산의 손익계산서

기능손익계산서(전부원가계산)		공헌손익계산서(변동원가계산)	
매출액	×××	매출액	×××
(매출원가)	(×××)	(변동매출원가)	(×××)
매출총이익	×××	제조공헌이익	×××
(판매비와 관리비)	(×××)	(변동판매비와 관리비)	(×××)
영업이익	×××	공헌이익	×××
		(고정제조간접원가)	(×××)
		(고정판매비와 관리비)	(×××)
		영업이익	×××

예제 13-1 전부원가계산과 변동원가계산의 손익계산서

A회사의 생산 및 판매활동과 원가 자료는 다음과 같다. 재고자산평가는 선입선출법에 의한다.

1. 생산 및 판매활동

제품 생산량	1,000개	제품 판매량	800개
기초제품재고량	0개	단위당 판매가격	@₩400

2. 원가자료

단위당 변동제조원가	@₩100	단위당 변동판매비와관리비	@₩5
고정제조간접원가	₩20,000	고정판매비와관리비	₩5,000

[물음사항]

1. 전부원가계산에 의한 손익계산서를 작성하시오.
2. 변동원가계산에 의한 공헌손익계산서를 작성하시오.

■ 풀이

1. 전부원가계산 손익계산서

매출액	(800개×@400)		₩320,000
매출원가			
기초제품재고액		0	
당기제품제조원가	(1,000개×@120)*	120,000	
기말제품재고액	(200개×@120)	(24,000)	(96,000)
매출총이익			₩224,000
판매비와관리비			
변동판매비와관리비	(800개×@5)	4,000	
고정판매비와관리비		5,000	(9,000)
영업이익			₩215,000

* 단위당 제조원가=변동제조원가(@100)+고정제조간접원가(₩20,000÷1,000개=@20)=@120

2. 변동원가계산 공헌손익계산서

매출액	(800개×@400)		₩320,000
변동매출원가			
기초제품재고액		0	
당기제품제조원가	(1,000개×@100)	100,000	
기말제품재고액	(200개×@100)	(20,000)	(80,000)
매출공헌이익			₩240,000
변동판매비와관리비	(800개×@5)	4,000	(4,000)
공헌이익			₩236,000
고정원가			
고정제조간접원가		20,000	
고정판매비와관리비		5,000	(25,000)
영업이익			₩211,000

*변동원가계산 영업이익(₩211,000)과 전부원가계산 영업이익(₩215,000)의 차액(₩4,000)은 기말재고량(200개) × 단위당 고정제조간접원가(@20) 으로 인한 차이이다.

3. 영업이익의 비교

전부원가계산에서의 영업이익과 변동원가계산에서의 영업이익 간 차이는 근본적으로 고정제조간접원가가 제품원가에 포함되는지의 여부이다. 변동원가계산하에서는 고정제조간접원가가 제품원가에 포함되지 않기 때문에 재고자산 역시 고정제조간접원가가 포함되지 않고 당기의 기간원가로 처리됨으로 인해 그 금액만큼 영업이익의 차이를 발생시킨다.

전부원가계산에서의 영업이익과 변동원가계산에서의 영업이익 간 차이를 발생시키는 또 다른 원인으로 생산량과 판매량간의 차이를 들 수 있다.

3-1. 생산량과 판매량이 동일한 경우

당기에 생산량과 판매량이 동일한 경우에는 전부원가계산과 변동원가계산에서의 기초제품재고량과 기말제품재고량이 동일하므로 영업이익은 동일하다. 그 이유는 고정제조간접원가가 전부원가계산에서는 전액 매출원가에 포함되고, 변동원가계산에서는 전액 당기 기간원가로 처리되기 때문이다.

[예제 13-2]에서 4/4분기의 전부원가계산에 의한 영업이익과 변동원가계산에 의한 영업이익을 보면 ₩23,800으로 동일하다. 이러한 결과는 고정제조간접원가 ₩4,000이 전부원가계산에서는 전액 매출원가로 처리되고, 변동원가에서는 전액 당기 기간원가로 처리되었기 때문이며, 기초제품재고액과 기말제품재고액이 동일하여 영업이익에 영향을 미치지 않기 때문이다.

3-2. 생산량이 판매량을 초과하는 경우

당기에 생산량이 판매량을 초과하는 경우에는 기초재고량보다 기말재고량이 증가하게 되므로 전부원가계산의 영업이익이 변동원가계산의 영업이익보다 크게 된다. 그 이유는 전부원가계산에 의할 경우 고정제조간접원가가 기말재고자산에 포함되어 차기로 이연되므로 당기의 매출원가가 감소되어 영업이익을 증가시키게 된다. 반면에 변동원가계산에서는 고정제조간접원가가 기말재고자산에 포함되지 않고 당기에 기간원가로 비용화되므로 고정제조간접원가 만큼 매출원가가 증가되어 영업이익이 감소되기 때문이다. 결국 전부원가계산의 영업이익과 변동원가계산의 영업이익 간의 차이는 증가된 기말재고자산에 포함된 고정제조간접원가 만큼의 금액이며, 증가된 기말재고량에 단위당 고정제조간접원가를 곱하여 계산된다(증가된 기말재고량 × 단위당 고정제조간접원가).

[예제 13-2]에서 2/4분기의 전부원가계산에 의한 영업이익은 ₩20,700이고, 변동원가계산에 의한 영업이익은 ₩20,200으로 영업이익 간의 차이는 전부원가계산의 영업이익이 ₩500 더 크다. 이러한 결과는 증가된 기말제품재고량에 포함된 고정제조간접원가 때문이다. 즉, 증가된 기말재고량(기말재고량 - 기초재고량) 100개 × 단위당 고정제조간접원가(@5) = ₩500 만큼 전부원가계산에서의 매출원가를 감소시켜 ₩500만큼 영업이익이 크다.

3-3. 생산량과 판매량이 동일한 경우

당기의 판매량이 생산량을 초과하는 경우에는 기초재고량이 기말재고량보다 크므로 전부원가계산의 영업이익이 변동원가계산의 영업이익보다 작게 된다. 그 이유는 그 이유는 전부원가계산에 의할 경우 기초재고자산에 포함된 고정제조간접원가가 매출원가의 증가를 초래하여 영업이익을 감소시키게 된다. 반면에 변동원가계산에서는 고정제조간접원가 만큼이 기초제품재고액을 감소시켜 매출원가가 감소되어 영업이익이 증가되기 때문이다. 결국 전부원가계산의 영업이익과 변동원가계산의 영업이익 간의 차이는 초과판매량에 포함된 고정제조간접원가 만큼의 금액이며, 증가된 초과핀매량에 딘위당 고정제조긴접원가를 곱하여 게신된다(초과판매량 × 단위당 고정제조간접원가).

[예제 13-2]에서 3/4분기의 전부원가계산에 의한 영업이익은 ₩26,900이고, 변동원가계산에 의한 영업이익은 ₩27,400으로 영업이익 간의 차이는 변동원가계산의 영업이익이 ₩500 더 크다. 이러한 결과는 증가된 기초제품재고량에 포함된 고정제조간접원가 때문이다. 즉, 증가된 기초재고량(기초재고량 - 기말재고량) 100개 × 단위당 고정제조간접원가(@5) = ₩500 만큼 전부원가계산에서의 매출원가를 증가시켜 변동원가계산의 영업이익 ₩500만큼 크다.

이러한 생산량과 판매량 간의 차이는 양 원가계산의 영업이익에 차이를 발생시키지만 장기적으로 볼 때 양 원가계산 간 영업이익의 합계액은 동일하다. 변동원가계산과 전부원가계산의 차이점을 비교하면 [표 12-3]과 같다.

[표 13-3 변동원가계산과 전부원가계산에서의 제품원가

구분	변동원가계산	전부원가계산
보고목적	내부보고 (경영계획 및 원가통제)	외부보고 (제품원가계산)
원가의 분류	원가의 행태별 분류 (변농원가, 고정원가)	기능별 분류 (제조, 판매와 관리)
제품원가	직접재료원가 직접노무원가 변동제조간접원가 -	직접재료원가 직접노무원가 변동제조간접원가 고정제조간접원가
기간원가	고정제조간접원가 변동판매비와 관리비 고정판매비와 관리비	- 변동판매비와 관리비 고정판매비와 관리비
손익구분	매출액 - 변동원가 = 공헌이익 - 고정원가 = 영업이익	매출액 - 매출원가 = 매출총이익 - 판매비와 관리비 = 영업이익
재고자산과 이익	재고의 증가와 이익과는 무관	재고의 증가는 이익을 증가시킴
영업이익 (생산량 = 판매량) (생산량 〉 판매량) (생산량 〈 판매량)	변동원가계산의 영업이익 = 전부원가계산의 영업이익 변동원가계산의 영업이익 〈 전부원가계산의 영업이익 변동원가계산의 영업이익 〉 전부원가계산의 영업이익	

예제 13-2 전부원가계산과 변동원가계산의 영업이익

A회사는 실제원가계산을 실시하고 있으며, 20××년 2/4분기~4/4분기까지의 생산 및 판매활동과 원가 자료는 다음과 같다. 재고자산평가는 선입선출법에 의한다.

1. 생산 및 판매활동

	2/4분기	3/4분기	4/4분기
기초재고량	100개	200개	100개
생산량	800개	800개	800개
판매량	700개	900개	800개
기말재고량	200개	100개	100개
단위당 판매가격		@₩80	

2. 원가자료

단위당 변동제조원가	@₩40	고정제조간접원가	₩4,000
단위당 변동판매비와관리비	@₩4	고정판매비와관리비	₩1,000

[물음사항]

1. 전부원가계산에 의한 손익계산서를 작성하시오.
2. 변동원가계산에 의한 공헌손익계산서를 작성하시오.
3. 전부원가계산과 변동원가계산에서의 영업이익을 비교하고, 차이의 원인을 설명하시오.

■ 풀이

1. 전부원가계산 손익계산서

	2/4분기		3/4분기		4/4분기	
매출액		₩56,000		₩72,000		₩64,000
매출원가						
기초제품재고액	4,500		9,000		4,500	
당기제품제조원가	36,000[1]		36,000		36,000	
기말제품재고액	(9,000)[2]	(31,500)	(4,500)	(40,500)	(4,500)	(36,000)
매출총이익		₩24,500		₩31,500		₩28,000
판매비와관리비						
변동판매비와관리비	2,800[3]		3,600		3,200	
고정판매비와관리비	1,000	(3,800)	1,000	(4,600)	1,000	(4,200)
영업이익		₩20,700		₩26,900		₩23,800

1) 단위당 고정제조간접원가 = ₩4,000 ÷ 800개 = @₩5
단위당 제조원가 = 단위당 변동제조원가(@40) + 단위당 고정제조간접원가(@5) = @₩45
당기제품제조원가 = 800개 × @₩45 = ₩36,000

2) 변동판매비와관리비 = 700개 × @₩4 = ₩2,800

2. 변동원가계산 공헌손익계산서

	2/4분기		3/4분기		4/4분기	
매출액		₩56,000		₩72,000		₩64,000
변동매출원가						
기초제품재고액	4,000		8,000		4,000	
당기제품제조원가	32,000[1]		32,000		32,000	
기말제품재고액	(8,000)[2]	(28,000)	(4,000)	(36,000)	(4,000)	(32,000)
매출공헌이익		₩28,000		₩36,000		₩32,000
변동판매비와관리비		(2,800)		(3,600)		(3,200)
공헌이익		₩25,200		₩32,400		₩28,800
고정원가						
고정제조간접원가	4,000		4,000		4,000	
고정판매비와관리비	1,000	(5,000)	1,000	(5,000)	1,000	(5,000)
영업이익		₩20,200		₩27,400		₩23,800

1) 당기제품제조원가 = 800개 × @₩40 = ₩32,000
2) 기말제품재고액 = 200개 × @₩40 = ₩8,000
3) 변동판매비와관리비 = 700개 × @₩4 = ₩2,800

3. 영업이익 비교

	생산량 : 판매량	전부원가계산 영업이익	:	변동원가계산 영업이익	영업이익차이
2/4분기	생산량>판매량 기초재고량<기말재고량	₩20,700	>	₩20,200	₩500
3/4분기	생산량<판매량 기초재고량>기말재고량	₩26,900	<	₩27,400	₩500
4/4분기	생산량=판매량 기초재고량=기말재고량	₩23,800	=	₩23,800	₩0

4. 영업이익의 차이에 대한 원인

1) 2/4분기: 생산량이 판매량을 초과하는 경우(기말재고량이 기초재고량보다 큰경우)에는 전부원가계산의 영업이익이 변동원가계산의 영업이익보다 크다. 영업이익의 차이는 증가된 기말재고량에 포함된 고정제조간접원가 때문이다. 즉, 증가된 기말재고량(기말재고량 − 기초재고량) 100개 × 단위당 고정제조간접원가(@5) = ₩500 만큼이 전부원가계산의 매출원가를 감소시키게 되어 변동원가계산의 영업이익보다 ₩500 크게 된다.

2) 3/4분기: 판매량이 생산량을 초과하는 경우(기초재고량이 기말재고량보다 큰경우)에는 변동원가계산의 영업이익이 전부원가계산의 영업이익보다 크다. 영업이익의 차이는 증가된 기초재고량에 포함된 고정제조간접원가 때문이다. 즉, 증가된 기초재고량(기초재고량 − 기말재고량) 100개 × 단위당 고정제조간접원가(@5) = ₩500 만큼 전부원가계산의 매출원가를 증가시켜 변동원가계산의 영업이익이 ₩500 크게 된다.

3) 4/4분기: 생산량과 판매량을 동일한 경우(기말재고량과 기초재고량이 같은 경우)에는 전부원가계산의 영업이익과 변동원가계산의 영업이익은 같다. 즉, 기초재고량과 기말재고량에 포함된 고정제조간접원가가 동일하기 때문이며, 변동원가계산에서는 고정제조간접원가 ₩4,000이 당기 기간원가로 처리되고, 전부원가계산에서는 매출원가로 처리되었기 때문이다.

제3절 변동원가계산의 이익조정

변동원가계산에서의 영업이익과 전부원가계산에서의 영업이익 간 차이는 재고자산에 포함되어 있는 고정제조간접원가 때문이다. 변동원가계산은 경영자의 경영의사결정에 필요한 원가정보를 정보를 제공한다는 측면에서 유용성이 인정되지만 아직까지 외부보고용으로는 인정받지 못하고 있다. 우리나라에서도 마찬가지로 원가계산준칙에서는 외부보고목적으로 제조원가는 생산과 관련하여 발생한 원가에 의해 계산하도록 하고 있어 전부원가계산을 요구하고 있다(준칙 제6조 3호). 따라서 변동원가계산을 이용하는 기업에서는 변동원가계산에 의한 손익계산서를 전부원가계산에 의한 손익계산서로 전환함으로써 영업이익을 조정하게 된다. 변동원가계산의 영업이익을 전부원가계산의 영업이익으로 조정하는 방법은 다음과 같은 수식에 의한다.

□ **영업이익의 조정**

: 기초와 기말에 포함된 고정제조간접원가의 단위당원가가 다른 경우

변동원가계산에서의 영업이익
\+ 기말재고량 × 단위당 고정제조간접원가(또는 고정제조간접원가 배부율)
\- 기초재고량 × 단위당 고정제조간접원가(또는 고정제조간접원가 배부율)
= 전부원가계산에서의 영업이익

□ **영업이익의 조정**

: 기초와 기말에 포함된 고정제조간접원가의 단위당원가가 같은 경우

i) 생산량 〉 판매량 (기말재고량 〉 기초재고량)
변동원가계산에서의 영업이익
\+ 증가된 기말재고량 × 단위당 고정제조간접원가(또는 고정제조간접원가 배부율)
= 전부원가계산에서의 영업이익

ii) 생산량 〈 판매량 (기말재고량 〈 기초재고량)
변동원가계산에서의 영업이익
\- 증가된 기초재고량 × 단위당 고정제조간접원가(또는 고정제조간접원가 배부율)
= 전부원가계산에서의 영업이익

예제 13-3 전부원가계산과 변동원가계산의 영업이익(실제원가계산)

A회사는 실제원가계산을 실시하고 있으며, 20××년 1/4분기부터 4/4분기까지의 생산 및 판매활동과 원가 자료는 다음과 같다. 재고자산평가는 선입선출법에 의한다.

1. 생산 및 판매활동

	1/4분기	2/4분기	3/4분기	4/4분기
기초재고량	0개	50개	150개	50개
생산량	500개	600개	800개	1,000개
판매량	450개	500개	900개	1,000개
기말재고량	50개	150개	50개	50개
단위당 판매가격		@₩100		

2. 원가자료

단위당 직접재료원가	@₩20	고정제조간접원가	₩12,000
단위당 직접노무원가	@₩15	고정판매비와관리비	₩ 2,000
단위당 변동제조간접원가	@₩25		
단위당 변동판매비와관리비	@₩5		

[물음사항]

1. 전부원가계산과 변동원가계산에서의 영업이익을 비교하고, 차이의 원인을 설명하시오.

■ 풀이

1. 1/4분기 영업이익 비교

1) 영업이익 비교

전부원가계산 손익계산서

	1/4분기	
매출액		₩45,000
매출원가		
기초제품재고액	0	
당기제품제조원가	42,000[1)]	
기말제품재고액	(4,200)[2)]	(37,800)
매출총이익		₩7,200
판매비와관리비		
변동판매비와관리비	2,250[3)]	
고정판매비와관리비	2,000	(4,250)
영업이익		₩2,950

변동원가계산 공헌손익계산서

	1/4분기	
매출액		₩45,000
매출원가		
기초제품재고액	0	
당기제품제조원가	30,000[4)]	
기말제품재고액	(3,000)[5)]	(27,000)
매출공헌이익		₩18,000
변동판매비와관리비		(2,250)
공헌이익		₩15,750
고정원가		
고정제조간접원가	12,000	
고정판매비와관리비	2,000	(14,000)
		₩1,750

1) 고정제조간접원가 배부율 = ₩12,000 ÷ 500개 = @₩24
단위당 제품제조원가 = @₩20 + @₩15 + @₩25 + @₩24 = @₩84
당기제품제조원가 = 500개 × @₩84 = ₩42,000

2) 기말제품재고액 = 50개 × @₩84 = ₩4,200
3) 변동판매비와관리비 = 450개 × @₩5 = ₩2,250
4) 당기제품제조원가 = 500개 × @₩60 = ₩30,000
6) 기말제품재고액 = 50개 × @₩60 = ₩3,000

2) 영업이익 차이

변동원가계산 영업이익		₩1,750
+ 기말재고에 포함된 고정제조간접원가	(50개×@24)	+ 1,200
- 기초재고에 포함된 고정제조간접원가	0	0
= 전부원가계산 영업이익		₩2,950

2. 2/4분기 영업이익 비교

1) 영업이익 비교

전부원가계산 손익계산서

		2/4분기
매출액		₩50,000
매출원가		
기초제품재고액	4,200	
당기제품제조원가	48,000[7]	
기말제품재고액	(12,000)[8]	(40,200)
매출총이익		₩9,800
판매비와관리비		
변동판매비와관리비	2,500[9]	
고정판매비와관리비	2,000	(4,500)
영업이익		₩5,300

변동원가계산 공헌손익계산서

		2/4분기
매출액		₩50,000
매출원가		
기초제품재고액	3,000	
당기제품제조원가	36,000[10]	
기말제품재고액	(9,000)[11]	(30,000)
매출공헌이익		₩20,000
변동판매비와관리비		(2,500)
공헌이익		₩17,500
고정원가		
고정제조간접원가		
고정판매비와관리비		(14,000)
		₩3,500

7) 고정제조간접원가 배부율 = ₩12,000 ÷ 600개 = @₩20
단위당 제품제조원가 = @₩20 + @₩15 + @₩25 + @₩20 = @₩80
당기제품제조원가 = 600개 × @₩80 = ₩48,000
8) 기말제품재고액 = 150개 × @₩80 = ₩12,000
9) 변동판매비와관리비 = 500개 × @₩5 = ₩2,500
10) 당기제품제조원가 = 600개 × @₩60 = ₩36,000
11) 기말제품재고액 = 150개 × @₩60 = ₩9,000

2) 영업이익 차이

변동원가계산 영업이익		₩3,500
+ 기말재고에 포함된 고정제조간접원가	(150개×@20)	+ 3,000
- 기초재고에 포함된 고정제조간접원가	(50개×@24)	- 1,200
= 전부원가계산 영업이익		₩5,300

3. 3/4분기 영업이익 비교

1) 영업이익 비교

전부원가계산 손익계산서

	3/4분기	
매출액		₩90,000
매출원가		
기초제품재고액	12,000	
당기제품제조원가	60,000[12]	
기말제품재고액	(3,750)[13]	(68,250)
매출총이익		₩21,750
판매비와관리비		
변동판매비와관리비	4,500[14]	
고정판매비와관리비	2,000	(6,500)
영업이익		₩15,250

변동원가계산 공헌손익계산서

	3/4분기	
매출액		₩90,000
매출원가		
기초제품재고액	9,000	
당기제품제조원가	48,000[15]	
기말제품재고액	(3,000)[16]	(54,000)
매출공헌이익		₩36,000
변동판매비와관리비		(4,500)
공헌이익		₩31,500
고정원가		
고정제조간접원가		
고정판매비와관리비		(14,000)
		₩17,500

[12] 고정제조간접원가 배부율 = ₩12,000 ÷ 800개 = @₩15
단위당 제품제조원가 = @₩20 + @₩15 + @₩25 + @₩15 = @₩75
당기제품제조원가 = 800개 × @₩75 = ₩60,000

[13] 기말제품재고액 = 50개 × @₩75 = ₩3,750

[14] 변동판매비와관리비 = 900개 × @₩5 = ₩4,500

[15] 당기제품제조원가 = 800개 × @₩60 = ₩48,000

[16] 기말제품재고액 = 50개 × @₩60 = ₩3,000

2) 영업이익 차이

변동원가계산 영업이익		₩17,500
+ 기말재고에 포함된 고정제조간접원가	(50개×@15)	+ 750
- 기초재고에 포함된 고정제조간접원가	(150개×@20)	- 3,000
= 전부원가계산 영업이익		₩15,250

4. 4/4분기 영업이익 비교

1) 영업이익 비교

전부원가계산 손익계산서

	4/4분기	
매출액		₩100,000
매출원가		
기초제품재고액	3,750	
당기제품제조원가	72,000[17]	
기말제품재고액	(3,600)[18]	(72,150)
매출총이익		₩27,850
판매비와관리비		
변동판매비와관리비	5,000[19]	
고정판매비와관리비	2,000	(7,000)
영업이익		₩20,850

변동원가계산 공헌손익계산서

	4/4분기	
매출액		₩100,000
매출원가		
기초제품재고액	3,000	
당기제품제조원가	60,000[20]	
기말제품재고액	(3,000)[21]	(60,000)
매출공헌이익		₩40,000
변동판매비와관리비		(5,000)
공헌이익		₩35,000
고정원가		
고정제조간접원가		
고정판매비와관리비		(14,000)
		₩21,000

12) 고정제조간접원가 배부율 = ₩12,000 ÷ 1,000개 = @₩12
단위당 제품제조원가 = @₩20 + @₩15 + @₩25 + @₩12 = @₩72
당기제품제조원가 = 1,000개 × @₩72= ₩72,000
13) 기말제품재고액 = 50개 × @₩72 = ₩3,600
14) 변동판매비와관리비 = 1,000개 × @₩5 = ₩10,000
15) 당기제품제조원가 = 1,000개 × @₩60 = ₩60,000
16) 기말제품재고액 = 50개 × @₩60 = ₩3,000

2) 영업이익 차이

변동원가계산 영업이익		₩21,000
+ 기말재고에 포함된 고정제조간접원가	(50개×@12)	+ 600
- 기초재고에 포함된 고정제조간접원가	(50개×@15)	- 750
= 전부원가계산 영업이익		₩20,850

예제 13-4 전부원가계산과 변동원가계산의 영업이익(정상원가계산)

A회사는 정상원가계산을 실시하고 있으며, 20××년 1/4분기부터 4/4분기까지의 생산 및 판매활동과 원가 자료는 다음과 같다. 고정제간접원가 예정배부를 위한 기준조업도는 생산량이며 년간 3,200개를 기준으로 배부한다. 재고자산평가는 선입선출법에 의한다.

1. 생산 및 판매활동

	1/4분기	2/4분기	3/4분기	4/4분기
기초재고량	0개	50개	350개	250개
생산량	600개	800개	800개	1,000개
판매량	550개	500개	900개	1,000개
기말재고량	50개	350개	250개	250개
단위당 판매가격		@₩200		

2. 원가자료

단위당 직접재료원가	@₩20	단위당 직접노무원가	@₩18
단위당 변동제조간접원가	@₩22	단위당 변동판매비와관리비	@₩10

고정제조간접원가 실제발생액 분기별 ₩24,000 년간 총 ₩96,000
고정판매비와관리비 ₩3,000

[물음사항]

1. 전부원가계산과 변동원가계산에서의 영업이익을 비교하고, 차이의 원인을 설명하시오.

■ 풀이

1. 고정제조간접원가 예정배부율

고정제조간접원가 예정배부율 = (₩96,000 ÷ 3,200개) = @₩30

정상전부원가계산에서의 제품 단위당 제조원가
= @₩20 + @₩18 + @₩22 + @₩30 = @₩90

2. 1/4분기 영업이익 비교

1) 영업이익 비교

매출액 : 550개 × @₩200 = ₩110,000

전부원가계산 손익계산서

	1/4분기	
매출액		₩110,000
매출원가		
기초제품재고액	0	
당기제품제조원가	54,000[1]	
기말제품재고액	(4,500)[2]	(49,500)
배부차이(과소배부)[6]		(6,000)
매출총이익		₩54,500
판비와관리비		
변동판매비와관리비	5,500[3]	
고정판매비와관리비	3,000	(8,500)
영업이익		₩46,000

변동원가계산 공헌손익계산서

	1/4분기	
매출액		₩110,000
매출원가		
기초제품재고액	0	
당기제품제조원가	36,000[4]	
기말제품재고액	(3,000)[5]	(33,000)
매출공헌이익		₩77,000
변동판매비와관리비		(5,500)
공헌이익		₩71,500
고정원가		
고정제조간접원가	24,000	
고정판매비와관리비	3,000	(27,000)
영업이익		₩44,500

[1] 당기제품제조원가 = 600개 × @₩90 = ₩54,000

[2] 기말제품재고액 = 50개 × @₩90 = ₩4,500

[3] 변동판매비와관리비 = 550개 × @₩10 = ₩5,500

[4] 당기제품제조원가 = 600개 × @₩60 = ₩36,000

[5] 기말제품재고액 = 50개 × @₩60 = ₩3,000

[6] 고정제조간접원가 배부차이

고정제조간접원가 실제발생액		₩24,000
고정제조간접원가 예정배부액	(600개 × @₩30)	18,000
배 부 차 이 (과소배부)		₩6,000

2) 영업이익 차이

변동원가계산 영업이익		₩44,500
+ 기말재고에 포함된 고정제조간접원가	(50개×@30)	+ 1,500
- 기초재고에 포함된 고정제조간접원가	0	- 0
= 전부원가계산 영업이익		₩46,000

3. 2/4분기 영업이익 비교

1) 영업이익 비교

매출액 : 500개 × @₩200 = ₩100,000

전부원가계산 손익계산서

		2/4분기
매출액		₩100,000
매출원가		
기초제품재고액	4,500	
당기제품제조원가	72,000[1]	
기말제품재고액	(31,500)[2]	(45,000)
배부차이[6]		0
매출총이익		₩55,000
판비와관리비		
변동판매비와관리비	5,000[3]	
고정판매비와관리비	3,000	(8,000)
영업이익		₩47,000

변동원가계산 공헌손익계산서

		2/4분기
매출액		₩100,000
매출원가		
기초제품재고액	3,000	
당기제품제조원가	48,000[4]	
기말제품재고액	(21,000)[5]	(30,000)
매출공헌이익		₩70,000
변동판매비와관리비		(5,000)
공헌이익		₩65,000
고정원가		
고정제조간접원가	24,000	
고정판매비와관리비	3,000	(27,000)
영업이익		₩38,000

1) 당기제품제조원가 = 800개 × @₩90 = ₩72,000

2) 기말제품재고액 = 350개 × @₩90 = ₩13,500

3) 변동판매비와관리비 = 500개 × @₩10 = ₩5,000

4) 당기제품제조원가 = 800개 × @₩60 = ₩48,000

5) 기말제품재고액 = 350개 × @₩60 = ₩21,000

6) 고정제조간접원가 배부차이

고정제조간접원가 실제발생액		₩24,000
고정제조간접원가 예정배부액	(800개 × @₩30)	24,000
배 부 차 이(과소배부)		₩0

2) 영업이익 차이

변동원가계산 영업이익		₩38,000
+ 기말재고에 포함된 고정제조간접원가	(350개×@30)	+ 10,500
- 기초재고에 포함된 고정제조간접원가	(50개×@30)	- 1,500
= 전부원가계산 영업이익		₩47,000

4. 3/4분기 영업이익 비교

1) 영업이익 비교

매출액 : 900개 × @₩200 =₩180,000

전부원가계산 손익계산서

		3/4분기
매출액		₩180,000
매출원가		
기초제품재고액	31,500	
당기제품제조원가	72,000[1]	
기말제품재고액	(22,500)[2]	(81,000)
배부차이[6]		
매출총이익		₩99,000
판비와관리비		
변동판매비와관리비	9,000[3]	
고정판매비와관리비	3,000	(12,000)
영업이익		₩87,000

변동원가계산 공헌손익계산서

		3/4분기
매출액		₩180,000
매출원가		
기초제품재고액	21,000	
당기제품제조원가	48,000[4]	
기말제품재고액	(15,000)[5]	(54,000)
매출공헌이익		₩126,000
변동판매비와관리비		(9,000)
공헌이익		₩117,000
고정원가		
고정제조간접원가	24,000	
고정판매비와관리비	3,000	(27,000)
영업이익		₩90,000

1) 당기제품제조원가 = 800개 × @₩90 = ₩72,000

2) 기말제품재고액 = 250개 × @₩90 = ₩13,500

3) 변동판매비와관리비 = 900개 × @₩10 = ₩9,000

4) 당기제품제조원가 = 800개 × @₩60 = ₩48,000

5) 기말제품재고액 = 250개 × @₩60 = ₩15,000

6) 고정제조간접원가 배부차이

고정제조간접원가 실제발생액		₩24,000
고정제조간접원가 예정배부액	(800개 × @₩30)	24,000
배 부 차 이 (과소배부)		₩0

2) 영업이익 차이

변동원가계산 영업이익		₩90,000
+ 기말재고에 포함된 고정제조간접원가	(250개×@30)	+ 7,500
- 기초재고에 포함된 고정제조간접원가	(350개×@30)	- 10,500
= 전부원가계산 영업이익		₩87,000

5. 4/4분기 영업이익 비교

1) 영업이익 비교

매출액 : 1,000개 × @₩200 = ₩200,000

전부원가계산 손익계산서

	3/4분기	
매출액		₩200,000
매출원가		
기초제품재고액	22,500	
당기제품제조원가	90,000[1]	
기말제품재고액	(22,500)[2]	(90,000)
배부차이(과대배부)[6]		6,000
매출총이익		₩116,000
판비와관리비		
변동판매비와관리비	10,000[3]	
고정판매비와관리비	3,000	(13,000)
영업이익		₩103,000

변동원가계산 공헌손익계산서

	3/4분기	
매출액		₩200,000
매출원가		
기초제품재고액	15,000	
당기제품제조원가	60,000[4]	
기말제품재고액	(15,000)[5]	(60,000)
매출공헌이익		₩140,000
변동판매비와관리비		(10,000)
공헌이익		₩130,000
고정원가		
고정제조간접원가	24,000	
고정판매비와관리비	3,000	(27,000)
영업이익		₩103,000

1) 당기제품제조원가 = 1,000개 × @₩90 = ₩90,000

2) 기말제품재고액 = 250개 × @₩90 = ₩22,500

3) 변동판매비와관리비 = 1,000개 × @₩10 = ₩10,000

4) 당기제품제조원가 = 1,000개 × @₩60 = ₩60,000

5) 기말제품재고액 = 250개 × @₩60 = ₩15,000

6) 고정제조간접원가 배부차이

고정제조간접원가 실제발생액		₩24,000
고정제조간접원가 예정배부액	(1,000개 × @₩30)	30,000
배 부 차 이 (과대배부)		₩6,000

2) 영업이익 차이

변동원가계산 영업이익		₩103,000
+ 기말재고에 포함된 고정제조간접원가	(250개×@30)	+ 7,500
- 기초재고에 포함된 고정제조간접원가	(250개×@30)	- 7,500
= 전부원가계산 영업이익		₩103,000

제4절 초변동원가계산

초변동원가계산(超變動原價計算, super-variable costing, throughput costing)은 직접재료원가와 같은 제품단위수준 변동원가만을 변동원가로 간주하고, 직접노무원가 · 변동제조간접원가 · 고정제조간접원가 등은 기간원가로 처리하여 손익을 계산하는 방법이다. 즉, 초변동원가계산은 직접재료원가를 제외한 모든 원가를 고정원가로 처리한다. 직접재료원가만을 제조원가로 보는 것은 최근 공장자동화로 인한 직접노무원가의 비중이 감소되고 있고, 직접노무원가가 설비의 운영이나 점검 등 생산량과 무관하게 발생되고 있다는 측면과 제조간접원가 역시 설비운영과 관련한 고정원가 성격이 크다는 측면에서 타당성을 갖는다. 그러나 아직 일반적으로 널리 사용되는 방법은 아니다.

초변동원가계산에서는 직접재료원가와 같은 제품단위수준 변동원가만을 변동원가로 간주하기 때문에 매출액에서 제품단위수준 변동원가(직접재료원가)를 차감하여 공헌이익을 산출하는데, 이를 현금창출공헌이익(現金創出貢獻利益) 또는 재료처리량공헌이익(材料處理量貢獻利益, throughput contribution)이라 한다. 재료처리량공헌이익에서 운영비용을 차감하여 영업이익을 산출하는데, 운영비용에는 직접노무원가 · 변종제조간접원가 · 고정제조간접원가 · 변동판매비와관리비 · 고정판매비와관리비 등이 포함된다.

[표 13-2] 초동원가계산의 손익계산서

매출액	×××
제품단위수준 변동원가	(×××)
재료처리량공헌이익	
운영비용	
직접노무원가	×××
변동제조간접원가	(×××)
고정제조간접원가	
판매비와관리비	
영업이익	×××

초변동원가계산에서는 직접재료원가만을 변동원가로 전제하고 있다. 그러나 생산량이 증가할수록 직접재료원가와 더불어 변동가공원가 즉, 직접노무원가와 변동제조간접원가도 비례적으로 증가하지만 운영비용(기간원가)으로 처리되므로 기말제품재고량이 증가할수록 영업이익은 감소하게 된다. 따라서 전부원가계산에 의하면 재고의 증가는 이익을 증가시키고, 변동원가계산에서는 재고의 증가와 이익과는 무관하지만, 초변동원가계산에서는 재고의 증가는 이익을 감소시키게 되어 재고를 억제하는 의사결정에 유용한 자료를 제공해 줄 수 있다.

□ **영업이익의 조정**

초변동원가계산에서의 영업이익
+ 기말재고자산에 포함된 직접노무원가
+ 기말재고자산에 포함된 변동제조간접원가
- 기초재고자산에 포함된 직접노무원가
- 기초재고자산에 포함된 변동제조간접원가
= 변동원가계산에서의 영업이익

+ 기말재고자산에 포함된 고정제조간접원가
- 기초재고자산에 포함된 고정제조간접원가
= 전부원가계산에서의 영업이익

예제 13-5 초변동원가계산

A회사는 초변동원가계산을 이용하고 있다. 20××년 1/4분기부터 3/4분기까지의 생산과 판매 및 원가자료는 다음과 같다. 직접노무원가와 변동제조간접원가는 생산량에 비례하여 발생한다. 재고자산평가는 선입선출법에 의한다.

1. 생산 및 판매활동

	1/4분기	2/4분기	3/4분기
기초재고량	0개	100개	50개
생산량	800개	800개	800개
판매량	700개	850개	800개
기말재고량	100개	50개	50개
단위당 판매가격		@₩150	

2. 원가자료

단위당 직접재료원가	@₩20	변동판매비와관리비	@₩10
단위당 직접노무원가	@₩25	고정제조간접원가	분기별 ₩24,000
단위당 변동제조간접원가	@₩15	고정판매비와관리비	₩5,000

[물음사항]

1. 초변동원가계산에 의한 손익계산서를 작성하시오.
2. 전부원가계산과 변동원가계산 그리고 초변동원가계산에서의 영업이익을 비교하고, 차이의 원인을 설명하시오.

■ 풀이

1. 초변동원가계산 손익계산서

	1/4분기		2/4분기		3/4분기	
매출액		₩105,000		₩127,500		₩120,000
변동매출원가						
기초제품재고액	0		2,000		1,000	
당기제품제조원가	16,000[1)]		16,000		16,000	
기말제품재고액	(2,000)[2)]	(14,000)	(1,000)	(17,000)	(1,000)	(16,000)
재료처리량공헌이익		₩91,000		₩110,500		₩104,000
운영비용						
직접노무원가	20,000[3)]		20,000		20,000	
변동제조간접원가	12,000[4)]		12,000		12,000	
고정제조간접원가	24,000		24,000		24,000	
변동판매비와관리비	7,000[5)]		8,500		8,000	
고정판매비와관리비	5,000	(68,000)	5,000	(69,500)	5,000	(69,000)
영업이익		₩23,000		₩41,000		₩35,000

1) 당기제품제조원가 = 800개 × @₩20 = ₩16,000
2) 기말제품재고액 = 100개 × @₩20 = ₩2,000
3) 직접노무원가 = 800개 × @₩25 = ₩20,000
4) 변동제조간집원가 = 800개 × @₩15 = ₩12,000
5) 변동판매비와관리비 = 700개 × @₩10 = ₩7,000

2. 변동원가계산 공헌손익계산서

	1/4분기		2/4분기		3/4분기	
매출액		₩105,000		₩127,500		₩120,000
변동매출원가						
기초제품재고액	0		6,000		3,000	
당기제품제조원가	48,000[1)]		48,000		48,000	
기말제품재고액	(6,000)[2)]	(42,000)	(3,000)	(51,000)	(3,000)	(48,000)
매출공헌이익		₩63,000		₩76,500		₩72,000
변동판매비와관리비		(7,000)		(8,500)		(8,000)
공헌이익		₩56,000		₩56,000		₩64,000
고정원가						
고정제조간접원가	24,000		24,000		24,000	
고정판매비와관리비	5,000	(29,000)	5,000	(29,000)	5,000	(29,000)
영업이익		₩27,000		₩39,000		₩35,000

1) 당기제품제조원가 = 800개 × @₩60 = ₩48,000
2) 기말제품재고액 = 100개 × @₩60 = ₩6,000

3. **전부원가계산 손익계산서**

	1/4분기		2/4분기		3/4분기	
매출액		₩105,000		₩127,500		₩120,000
매출원가						
기초제품재고액	0		9,000		4,500	
당기제품제조원가	72,000[1)]		72,000		72,000	
기말제품재고액	(9,000)[2)]	(63,000)	(4,500)	(76,500)	(4,500)	(72,000)
매출총이익		₩42,000		₩51,000		₩48,000
판매비와관리비						
변동판매비와관리비	7,000		8,500		8,000	
고정판매비와관리비	5,000	(12,000)	5,000	(13,500)	5,000	(13,000)
영업이익		₩30,000		₩37,500		₩35,000

[1)] 당기제품제조원가 = 800개 × @₩90 = ₩72,000
[2)] 기말제품재고액 = 100개 × @₩90 = ₩9,000

4. 영업이익의 조정

	1/4분기	2/4분기	3/4분기
초변동원가계산 영업이익	₩23,000	₩41,000	₩35,000
+ 기말재고자산에 포함된 직접노무원가	+ 2,500[1)]	+ 1,250[4)]	+ 1,250
+ 기말재고자산에 포함된 변동제조간접원가	+ 1,500[2)]	+ 750[5)]	+ 750
- 기초재고자산에 포함된 직접노무원가	- 0	- 2,500	- 1,250
- 기초재고자산에 포함된 변동제조간접원가	- 0	- 1,500	- 750
변동원가계산 영업이익	₩27,000	₩39,000	₩35,000
+ 기말재고자산에 포함된 고정제조간접원가	+ 3,000[3)]	+ 1,500[6)]	+ 1,500
- 기초재고자산에 포함된 고정제조간접원가	- 0	- 3,000	- 1,500
= 전부원가계산 영업이익	₩30,000	₩37,500	₩35,000

[1)] 100개 × @₩25 = ₩2,500
[2)] 100개 × @₩15 = ₩1,500
[3)] 100개 × @₩30 = ₩3,000
[4)] 50개 × @₩25 = ₩1,250
[5)] 50개 × @₩15 = ₩750
[6)] 50개 × @₩30 = ₩1,500

연 | 습 | 문 | 제

01. 다음은 어느 원가계산(원가회계)에 대한 설명인가? *(2015, 전산회계운용사 1급)*

> 직접재료비, 직접노무비, 변동제조간접비만을 집계하여 제품원가를 계산하고 고정제조간접비는 기간비용으로 처리하는 원가

① 전부원가계산 ② 실제원가계산 ③ 변동원가계산(직접원가계산) ④ 표준원가계산

02. 전부원가계산과 변동원가계산에 대한 비교 설명 내용이다. 옳지 않은 것은? *(2015, 전산회계운용사 1급)*

① 변동원가계산의 당기손익은 판매량에 의해서 결정된다.
② 전부원가계산의 당기손익은 생산량에 의해서만 결정된다.
③ 변동원가계산은 생산량 조절에 따른 이익조작을 방지할 수 있다.
④ 전부원가계산은 조업도차이가 발생하나 변동원가계산은 발생하지 않는다.

03. 다음 전부원가계산과 변동원가계산을 설명한 것 중 옳지 않은 것은? *(2015, 전산회계운용사 1급)*

① 전부원가계산은 고정제조간접비의 자산성을 인정하는 계산방식이다.
② 변동원가계산은 미래에 발생하게 될 원가를 회피할 수 있는 범위만 재고자산 원가로 할 수 있다는 개념을 바탕으로 한다.
③ 변동원가계산은 단기적 특수의사결정에 이용할 수 있다.
④ 변동원가계산은 전부원가계산에 비해 항상 유용한 정보를 제공한다.

04. 변동원가계산, 전부원가계산 및 초변동원가계산에 대한 설명으로 옳지 않은 것은? *(2007, 세무사)*

① 원가계산과 관련된 표준은 변동원가계산에서는 사용될 수 없고 전부원가계산에서만 사용된다.
② 전부원가계산에서 계산된 영업이익은 판매량뿐만 아니라 생산량의 변화에도 영향을 받는다.
③ 변동원가계산에서는 고정제조간접원가를 기간비용으로 인식하지만 전부원가계산에서는 고정제조간접원가를 제품원가로 인식한다.
④ 초변동원가계산은 직접재료원가만을 제품원가에 포함하고 나머지 제조원가는 모두 기간비용으로 처리한다.
⑤ 초변동원가계산은 판매가 수반되지 않는 상황에서 생산량이 많을수록 영업이익이 낮게 계산되므로 불필요한 재고의 누적을 방지하는 효과가 변동원가계산보다 훨씬 크다.

05. 전부원가계산과 변동원가계산에 대한 설명으로 옳지 않은 것은? *(2014, 세무사)*

① 변동원가계산은 전부원가계산보다 손익분기점분석에 더 적합하다.
② 당기매출액이 손익분기점 매출액보다 적더라도 변동원가계산에서는 이익이 보고될 수 있다.
③ 전부원가계산의 영업이익은 일반적으로 생산량과 판매량에 의해 영향을 받는다.
④ 변동원가계산에서는 변동제조원가만이 제품원가에 포함된다.
⑤ 변동원가계산은 고정제조간접원가를 기간비용으로 처리한다.

06. 전부원가계산과 변동원가계산에 대한 설명으로 옳은 것은? *(2013, 세무사)*

① 변동원가계산의 영업이익은 판매량뿐만 아니라 생산량에 따라서도 죄우된다.
② 전부원가계산 하에서는 생산과잉으로 인한 바람직하지 못한 재고의 누적을 막을 수 있다.
③ 전부원가계산에 의해 매출원가가 표시되는 손익계산서는 성격별 포괄손익계산서라고 한다.
④ 초변동원가계산은 직접재료원가와 직접노무원가만 재고가능원가로 처리한다.
⑤ 변동원가계산은 정상원가계산, 표준원가계산, 개별원가계산, 종합원가계산을 사용하는 기업에 적용할 수 있다.

07. 다음은 생산량과 판매량의 차이에 의한 전부원가계산하의 당기손익과 변동원가계산하의 당기손익 차이에 대한 설명이다. 옳은 것을 모두 나열한 것은? *(2015, 전산회계운용사 1급)*

가. 생산량 > 판매량 : 전부원가계산하의 당기손익이 변동원가계산하의 당기손익보다 적다.
나. 생산량 = 판매량 : 전부원가계산하의 당기손익과 변동원가계산하의 당기손익은 일치 한다.
다. 생산량 < 판매량 : 변동원가계산하의 당기손익이 전부원가계산하의 당기손익보다 적다.
라. 전부원가계산하에서는 고정제조간접비가 생산량의 제조원가에 산입되기 때문에 당기손익의 크기가 매출량의 크기에도 영향을 받지만 판매량이 동일하거나 비슷한경우에는 생산량의 크기에 따라 좌우되는 경향이 있다.
마. 변동원가계산하에서는 변동원가만이 생산량의 제조원가에 산입되기 때문에, 당기 손익의 크기는 생산량의 크기에 하등의 영향을 받지 아니하고 순전히 판매량의 크기에 따라 좌우된다.

① 가, 나, 다　　② 나, 다, 라　　③ 나, 라, 마　　④ 가, 나, 다, 라, 마

08. 다음은 ㈜대한의 9월 중 제품에 대한 자료이다. 전월과 9월의 제품단위당 고정제조간접비가 동일하게 ₩50이었다면 다음 설명 중 옳은 것은 한 것은? *(2015, 전산회계운용사 1급)*

가. 9월초 제품재고량 : 500개나. 9월 제품생산량 : 4,000개
다. 9월말 제품재고량 : 300개라. 9월 제품판매량 : 4,200개

① 변동원가계산보다 전부원가계산에 의한 이익이 ₩10,000 크다.
② 변동원가계산보다 전부원가계산에 의한 이익이 ₩10,000 작다.
③ 변동원가계산보다 전부원가계산에 의한 이익이 ₩15,000 크다.
① 변동원가계산보다 전부원가계산에 의한 이익이 ₩15,000 작다.

(2015, 전산회계운용사 1급)
09. 다음 자료에 의해 당기의 변동원가계산과 전부원가계산의 당기손익 차이는 얼마인가? 단, 기초제품재고는 없다고 가정한다.

가. 생산량10,000개	나. 변동제조원가₩200,000
다. 판매량 8,000개	라. 고정제조원가₩140,000
마. 기말제품 2,000개	바. 고정판매비 ₩60,000

① 전부원가계산 당기손익이 ₩28,000 적다.　　② 전부원가계산 당기손익이 ₩28,000 크다.
③ 변동원가계산 당기손익이 ₩60,000 크다.　　④ 변동원가계산 당기손익이 ₩60,000 적다.

10. 다음은 ㈜고조선의 2012년 재고자산 계정이다. 전부원가계산에 의한 당기손익과 변동원가계산에 의한 당기손익의 차이는 얼마인가? *(2015, 전산회계운용사 1급)*

제품	생산량	변동제조간접비(총액)	고정제조간접비(총액)
기초재공품	200개	₩20,000	₩10,000
기밀재공품	500개	₩30,000	₩14,000
기초제품	300개	₩100,000	₩40,000
기말제품	400개	₩120,000	₩50,000

① ₩12,000 ② ₩14,000 ③ ₩16,000 ④ ₩18,000

11. 대한회사의 당기 제품제조 및 영업활동과 관련한 다음의 자료를 토대로 하여 변동제조원가 발생액과 고정판매관리비 발생액을 구하면 각각 얼마인가? *(2008, 세무사)*

매출액 : ₩2,000,000
고정제조원가 당기발생액 : ₩600,000
변동판매관비비 당기발생액 : ₩200,000
당기 제품생산량 : 70,000개
당기 제품판매량 : 65,000개
변동매출원가는 ₩780,000이고 변동원가계산에 의한 영업이익은 ₩300,000이다.
기초제품 재고 및 기말재공품 재고는 없다.

	변동제조원가	고정판매관리비
①	₩780,000	₩120,000
②	₩840,000	₩120,000
③	₩780,000	₩180,000
④	₩840,000	₩180,000
⑤	₩840,000	₩60,000

12. 20×1년 초에 설립된 ㈜국세는 노트북을 제조하여 판매하고 있다. ㈜국세는 재고자산의 원가흐름 가정으로 선입선출법을 적용하며, 실제원가계산으로 제품원가를 산출한다. ㈜국세의 매월 최대 제품생산능력은 1,000대이며, 20×1년 1월과 2월의 원가 자료는 다음과 같다.

구 분	1월	2월
생산량	900대	800대
판매량	800대	?
고정제조간접원가	₩180,000	₩200,000

2월의 전부원가계산 하의 영업이익이 변동원가계산 하의 영업이익보다 ₩20,000만큼 큰 경우, ㈜국세의 2월말 제품재고수량은 얼마인가? (단, 매월말 재공품은 없는 것으로 가정한다) *(2011, 세무사)*

① 160대 ② 170대 ③ 180대
④ 190대 ⑤ 200대

연습문제 답안

1장 원가회계의 기초

01. ② 02. ③ 03. ① 04. ④ 05. ③ 06. ④ 07. ④ 08. ① 09. ④ 10. ③
11. ②

2장 원가의 개념과 원가흐름

01. ④ 02. ④ 03. ③ 04. ① 05. ③ 06. ① 07. ③ 08. ③ 09. ③ 10. ④
11. ① 12. ① 13. ④ 14. ① 15. ② 16. ④ 17. ③ 18. ③ 19. ③ 20. ①
21. ④ 22. ③ 23. ④ 24. ③ 25. ③ 26. ② 27. ③ 28. ③

3장 요소별원가계산

01. ③ 02. ③ 03. ③ 04. ④ 05. ③ 06. ② 07. ② 08. ① 09. ③ 10. ②
11. ③ 12. ① 13. ③

4장 부문별원가계산

01. ② 02. ④ 03. ② 04. ① 05. ① 06. ② 07. ③ 08. ④ 09. ④ 10. ③
11. ④ 12. ① 13. ② 14. ① 15. ④ 16. ② 17. ④ 18. ① 19. ③ 20. ④
21. ③ 22. ④ 23. ④ 24. ② 25. ③ 26. ③ 27. ② 28. ④ 29. ④

5장 제조간접원가의 배부

01. ① 02. ② 03. ③ 04. ② 05. ② 06. ③ 07. ④ 08. ② 09. ④ 10. ③
11. ① 12. ④ 13. ③ 14. ① 15. ④ 16. ③ 17. ② 18. ④ 19. ② 20. ③
21. ② 22. ① 23. ② 24. ② 25. ② 26. ① 27. ①

6장 활동기준원가계산

01. ② 02. ② 03. ④ 04. ③ 05. ③ 06. ⑤ 07. ③ 08. ① 09. ① 10. ①
11. ⑤ 12. ⑤ 13. ⑤ 14. ②

7장 개별원가계산

01. ② 02. ① 03. ④ 04. ② 05. ④ 06. ③ 07. ① 08. ④ 09. ③ 10. ②
11. ③ 12. ③ 13. ② 14. ① 15. ② 16. ④ 17. ① 18. ① 19. ③ 20. ⑤
21. ① 22. ④ 23. ③ 24. ② 25. ② 26. ④

8장 종합원가계산

01. ④ 02. ③ 03. ① 04. ③ 05. ① 06. ③ 07. ③ 08. ② 09. ② 10. ④
11. ③ 12. ③ 13. ① 14. ② 15. ③ 16. ① 17. ① 18. ② 19. ③ 20. ③
21. ① 22. ② 23. ② 24. ③ 25. ② 26. ④ 27. ⑤ 28. ① 29. ② 30. ②
31. ③

9장 공손품회계

01. ⑤ 02. ① 03. ② 04. ③ 05. ② 06. ③ 07. ⑤ 08. ⑤ 09. ③ 10. ③
11. ⑤ 12. ③ 13. ④

10장 결합원가계산

01. ③ 02. ③ 03. ③ 04. ① 05. ③ 06. ② 07. ③ 08. ④ 09. ① 10. ②
11. ② 12. ② 13. ①,③,④ 14. ④ 15. ② 16. ② 17. ① 18. ④ 19. ② 20. ②
21. ⑤ 22. ③ 23. ③ 24. ①

11장 혼합원가계산

01. ④ 02. ④

12장 표준원가계산

01. ② 02. ④ 03. ② 04. ① 05. ④ 06. ① 07. ③ 08. ① 09. ③ 10. ④
11. ① 12. ② 13. ① 14. ③ 15. ④ 16. ④ 17. ① 18. ① 19. ② 20. ①
21. ③ 22. ① 23. ①

13장 변동원가계산

01. ③ 02. ② 03. ④ 04. ① 05. ② 06. ⑤ 07. ③ 08. ② 09. ④ 10. ②
11. ② 12. ①

찾아보기

ㅊ

ㅌ

ㅍ

◈ 참고 문헌 ◈

강병항(2013), *원가회계*, 피엠씨미디어.
강호영(2013), *최신 원가관리회계*, 명경사
김갑종 · 김홍기(1998), *원가회계*, 도서출판글로벌.
김용남(2016), *객관식 원가관리회계*, 용감한출판사.
백태영(2014), *원가회계*, 신영사.
신준용 · 정명환(2004), *원가관리회계*, 학현사.
안일준(2010), *IFRS 원가회계*, 형설출판사.
오종진 · 권혁대 · 이종곤 · 홍효석(2011), *원가회계*, 대경.
이충섭 · 이상완(2013), *경영계획과 통제를 위한 원가회계*, 청람.
현의태 · 강병항(1999), *현대원가회계*, 율곡출판사.
한국세무사회, http://www.kacpta.or.kr
대한상공회의소 자격평가사업단, http://license.korcham.net